现代教育技术应用

XIANDAI JIAOYU JISHU YINGYONG

主　编　冉新义　刘　冰　安素平

副主编　郑　琼　贺宏伟　袁东斌

厦门大学出版社　XIAMEN UNIVERSITY PRESS

国家一级出版社

全国百佳图书出版单位

图书在版编目(CIP)数据

现代教育技术应用/冉新义，刘冰，安素平主编.—厦门:厦门大学出版社，2017.1
(2020.12 重印)
ISBN 978-7-5615-6373-1

Ⅰ.①现… Ⅱ.①冉… ②刘… ③安… Ⅲ.①教育技术学—研究 Ⅳ.①G40—057

中国版本图书馆 CIP 数据核字(2016)第 326945 号

出 版 人 郑文礼
责任编辑 眭 蔚
封面设计 蒋卓群
责任印制 许克华

出版发行 厦门大学出版社
社　　址 厦门市软件园二期望海路 39 号
邮政编码 361008
总 编 办 0592-2182177 0592-2181406(传真)
营销中心 0592-2184458 0592-2181365
网　　址 http://www.xmupress.com
邮　　箱 xmupress@126.com
印　　刷 厦门兴立通印刷设计有限公司

开本 787mm×1092mm 1/16
印张 16.5
字数 406 千字
版次 2017 年 1 月第 1 版
印次 2020 年 12 月第 4 次印刷
定价 42.00 元

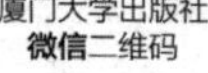

厦门大学出版社
微博二维码

前 言

教育部在2014年颁布的《中小学教师信息化教学能力提升工程能力标准（试行）》中指出，教师队伍建设是教育信息化可持续发展的基本保障，信息技术应用能力是信息化社会教师必备专业能力。《教育信息化十年发展规划（2011—2020年）》正式发布和首次全国教育信息化工作会议召开后，教育信息化工作坚持促进信息技术与教育教学深度融合的核心理念。2016年6月颁布《教育信息化“十三五”规划》，把教育信息化摆在支撑引领教育现代化的战略地位，为了实现“十三五”规划制定的发展目标，要做到应用上新台阶，“信息技术与教育教学融合进一步深入，教师信息化教学能力、学生信息素养显著提升，形成一批有针对性的信息化教学、管理创新模式”。因此，要从学校、教师、师范生的自身特点等方面进行合理的课程设计，能使师范生毕业后在信息化教学实践中合理地运用教育技术。

面向全体师范生开设的“现代教育技术”公共课是现代教育技术能力培养的主要阵地。《现代教育技术》编写于2012年8月，由厦门大学出版社出版，是一本收到师生好评的教材。2011年教育部印发《关于大力推进教师教育课程改革的意见》和《教师教育课程标准（试行）》，将该课程名称修改为“现代教育技术应用”，本书是在《现代教育技术》的基础上修订而成的，我们在修订时也将名称改为“现代教育技术应用”。

我们的总体思路是：在2012年版《现代教育技术》的原有基础上，做必要的修改、补充，不是全部重写；定位为高等学校非教育技术学专业本科生公共课教材，教材体系和特色基本保持不变；编写中弱化理论深度，积极吸纳本科教学实践经验，增加学科发展最新热点，如微课程的设计与制作、网络新技术的教育应用，以及最新实用的教育应用软件的应用。通过这门课的教学，应使师范生掌握教育技术的基本理论和实际应用，初步掌握教育技术的基本理论，具备教学设计能力、多媒体课件的设计与制作技能、微课程的设计与制作技能、构建和应用数字化教学环境的能力。

本书按照理论与设计篇、教学资源开发篇、应用篇三部分展开。第一部分是理论与设计篇，内容包括现代教育技术概述、教学设计。培养学生掌握教育技术基本知识，具有积极的教育技术意识、态度，主要侧重隐性能力的培养，重在思考与研究。教学设计是教育技术公共课的核心与灵魂，可以有针对性地培养师范生对教学流程的系统化思考与应用能力。第二部分是教学资源开发篇，包括多媒体素材的获取与处理、多媒体课件的设计与制作、微课程的设计与制作，是教育技术公共课的主体与重心，主要侧重显性能力的培养，可以有针对性地培养训练学生的技术开发能力，重在实践与创新。第三篇是应用篇，包括数字化教学环境、网络教育应用，重在培养和提高学生构建和应用信息化学习环境的能力。

参加本书的编写人员都是教育技术学各研究方向的专业骨干教师，他们是冉新义（第1章）、安素平（第2章）、郑琼（第3章）、刘冰（第4章）、贺宏伟（第5章、第6章）、袁东斌（第7章），最后由冉新义、刘冰统稿。本书适合作为高等师范院校师范类专业和教育硕士现代教育技术应用的公共课教材，也可作为中小学教师在职培训和继续教育的教材，还可以作为开展现代教育技术工作的各类教师和专业人员的参考书。

由于我们的经验、学识有限，加之成书仓促，书中不妥之处在所难免，恳请同仁和读者提出宝贵的意见。本书在编写过程中参考了大量专家、学者的著作、论文和网上资源，考虑到教材使用的方便性没有在书中一一注明，而是作为参考文献在书末列出，在此向作者致以谢意。如有遗漏，敬请谅解。

本书是福建省高校在线教育联盟2016年省级精品在线开放课程“现代教育技术应用”的配套教材，在超星MOOC平台（http://fjzs.fanya.chaoxing.com/portal）提供全部视频资源、课件、习题及在线测试。

作者

2016.12

目 录

第 1 章　现代教育技术概述

【学习目标】

1. 理解教育技术、现代教育技术的概念。
2. 了解教育技术产生、发展历史。
3. 掌握视听教育理论的基本观点。
4. 理解多媒体学习的认知模型。
5. 了解多媒体教学原则。
6. 会利用传播模式分析教育过程。
7. 了解中小学教师信息技术教学应用能力提升工程。

【知识导学图】

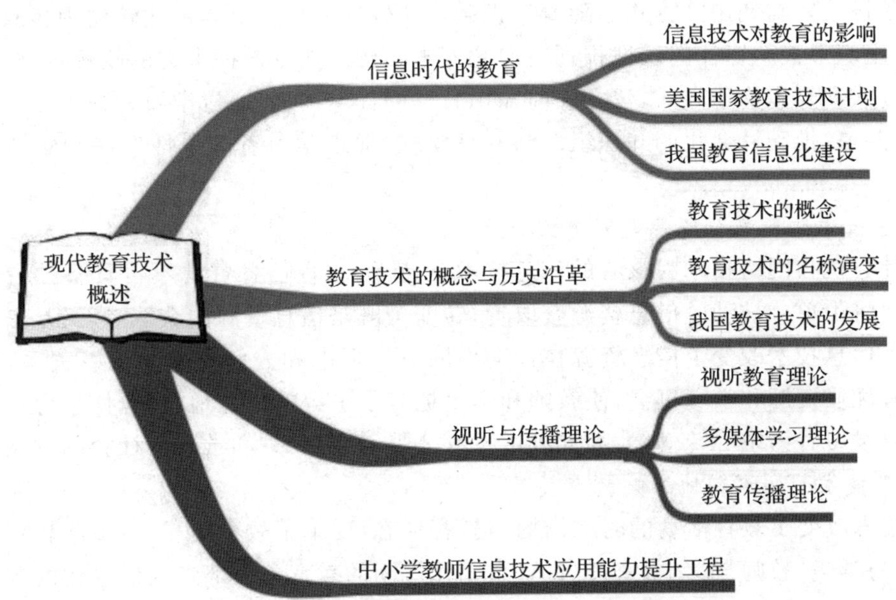

教育技术学是现代教育科学发展的重要成果，是教育科学群体中一门新兴的综合性学科。教育技术在教育教学中的应用，优化了教学过程，已经成为传统教学过程基本要素之外的第四要素。随着现代教育科学和现代信息技术的发展，人们对教育技术的理解和认识在不断深入，它的理论、概念和方法在不断完善之中。

1.1 信息时代的教育

1.1.1 信息技术对教育的影响

信息技术是在信息科学的基本原理和方法的指导下扩展人类信息功能的技术。信息技术是研究信息的获取、传输和处理的技术,有时也叫作"现代信息技术"。也就是说,信息技术是利用计算机进行信息处理,利用现代电子通信技术从事信息采集、存储、加工、利用以及相关产品制造、技术开发、信息服务的新学科。信息技术主要包括传感技术、通信技术、计算机技术和缩微技术等。信息技术可以扩展人的信息功能:传感技术的任务是延长人感觉器官收集信息的功能,通信技术的任务是延长人神经系统传递信息的功能,计算机技术则是延长人的思维器官处理信息和决策的功能,缩微技术延长人的记忆器官存贮信息的功能。

我国在2010年颁布的《国家中长期教育改革与发展规划纲要(2010—2020年)》中明确提出:"信息技术对教育发展具有革命性影响,必须予以高度重视。"当前,云计算、大数据、物联网、移动计算、3D打印等新技术不断涌现,经济社会各行业信息化步伐不断加快,社会整体信息化程度不断加深,信息技术对教育的革命性影响日趋明显。

1. 信息技术改变知识获取与利用方式

随着云计算与大数据管理、移动互联与智能终端的快速发展与普及应用,"知识就在手头"成为现实,知识已经不必也不能都记忆在人类的大脑中,外部海量存储的知识随需可得,关键是要掌握获取与利用的方式。随着知识载体从以往的单一书本形式转化为多媒体知识包,知识的组织形式从以往的线性排列转向超文本结构。充分发挥人类的联想机制,改变人们的认知方式和知识构建方式,建立面向知识分享的社交网络,通过学习者积极参与知识建构、交流与共享,推动社会化的知识组织与共享模式,促进学习者的个性发展与集体智慧的增长。

2. 信息技术改变教育资源配置方式

在以计算机与网络技术为核心的信息技术支持下,教育信息资源不再具备独占性和排他性。用户将由单一被动的信息资源获取者,转变为既是信息资源的获取者,又是信息资源的建设者。信息技术改变了信息资源在社会中的分布形态和人们对它的拥有关系,使得人人可以享有优质资源和学习机会,使教师和学生拥有了平等的信息地位,迫使教育从以教师为中心向以学习者为中心转变,大大推进了教育公平、教育民主和学习型社会的发展进程。

3. 信息技术开始深刻地影响教育关系

信息技术改变了教育活动的时空结构与教育形态,变革了教育模式,将引起教育关系的变化,学校与学生、教师与学生、家长与学生、同伴之间的教育关系都将因信息化的到来而创新发展。此外,信息化对于学校的管理也将产生深远的影响,优化教育管理模式,改善学校治理结构,也将促使新型教育关系的产生。在教育教学过程中引入网络技术,能够有力促进教育系统的重新组合和社会教育资源的优化配置。我国教育主管部门实施了远程教育工程,其目的就是要通过信息技术的应用,建立开放式的教育网络,最大限度地整合和优化教育资源,构建终身教育体系。

4. 信息技术引起教与学方式变革

网络学习资源日趋丰富，如网络精品课程、慕课、微课等课程形式，满足了学习者高效获取资源、自我控制学习进度的个性化学习需求。网上学习、移动学习、游戏学习、项目学习、翻转课堂等新型学习方式正在加速知识生产方式、传播方式和内化方式的变革。信息技术推动了教学内容呈现方式、教师教学方式、学生学习方式和师生互动方式的变革，为学生的学习和发展提供了丰富多彩的教育环境和有力的学习工具。通过在教学过程中普遍应用信息技术创新教学，促进信息技术与学科课程的融合，改变传统的教与学行为方式。泛在学习也正从理想转变成现实，学习者从传统的在课堂向教师学习，转变为学习者通过网络资源和视频互动学习平台，随时随地向教师学习，与同伴交流。

5. 信息技术改变教育评价标准

信息时代人才观更加注重人才的信息能力、创新能力以及协作精神、适应能力。在信息化时代，道德是人才的灵魂，体力和智力是人才的基础，信息和网络能力是人才的主要特点，而创新能力是人才培养的主要目的。信息时代需要“数字公民”具有较高的信息素养和必要的信息技能，拥有信息技术能力成为信息社会人们在生产生活中的一项基本技能，培养能够适应数字化生存和可持续发展的公民已经成为国际教育界的共识目标。面对数字化浪潮，应树立正确的世界观和学习观，利用信息技术手段主动学习、自主学习、探究学习、协作学习，切实提高信息素养。

1.1.2　美国国家教育技术计划

美国政府于 1993 年 9 月正式提出“国家信息基础设施”，俗称“信息高速公路”的建设计划，目的是发展以 Internet 为核心的综合化信息服务体系，推进信息技术（Information Technology，IT）在社会各领域的广泛应用，特别是把 IT 在教育中应用作为实施面向 21 世纪教育改革的重要途径，教育必须迎接来自互联网的网络教育的挑战。《国家教育技术计划》是美国发展教育技术的纲领性文件。

美国《国家教育技术计划》是在信息化时代的变局中，美国教育部根据不同发展阶段和不同教育技术背景制定的利用技术发展教育的纲领性文件。继 1996 年后，美国教育部又于 2000 年、2005 年、2010 年分别制定并发布了另三轮计划，强调了不同时期的美国教育技术的发展重点，在总结经验的基础上，指明了未来方向并提出了发展策略。自奥巴马执政后，美国政府更加注重教育信息化建设，要求相关机构合作营造基于信息技术的教育环境，实现社会、学校、家庭多方互动创新的教育技术模式，全方位改变传统的教育模式。

1996 年，美国教育部制定了第一个国家教育技术计划——《使美国学生为进入 21 世纪做好准备：迎接技术教育的挑战》，该计划的关注点是教育信息化基础设施的建设。2000 年，美国教育部提出了第二个国家教育技术计划——《数字化学习：让所有孩子能够随时随地得到世界一流的教育》。该计划关注信息技术设备在教学和学习中的利用率，支持并鼓励学生在教室、学校、社区及家庭中随时随地应用信息技术。2005 年，美国教育部正式颁布了第三个国家教育技术计划——《迈向美国教育的黄金时代：因特网、法律和当代学生变革展望》。该计划总结了美国教育技术的发展与进步，教育工作者和学生的变化，以及示范学校的教学变革，重点提出了发展教育技术的七项行动建议。自第三个教育技术计划发布以来，技术进步以及对学习研究的新成果为教育创造了许多机遇。2010 年 3 月 5 日，美国教育部教育技术办公室正式发布了第四个国家教育技术计划——《变革美国教育:技术推动学习》。计划提出了一个技术推动的21世纪学习模式,围绕学习、评价、教学、基础设施、生产力五个方面,提出了主要发展目标和建议。

《迎接未来学习:重思教育技术》作为美国教育部于2016年发布的第五个国家教育技术计划(简称2016NETP),倡导技术是改变学习的强有力的工具。认为技术有利于改善和加强教育工作者和学生之间的关系,改进学习和协作的方法,缩小长期存在的教育不公平,适应学习体验以满足不同学习者的需求,提出了教育信息化五个方面的发展目标。

1. 学习:让每个学习者都能通过技术参与学习体验。所有学习者都拥有校内外正式和非正式学习的体验,从而使他们成为全球网络化社会中主动的参与者,具有渊博的知识、创新意识和良好的道德标准。

2. 教学:利用技术来开展教学。确保教育者拥有全面的技术支持,可以随时随地与人、数据、各种资源、专业知识进行连接,为学习者提供更有效的学习体验。

3. 领导:为创新和改变创造文化和氛围。各级教育领导要充分了解教育技术,视其为主要职责之一;设定各州、各地区以及本土教育技术的愿景。

4. 评价:为了改善学习。各级教育系统将利用技术的力量来评价学习的有关事项并且充分利用评估的数据来改进工作,提高学习效率。

5. 基础设施:有效连接与使用。让所有学生和教师可以随时、随地、随需求使用完善的基础设施。

1.1.3 我国教育信息化建设

20世纪60年代中期,当"信息化社会"的概念第一次出现时,其内涵基本上属于社会学研究的范畴。主要指"通过从有形物质产品来创造价值的社会,向利用无形信息资源来创造价值的社会的转化和演变过程"。社会的信息化是指在社会的各个方面广泛使用信息技术的活动总称。教育信息化的概念是在20世纪90年代伴随着信息高速公路的兴建而提出的。在美国的"信息高速公路"计划中,特别把IT在教育中的应用作为实施面向21世纪教育改革的重要途径,美国的这一举动引起了世界各国的积极反应,许多国家的政府相继制定了推进本国IT在教育中应用的计划。

我国自20世纪90年代末开始,"教育信息化"的提法也开始出现了。现在,政府的各种文件已经正式使用"教育信息化"这一概念,并高度重视教育信息化的工作。教育发展十年规划指出,教育信息化是指在国家统一计划组织推动下,用现代信息技术通过各种渠道重点建设,充分利用软硬件资源,加速教育现代化的过程。2004年6月国务院在《关于教育的改革与发展的决定》中提出:"要大力发展普及信息化教育,以信息化带动教育现代化。"联合国教科文组织2005年出版的《教育领域的信息通信技术》将教育信息化划分为形成、应用、融合、革新四个阶段,我国教育信息化总体上处于应用阶段向融合阶段的过渡期。

祝智庭认为,教育信息化是指在教育领域全面深入地运用现代化信息技术来促进教育改革和教育发展的过程,其结果必然是形成一种全新的教育形态——信息化教育。信息化教育是以现代信息技术为支撑的新型教育形态/方式。教育信息化与信息化教育好比"信息化硬币"的两面。南国农认为,所谓教育信息化,是指在教育中普遍运用现代信息技术,开发教育资源,优化教育过程,以培养和提高学生的信息素养,促进教育现代化的过程。教育信息化经历两个阶段，一是视听教育阶段（20 世纪 70 年代后期至 90 年代初期），二是信息化教育阶段（20 世纪 90 年代中期直至现在）。教育信息化是实现现代信息技术与教育整合的过程，信息化教育是现代信息技术与教育整合后的表现形态。教育信息化是教育现代化的重要内容和主要标志，是实现教育现代化的必由之路。以教育信息化带动教育现代化是当今世界教育改革与发展的共同趋势。

2016 年 6 月 7 日，教育部正式颁布了《教育信息化“十三五”规划》，其中提出的发展目标为：到 2020 年，基本建成“人人皆学、处处能学、时时可学”与国家教育现代化发展目标相适应的教育信息化体系；基本实现教育信息化对学生全面发展的促进作用、对深化教育领域综合改革的支撑作用和对教育创新发展、均衡发展、优质发展的提升作用；基本形成具有国际先进水平、信息技术与教育融合创新发展的中国特色教育信息化发展路子。

1.2　教育技术的概念与历史沿革

教育是一种为适应社会需要，有目的地对人传授知识、技能和培养良好道德品质的社会活动。在人类文明的进程中，任何一类信息技术应用于教育都曾对教育产生过巨大的影响，以文字和印刷术的出现为代表的技术进步更是在教育领域引发了一场巨大的变革。现代信息技术向教育领域的扩展，为教育的改革和发展提供了十分有利的机遇，教育教学领域的观念、理论和方法也随之不断更新，教育技术是在此背景下产生和发展起来的。

1.2.1　教育技术的概念

20 世纪 70 年代首次出现“教育技术”的术语，1963 年的“视听传播”是教育技术的第一个正式定义。1970 年 6 月 25 日，美国视听教育协会改名为“教育传播与技术协会（Association for Educational Communication and Technology，AECT）”，它所定义的术语是“教育技术”而不是“视听教育”。目前，教育技术已经从一种视听教学方法的改革运动发展成为具有较完整的理论框架、实践领域的专业和学科，并对教育改革，实现有效、高效学习产生了重要、深远的影响。

1. 教育技术 AECT 定义

广义上来说，教育技术是人类在教育教学活动过程中所运用的一切物质工具、方法技能和知识经验的综合体，分为有形（物化形态）技术和无形（观念形态）技术两大类。有形技术主要指在教育教学活动中所运用的物质工具，往往通过黑板、粉笔等传统教具，或者幻灯、投影、电影、视听器材、计算机、网络、卫星等各种教育教学媒体表现出来。无形技术既包括在解决教育教学问题过程中所运用的技巧、策略、方法，又包括其中所蕴含的教学思想、理论等。有形技术是教育技术的依托，无形技术是教育技术的灵魂，这才是教育技术的真正内涵。

1994 年，AECT 对教育技术的定义是：“教育技术是设计、开发、利用、管理和评价学习过程和学习资源的理论与实践。”该定义的英文原文是：“Instructional Technology is the theory and practice of design，development，utilization，management and evaluation of processes and resources for learning.”从定义可以看到，教育技术的研究对象是学习过程和学习资源。学习过程是指为了达到预定学习效果而采取的一系列操作步骤和方法。学习资源是指在学习过程中可被学习者利用的一切要素。学习资源有人力资源和非人力资源之分。人力资源包括教师、同伴、小组、群体等，非人力资源包括各种教学设施、教学材料和教学媒体等。教育技术 AECT1994 研究内容见图 1-1。

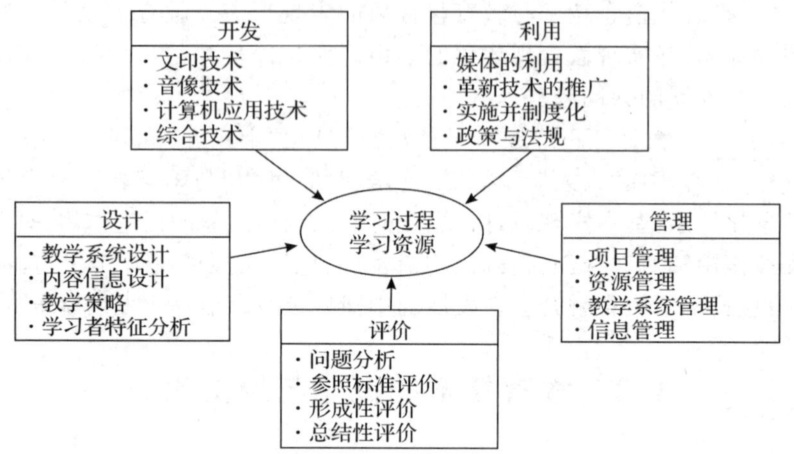

图 1-1　教育技术 AECT1994 研究内容

按照此定义，教育技术的研究内容应当包括学习过程与学习资源的设计、开发、利用、管理与评价五个方面，每个方面都有其具体的内容。

设计：是指为达到一个确定的教学目标，在教学理论、学习心理、媒体传播等相关理论的指导下，对教学系统进行完整而详细的设计过程，包括对目标、学习者、内容的分析，教学策略、媒体的选择，效果的评价等多个环节。这一领域已发展成一个较为独立的教学设计研究方向，成为教育技术的重要组成部分。

开发：是指将各种教学模式、媒体技术应用于教学过程的研究，是对教学设计成果的"物化"过程，同时又是为理论的发展提供实践数据的过程。因此，这种开发不仅是依靠某种媒体技术制作教学产品，更广泛的是对整个教学系统的实践与改进。开发的范围可以是一节课、一个教学项目，也可以是一个庞大系统工程的规划与实施。

利用：是指对不断出现的新技术、各相关学科的最新成果以及各类信息资源的利用和传播。

管理：是指对所有学习资源和学习过程进行计划、组织、指挥、协调和控制。包括对教学系统的管理、信息与资源的管理、教学研究与开发的管理等。只有科学的管理，才能保证教学效果的优化。

评价：则是指对教学系统运行状态及效率的评价研究。这里既涉及单一环节或因素的评价，也有对系统整体的评价，既有总结性评价，也有形成性评价。多角度、多方位的科学评价体系，才能保证教学系统研究更加科学、合理。

以上是按照教育技术定义的表述方式，分别对各部分内涵进行解释。但在实际的工作中，这些方面并不是相互孤立、各自为营的，更多的是多个部分的有机结合，如设计与开发、利用与管理、设计与评价、开发利用与评价等。可以说教育技术是在相关理论与技术的综合运用中，对各类不同模式和大小的教学系统进行的研究和实践，其目的就是要达到教学（学习）效果的优化。所以教育技术虽然从学科属性上归于教育学科，但它具有鲜明的综合性、交叉性特征。也正因为如此，对教育技术的学习者提出了更高的综合素质要求。

对“教育技术”，AECT 在 2005 年公布了新定义，彭绍东教授将其翻译为：“教育技术是通过创造、使用、管理适当的技术过程和资源，促进学习和改善绩效的研究与符合道德规范的实践。”英文原文为：“Educational technology is the study and ethical practice of facilitating learning and improving performance by creating, using, and managing appropriate technological processes and resources.”教育技术 AECT2005 的研究内容如图 1-2 所示。

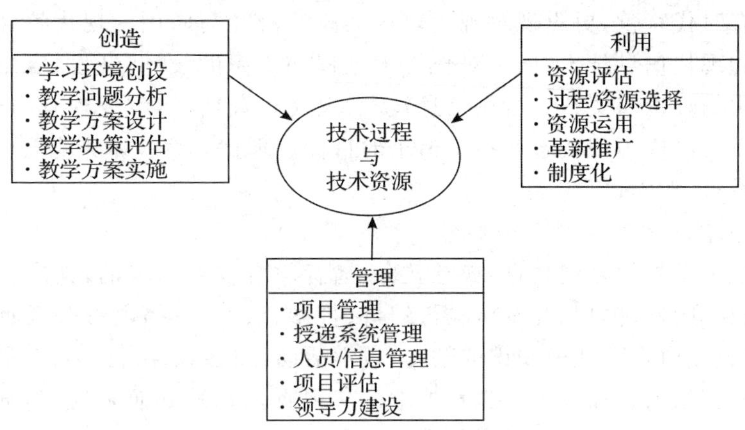

图 1-2　教育技术 AECT2005 的研究内容

该定义表明：

(1)该领域的名称又从“教学技术”(instructional technology)回到“教育技术”(educational technology)。

(2)教育技术有两大领域：“研究”和“符合道德规范的实践”，教育技术实践要符合一定的道德规范。

(3)教育技术有双重目的：“促进学习”和“改善绩效”。由此看出，随着事业的发展，教育技术的目的已从“为了学习”扩展到“促进学习”，而不是“控制或强迫学习”，并扩展到学习之外的“绩效”的改善方面，扩展到对学校教育与企事业人员培训的双重考虑，扩展到教学效果、企业效益与教育投入(成本)等多因素的整体评价。

(4)教育技术有三大范畴：“创造”“使用”“管理”。对所有的教育技术实践活动与行为提出了较高要求——“符合道德规范”，加上教育中技术的运用越来越普及，明确提出要以道德规范来约束教育中的技术行为，不只是研究“能做”，还要研究“应做”。按管理科学的解释，“管理”范畴本身在一定程度上包括“评价”这一子范畴。因为管理中的“计划、组织、协调、指挥与控制”是建立在准确、及时、经常性的“评价”基础之上的。

(5)教育技术有两大对象：“过程”和“资源”。不过，AECT2005 定义中的“过程”和“资源”之前有一个限定词，指“适当的技术性的”“过程”与“资源”，这与 AECT1994 定义中的“过程”与“资源”有一定区别。

(6)教育技术的主要特征在于其技术性。表现为教育技术研究的重点是适当的技术性过程与技术性资源，表现为技术实践的“符合道德规范”性、技术工具与方法运用的先进性、技术使用效果的高绩效性。

2. 现代教育技术的定义

20 世纪 80 年代初，我国电化教育领域从美国引进了“教育技术”的概念和理论。为了适应我国社会对教育技术人才的需求，促进我国教育教学的改革与发展，我们在保持自身特色的同时，吸取了美国教育技术中的有益成分，如强调教学设计、强调系统方法等，提出了现代教育技术的概念。

现代教育技术与教育技术相比并没有本质的区别，加上“现代”一词无非是想突出教育技术更应关注那些与现代科学技术有关的课题，充分利用现代科技成果提供的物质条件，使教育技术更具有时代特色，更重视对现代教育媒体的研究与应用。现代教育技术是指运用现代教育理论和现代信息技术，通过对教与学过程和资源的设计、开发、应用、管理和评价，以实现教学优化的理论与实践。运用信息技术（现代教育技术）改变现有的教与学方式，实现教育跨越式发展已成为现代教育技术追求的目标。现代教育技术则主要是指应用信息技术手段来优化教育、教学过程。

3. 与现代教育技术相关的几个概念

视听教育是由国外的直观教育、视觉教育、播音教育发展而来的，其内容和范围比较广泛，凡是运用照片、图标、模型、标本、仪器、幻灯、投影、录音、广播电影等视听工具进行教育教学活动，以及直接由视听获得知识的教育、教学活动，如参观、旅行、表演、展览、实验、实习等都属于视听教育的内容和范围。教育技术是从视听教育发展而来的，其研究内容与范围更加广泛。AECT1994 定义认为教育技术的研究对象是学习过程和学习资源。AECT2005 定义认为教育技术的研究对象是促进学习和提高绩效的技术性过程和资源。从中可以看出，二者的研究对象趋向一致。

电化教育是我国特有的名称，在研究范围上，比视听教育和教育技术要小，侧重于现代教育媒体。电化教育以现代教育媒体的研究和应用为核心，是我国电化教育的最大特色，是我国电化教育与外国视听教育或教育技术的最大区别。电化教育的研究对象是在现代教育媒体和媒传教法作用下的教学过程，而不是一般的教学过程；是与电教资源自然地交织在一起的那些学习资源，而不是一般的学习资源。现代教育技术与电化教育具有相同的研究对象。“‘教育技术’是来自美国的洋货，‘现代教育技术’是出自本国的土产。”

信息化教育是电化教育发展的一个阶段，与教育信息化是同一件事情——实现信息技术与教育的整合。教育信息化是实现信息技术与教育整合的过程，信息化教育是信息技术与教育整合后的表现形态。教育信息化是指在教育中普遍运用现代信息技术，开发教育资源，优化教育过程，以培养和提高学生的信息素养，促进教育现代化的过程。由此可见，视听教育、电化教育、教育技术和现代教育技术，从来源和本质上看是一致的，甚至指的是同一事物，并无实质性的区别。如果说它们有区别的话，就是在研究重点和对某些问题的研究视角上有所不同。

1.2.2 教育技术的名称演变

欧洲文艺复兴之后，为科学革命奠定了思想基础——经验主义认识论。教育技术产生的最原始动机是人们对直观教学（object teaching）的追求。教育技术从历史上最早可追溯到 17 世纪书中的插图、18 世纪教室中使用的黑板。捷克教育家夸美纽斯（1592—1670）从适应自然秩序的原理和感觉论出发，提出直观性原则。他认为，人总是通过观察实物本身，从事物的本源去获得知识，因此，应运用事物和图形来补充口语和书面教学。夸美纽斯主张，“让一切学校布满图像”，“让一切教学用书充满图像”，并于 1658 年编写了专为儿童教学而设计并附有插图的教科书《世界图解》，其中 150 幅木刻画是学与教的手段。他被西方国家誉为“直观教学之父”。迈耶(Mayer)认为这是多媒体教学的一个重要突破，是多媒体教学的先驱。

1. 视觉教育

19 世纪末 20 世纪初，科学技术飞速发展，各种电子类新媒体大量涌现。在直观教学思想的促进下，这些新的科技成果迅速被应用到教学活动中，并获得了巨大的成功。1913 年爱迪生曾预言：“电影注定要彻底革新我们的学校教育系统。”

事实上，在 20 世纪 20 年代对教育技术美国采用的名称是“视觉教育”，主要是指利用各种视觉媒体如幻灯、无声电影等，向学生提供生动的视觉形象以辅助教学。美国在 1918—1928 年间兴起了一场大规模的教学改革运动——视觉教育运动。今天，学术界正是以这场视觉教育运动为标志，作为教育技术的起点。1928 年美国柯达公司成立教学电影部，专门组织制作教学电影。全国成立了 5 个视觉教育专业组织，20 多个教师培训机构开设了视觉教育课程，出现了 5 种视觉教育学术杂志。这些机构的建立为教育研究开辟了一个新的领域，教学人员在这一领域中开展了大量的实验和研究，在视觉教育的有效性和适应性方面取得了一系列的成果。

2. 视听教育

20 世纪 30 年代有声电影开始应用于学校教育，使得“视觉教育”一词无法概括新的实践活动，于是人们开始采用“视听教育”一词，视觉教育扩展到视听教育。在视听教育初期，在“二战”这特定的历史时期，视听教育在企业和军队的训练中得到大力的发展。1947 年，美国教育协会视觉教育分会正式改名为视听教育分会。1953 年出版了专业刊物《视听传播评论》。在视听教育理论研究中，最具代表性的是美国教育家、俄亥俄州立大学教授戴尔(E. Dale)。他的代表作《教学中的视听方法》作为视听教育的标准教科书广泛流行。书中所论述的著名的“经验之塔”理论，成了当时乃至后来视听教育中的主要理论依据。

在媒体技术方面，一般认为，美国心理学家普莱西(S.L.Pressey)是世界上第一台教学机器的发明者，但由于当时社会上对其需求不强烈，加之机器性能有限，没得到推广。20 世纪 50 年代中期，美国心理学家斯金纳(B.F.Skinner)根据操作条件反射原理，在普莱西教学机器的基础上，进一步提出了教学材料的程序化思想，并设计了新一代教学机器，即程序教学机，技术第一次被特别开发以迎合教育的需要。在斯金纳的推动下，1958 年美国哈佛大学和拉德克利夫学院用 10 部程序教学机进行人类行为课程的教学。这一时期教学机器所用的程序教材也曾在很多国家的各级各类教学和训练中逐步推行。

3. 视听传播

进入 20 世纪 50 年代，视听教育(audio-visual communication)因传播理论和早期系统观念的引入，发生了一次重大的变化。随着电视媒体的普及，程序教学与教学机器风靡一时以及计算机辅助教学的研究深入，视听教育迎来了又一个新的媒体变革时期。教材操作的自动化、形态的多样化、教学过程的程序化等新的研究目标与尝试，引发了人们对“视听教育”的重新界定。“视听传播的实际目的是使用有助于充分发挥学习者能力的各种传播方法和媒体得到充分有效的使用。”

在理论研究方面，系统理论是 20 世纪 50 年代出现的方法论学科，其目的是从新的角度揭示客观世界的本质联系和运动规律，为科技的发展提供一种新的思路和方法。霍本

(Charles F.Hoban)和芬恩(James Finn)这两位当时美国视听教育界的泰斗，于50年代末向业内介绍了系统理论，并提出了教学系统的概念，指出视听领域的研究重心应是整体教学系统的规划和设计，而非只限于教具和教材本身。“视听与教育传播过程的关系”理论模型的几个步骤如下：(1)明确教学目标，并使教学目标具体化。(2)根据教学目标的要求，选择合适的教学信息——教学内容。(3)进行视听传播设计。(4)把视听传播设计的产物——教学系统投入教学情境中使用。(5)对评价获得的数据进行分析。

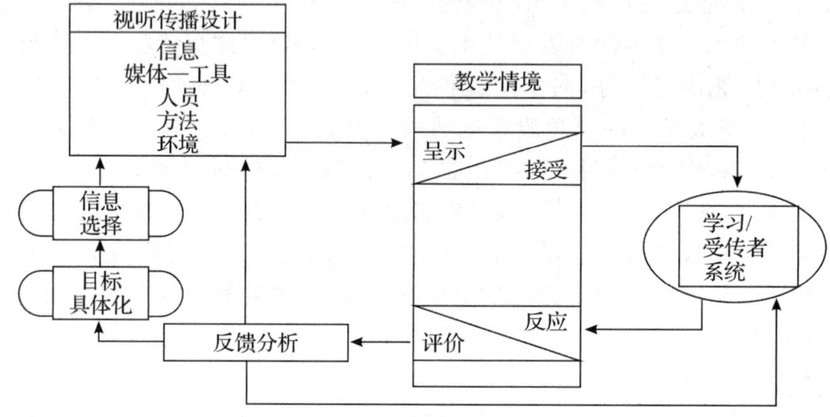

图 1-3　教育传播过程中的视听关系

在实践应用方面，20世纪50年代末60年代初，教育电视台雨后春笋般地在世界各地涌现，仅美国就有300多个，日本也有100多个。20世纪70年代中期卫星电视系统开始出现，1974年美国通过6号实用技术卫星转播电视教学节目，揭开了卫星教育电视的序幕。由此产生了教育技术中的又一个新的发展领域——远程教育，并很快成为教育技术中规模最大的一种教学形式。它对教育的规模化发展，尤其是偏远地区教育的推动起到了重要的作用。传播理论和系统理论拓宽了视听领域的视野，学者们开始把关注的焦点从视听教具逐渐过渡到整体教学传播过程和教学系统的宏观层面上。鉴于这样一种变化，1971年美国视听教育协会正式更名为美国教育传播与技术协会(AECT)。

4. 教育技术

1972年美国教育传播与技术协会将其实践的领域定名为教育技术。至此，教育技术一词才作为一个学术领域的正式名称确立下来，此后又相继出现过教学技术、学习技术等。在随后的20多年里，教育技术在相关学科的发展影响下，不断地进化和丰富。在早期程序教学理论的深刻影响下，教学设计研究开始出现，并与系统理论相结合，使教学系统开发成为现代教育技术的重要内容。20世纪80年代以后，教学设计理论日趋成熟，与媒体技术的结合也更加紧密。同时，学习心理学的新发展为教育技术的理论注入了新活力。在新的心理学理论指导下，对教学设计的研究已成为当今教育技术的热点。

教育技术在研究领域和范畴上的变化，也促进了人们对“教育技术”一词的再认识。1994年美国教育传播与技术协会对此作的定义阐述，成为迄今为止最为全面、明确阐明教育技术内涵的定义，也是受认可程度最高的。总之，教育技术的理论发展与媒体技术及其他相关学科的理论发展具有紧密的关联性，通常是对探索性实践的总结、综合与升华，之后是对实践的再指导。

1.2.3　我国教育技术发展

我国教育技术的发展历程与世界教育技术发展的各个阶段是基本相似的，只是由于我国经济、历史、科技的原因，与美国等发达国家相比有所滞后。美国在发展教育技术的过程中，形成了一系列的理论、方法和发展范式，这些理论和发展范式对我国教育技术的实践和研究具有借鉴意义。AECT 教育技术定义对教育技术的研究对象、研究范畴的界定，加深了人们对教育技术理论和实践的理解。教育技术在我国的发展历史可以分为两个大的阶段。

1. 电化教育的发展

20 世纪 20 年代，受美国视觉教育运动的影响，在我国的一些大城市如上海、南京等地的学校中，教育界人士开始尝试用无声电影、幻灯等媒体进行教学，标志着我国电化教育的萌芽。“电化教育”一词在我国较为正式地使用始于 1936 年，当时的教育部举办电化教育人员训练班，由各地选派学员参加，随后，电化教育一词逐步流传开来。30 年代到 40 年代，这一活动发展很快，应用规模不断扩大，同时也出现了电化教育的专业培训机构，理论研究逐步深入，出现了一些文章和专著。这一时期南京金陵大学在推进电化教育方面是最为著名的。40 年代，当时的南京国民政府教育部成立了电化教育委员会，“电化教育”一词作为这一领域的正式名称开始确认。

新中国成立以后，我国政府对电化教育给予充分的重视，在文化部和教育部的推动下，全国开展了多种形式的学术活动，出版了多种专业期刊、论著。60 年代开始各类学校应用录音、电影、幻灯投影等媒体进行教学的活动十分活跃，同时无线广播在社会教育方面获得大规模应用，各地建立起了官方性质的电教机构。1978 年成立了中央广播电视大学，利用卫星电视进行教学。在 80 年代中期，一些师范大学开设了电化教育本科专业。对理论研究进一步深入，出现了大量专业期刊和论著。

当时的电化教育专门指电影教育和播音教育，后来人们对电化教育的内涵进行了扩展，尤其是自 1978 年以来，人们对其概念的界定进行了广泛探讨，提出了很多定义。新中国电教事业的开拓者与奠基人南国农先生认为：“电化教育，就是在现代教育思想、理论的指导下，主要运用现代教育技术进行教育活动，以实现教育过程的最优化。”用公式表示就是：现代教育思想、理论×现代教育技术＝电化教育。说明电化教育是现代化教育思想、理论与现代教育技术相结合的产物。“现代教育思想、理论与现代教育技术是构成电化教育的两个基本要素，两者缺一都不能取得成功的电化教育。”电化教育是一种新的教育方式，并不排斥传统教育媒体，强调传统媒体与现代媒体的恰当结合，共同完成教育教学任务。

2. 教育技术的全面发展

从 20 世纪 80 年代后期，随着与国外教育技术界交流的增加，新的理论、经验、成果的不断吸纳，人们发现我国电化教育的发展基本上是在视听教育的研究范畴中。人们发现，美国的教育技术同中国的电化教育并不完全是一回事。为适应新时代的教育需求，促进我国教育改革的深入，有必要借鉴国外教育技术的成果和经验，对电化教育重新定位。在这样一个思想指导下，我国的电化教育开始向教育技术转变，出现了教育技术全面发展的新态势。

(1)广播电视教育继续发展

我国远程教育在这一时期的继续发展主要表现为卫星电视教育的开创和发展。我国政府在80年代后期投资购买了国际通信卫星上的两个转发器，分别于1986年7月1日和1988年11月1日起开通了两个专用的教育卫星电视频道。为了组织好卫星电视教育，原国家教育委员会在1987年正式建立了中国电视师范学院和中国教育电视台。主要任务是组织有关专家制定高等专科和中等师范各学科专业的专业计划和课程设置，组织和协调各类课程印刷教材及广播电视教学节目的制作和发行。中国电视师范学院组织的各类师范学历教育课程即在职培训课程通过中国教育电视台的专用教育卫星电视频道播出。学生注册和管理、课程教学过程以及考核和发证由各地师范院校、电视大学组织实施。

(2)教育技术学科体系逐步形成

在学科发展上，从90年代开始各高校纷纷将原电化教育专业名称改为教育技术学，同时人才培养层次不断提高。1978年到1984年，电教人员和电教机构蓬勃发展的形势和背景推动了教育技术学专业的出现和壮大。1983年，华南师范大学、华东师范大学首先开设四年制本科电化教育专业和教育信息技术专业。1986年底，包括北京师范大学在内已有25所高校设置了电化教育专业、教育技术专业或教育传播专业。1986年，国务院学位委员会正式批准北京师范大学、河北大学、华南师范大学设立教育技术学硕士学位授予点，明确了教育技术学是教育科学的分支学科。1992年，全国高等师范院校四年制本科电化教育(教育技术)专业教学计划将"教育技术"正式写入文件中，将课程设置中原来的"电化教育概论"改为"教育技术学导论"。1993年，原国家教委颁布的高等师范院校本科专业目录正式确定将电化教育专业更名为教育技术学专业。1993年经国务院学位委员会批准，在北京师范大学设立了我国第一个教育技术学博士点。到1996年，全国有30余所高校设立了本(专)科教育技术学专业，10余所高校建立了硕士点，3所高校具有博士授予资格。

(3)农村现代远程教育工程(简称"农远工程")顺利实施

"农远工程"是我国基础教育信息化发展过程中的一大壮举。实施数年来，千百万农村中小学生从中受益，与城市学生一起共享优质教育资源。2003年以来，教育部、国家发展和改革委员会、财政部共同开展了农村中小学现代远程教育工程试点工作。在此基础上，争取用五年左右时间完成工程。实施农村中小学现代远程教育工程按照"总体规划、先行试点、重点突破、分步实施"的原则推进。工程投入以地方为主，多渠道筹集经费，中央对中西部地区给予适当扶持。实施农村中小学现代远程教育工程，着力于教育质量和效益的提高，与农村各类教育发展规划和中小学布局调整相结合，与课程改革、加强学校管理、教师继续教育相结合，与"农科教结合"、"三教统筹"、农村党员干部教育相结合。"农远工程"有三个技术模式。

模式一：教学光盘播放点

模式一可实现光盘教学资源播放功能，其系统主要由以下部分构成：电视机、DVD播放机、成套教学光盘。特点：成本低且维护简单，使用方便。适用对象主要是具备基本供电条件的农村小学教学点。

模式二：卫星教学收视点

可实现卫星教学资源收视、互联网接入和文件打印等功能，主要由以下部分构成：卫星接收系统、计算机、电视机、DVD播放机和1～6年级所需的教学光盘。特点：该模式同时具备模式一的全部功能，教育教学资源更新及时，传输速度快，资源量大，并可为农村普及实用科学技术、传递经济市场信息、开展党员干部现代远程教育提供服务。适用对象主要是具备基本供电和通信条件的农村小学。

模式三：计算机教室

该模式同时具备模式一和模式二的全部功能，是为农村初中学生提供网络和多媒体条件下的学习环境。该模式具有较大的可扩展性，可实现互联网接入，适当增加配置，还可实现双向交互式辅助教学、局域网组播和教学节目录制，及与当地有线电视网或闭路电视系统相结合等功能。适用对象主要是具备基本供电和通信条件的农村乡镇初中。

2016 年 6 月 7 日，教育部正式颁布了《教育信息化"十三五"规划》，规划要求"不断扩大优质教育资源覆盖面，优先提升教育信息化促进教育公平、提高教育质量的能力"，深入推进三个课堂建设：

(1)积极推动"专递课堂"建设。巩固深化"教学点数字教育资源全覆盖"项目成果；推广"一校带多点、一校带多校"的教学和教研组织模式，逐步使依托信息技术的"优质学校带薄弱学校、优秀教师带普通教师"模式制度化。

(2)大力推进"名师课堂"建设。充分发挥名师的示范、辐射和指导作用，积极组织推进多种形式的信息化教学活动，鼓励教师利用信息技术创新教学模式，推动形成"课堂用、经常用、普遍用"的信息化教学新常态。

(3)创新推进"名校网络课堂"建设。利用"名校网络课堂"带动一定数量的周边学校，使名校优质教育资源在更广范围内得到共享，让更多的学生享受到高质量的教育。

1.3　视听与传播理论

1.3.1　视听教育理论

视听教育理论研究如何利用视觉、听觉感官的特点和功能，提高教育信息传递的效果。它的心理学基础是以行为主义心理学为背景的视感知规律、听感知规律和"经验之塔"理论。

1. 课程的视觉化思想

到了 20 世纪后，随着科技的发展，照相、幻灯和无声电影被用于教学。美国人提出了"视觉教育"的概念，并于 1923 年美国教育协会建立了视觉教育分会。1937 年霍本等人在《课程的视觉化》一书中，提出了视觉教材的分类模式和选用原则(如图 1-4)，系统地论述了视觉教育的理论基础，提出了将各种媒体按具体或抽象程度进行分类的观点，并设计出了分类的层级模型。这个模式主要以教具为基准，按其所提供的教材的具体-抽象程度排列成示意图：从实地见习开始，它提供的教材最具体；越向上，具体性逐渐减少而抽象性逐渐增加。相对来说，言语最抽象。霍本还指出，在选用视觉教材时有四个方面值得考虑，即视觉教材本身的现实性、学生过去的经验范围和性质、教育目的和教室环境、学生智力的成熟程度。

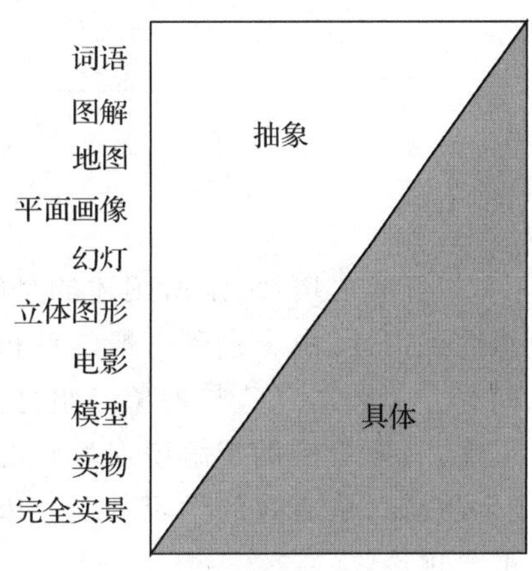

图 1-4　课程的视觉化

2. 戴尔的经验之塔理论

(1)经验之塔的基本思想

在众多关于视听教育的研究中，最有影响的是美国教育家戴尔(E.Dale)于1946年出版的《教学中的视听方法》(*Audio-Visual Methods in Teaching*)。书中研究了录音、广播等视听教学手段怎样在教学中使用，会产生怎样的教学效果等一系列问题，总结出一系列视听教学方法，提出了相关的教学理论，这就是视听教学理论。戴尔把人类获取知识的各种途径和方法概括为一个"经验之塔"来系统描述，因此，人们又将这一理论称为"经验之塔"理论。由于视听教育的效果在实践中得到了检验和肯定，所以二战以后的10余年的时间里视听教育得到了稳步发展。

"经验之塔"是一种形象化的比喻，是视觉教具层级分类模型的发展。它依人们获得知识和技能的各种经验依照抽象程度，将人类学习的经验分为做的经验、观察的经验和抽象的经验三大类，并按抽象程度分为十个层次：有目的直接经验，设计的经验，参与活动，观察示范，见习、旅行，参观展览，电影、电视，广播、录音、照片、幻灯，视觉信号以及词语符号。如图1-5所示。

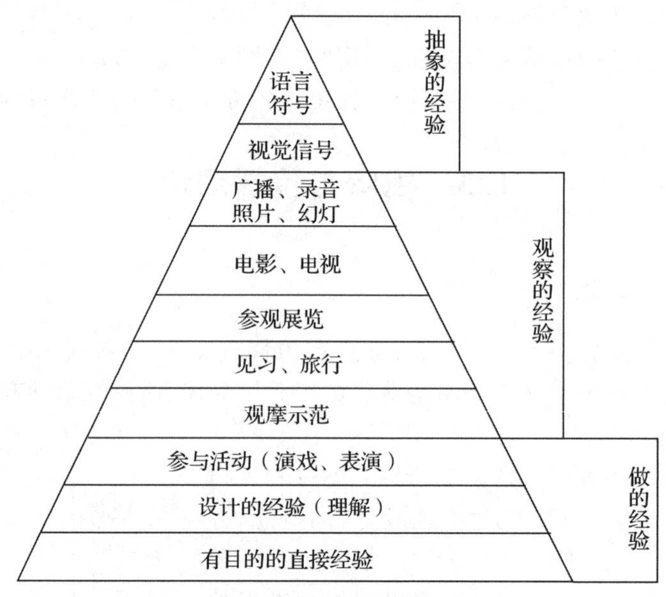

图1-5 戴尔的"经验之塔"

"经验之塔"理论所阐述的是经验抽象程度的关系，符合人们认识事物由具体到抽象、由感性到理性、由个别到一般的认识规律。而位于塔的中部的广播、录音、照片、幻灯、电影电视等介于做的经验与抽象经验之间，既能为学生学习提供必要的感性材料，容易理解，容易记忆，又便于借助于解说或教师的提示、概括、总结，从具体的画面上升到抽象的概念、定理，形成规律，是有效的学习手段。因此，它不仅是视听教育理论的基础，也是现代教育技术的重要理论之一。

(2)"经验之塔"理论的要点

戴尔"经验之塔"理论可以概括为以下几个要点：

(1)经验之塔最底层的经验是最直接、最具体的经验，越向上越抽象。底层的经验易于理解和记忆;顶层的经验易获得概念,便于应用。

(2)教学应从具体经验入手,逐步过渡到抽象,学习间接经验要尽可能以直接经验为基础。

(3)教学不能止于直接经验,必须引导学生向抽象思维发展。因为概念是思维推理的工具,它使探求知识的智力过程大为简单化、经济化。

(4)位于塔腰部分的是替代经验,它能突破时空限制,弥补学生直接经验的不足,克服了教学中具体经验向抽象经验过渡脱节的矛盾。替代学习经验的思想是教学媒体应用于教学过程的主要理论依据。

(5)应充分重视直接经验的作用。传统教学比较重视书本知识的教学,对直接经验重视不够,应予纠正。但如果把直接经验过分看重,是否也有危险?戴尔说,危险是危险,但不会那样大。如果教育太过于具体化,那就是没有达到更普遍的充分了解,但在今日这种危险只是理论的,因为我们还没有开始做到教学应有的具体程度。这种思想对指导我国当前的基础教育改革仍具有现实意义。

以经验之塔为核心的视听教育理论对教育技术的发展发挥过重要作用,即使到了今天,它仍具有重要的理论指导作用。在网络时代,我们获取知识的途径方式和所要学习的内容都较以前发生了巨大变化,都已或轻或重打上了网络的烙印,网络时代的"经验之塔"是传统经验与网络经验的融合。

1.3.2　多媒体学习理论

1. 多媒体认知过程

(1)多媒体学习的认知模型

多媒体是一种以计算机为媒体的交互式呈现方式,包括文本、声音、静态图像、动态图像和动画等元素,当电脑呈现的材料包含两种以上的上述元素时,我们就可以认为这是多媒体的呈现。依靠多媒体呈现方式所进行的学习就是多媒体学习。美国当代教育心理学家、认知心理学家迈耶(Richard E. Mayer)等人在双重编码理论、认知负荷理论和建构主义学习理论的基础上提出了多媒体学习的认知理论,揭示了多媒体学习的认知过程,即多媒体学习是从所呈现的文本或叙述中选择相关语词或从所呈现的画面中选择相关图像,并将所选择的文字组织成连贯清晰的语言心理表征(或者将图像组织成图像表征),进而将言语模型、图像模型与先前知识进行整合。认知过程模型如图1-6所示。

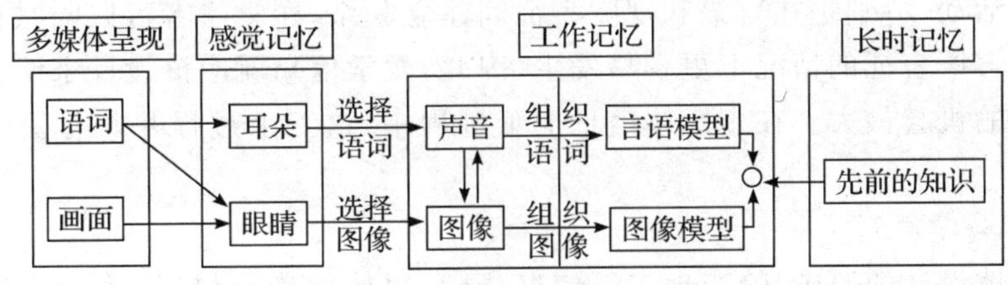

图1-6　多媒体学习的认知模型

根据加拿大心理学家佩维奥(Pavio)提出的双重编码理论,认为视觉和言语材料在不同的加工系统中进行加工,视觉通道的输入开始于眼睛,最后产生的是图片表征,而听觉通道的输入开始于耳朵,最终产生的是言语表征。因此,迈耶针对多媒体学习理论提出以下三个基本假设：

①双通道假设。人们对视觉表征和听觉表征的材料分别拥有单独的信息加工通道，当信息呈现在眼睛(如图表、动画、录像或屏幕文本等)时，人们开始在视觉通道加工该信息；而当信息通过耳朵呈现时(如叙述和非言语的声音)，人们用听觉通道加工信息。

②容量有限假设。人们的每个通道上一次加工的信息数量是有限的。当呈现图表或动画时，学习者在其工作记忆中只能同时保持几个图像，而且这些图像还只是反映了呈现材料的部分，人们通过元认知策略来对这些有限的认知资源进行分配、监控和调整。

③主动加工假设。人们为了对经验建立起一致的心理表征，会主动参与认知加工。这种主动的加工包括形成注意、组织新进入的信息和将新进入的信息与其他知识进行整合。主动认知加工能产生一个一致的心理表征结构，因此主动学习可以看作模型建构的过程。这个假设对多媒体设计有两个重要的启示：一是所呈现的材料应该有一致的结构，二是应该向学习者提供建立结构的引导信息。

(2)多媒体学习的认知过程

根据迈耶的观点，学习应是知识建构的过程，学习者作为信息的主动加工者和意义的主动建构者，其目标不应该停留在记忆和保持上，更重要的形成理解和迁移。学习者的认知活动主要包括三个基本过程：选择、组织和整合。

①选择过程。学习者需要注意经过眼、耳进入信息加工系统的视觉与言语信息中的有关内容，从呈现的言语信息中，学习者选择重要的词语进行言语表征(即语词选择)，其结果是建构命题表征或语词库，对多媒体信息中相关的语词给予注意。在多媒体学习中，多媒体呈现包括语言和图片两种，图片通过眼睛进入感觉记忆，而语言可通过眼睛(以屏幕文本的形式)或耳朵(以听觉叙述的形式)进入感觉记忆。

②组织过程。学习者从感觉记忆中选择相关的语言和图像进行加工，这些加工在工作记忆中进行。在工作记忆中，认知积极的学习者会建立心理联系，把语言和图像分别组织进"言语心理模型"和"视觉心理模型"。对听觉语言和视觉语言、图像的加工分别在听觉通道和视觉通道中进行，所占用的工作记忆也各不相同。

③整合过程。学习者会将言语和视觉心理模型与他们从长时记忆中提取的相关先前知识进行整合，把新知识整合到已有的相关认知结构中去，从而达到对知识的有意义学习。要产生有意义的学习，学习者必须完成这些认知加工的每个步骤，即选择相关的单词和图像，将它们组织进相应的言语和视觉表征，并与相应的言语和视觉表征整合。

这些认知活动，特别是在言语和视觉表征间建立联系，在学习者可以同时在记忆中保持相应的视觉和言语表征的情况下更容易发生，因此，教学信息就应该设计来使得这些重要的认知加工产生的机会最大。在多媒体信息加工过程中，这三个过程并非总是以线性的顺序发生。

2. 多媒体教学原则

遵照多媒体设计的原则，恰当地表征信息、研究媒体的优化组合，才能设计出符合人类心理认知方式的网络课程。迈耶2009年出版的 *Multimedia Learning* 第二版中提出了多媒体设计的12条原则和2个边界条件，如表1-1。其中，第1～5条属于减少外在加工(reducing extraneous processing)的原则，第6～8条属于管理必要加工(managing essential processing)的原则，第9～12条为培养生成加工(fostering generative processing)的原则。

另外，每个原则都有需要遵循的边界条件（boundary conditions），包括学习者的个人特点和呈现的复杂性和步调。

表 1-1　迈耶多媒体教学原则(2009)①

原则	描述
1. 一致性原则（coherence principle）	当无关的语词、画面、声音和音乐等材料被排除时更能促进学生的学习
2. 标记原则（signaling principle）	对重要内容的组织给予突出强调会提升学习效果
3. 冗余原则（redundancy principle）	学生学习由“动画＋解说”组成的呈现材料比学习由“动画＋解说＋屏幕文本”组成的呈现材料能取得更好的效果
4. 空间邻近原则（spatial principle）	书页或屏幕上的对应的语词与画面邻近呈现比隔开呈现能使学生学得更好
5. 时间邻近原则（temporal principle）	对应的语词与画面同时呈现比继时呈现能使学生学得更好
6. 分割原则（segmenting principle）	多媒体教学信息按照学习者学习步调分段呈现，学习者的学习效果更好
7. 预训练原则（pre-training principle）	学习者掌握和了解学习内容的主要概念的名称和特征以后，会从多媒体中学习得更好
8. 通道原则（modality principle）	学生学习由“动画和解说”组成的多媒体呈现比学习由“动画和屏幕文本”组成的多媒体呈现的学习效果好
9. 多媒体原则（multimedia principle）	学生学习“语词和画面”组成的呈现比学习只有语词的呈现学习效果好
10. 个性化原则（personalization principle）	学习者使用会话风格的多媒体材料进行学习，效果好于使用一般说明风格的多媒体材料
11. 标准发音原则（voice principle）	多媒体信息中的言语使用标准口音比使用机器和外语进行解说，效果更好
12. 形象出镜原则（image principle）	多媒体形式呈现信息的时候，讲解者的形象出现在屏幕上的学习效果不一定更好
设计原则的边界条件	
1. 个性差异条件（individual difference conditions）	多媒体设计效果对知识水平低的学习者要强于对知识水平高的学习者，对空间能力强的学习者要好于对空间能力弱的学习者
2. 复杂性和步调条件（complexity and placing conditions）	多媒体设计效果对高复杂性的学习内容要强于低复杂性的学习内容，对快节奏的呈现要好于慢节奏的呈现

① Richard E. Mayer. Multimedia Learning (Second Edition)[M]. New York: Cambridge University Press, 2009: 267-269.

遵照多媒体设计的原则，恰当地表征信息、研究媒体的优化组合，才能设计出符合人类心理认知方式的多媒体教学资源。有限容量假设理论、声音原则和图像原则说明在网络课程多媒体设计应努力减少学习者的认知负荷，使网站的内容简洁易懂，并能准确、快速传达网站的构成内容，这就要求多媒体设计需符合视觉认知习惯，使用标准字、标准语言，同时还需考虑网络课程的可传播性。个性化原则、分割原则以及预训练原则要求多媒体设计需要体现出教学设计，内容安排合理，导航清晰明确，超链接设置得当。

1.3.3 教育传播理论

传播是自然界和人类社会的普遍现象。从远古的生物进化，到当代形形色色的社会活动，无不涉及信息的传播和利用。传播学是一门研究人类传播行为的科学，是随着广播、电视、报刊等传播媒体的发展，逐步从社会学、心理学、政治学等学科分离出来的一门学科。

从某种意义上来说，教育也是一种传播活动，它是按照确定的教育目标，通过教育媒体，将相应的教育内容传递给特定的教育对象。它与大众传播有许多共同之处，两者关系密切，可以把传播理论的研究成果应用到现代媒体教育中来，提高教育质量和效率。因此，传播理论也是现代教育技术的理论基础之一。

1. 传播的概念和类型

传播学诞生于20世纪40年代，教育传播是从20世纪五六十年代以来逐渐形成的一个新的学术领域，是传播理论向教育研究渗透而产生的结果。传播(communication)原指“通信、传达、联系”之意，后专指信息的交换与交流。广义的传播可理解为“大自然中一切信息的传送或交换”，包括植物、动物、机器、人所进行的信息传播。狭义的传播主要指人所进行的信息传播，而且又分为人的内在传播(或称自我传播)、人与人的传播。人与人的传播通常包括人际传播、组织传播、大众传播和教育传播。

(1)人际传播

人际传播是个人与个人之间的信息交流活动，包括面对面的直接传播和以媒体为中介的间接传播。直接传播主要是以语言表达信息，或用表情、姿势来强化、补充、修正语言的不足。间接传播是以媒体为中介，如电话、电报、电视、书信等进行信息交流。人际传播的目的是沟通和调节。

(2)组织传播

组织传播是组织与组织之间、组织内部成员之间的信息交流活动。组织是一群相互关联的个体的组成，每一个人都属于一定的组织，可以说，没有人能够离开组织而独立生活。组织传播的目的是与其他组织达成有效的沟通，增进了解，建立良好的关系；使组织内部成员贡献出自己的力量，并和睦共处，以共同的行动促进共同的利益。

(3)大众传播

大众传播是传播者用专门编制的内容，通过媒体，对广大受众进行信息交流的活动。在大众传播中，传播者不是某个人，而是有组织的传播机构。大众传播的目的是从多方面影响受众，使之接受或认同传播者的意向。

(4)教育传播

教育传播是由教育者按照一定的要求，选定合适的信息内容，通过有效的媒体通道，把知识、技能、思想、观念等传递给特定的教育对象的一种活动，是教育者和受教育之间的信息交流活动。它的目的是促进学习者的全面发展，培养社会所需的各种人才。

与其他传播活动相比，教育传播具有以下特点：

明确的目的性。教育传播是以培养人才为目的的活动。

内容的严格规定性。教育传播的内容是按照教学计划和教学大纲的要求严格规定的。

受者的特定性。教育传播有特定的对象。

媒体和传播通道的多样性。在教育传播中，教育者既可以充分发挥口语和形体语言的作用，又可以用板书、模型、幻灯、电视等作媒体；既可以是面对面的交流，又可以是远距离的传播。

(5)网络传播

若以媒体分类，现代传播又可分为书刊传播、电话传播、电报传播、广播传播、电视传播和网络传播等。网络传播是以计算机网络为物质载体进行传递或交流信息的行为和过程，是一种新的传播方式。网络传播既是对传统传播的一种继承，又具有以下自身的特征：

传播的数字化。网络是以信息技术为基础的高速数据传递系统，只传递0和1的数字。

传播的互动性。网络公众通过BBS论坛、QQ聊天室和网络调查等方式实现即时的信息交流、情感沟通。

传播的快捷性。网络传播省略了传统媒体的印刷、制作、运输、发行等中间环节，发布的信息能在瞬间传递给受众，而且网络传播的内容可以方便地实现刷新，在内容上具有极强的时效性。

信息的大容量。互联网络实现了在线资源共享，任何资料库内的信息资源只要联网，都成为公众的共享资源。

检索的便利性。利用搜索引擎或新闻站点等多种检索方式，可以快速地获得自己所需的信息。

媒体的综合性。网络综合了报纸、广播、电视等传统传播方式，将文字、图片、声音、图像综合为一体，为公众提供全方位的信息。

信息的再生性。网络中传播的信息可以复制或打印，成为个人信息。

传播的开放性。网络的开放性体现在传播对象的平等性和传播范围的广阔性。

传播的选择性。网络传播的网站众多，内容丰富且分工精细，网民选择范围极为宽广，每位网民都可自由选择适合的个性化网站。

2. 传播模式

传播学者研究传播过程，都毫不例外把传播过程分解成若干个要素，然后用一定的方式去研究这些要素之间的相互联系与相互作用，这样就构成了多种多样的研究传播过程的模式。这里介绍几种有代表性的模式。

(1)拉斯威尔的传播理论模式

拉斯威尔的传播理论如图1-7所示，是传播研究中最有名的描述传播行为的一个简便方法，回答下列五个问题：谁(who)、说什么(say what)、通过什么渠道(in which channel)、向谁说(to whom)、产生什么效果(with what effect)，即5W。

拉斯威尔传播理论明确地说明了传播的概念和过程，以及传播的基本要素，是传播的基

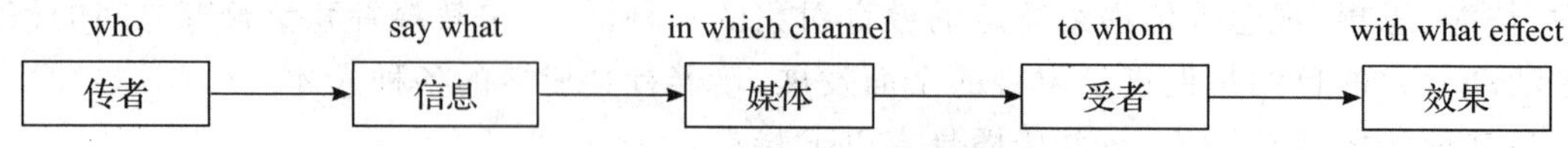

图 1-7　拉斯威尔的"5W"传播模式

本理论。拉斯威尔传播模式在大众传播中获得了广泛的应用。但这一模式过于简单,具有以下明显的缺陷:首先,它忽略了"反馈"的要素,是一种单向的而不是双向的模式。由于这个模式的影响,过去的传播研究忽略了反馈过程的研究。其次,这个模式没有重视"为什么"或动机的研究问题。在动机方面,有两种值得重视的动机:一是受众为何使用传播媒体;二是传播者和传播组织为什么去传播。

现代教育技术应用拉斯威尔"5W"模式,主要是发挥传者(教师)、受者(学生)的主动性和积极性,选择和组合适合教育内容的现代教育媒体,通过这些媒体将信息直接或间接地传递给受者,并通过实践检验或证明其产生的效果。因此,此模式对指导现代媒体教学有一定的作用。

(2)香农(Claud Shannon)-韦弗(Weaver)的传播模式

1949 年,由美国的两位信息学者香农和韦弗提出,从电话、电报的传播模式出发,运用数理统计方法,建立了研究信息处理和信息传递科学。其传播模式如图 1-8 所示。

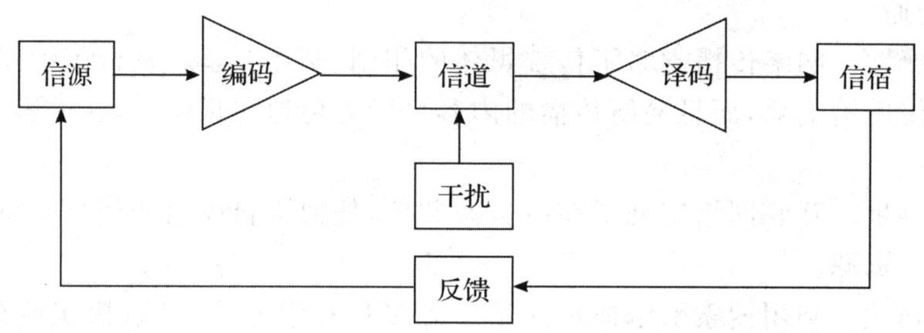

图 1-8　香农-韦弗的传播模式

香农-韦弗传播模式认为,传播过程是"信源"(即传者)把要提供的信息经过"编码"(即转变成某种符号,如声音、文字、图片、图像等),通过一种或多种媒体传出。"信宿"即受者接收这些经过"译码"(即解释符号)的信息符号。有效的信息传播需要传者的经验与受者的经验有一部分重叠,否则受者难以理解或正确认识。在信息传播过程中有环境的干扰,或受者在处理收到的信息时会有反应,这种反应通过一定的渠道反馈给传者,传者根据反馈的情况重新设计或修改传播内容,使之更适合受者的需要,提高传播效果。香农-韦弗的传播理论的最大贡献是在传播过程中引入了"反馈原理"。

(3)贝罗的传播模式

贝罗(D.Berlo)传播模式综合了哲学、心理学、语言学、人类学、大众传播学、行为科学等新理论,去解释在传播过程中的各个不同要素。这一模式把传播过程分解为四个基本要素:信源、信息、通道和受传者。贝罗模式也叫 SMCR 模式,S 代表信息源(source),M 代表信息(message),C 代表通道(channel),R 代表接受者(receiver)。贝罗模式明确而形象地说明了影响信息源、接受者和信息实现其传播功能的条件。如图 1-9。

贝罗的传播模式比较适合用于研究和解释教学传播系统的要素与结构。该模式现在常

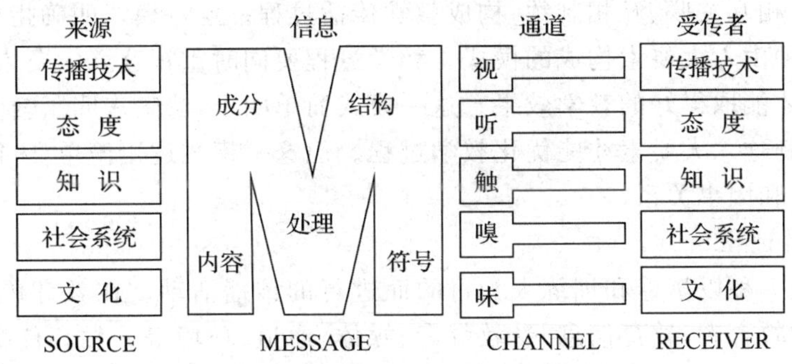

图 1-9　贝罗传播模式

被用来解释教育传播过程，如“S-M-C-R”相当于“教师-课业-手段-学生”。它说明了在教育传播过程中，影响和决定教学信息传播的效率和效果的因素是多方面的、复杂的，各因素间既相互联系又相互制约。

(4)海曼-弗朗克传播模式

德国的鲍尔·海曼(P.Haimann)与赫尔马·弗朗克(H.Frank)提出了一个课堂教学系统的六维空间结构模式，如图 1-10 所示。整个六维坐标系表示出影响课堂教学的六大因素：

B:教学系统怎样施教？

L:用什么教材施教？

M:用什么教学媒体施教？

P:对谁施教？

S:在什么情况下(环境)施教？

Z:为什么(目的)施教？

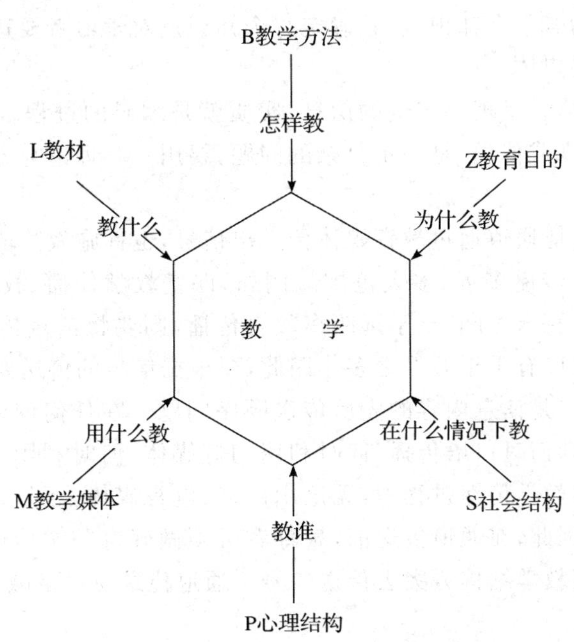

图 1-10　海曼-弗朗克传播模式

这六大要素相互关联、互相制约，构成教学传播过程。这一模式明确指出了教学过程的六大要素，是一种由六大要素构成的模式。教学过程要同时重视这六大要素，处理好它们之间的相互关系，才能取得好的教学效果。这一模式简单明了，清晰表明了教学系统有六个重要变量，适当控制这六大要素才能优化教学过程。但这一模式过于简单，未能表示出各要素之间的相互联系和因果关系。

3. 教育传播过程

教育传播是一种以培养和训练人为目的而进行的传播活动。在教育传播中，构成传播系统的要素包括教育者、教育信息、受教育者、媒体、通道、环境等。教育传播过程是一个由教育者借助教育媒体向受教育者传递与交换教育信息的过程。通过信息的控制，这些要素之间相互作用，形成一个连续的动态过程。这一过程可分为六个阶段：确定教育传播信息；选择教育传播媒体；通道传送；接收与解释；评价与反馈；调整再传送。如图 1-11 所示。

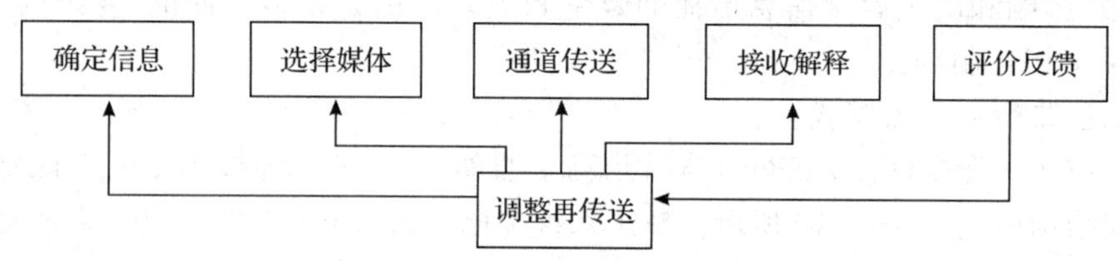

图 1-11　教育传播过程

(1)确定教育传播信息

教育传播过程的第一步是确定传送的教育信息，传送什么信息，要依据教育目的和课程的教学培养目标。一般来说，课程的文字教材是按照教学大纲编写的，通常都体现了要传送的教育信息。因此，在这一传播阶段，教育者要认真钻研文字教材，对每章节的教学内容进行分析，将内容分解为若干个知识点，并确定每个知识点对学习者要达到的学习水平。

(2)选择教育传播媒体

选择教育传播媒体去呈现要传送的信息，实质就是编码的过程。某种信息该用何种符号和信号的媒体去呈现或传送，是一个复杂的问题，要用一套理论与方法去指导。

(3)通道传送

在这阶段，教育传播通道通过教育媒体传送出信号，也称施教阶段。在这里首先要解决两个问题：一是信号要传递多远，多大范围。例如，课堂教学传播，教学对象是几十至几百人，范围是在几十至几百米之间；至于远距离教育传播，则要将信号传到几百甚至几千公里之外，受教育的对象可以有千千万万之多。因此，要根据信号的传送要求，选好传送通道，保证信号的传送质量。二是信息内容的先后传送顺序问题。在任何课堂教学传播中，每一节课，从开始至结束，教师何时口语传播，何时利用幻灯媒体，何时利用电视媒体，要遵循课程的教学结构；在远距离教学传播过程中，无论用广播、电视媒体，还是寄发印刷媒体，也有一个学习的先后顺序。因此，在通道传送前，教育者必须做好每一次传送的结构设计，在通道传送时，有步骤地按照教学结构方案去传送信号。通道传送应尽量减少各种干扰，确保传送信号的质量。

(4)接收与解释

在这一阶段，受教育者接收信号并将它解释为信息意义，也就是信息译码阶段。受教育者首先通过视、听、触等感觉器官接收传来的信号，信号对感官的刺激通过神经系统传至中枢神经，通过分析将它转换为相应的符号，然后，受教育者依据自身的知识与经验，将符号解释为信息意义，并将它储存在大脑中。

(5)评价与反馈

受教育者接收信号解释信息之后，增加了知识，提高了能力，能否达到预定的教学目标，要进行评价。评价的方式方法很多，可以观察学生的行为变化，也可以通过课堂提问、课堂作业及阶段性的考试等。评价的结果是教育传播过程中一种非常重要的反馈信息。

(6)调整再传送

通过掌握的反馈信息与预定的教学目标比较，发现教育传播过程中的不足，再次调整教育信息、教育媒体和传送通道，进行再次传播。如在课堂提问时发现问题，即时调整传播；在课后作业、考试中发现问题，可进行集体或个别辅导；在远距离教学的作业中发现问题，可以补发辅导资料，或者可能时集中在一处做面对面的辅导等。

4. 教育传播的基本原理

教育传播的最终目的是要取得良好的教育传播效果。教育传播效果是指在一定的教育传播过程完成之后，受教育者在知识、能力和行为等方面所发生的变化，以及与此相关的教学效率、教育规模等。研究发现，教育传播要取得好的效果，需遵循一些原理或规律，其中利用媒体进行传播有以下几个主要原理。

(1)共同经验原理

教育传播是一种信息传递与交换的活动，教师与学生的沟通必须建立在双方共同经验范围内。一方面，对学生缺乏直接经验的事物，要利用直观的教育媒体帮助学生获得间接的经验；另一方面，教育媒体的选择与设计必须充分考虑学生的经验。

(2)抽象层次原理

抽象层次高的符号能简明地表达更多的具体意义。但抽象层次越高，理解便越难，引起误会的机会也越大。所以，在教育传播中，各种信息符号的抽象程度必须掌握在学生能明白的范围内，并且要在这范围内的各抽象层次上下移动。

(3)重复作用原理

重复作用是将一个概念在不同的场合或以不同的方式去重复呈现。它有两层含义：一是将一个概念在不同的场合重复呈现。如在几个不同的场合下接触某个外语生词，以达到长时记忆。二是将一个概念用不同的方式去重复呈现。如同时或先后用文字、声音、图像去呈现某一概念，以加深理解。

(4)信息来源原理

有权威、有信誉的人说的话，容易为对方所接受。资料来源直接影响传播的效果。因此，在教育传播中，作为教育信息主要来源之一的教师，应树立为学生认可的形象与权威。所用的教材与教学软件，其内容来源应该正确、真实、可靠。

1.4　中小学教师信息技术应用能力提升工程

教师队伍建设是教育信息化可持续发展的基本保障，信息技术应用能力是信息化社会教师必备专业能力。为贯彻落实国家教育信息化总体要求，充分发挥“三通两平台”效益，全面提升教师信息技术应用能力，教育部制定了《教育信息化十年发展规划(2011—2020年)》，全国各省市教育管理部门、各级各类教育机构也纷纷开始制定各自的教育信息化战略发展规划。在这些规划中，教师队伍建设的工作都被放在重要位置，教师的信息技术应用能力提升被认为是破解教育信息化发展瓶颈、推进基础教育课程改革和促进教师专业发展的重要一环。

"信息技术应用能力标准"是伴随着"能力提升工程"被提出来的，在"能力提升工程"中明确提出了要"研制标准体系"。标准体系包括"能力标准""培训课程标准"和"培训测评指南"。关于中小学教师信息技术应用能力方面，教育部先后颁布了3个文件。2014年5月27日，颁布了《中小学教师信息技术应用能力标准(试行)》。2014年5月30日，为指导各地组织实施全国中小学教师信息技术应用能力提升工程，规范引领教师信息技术应用能力培训课程建设与实施工作，依据中小学教师信息技术应用能力标准，教育部制定颁布了《中小学教师信息技术应用能力培训课程标准(试行)》。课程标准依据能力标准对中小学教师信息技术应用能力的基本要求和发展性要求，设置"应用信息技术优化课堂教学""应用信息技术转变学习方式"和"应用信息技术支持教师专业发展"三个系列的课程，帮助教师提升信息技术素养，应用信息技术提高学科教学能力，促进专业发展。2014年7月7日，为规范指导各地组织实施教师信息技术应用能力测评，制定颁布了《中小学教师信息技术应用能力测评指南》，要求各地参照执行。

思考与实训

1. 说说你对教育技术定义、现代教育技术定义的理解。
2. 现代教育技术与教育技术、视听教育、电化教育、信息化教育的关系是什么？
3. 简述戴尔"经验之塔"的基本理论和主要观点。
4. 简述多媒体学习的认知模型及多媒体教学原则。
5. 传播模式有哪几种？利用这些模式解释教学过程。
6. 什么是教育传播？它有什么特点？
7. 简述教育传播的基本过程和基本原理。

附录

中小学教师信息技术应用能力标准(试行)

信息技术应用能力是信息化社会教师必备专业能力。为全面提升中小学教师的信息技术应用能力，促进信息技术与教育教学深度融合，特制定《中小学教师信息技术应用能力标准(试行)》(以下简称《能力标准》)。

一、总则

(一)《能力标准》是规范与引领中小学教师在教育教学和专业发展中有效应用信息技术的准则，是各地开展教师信息技术应用能力培养、培训和测评等工作的基本依据。幼儿园、中等职业学校教师参照执行。

(二)《能力标准》根据我国中小学校信息技术实际条件的不同、师生信息技术应用情境的差异，对教师在教育教学和专业发展中应用信息技术提出了基本要求和发展性要求。其中，Ⅰ.应用信息技术优化课堂教学的能力为基本要求，主要包括教师利用信息技术进行讲解、启发、示范、指导、评价等教学活动应具备的能力；Ⅱ.应用信息技术转变学习方式的能力为发展性要求，主要针对教师在学生具备网络学习环境或相应设备的条件下，利用信息技术支持学生开展自主、合作、探究等学习活动所应具有的能力。本标准根据教师教育教学工作与专业发展主线，将信息技术应用能力区分为技术素养、计划与准备、组织与管理、评估与诊断、学习与发展五个维度。

二、基本内容

维度	Ⅰ.应用信息技术优化课堂教学	Ⅱ.应用信息技术转变学习方式
技术素养	1. 理解信息技术对改进课堂教学的作用，具有主动运用信息技术优化课堂教学的意识	1. 了解信息时代对人才培养的新要求，具有主动探索和运用信息技术变革学生学习方式的意识
	2. 了解多媒体教学环境的类型与功能，熟练操作常用设备	2. 掌握互联网、移动设备及其他新技术的常用操作，了解其对教育教学的支持作用
	3. 了解与教学相关的通用软件及学科软件的功能及特点，并能熟练应用	3. 探索使用支持学生自主、合作、探究学习的网络教学平台等技术资源
	4. 通过多种途径获取数字教育资源，掌握加工、制作和管理数字教育资源的工具与方法	4. 利用技术手段整合多方资源，实现学校、家庭、社会相连接，拓展学生的学习空间
	5. 具备信息道德与信息安全意识，能够以身示范	5. 帮助学生树立信息道德与信息安全意识，培养学生良好行为习惯
计划与准备	6. 依据课程标准、学习目标、学生特征和技术条件，选择适当的教学方法，找准运用信息技术解决教学问题的契合点	6. 依据课程标准、学习目标、学生特征和技术条件，选择适当的教学方法，确定运用信息技术培养学生综合能力的契合点
	7. 设计有效实现学习目标的信息化教学过程	7. 设计有助于学生进行自主、合作、探究学习的信息化教学过程与学习活动
	8. 根据教学需要，合理选择与使用技术资源	8. 合理选择与使用技术资源，为学生提供丰富的学习机会和个性化的学习体验
	9. 加工制作有效支持课堂教学的数字教育资源	9. 设计学习指导策略与方法，促进学生的合作、交流、探索、反思与创造
	10. 确保相关设备与技术资源在课堂教学环境中正常使用	10. 确保学生便捷、安全地访问网络和利用资源
	11. 预见信息技术应用过程中可能出现的问题，制定应对方案	11. 预见学生在信息化环境中进行自主、合作、探究学习可能遇到的问题，制定应对方案
组织与管理	12. 利用技术支持，改进教学方式，有效实施课堂教学	12. 利用技术支持，转变学习方式，有效开展学生自主、合作、探究学习
	13. 让每个学生平等地接触技术资源，激发学生学习兴趣，保持学生学习注意力	13. 让学生在集体、小组和个别学习中平等获得技术资源和参与学习活动的机会
	14. 在信息化教学过程中，观察和收集学生的课堂反馈，对教学行为进行有效调整	14. 有效使用技术工具收集学生学习反馈，对学习活动进行及时指导和适当干预
	15. 灵活处置课堂教学中因技术故障引发的意外状况	15. 灵活处置学生在信息化环境中开展学习活动发生的意外状况
	16. 鼓励学生参与教学过程，引导学生提升技术素养并发挥其技术优势	16. 支持学生积极探索使用新的技术资源，创造性地开展学习活动

续表

维度	Ⅰ.应用信息技术优化课堂教学	Ⅱ.应用信息技术转变学习方式
评估与诊断	17. 根据学习目标科学设计并实施信息化教学评价方案	17. 根据学习目标科学设计并实施信息化教学评价方案,并合理选取或加工利用评价工具
	18. 尝试利用技术工具收集学生学习过程信息,并能整理与分析,发现教学问题,提出针对性的改进措施	18. 综合利用技术手段进行学情分析,为促进学生的个性化学习提供依据
	19. 尝试利用技术工具开展测验、练习等工作,提高评价工作效率	19. 引导学生利用评价工具开展自评与互评,做好过程性和终结性评价
	20. 尝试建立学生学习电子档案,为学生综合素质评价提供支持	20. 利用技术手段持续收集学生学习过程及结果的关键信息,建立学生学习电子档案,为学生综合素质评价提供支持
学习与发展	21. 理解信息技术对教师专业发展的作用,具备主动运用信息技术促进自我反思与发展的意识	
	22. 利用教师网络研修社区,积极参与技术支持的专业发展活动,养成网络学习的习惯,不断提升教育教学能力	
	23. 利用信息技术与专家和同行建立并保持业务联系,依托学习共同体,促进自身专业成长	
	24. 掌握专业发展所需的技术手段和方法,提升信息技术环境下的自主学习能力	
	25. 有效参与信息技术支持下的校本研修,实现学用结合	

三、实施要求

(一)地方各级教育行政部门要将《能力标准》作为加强中小学教师队伍建设的重要依据,充分发挥《能力标准》的引领和导向作用,将信息技术应用能力提升纳入教师全员培训,开展教师信息技术应用能力测评,建立并完善推动教师主动应用信息技术的机制,切实提升广大教师信息技术应用能力,为全面推动教育信息化、深化课程改革,实现教师专业自主发展奠定坚实基础。

(二)有关高等学校和教师培训机构要将《能力标准》作为教师培养培训工作的重要依据,加强相关学科专业建设,完善培养培训方案,科学设置培养培训课程,创新培养培训模式,加强师资队伍和课程资源建设,开展相关研究,促进教师专业发展。

(三)中小学校要将《能力标准》作为推动教师专业发展和教师管理的重要依据。制定教师信息技术应用能力提升规划,整合利用校内外培训资源,做好校本研修,为教师提升信息技术应用能力提供有效支持。要完善教师岗位职责和考核评价制度,推动教师在教育教学和日常工作中主动应用信息技术。

(四)中小学教师要将《能力标准》作为自身专业发展的重要依据。要主动适应信息化社会的挑战,充分利用各种学习机会,更新观念,补充知识,提升技能,不断增强信息技术应用能力。要养成良好的应用习惯,积极反思,勇于探索,将信息技术融于教学和师生交流等各个环节,转变教育教学方式,促进学生有效学习和个性化发展。要善于利用信息技术,拓宽成长路径,实现专业自主发展,做终身学习的典范。

附：

术语表

1. 多媒体教学环境：包括简易多媒体教学环境与交互多媒体教学环境。简易多媒体教学环境主要由多媒体计算机、投影机、电视机等构成，以呈现数字教育资源为主。交互多媒体教学环境主要由多媒体计算机、交互式电子白板、触控电视等构成，在支持数字教育资源呈现的同时还能实现人机交互。

2. 通用软件：是指广泛应用于教育教学活动中的通用性软件，例如办公软件、即时交流软件、音视频编辑软件等。

3. 学科软件：是指特别适用于某些学科的软件，如几何画板、在线地图、听力训练软件、虚拟实验室等。

4. 数字教育资源：是对教学素材、多媒体课件、主题学习资源包、电子书、专题网站等各类与教育教学内容相关的数字资源的统称。

5. 信息化教学：与传统教学相对而言，泛指以信息技术支持为显著特征的教学形态。

6. 技术资源：是对通用软件、学科软件、数字教育资源和网络教学平台等资源的统称。

7. 网络教学平台：是对能够为教育教学活动开展提供支持的网络平台的统称，如网络资源平台、网络互动平台、课程管理平台、在线测评系统、在线教学与学习空间等。

8. 移动设备：是对便携式计算通信设备的统称，如笔记本电脑、平板电脑、智能手机等。

9. 评价工具：是指开展评价所使用的各种支持工具，如试卷、调查问卷、测试量表、评价量规、观察记录表、成长记录或电子档案袋等。

10. 教师网络研修社区：是指支持教师进行学习、交流、研讨等活动的网络平台，一般具备个人空间、教师工作坊等功能，能够建立不同类型的学习共同体，汇聚与生成研修资源，支持教师进行常态化研修。

教育部办公厅

2014年5月27日

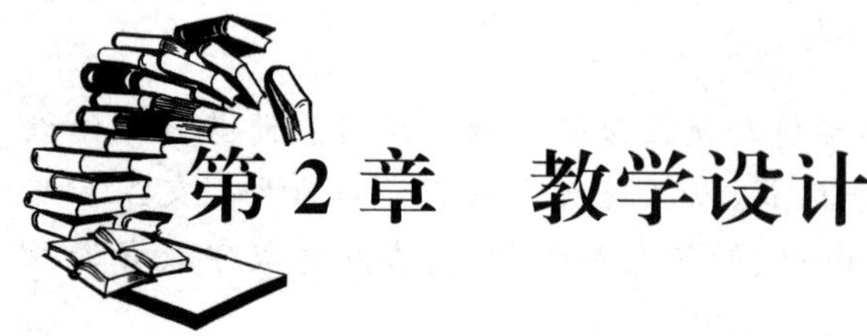

第2章　教学设计

【学习目标】

1. 理解教学设计的含义、目的、研究对象、应用范围与层次；
2. 掌握教学设计的过程模式概念以及几种典型的教学系统设计模式；
3. 掌握教学设计的主要设计环节和设计步骤；
4. 领会使用教学设计理论指导教学实践；
5. 理解并掌握信息化教学设计的含义、基本原则和基本步骤；
6. 掌握信息化教学设计的要素和主要环节；
7. 理解翻转课堂教学设计的概念。

【知识导学图】

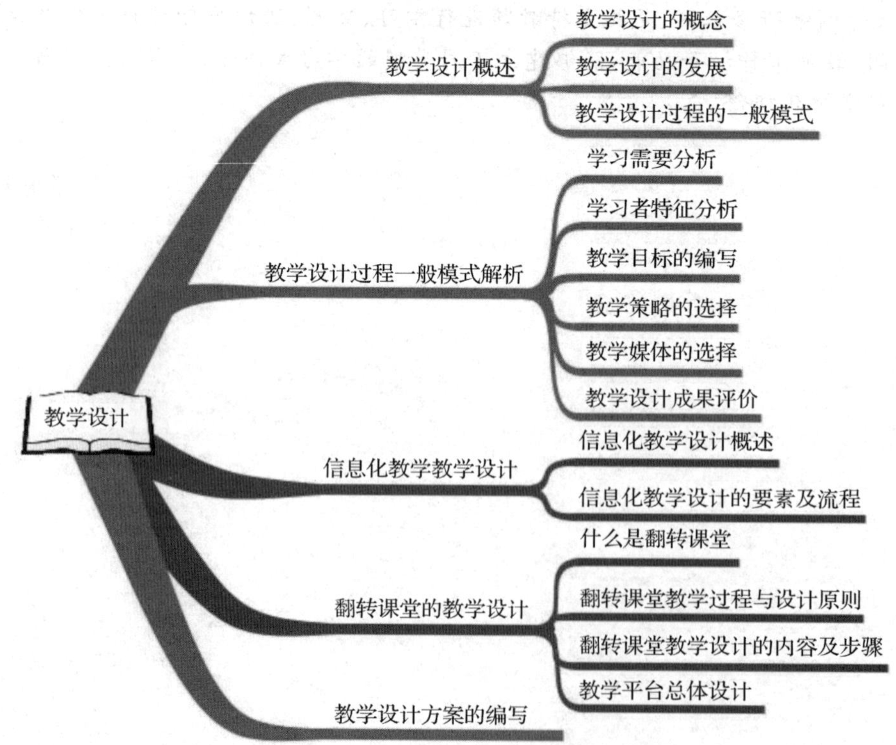

教学设计是在美国教育技术学领域发展起来的，并于 20 世纪 60 年代末在教学系统方法的统领下，建立了教学设计学科。其最终目的是通过优化教学过程来提高教学效率，促进学习者的学习。教学设计可用于设计不同的教学系统，其模式和操作规范可应用于不同的部门，如军队、企业或公司的培训及学校的教育等。

2.1　教学设计概述

教学设计是以传播理论、学习理论和教学理论为基础，运用系统论的观点和方法，分析教学中的问题和需求从而找出最佳解决方案的一种理论和方法。教学设计（通常也称教学系统设计）从其学科形成的历史来看，是在综合多种理论的基础上随着技术的发展而发展起来的一门学科，因此相关理论的每一次发展都对其产生重要的影响，所以人们在对教学设计概念的界定上存在多种不同的观点。

2.1.1　教学设计的概念

1. 教学设计的定义

当代国际著名的教学设计理论家查尔斯・M.瑞格卢斯（C.M.Reigeluth）指出，不同的人对"教学设计"这一术语有不同的理解。一种是将它看成过程，一种是将它看成结果，还有人认为教学设计是一种技术。将教学设计看成过程的人，重点放在探讨如何指导教师制定计划，如何一步一步地达到目标；将教学设计看成结果的人，主要关注教学设计最后要形成的产品或者要实现的任务。实际上，"教学设计"常用于指过程和结果中的一个，因此要根据具体的情境来确定"教学设计"含义，但无论将教学设计看成结果、过程还是技术，其根本任务都是为改进教学实践服务的。

教学设计是系统计划或规划教学的过程。这种观点把教学设计看作用系统的方法分析教学问题、研究解决问题途径、评价教学结果的系统规划或计划的过程，如："教学是以促进学习的方式影响学习者的一系列事件，而教学设计是一个系统化规划教学系统的过程。"（加涅，1992）"教学系统设计是运用系统方法分析教学问题和确定教学目标，建立解决问题的策略方案、试行解决方案、评价试行结果和对方案进行修改的过程。"（乌美娜，1994）"教学系统设计是指运用系统方法，将学习理论与教学理论的原理转换成对教学资料、教学活动、信息资源和评价的具体计划的系统化过程。"（史密斯、雷根，1999）"教学设计主要是运用系统方法，将学习理论与教学理论的原理转换成对教学目标、教学内容、教学方法和教学策略、教学评价等环节进行具体计划，创设教与学的系统'过程'或'程序'，而创设教与学系统的根本目的是促进学习者的学习。"（何克抗，2002）。

如瑞格卢斯认为，教学设计是一门涉及理解和改进教学过程的学科。任何设计活动的宗旨都是为了找到达到预期目的的最优途径，因此，教学设计主要是关于提出最优教学方法的一门学科，这些最优的教学方法能使学生的知识和技能发生预期的变化。美国著名教学设计专家梅瑞尔（M.David Merrill）认为"教学是一门科学，而教学设计是建立在教学科学这一坚实基础上的技术，因而教学设计也可以认为是科学型的技术（science-based technology）。教学的目的是使学生获得知识技能，教学设计的目的是创设和开发促进学生掌握这些知识技能的学习经验和学习环境"（梅瑞尔，1996）。我国著名教育技术学专家南国农认为，“信息技术是指对信息的获取、存储、处理和传输所使用的手段和方法的体系，手段是物化形态的技术，方法是智能形态的技术”，“教学设计就是优化教学过程的系统方法，是一种应用广泛的智能形态的技术”。

在我国，教学设计主要用于学校，持规划过程观或系统方法观点的比较多。教学设计是以解决教学问题、优化学习为目的的特殊设计活动。教学设计是一种以获得优化的教学过程为目的，以系统理论、传播理论、学习理论和教学理论为基础，运用系统方法分析教学问题、确定教学目标、建立解决教学问题的策略方案、试行解决方案、评价试行结果和修改方案的过程。总之，教学设计是一种应用技术，是连接教学理论与实践的可操作的桥梁学科，最终实现以发展学生的能力和素质为总目标的优化功能。

2. 教学设计的特征

(1)教学设计强调运用系统方法

教学设计把教学的各个环节看作一个相互联系相互作用的系统，因此需要用系统方法和观点对教学中的各个要素及其相互关系进行分析和操作。教学设计以系统方法和设计观为指导，探索解决教学问题的有效方案，目的是实现效果好、效率高和富有吸引力的教学，最终促进学习者的学习和个性的发展。教学设计活动是一种系统而非偶然的随意的活动。

(2)教学设计必须以教与学的理论为依据

任何设计工作要保证设计的科学性，就必须要以一定的科学理论为指导，并根据设计对象的内在规律，对工作对象进行设计。教学设计的主要工作对象是教和学的双边活动，教学设计是以人类学习的基本规律为依据，探索教学规律，从而建立合理的、科学的教学目标、教学程序、教学内容及方法策略体系。因此，必须以研究教和学基本规律的教学理论和学习理论作为设计的理论基础和决策的科学依据，有成功的教学设计，优化的教学效果才有保证。

(3)教学设计必须以学生特征为出发点

教学设计的一切活动都是为了促进学习者的学习，因此，要获得成功的教学设计，就需要对学习者进行很好的分析，以学习者的特征为教学设计的出发点。无论何种教学形式，学习最终是通过学生自己完成的，学习的结果将最终体现在学生身上。因此，教学设计必须重视对学生一般特征和个性的分析，重视激发、促进、辅助学生内部学习过程的发生和进行，从而使有效的学习发生在每个学生身上，保证不让一个学生处于教学的劣势，要创造有利的学习环境，让每个学生都享有同等的机会。

(4)教学设计是问题解决的过程

教学设计以帮助学生的学习为目的，它常以学生学习所面临的问题为出发点，首先要寻找问题，确定问题的性质，再研究解决问题的办法，从而达到解决教学问题的目的。因此，教学设计是以问题找方法，而不是以方法找问题，使教学工作更具有目的性。

(5)教学设计重视对教学效果的评价

当得出设计方案之后，应对方案的效果进行评价。在设计过程的各个环节中，也应不断收集反馈信息，及时提出修改方案，这样，对教学设计过程和结果进行科学的评价，得出科学的结论，有利于不断提高教学设计的水平，更有利于改进教学、提高教学效果。

总之，教学设计的最终目的是要促进所有学习者的发展。教学设计主要是运用系统方法研究、探索教学系统中各个要素之间的本质联系，通过一整套具体的操作程序来协调、配置各要素，并使它们有机结合，共同完成教学系统的功能。而且其中的每一个程序都有相应的理论和方法作为科学依据，在实施过程中能及时得到反馈并且加以检验和修改，从而使教学设计具有很强的科学性。

2.1.2　教学设计的发展

教学设计的发展与其他学科的发展一样，大体上经历了思想萌芽、理论形成、学科建立等阶段。

1. 思想萌芽阶段

今天，有的学者认为最早提出这种思想的先驱是美国哲学家、教育家杜威(J.Dewey)和美国心理学家、测量学家桑代克(E.L.Thorndike)。杜威在 1900 年曾提出应该发展一门连接学习理论和教育实践的“桥梁科学”，它的任务是建立一套与设计教学活动有关的理论知识体系。桑代克也曾提出过设计教学过程的主张和程序学习的设想。①

2. 理论形成阶段

教学设计作为一种理论和一门新兴的教育科学，孕育于二次世界大战之后。二次大战期间，美国要在最短的时间里为军队输送大批合格的士兵，为工厂输送大批合格的工人，这一急迫任务把当时的心理学和视听领域专家的视线引向学校正规教育体系之外，而关注当时社会所能提供的一切教育、教学手段，关注教学的实际效果和效率。视听领域的专家致力开发运用一批已被公认的学习原理，设计有效的幻灯、电影等培训材料。这些都是把学习理论应用于教学设计实践的最初尝试。

20 世纪 50 年代中期，斯金纳(B.F. Skinner)改进和发展了教学机器，以新行为主义心理学的联结学习理论为基础，创造了程序教学法。应用程序教学法需要对程序形式及程序系列组成进行分析，因此必须研究目标分析、逻辑顺序等问题。由于这一时期系统科学已引入教育领域，系统研究教学过程的思想逐步得到人们的注意。人们开始冲破了把程序教学作为一种技术来研究人机关系的限制，而借助程序教学和教学机器全面地探讨起教学的全过程，对教学目标、教学效果、各种媒体的作用及相互关系、各种教学要素之间的相互关系以及怎样对教学进行系统分析，怎样才能优化教学全过程等一系列问题做了大量的研究和探索。可以说，教学设计的思想和理论正在孕育之中。

60 年代后期，许多教育家和心理学家通过众多的教学试验，发现决定教学(学习)效果的变量是极其复杂的，要设计最优的教学过程，最初教学目标的设定和控制教学目标指向与各种变量的操作是十分重要的，并且确认只有引入系统方法进行设计操作，才可能制定出最有效的教学策略，并通过评价、修改来实现教学过程的优化。

另外这一时期许多教育、心理方面的专家在教学设计的基本理论研究方面取得了大量的成果，如教育目标分类和学习目标的编写、学科内容组织和任务分析及学习条件、视听媒体和其他教学技术的作用等。从此，人们对教学过程分散的、割裂的研究在系统思想指导下统一了起来，各种有关的理论也被综合应用于教学过程的设计之中。人们利用系统方法对教学各要素做整体性探索，揭示其内在本质联系，进行了大量的系统设计教学的实际工作，形成和提出了对教学进行设计的系统过程理论，并创造了教学设计过程的模式。

---

① 乌美娜.教学设计[M].北京：高等教育出版社，1994：13.

3. 学科建立阶段

到 20 世纪 60 年代末，教学设计便以它独特的理论知识体系、结构而立足于教育科学之林。自 70 年代以来，教学设计的研究已形成一个专门的领域，成果日益丰富。在 80 年代传入我国后，长期处于引进国外理论的状态，直到 20 世纪 90 年代，我国教育技术理论的发展才开始起步。

教学设计本身有一个演变过程，这种演变可以从两个方面来认识：向深度和广度的发展。深度发展指教学设计过程某些要素所涉及的研究的深化，如内容分析中，梅瑞尔(M. D. Merrill)的成分显示理论与方法、瑞格卢斯"简化条件法"(SCM)的研究等。这些理论与方法的发展使得教学设计的理论基础更厚实，可选用的工具更丰富。广度发展指教学设计的程序从初始的媒体观到系统设计观的演变，反映了范式的变化。

教学系统设计的发展经历了思想萌芽、理论形成、学科建立等阶段。20 世纪 50 年代至 60 年代初期的程序教学、行为目标理论在教学实践中的应用孕育了教学设计理论体系的思想；20 世纪 60 年代末期，教学系统方法的形成及其在各层次教学系统设计中的应用，使教学系统设计的理论与方法体系得以建立；20 世纪 70 年代以来，认知心理学、系统科学等相关理论的研究、技术在教育中的应用研究等成果被吸收到教学系统设计中，使教学设计理论和方法得到进一步发展，逐渐发展成为一门独立的学科。

2.1.3 教学设计过程的一般模式

由于教学设计实践中所面对的教学系统范围和任务层次(一堂课、一门课、课程计划，甚至国家教育系统)有很大的差别，设计的具体情况和针对性也不一样，再加上设计人员教学工作环境(不同国家、不同教育层次)和个人专业背景(学科专家、教学系统设计专家、媒体专家、教师、评价专家等)的差异，使他们对教学系统设计的理解和认识不尽相同，设计者的关注点和自身的优势也不同，因而导致出现数百种不完全相同的教学设计过程模式。1980 年，安德鲁斯(D.H.Andrews)和古德森(L.A.Goodson)曾在《对教学系统设计模式的比较分析》一文中，对 40 个教学系统设计模式的特点进行归类分析。到了 1991 年，加斯塔夫生在有关教学开发模式的论著中指出，自 60 年代出现第一个模式以来，在相关文献中已有数百个模式。教学系统设计模式的发展，由此可见一斑。

教学设计过程模式是在教学设计的实践中逐步形成的，是运用系统方法进行教学开发、设计的理论的简化形式。它包含三个意思：(1)教学设计过程的模式是对教学设计实践的再现，是教学设计工作者实践工作的总结；(2)它是理论性的，代表着教学设计的理论内容，而不是教学设计的方法；(3)它是对教学设计理论的简化形式。

怎样进行教学的系统设计，教学设计工作以教学系统要素为出发点的主要步骤是什么？这里有必要介绍教学设计过程的模式。教学设计过程的模式是以教学系统各要素以及各要素之间的关系为基础的，它对当前教学设计的实践工作具有很好的指导作用。简而言之，进行教学设计时，应将教和学作为一个系统来看待，对教学工作进行系统化处理。教学设计首先应从学习的需要分析开始，解决"为什么教"的问题；了解学生的实际情况与期望水平之间的差距，了解教学中存在的问题。其次，教师需要分析具体的教学内容，进行学习者分析，考虑课程、单元及一堂课的教学内容的选择和安排，考察学习者在进行学习之前对于学习内容已具有什么知识和技能，即对学习者初始能力的评定，以及对所学内容的兴趣和态度。此

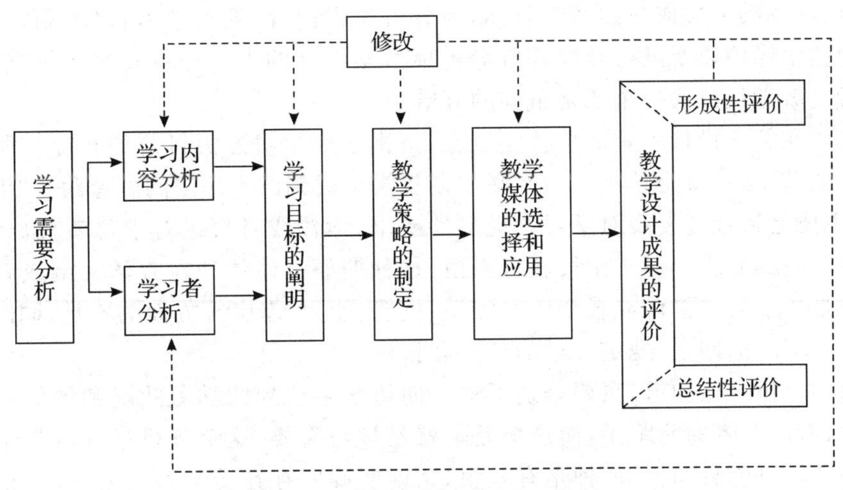

图 2-1　教学设计过程的一般模式

时，只选择学习内容还是不够的，还需要明确具体的学习目标，即应该掌握什么知识和技能，解决“教什么”的问题。接下来再确定教学策略，考虑如何实现教学目标或学习目标，解决“怎么教”的问题，其中应考虑教学媒体的选择和应用，根据不同的情况选择不同的教学媒体或教学资源。最后对教和学的行为做出评价。在行为评价时，一方面要以目标为标准进行评价；另一方面要提供教学效果的反馈信息以审视教学方案，从而对设计模式中所有步骤作重新审查，特别应检验目标和策略方面的决定。

教学设计过程既是系统化的过程，又是充满创造性的过程。对于教育工作者而言，首先应掌握教学设计的基本过程，才有可能在此基础上不拘泥于基本规范进行创新。完整的教学设计过程一般包括以下组成部分：教学设计的前期分析，阐明教学目标，制定教学策略（包括教学媒体的选择和设计），教学设计成果的评价与修改。各部分相互联系、相互制约，组成一个有机的教学系统，但并非是线性、直线式的关系。

对于教学设计过程模式的理解，应该注意两个问题：第一，将整体性的教学设计过程分解为诸多要素，主要是为了便于深入地了解和分析并掌握和发展整个教学设计过程的技术。因此在实际设计工作中，要从教学系统的整体功能出发，保证“学生、目标、策略、评价”四要素的一致性，使各要素相辅相成，产生整体效应。第二，应该认识到我们所设计的教学系统是开放的，教学过程是动态过程，涉及的各个因素如环境、学生、教师、信息、媒体等也都是处于变化之中，因此教学设计工作具有灵活性的特点。在利用模式设计教学时，应根据不同情形的要求，针对不同的实际问题，决定设计步骤，确定从何入手，重点解决哪些环节的问题，创造性地进行教学设计工作。

2.2　教学设计过程的一般模式解析

2.2.1　学习需要分析

教学设计实际上是一个解决问题的过程，而问题的解决，应首先从寻找问题及其根源开始。因为只有找到了问题，弄清原因才有可能解决问题。学习需要分析的作用就是鉴定教学问题，并在此基础上形成总的教学目标，为分析学习内容、编写学习目标、制定教学策略、选择和运用教学媒体以及进行教学评价等各项教学设计的工作提供真实的依据。因此，学习需要分析是教学设计的一个非常重要的开端。

学习需要在教学设计中是一个特定概念，是指学生学习方面目前的状况与所期望达到的状况之间的差距，也就是学生目前水平与期望学生达到的水平之间的差距。“期望达到的学习状况”主要是指社会发展对学习者提出的要求，学校或者班级对学习者提出的要求，以及学习者对自身的要求。对于学校教育来说，这种期望具体体现在教学大纲或者课程标准中。而具体是指学习者群体或者个体在知识、技能、能力、态度等方面的不足，同时也通过学习需要指出要解决的问题，规定教学的任务和目标。

从上面的分析可以知道，只要分别了解了期望学生达到的学习状况和他们目前的学习状况，就可以看出二者的差距了，而这个差距就是学习需要，这个分析过程就是学习需要分析。分析的结果可能有两种：一种是有差距，这说明确实存在着学习需要，教学设计工作还需要继续进行下去；另一种则是没有差距，说明根本不存在学习需要，教学设计工作便可以就此结束了。

学习需要分析是一个系统化的调查研究过程，这个过程的目的就是要揭示学习需要从而发现问题，通过分析问题产生的原因确定问题的性质，并辨明教学设计是否是解决这个问题的合适途径；同时它还分析现有的资源及约束条件，以论证解决该问题的可行性。正因为如此，学习需要分析属于一种前端分析。学习需要分析的结果是提供“差距”的有效资料和数据，从而帮助形成教学设计项目的总的教学目标。

学习需要分析主要是进行三方面的工作：一是深入调查研究，分析教学中需要解决的问题是什么；二是通过分析该问题产生的原因，以确定解决该问题的必要途径；三是分析现有的资源条件和制约因素，明确设计教学方案以解决该问题的可行性。

2.2.2　学习者特征分析

教学设计的一切活动都是为了学习者的学，教学目标是否实现，实现的程度如何都需要从学习者的认知和态度行为中表现出来。作为学习活动主体的学习者是带着自己的特点来进行学习的。学习者特征分析的目的是了解学习者的学习准备情况及学习风格，为学习内容的选择和组织、学习目标的阐明、教学活动的设计、教学方法与媒体的选用等提供教学外因条件，为学习者的内因条件提供依据，从而使教学真正促进学习者智力和能力的发展(乌美娜，1994)。

教学设计的最终目的是有效促进学习者的学习，而学习者是学习活动的主体，学习者具有的认知的、情感的、社会的等特征都会对学习的信息加工过程产生影响。因此，设计的教学系统是否与学习者的特点相适应或在多大程度上适应学习者的特征，是衡量一个教学设计成功与否的重要指标。

学习者的特征涉及智力因素和非智力因素两个方面。与智力因素有关的特征主要包括知识基础、认知能力和认知结构变量，与非智力因素有关的特征则包括兴趣、动机、情感、意志和性格。学习者特征是指影响学习过程有效性的学习者的经验背景。学习者特征分析就是要了解学习者的一般特征、学习风格，分析学习者学习教学内容之前所具有的初始能力，并确定教学的起点。其中学习者的一般特征分析就是要了解那些会对学习者学习有关内容产生影响的心理特点和社会特点，主要侧重于对学习者整体情况的分析。学习风格分析主要侧重于了解学习者之间的一些个体差异，了解不同学习者在信息接收加工方面的不同方式；了解他们对学习环境和条件的不同需求，了解他们在认知方式方面的差异，了解他们的焦虑水平等某些个性意识倾向性差异，了解他们的生理类型的差异，等等。

1. 学习者的初始能力分析

美国著名的教育心理学家奥苏贝尔有一段经典的论述："假如让我把全部教育心理学仅仅归纳为一条原理的话，那么，我将一言以蔽之：影响学习的唯一最重要的因素就是学生已经知道了什么，要探明这一点，并依次进行教学。"任何一个学习者都是把他原来所学的知识、技能、态度带入新的学习过程中的，因此教学设计者必须了解学习者原来具有的知识、技能、态度，我们称之为起点水平或起点能力。确定学生的初始能力对于确定教学起点，进行学习内容分析，选择教学方法和教学媒体都有直接的影响。虽然教学大纲已经规定了教学起点，但是真正意义上的教学起点应该是学生的初始能力。因此，初始能力一旦确定下来，教学起点也就随之确定了。

初始能力分析与学习内容分析的关系是密不可分的。一方面，学生的初始能力是针对某一特定的课程内容而言的，离开了具体的学习内容，初始能力就无从谈起。另一方面，分析学习内容时，如果忽视了学生的初始能力，就会使学习内容脱离学生的实际情况。假如教学起点定得高于学生的初始能力了，那么他们就会难以接受新的知识和技能；反过来，低估学生已有的知识和技能基础，使教学起点低于学生的初始能力，又会在不必要的学习内容上浪费时间与精力，因而降低了教学效率，而且重复的教学内容还会使学生产生厌烦情绪，影响教学活动顺利展开。从这个意义上说，确定学生的初始能力有利于提高教学效率。

2. 学习者的一般特征分析

学习者一般特征指对学习者进行学习产生影响的心理、生理和社会的特点，包括学生的年龄、性别、年级水平、认知成熟度、智能、学习动机、个人对学习的期望、生活经验、经济、文化、社会背景等因素。获得学生的一般特征的主要方法有观察、谈话、填写情况调查表和开展态度调查等。此外，还可以查阅学生的人事档案或学习情况记录。

学习者一般特征体现在多个方面，它们与具体学科内容虽无直接联系，但影响教学设计者对学习内容的选择和组织，影响教学方法、教学媒体和教学组织形式的选择与运用。学生的一般特征虽然与具体的课程内容没有直接联系，但是它们会影响到学生接受新知识的效率。当教师所安排的学习内容、选择的教学策略与学生的一般特征相适应时，这些特征就会对学生学习新知识起促进作用；反之，会起妨碍作用。

3. 学习风格的分析

学生的学习风格与学习活动有着密切的关系。学习的过程是每个学生通过自己来感知外界的刺激，然后对所接受的信息进行处理、储存或提取的过程。学习风格是指对学生感知不同刺激，并对不同刺激做出反应这两个方面产生影响的所有心理特征。每个学生的学习风格不仅具有差异性，而且还具有稳定性。这就是说，每个学生的学习风格是基本固定的，带有习惯性。因此，为了实现真正意义上的个别化教学，就必须为每一个学生提供适合其特点的学习条件。要做到这一点，必须了解他们的特点，测定学生的学习风格就属于这项工作的一部分。这些心理特征不仅影响学生对不同刺激的感知，而且影响学生对不同刺激做出反应。学习风格包含很多内容，例如，某个学生发现并保持了一种更适合于他的学习方法；

某些学生对某种学习环境有着特殊的偏爱，只在那种环境中学习效率才会大大提高。学生在认知方式方面的差异和生理类型的差异等也属于学习风格。

那么，怎样才能测定出学生的学习风格呢？不同类型的学习风格适合不同性质的学习任务，因此，学生的学习风格会直接影响其学习效果。反过来，根据学生的学习风格安排学习内容、选择教学策略又可以进一步促进有效学习在学生身上发生。一般有两种做法：第一种是按照学习风格的具体内容，设计一个学习风格调查量表，这样可以给平时还没有注意到自己学习风格的学生提供一些线索，使他们能够从中选择答案。第二种是设计一个征答表，让学生陈述意见，以表明自己的学习风格。通常是将两种方法结合起来使用，即前半部分是调查量表，启发学生选择适合于自己的答案，后半部分则采用征答表的形式，让学生适当补充调查表中没有提及的问题。

2.2.3 教学目标的编写

教学目标是对学习者通过教学后应该表现出来的可见行为的具体明确的表述。教学目标也称为行为目标，是教育技术学的专门术语。这里的行为是学习者学习后习得的行为，不是学习过程，不是学习内容，更不是教师的行为。运用这个术语是为了强调教育结果的可见性和可测量性。教育技术学者认为，采用教学目标有助于克服上述缺点，因为教学目标的可见性和可测量性是系统研究方法的最重要的特点之一。教学目标是教学活动的导航、"指南针"，是教学的起点和归宿，教学目标必须明确、具体、详细。

1. 教学目标分类理论

(1)布卢姆的教学目标分类理论

布卢姆把教学目标分为认知、动作技能和情感三个领域，然后再把每个领域按照从低级到高级的顺序分成不同的层次，从而形成了一个完整的目标分类体系。比较成熟的是认知领域的目标分类，情感领域和动作技能的目标分类还不够成熟。

①认知学习领域目标分类

认知学习领域包括有关信息、知识的回忆和再认，以及智力技能和认知策略的形成。布卢姆按智力特征的复杂程度将学习目标分为六个等级：

a. 知道。是回忆学过的知识材料的能力。这些知识包括具体事实、方法、过程、形式、结构、背景、基本概念、原则和理论等。

b. 领会。是把握知识材料所包含的意义，并将它们内在化和系统化的能力。可以通过三种形式看出学生是否已经领会了知识材料的意义：一是转换，即学生能够用自己的语言或其他方式来表达所学的内容，比如复述课文；二是解释，即对一项学习内容加以说明或概述，如说明化学元素周期表中各项内容的含义；三是推断，即预测事物的发展趋势，如在实验过程中推想可能出现的结果。"领会"已经超越了单纯的记忆，所以比"知道"的目标级别高，它代表了最低水平的理解。

c. 运用。是把抽象的概念、原理、方法和理论应用于新的特定情境的能力。如能够运用热胀冷缩的原理解释铁轨之间为什么要留有缝隙的现象。"知道"和"领会"构成了"运用"的基础，"运用"是一种较高水平的理解。

d. 分析。是把复杂的知识分解成几个独立的部分，并使各部分的相互关系更为明确，各相关层次更为清楚的一种能力。例如，能将课文分段并归纳出段落大意。"分析"要求既理解知识材料的内容，又理解它们的结构，所以它代表了比“运用”更高一级的智力水平。

e. 综合。是将所学的各部分知识重新组合，并形成一个新的知识整体的能力。例如，学生能写出一份结构完整的论文纲要，提出一项实验计划或总结出某篇文章的中心思想。它强调的是创造能力和形成新的知识结构的能力。

f. 评价。它是根据已有的知识或已经给定的标准进行判断和鉴赏的能力。例如，判断一篇文章的逻辑是否合理，论据是否充分。因为评价要求超越原有的学习水平，在形成一个明确标准的前提下进行价值判断，所以是最高水平的认知学习目标。

在这种分类系统中，位于第一个层次的“知道”属于最低级的目标，它只需要对知识进行简单的记忆。所以在阐明认知学习领域的目标时，决不能仅仅停留在这个最起码的目标上，一定要注意反映其中的各种能力水平，全面培养学生的智力技能。

②动作技能学习领域目标分类

动作技能涉及骨骼和肌肉的使用、协调与发展。辛普森等人在 1972 年将动作技能领域的教育目标被分成七个等级：

a. 知觉。是指运用感官去获得与动作技能有关的知识、性质和作用等信息，以便指导动作。比如学生在学习蛙泳的时候，首先必须了解蛙泳的基本动作要领以及每个动作的作用。

b. 准备。是从心理、生理和情绪等方面对特定的动作做好准备。对于学生来说，要想学习动作技能，除了要知道动作要领以外，还必须愿意去学。如果一个学生还没有克服对水的恐惧心理，那么他即使知道了蛙泳的动作要领，也不可能下水练习。知觉是准备的先决条件，知觉和准备统称为动作技能学习的认知阶段。

c. 有指导的反应。是学习复杂动作技能的早期阶段，这一阶段主要是进行模仿。在模仿过程中会出现一些尝试错误，教师应给予及时的指导，纠正学生的错误动作，这样学生才能掌握正确的动作。

d. 机械动作。是学生的反应已经变成了习惯，达到自动化水平了，能熟练、自信地完成动作。这一阶段的学习结果涉及各种形式的操作技能，但动作模式并不复杂。

e. 复杂的外显反应。是包含复杂动作模式的熟练动作操作。操作的熟练性以精确、迅速、连贯协调和轻松稳定为指标。学生不仅能够按照动作要领准确地做好基本动作，而且能把各种基本动作连贯起来，娴熟地完成整套动作。

f. 适应。指技能的高发展水平，学生能修正自己的动作模式以适应特殊的装置或满足具体情境的需要。学生在熟练地完成动作的同时，能够审视和调整自己的动作。

g. 创新。指创造新的动作模式以适合具体情境。强调以高度发展的技能为基础的创造能力。学生能根据自身的条件创造出新的动作，以便最大限度地挖掘自身的潜力，创造出好成绩。

③情感学习领域目标分类

情感学习与培养兴趣、形成或改变态度、提高鉴赏能力、更新价值观念、建立感情等有关，是教育的一个重要方面。不能认为情感或态度的教学仅仅是政治课或思想品德课的任务，其实各门学科都包含这方面的任务，因为任何知识、技能或行为、习惯都离不开一定的价值标准。例如，某些学生“重理轻文”就反映了他们在知识、技能的学习中接受了某种价值观，或对某种价值观有所偏爱。依照价值标准内化的程度，克拉斯伍等将情感学习领域的目标分为五个等级：

a. 接受(注意)。是将注意力集中到某件事或某个活动中，并准备接受。不论是突然意识到某事物存在的简单注意，还是选择性注意，都属于接受，这是低级的价值内化水平。

b. 反应。是主动参与某种活动，并以某种方式积极做出响应，同时表现出较浓厚的兴趣。例如，积极完成老师布置的作业，就比安静地听老师讲课又进了一步。反应包括默认、愿意反应或表示出满意。这类目标与兴趣类似，都强调对特定活动的选择及从中获得满足。

c. 价值判断。是用一定的价值标准对特定现象、行为或事物进行判断，自发地表现出某种兴趣和关注。例如，欣赏文学作品，在讨论问题中提出自己的观点，学习某学科非常刻苦用功等。学生这一阶段的行为中，表现出一致性和稳定性，与平时所说的“态度”和“欣赏”类似。

d. 组织。是当多种价值观念并存，愿意把它们组织成体系，然后进行比较，以便确定它们的相互关系，并按照重要性排序，从中接受自己认为重要的价值观，进而形成个人的价值观体系。例如，学生形成了一种与自身能力、兴趣、信仰相协调的生活方式。值得重视的是，学生已经建立起来的价值观体系，往往会因为新观念的介入而发生改变。

e. 价值与价值体系的性格化。是通过对价值观体系的组织，逐步形成个人的品性。在这个等级中各种价值的层级关系已经确定，它们处于一种内在的和谐状态。个人言行完全受本人所确定的价值观体系支配，观念、信仰和态度已融为一体，最终表现在个人的世界观已经形成。这一阶段的行为具有普遍性、一致性和可预测性。例如，保持良好的饮食习惯；在团体中，能表现合作精神等。

从这个分类体系可以看出，情感或态度的教学实际是一个价值标准不断内化的过程。对于学生来说，教师所讲的或教科书上所介绍的价值标准都是外来的，必须经历上述五个连续内化的过程，才能把它们转化成自己信奉的内在价值。

综观三个领域的分类方法，我们所看到的目标都是从简单到复杂逐级递增的，每个目标都建立在已经达到的前一个目标的基础之上。大多数的学习都是同时包含了三个领域的目标成分，只不过具体到某一门课程或某一节课，其中某一个领域的目标成分略多一些罢了。

(2)加涅的学习结果分类理论

加涅在《学习的条件》一书中，对学习结果进行了分类。他提出了五种学习结果：言语信息、智力技能、认知策略、动作技能和态度。

①言语信息。言语信息就是学习者学会陈述事实或观点的能力。它主要有三个方面的作用，一是掌握言语知识，这是日常生活、社会交往和职业学习中必不可少的内容；二是学习其他能力类型的先决条件，无论智慧技能的学习，还是认知策略、态度这些类型的学习，都是在言语信息的背景中发生的；三是思维的工具。

②智力技能。智力技能作为一类学习的结果，是指学习者通过学习获得了使用符号与环境相互作用的能力。智力技能与言语信息不同，言语信息与知道“是什么”有关，而智力技能则与知道“怎样做”有关。言语信息的学习是从不知到知，由知之甚少到知之甚多的过程，智力技能的发展则是从简单到复杂、从低级到高级的过程。

③认知策略。认知策略是学习者借以调节他们自己的注意、感知、记忆和思维等内部心理过程的技能。认知策略是一种特殊的、非常重要的技能，是学生用来指导自己注意、学习、记忆和思维的能力。在认知信息加工学习模式中，认知策略起执行控制的作用，对下列几个

方面起调节作用：注意哪些特征；如何编码以便于提取；如何从事问题解决过程；怎样才能利于迁移。由此可见，要把学生培养成独立的思维者，认知策略作为教育目标是很重要的。

④动作技能学习结果。动作技能亦称运动技能，是一种习得能力，以此技能为基础的行为结果表现为身体运动的迅速、准确、力量或连贯等方面，如乐器演奏、绘画、实验操作、打球等。动作技能也可存在于不使用器具或设施的活动中，如竞走、练拳、唱歌、舞蹈等活动中也有动作技能。在学生的学习中，动作技能的学习往往与认知学习交织在一起。例如，学习英文打字，除学习打字动作外，学习者还必须了解有关英文字母、单词拼法、标点、文件格式、换行规则、打字机的组成、各部分的作用以及键盘上字符的位置等知识。

⑤态度类学习结果。态度是人们对于事情的看法和采取的行动。作为一种学习结果，在教育心理学中“态度”被定义为习得的、影响个人对特定对象做出行为选择的有组织的内部准备状态。特定对象包括事物、人和活动。当教学目标是使学习者形成先前未有的态度，或改变当前积极的或消极的态度时，意味着我们要求学习者进行一项有关态度的学习任务。

(3)我国基础教育课程改革的目标分类

为了体现目标的衔接性和整合性，我国在当前的基础教育课程改革中，从知识与技能、过程与方法、情感态度与价值观三个方面给出了每一门课程的总体目标与学段目标(如果有学段的话)，布鲁姆的目标分类理论和加涅的学习结果目标体系为结果性目标和体验性或表现性目标。

①结果性目标

结果性目标主要是用于明确学生的学习结果，阐述结果的行为动词要求明确、可测量、可评价，同时还把结果目标分为知识领域与技能领域。

知识领域分为三个层次：

a. 了解水平。包括：再认和回忆知识；识别、辨认事实或证据；举出例子；描述对象的基本特征等。

b. 理解水平。包括把握内在逻辑关系；与已有知识建立联系；进行解释、推理、区分、扩展；提供证据；收集、整理信息等；

c. 应用水平。包括在新的环境中使用抽象的概念、原则；进行总结、推广；建立不同情境下的合理联系等。

技能领域也分为三个层次：

a. 模仿水平。包括在原型示范和具体指导下完成操作；对所提供的对象进行模拟、修改等。

b. 独立操作水平。包括独立完成操作；进行调整与改进；尝试与已有技能建立联系等。

c. 迁移水平。包括在新的环境下运用已有技能；理解同一技能在不同情境中的适用性等。

②体验性或表现性目标

体验性或表现性目标是描述学生自己的心理感受、体验或安排学生表现的机会，采用的行为动词往往是体验性、过程性的，这种方式指向无须结果化的或难以结果化的课程目标，主要应用于“过程与方法”“情感态度与价值观”领域。该领域的目标同样可以分为三个层次：

a. 经历(感受)水平。包括独立从事或合作参与相关活动，建立感性认识等。

b. 反应(认同)水平。包括在经历基础上表达感受、态度和价值判断;做出相应的反应等。

c. 领悟(内化)水平。包括具有相对稳定的态度;表现出持续的行为;具有个性化的价值观念等。

2. 教学目标分析的方法

在进行教学目标分析时,需要确定学生达成目标所需要的从属技能。对学习目标的分析与教学内容的分析并不是孤立进行的,二是紧密相连,密不可分的。教学内容分析的过程刚好与学生的学习过程相反,学习内容分析以学生的学习结果为起点,并以学习起点为终点,所以是一个逆向分析过程。也就是说,学习内容分析从学习需要分析所确定的总的教学目标开始,通过反复提出"学生要掌握这一水平的技能,需要预先获得哪些更简单的技能"这样的问题,并一一回答,直到分析出学生已具有的初始能力为止。因此,对教学目标和教学内容的分析常常是交织在一起的。下面介绍的几种方法既可用于教学目标的分析,也可用于教学内容的分析。它们是归类分析法、层级分析法、信息加工分析法、解释结构分析法。

(1)归类分析法

归类分析法主要是研究对有关信息进行分类的方法,旨在鉴别为实现教学目标而需要学习的知识点。该分析法适用于言语信息的分析。例如,一个国家的省市名称可按地理区域来划分归类;人体外表各部位的名称可由上向下,按头、颈、躯干、上肢、下肢分类等。确定分类方法后,或用图示或列提纲,把实现教学目标需要学习的知识归纳成若干方面,从而确定教学内容的范围。

(2)层级分析法

层级分析法是用来揭示教学目标所需掌握的从属技能的内容分析方法。这是一个逆向分析的过程,即从已确定的教学目标开始考虑,要求学习者获得教学目标规定的能力,他们必须具有哪些次一级的从属能力,而要培养这些次一级的从属能力,又需具备哪些再次一级的从属能力。层级分析方法以加涅的智力技能由简单到复杂的分类为基础。

层级分析的原则虽较简单,但具体做起来却不容易。它要求参加教学设计的学科专家、学科教师和教学设计者熟悉内容,了解教学对象的原有能力基础,并具备较丰富的心理学知识。层级分析过程中,可运用一种逻辑分析法来辅助层级关系的形成。

(3)信息加工分析法

信息加工分析是加涅提出的,是指将学生在完成教学目标时对信息进行加工的所有心理操作过程揭示出来的分析方法,称为教学内容分析的综合方法。适用于动作技能、智力技能、态度等教学内容的分析。

在许多教学内容中,完成任务的操作步骤不是按"1-2-3-…-N"的线性程序进行的。当某一步骤结束后,需根据出现的结果判断下一步怎么做。在这种情况下,就要使用流程图表现该操作过程。流程图除直观地表现出整个操作过程及各步骤以外,还表现其中一系列决策点及可供选择的行动路线。

(4)解释结构分析法(ISM 分析法)

解释结构分析法是用于分析和揭示复杂关系结构的有效方法,它可将系统中各要素之间的复杂、零乱关系分解成清晰的多级递阶的结构形式。它分三个步骤:

①抽取知识元素,确定教学子目标;

②确定各个子目标之间的直接关系，作出目标矩阵；

③利用目标矩阵，求出教学目标形成关系图。

以上分别介绍了几种常见的教学目标分析方法。在实际教学中，由于许多教学目标的分析是由多种学习结果纠结在一起的，因此常常需将几种方法结合使用。

3. 教学目标的编写方法

(1)ABCD法

ABCD编写方法基本上反映了行为主义的观点，强调用行为术语来描述学习目标。下面是依据ABCD法编写的实例，并用符号标明了它的构成要素：

初中二年级学生(A)，能用几何画板(C)，画出三角形的重心(B)，正确率达到80%左右(D)

①对象A(Audience)：即指需要完成行为的学生、学习者或教学对象。如上面中的“初中二年级学生”。

②行为B(Behavior)

在教学目标的构成要素中，实际的行为及其结果是一个最基本的成分。它说明了学生通过学习所能够完成的特定而可观察的行为及其内容。描述行为及其结果的基本方法是使用一个动宾结构的短语，其中表述行为的动词说明学习的类型，宾语则用来说明学生的行为结果或学生所做的事情。上面例子中“画出三角形的重心”中的“画出”就是动宾结构短语中的行为动词，而“三角形的重心”则是动宾结构短语中的宾语。

③条件C(Condition)

学生在完成其规定的行为及结果时，总是在一定的情境条件下进行的，也就是说在学生完成其终点行为时，我们常提出相应的限制条件。例如上例中的“能用几何画板”。通常使用“可以借助字典”“通过小组讨论”等包含一定限制的条件。编写良好的教学目标应尽可能地包含实际的有关条件，以使学生能在适当的环境中达到其行为结果。

④行为的标准D(Degree)

行为的标准是指行为完成质量的可接受的最低衡量依据。为了使教学目标具有可测量性，应该对学生行为的标准进行具体的描述。学生行为表现的熟练程度一般而言是有差异的，而且幅度可能很大。在教学目标编写时采用什么程度的标准要依据教学内容的实际要求，应当以大多数学生在经过必要的努力之后都能做到的事情作为行为的标准。行为的标准一般从行为的速度和准确性等方面进行描述。例如，“在5分钟以内”“误差在1 mm以内”“准确率达90%”都包含了教学目标中的有关标准。

在一个学习目标中，行为的表述是基本部分，不能省略。相对而言，条件和标准是两个可选的部分。目标编写中，如不提标准，一般即认为要求学生达到100%的正确率。

(2)内外结合的表述方法

学习的实质是学生的内在心理过程发生了变化，所以教育的真正目标并不是为了改变学生的具体行为，而是要使其内在的能力或情感发生变化。用内部心理过程与外显行为相结合的方法阐明学习目标正好可以弥补ABCD法的不足。具体做法是在陈述学习目标时，先用描述学生内部心理过程的术语表明学习目标，以反映学生理解、应用、分析、欣赏、尊重等内在的心理变化，然后再列举出一些能够反映上述内在变化的行为，使得学生内在的心理变化也能够被观察和测量。在列举行为的变化时，仍然要采用前面所讲的ABCD法。

下面举例说明。比如,“让学生能够理解一篇描述人物的课文是怎样围绕中心思想取材的”,这样的目标是很难观察的。应该怎样来描述它呢?如果采用内外结合的方法表述就应该这样:

内部心理描述:能理解描述人物的课文是怎样围绕中心思想取材的。

行为1:能用自己的话概述课文中的主人公是一个怎样的人;

行为2:能从课文中说出作者描述主人公是表露自己感情的;

行为3:能指出课文所叙述的事件中哪些采取了略写的方式,哪些进行了详写,以及它们对表现中心思想所起的作用。

应该注意,在这个例子中,总的学习目标是“理解”,而不是那些用来表明“理解”的具体行为。因为在这里所列举的每一个具体行为,都仅仅是为了表明“理解”的一个侧面,而不是学习目标。

内外结合的表述方法避免了ABCD法只考虑具体行为变化而忽视内在心理过程变化的缺点,也克服了用传统方法陈述学习目标的含糊性。

尽管新的方法从根本上解决了传统方法所带来的问题,但是它也存在着某些局限性。首先,因为有些学科的内容本身带有明显的序列性,如数学、物理、化学和英语等,对于这样的学科,新的方法比较好用,而在社会科学课程中使用则受到了一些限制;其次,教师不可能提前确定教学活动中所有潜在的教学成果,而那些没有预料到的成果却有可能引出更有价值的结果;最后,完全使用可以测量的学习目标,有可能使学习过程变得过于机械。

2.2.4 教学策略的选择

教学策略是对完成特定的教学目标而采用的教学活动的程序、方法、形式和媒体等因素的总体考虑。教学策略具有指示性和灵活性,不同的教学目标需要使用不同的教学策略。由于学生的需求不同,教学目标和教学内容不同,不存在适用于一切教学活动的最优教学策略。在教学研究和实践中,人们从不同角度、立足于不同理论提出了各种教学策略,如加涅的九段教学策略、奥苏贝尔的先行组织者教学策略、布卢姆等人提出的掌握学习教学策略、保加利亚心理学家洛扎诺夫的情景-陶冶教学策略、示范模仿教学策略以及支架式和抛锚式教学策略。教学策略是在不同的教学条件下,为达到不同的教学结果所采用的方式、方法、媒体的总和。

1. 先行组织者教学策略

先行组织者教学策略是奥苏贝尔有意义学习理论的一个重要组成部分。奥苏贝尔不仅正确地指出通过“发现学习”和“接受学习”均可实现有意义学习,而且还对如何在这两种教学方式下具体实现有意义学习的教学策略进行了研究,特别是对“传递-接受”教学方式下的教学策略做了更为深入的探索,并取得了成为教学论领域一座丰碑的出色成果——先行组织者教学策略。

先行组织者教学策略一般分为三个步骤:

(1)呈现先行组织者。阐明本课的目的,呈现作为先行组织者的概念,使学习者意识到相关知识和经验。

(2)呈现学习任务和材料。使知识的结构显而易见,使学习材料的逻辑顺序外显化,保持注意,呈示材料。

(3)扩充与完善认知结构。使用整合协调的原则,促进积极的接受学习,提示新、旧概念之间的关系。

2. 掌握学习教学策略

掌握学习是由布卢姆等人提出的一种旨在把教学过程与学生的个别需要和学习特征结合起来,让大多数学生都能掌握所学内容并达到预期教学目标的教学策略。它的主要步骤是:

学生定向→集体教学→形成性测验→矫正教学→再次测评

3. 五环节教学策略

这一模式源于赫尔巴特学派的“五段教学”,后来经过苏联凯洛夫等人根据马克思主义认识论加以改造而提出五段教学策略,是一种接受学习策略。它的主要步骤是:

激发学习动机→复习旧课→讲授新课→运用巩固→检查效果

4. 情景-陶冶教学策略

情境-陶冶教学策略也称暗示教学策略,由保加利亚洛扎诺夫首创,主要通过创设某种与现实生活类似的情境,让学生在思想高度集中但精神完全放松的情境下进行学习。它的主要步骤为:

创设情境→自主活动→总结转化

5. 示范-模仿教学策略

示范-模仿教学策略主要用于动作技能类的教学内容,包括一些操作技能的学习。它的主要步骤为:

动作定向→参与性练习→自主练习→技能的迁移

6. 九段教学策略

九段教学策略也叫九段教学法,是美国著名教育心理学家加涅将认知学习理论应用于教学过程而提出的一种教学策略。包括九个步骤,它们是:

引起注意→阐述教学目标→刺激记忆→呈现刺激材料→提供学习指导→诱发学习行为→提供反馈→评价表现→促进记忆与迁移

没有任何单一的策略能够适用于所有的情况,最好的教学策略就是在一定情况下达到特定目标的最有效的方法论体系。有效的教学需要可供选择的各种策略来达到不同的教学目标,教学设计者必须掌握一系列适用于不同目标、内容及对象的各种教学策略,才能在教学设计中运用各种教学策略,创造出最有效的教学环境,取得最佳的教学效果。

2.2.5　教学媒体的选择

1. 选择教学媒体的依据

可根据教学目标、教学内容、教学对象、教学条件来选择教学媒体。在媒体选择基本原则的指导下,选择媒体的基本思路可以从媒体选择的工作程序中得到启发和帮助。根据这种基本工作程序考虑选择媒体时,需要教师将目标、内容、媒体三方面统一考虑。

媒体在教学中的使用目标可以分别表述为展示事实、创设情境、提供示范、呈现过程、设疑思辨等。针对不同的目标选择媒体类型,设计媒体内容,充分发挥媒体的作用就可达到提高功效的目的。图2-2描述了教学目标、教学内容和教学媒体使用目标三者之间的关系。

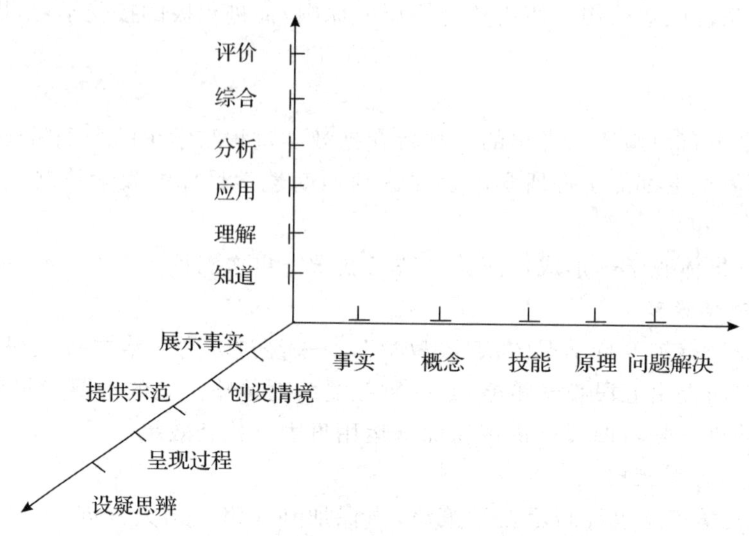

图 2-2　媒体-内容-目标三维选择模型

此模型反映了媒体选择与教学内容、教学目标之间的对应关系。若我们所教的内容是事实性知识，教学目标要求达到知道层次，在教学中媒体的具体使用目标就是展示事实；若内容是技能类知识，教学目标要达到应用层次。要求达到不同的层次，教学媒体的使用也就有相应的作用。

2. 教学媒体的选择方法

教学媒体选择的最终目的在于教学实践中的有效运用，因此，在选择适宜媒体之后，要考虑如何运用媒体才能真正发挥其应有的作用。具体的教学媒体选择方法有问题表式、矩阵式、算法式和流程图四种方法，读者可以参阅其他资料，这里不再赘述。

2.2.6　教学设计成果的评价

教学设计成果评价属于教育评价的范畴。教育评价是根据一定的教育价值观或教育目标，运用可以操作的科学手段，系统地搜集信息、资料，分析、整理，对教育活动、教学活动和教育结果进行价值判断，从而为完善教育过程和正确的教育决策提供依据的系统过程。教学设计成果评价是一种特定的系统过程，包括确定评价目标、搜集有关资料、描述并分析资料、形成价值判断、做出决策等步骤。教学设计成果评价是教学设计的重要组成部分。对设计方案（成果）进行评价并做出相应的修改是教学设计的重要环节，是使教学设计成果趋向完善的必要内容，通过评价还可以掌握学习者的学习情况。

作为教学设计的重要组成部分，评价活动渗透在教学设计过程之中，贯穿于教学设计的各基本环节。一定意义上讲，对于采用评价的时间、先后次序上没有严格的规定。例如，学习需要分析、学习任务分析、教学目标设计等环节中，都最好能对它们进行一次初步评价；而对教学设计成果进行的整体评价，更是十分必要的。正因为如此，评价环节放在教学设计基本模式的最后部分。

1. 教学评价的分类

对教学活动进行适时的总结和评价，对于提高教学质量具有十分重要的作用。

(1)按评价功能的不同,可分为诊断性评价、形成性评价和总结性评价。

(2)按评价基准的不同,可分为相对评价、绝对评价和自身评价。

(3)按评价方法不同,又可分为定性评价和定量评价。

2. 教学评价的工具

实施教学评价,离不开一定的评价工具。因此,教学评价工具的编制与使用也是教学评价工作的一项重要内容。在传统教学中,试卷是最主要的评价工具。随着信息时代的到来,教学设计更加关注学习者,关注学习的过程和资源,教学评价工具也更加多样化,试卷、量规、档案袋、学习契约、概念地图、电子学习档案、评估表等评价工具也应用在了教学评价中。①

(1)试卷

用于评价学生对所学知识的掌握程度。随着技术的发展,计算机和数据库的应用,传统意义上试卷的功能已经拓展,试卷可以自动生成,在网络平台可以由学生自测、自我评价。

(2)量规

量规是一种结构化的定量评价工具(祝智庭,2002)。从表现形式上来看,量规往往是个二维表格,它会从与评价目标相关的多个方面详细规定评价指标。为了更好地评价学生的绩效,获得可靠的分数,量规的制作中要注意:要根据教学目标和学生的水平来设计结构分量;根据教学目标的侧重点确定各结构分量的权重;应尽量让学生参与设计量规。

(3)档案袋

档案袋是按一定目的收集的反映学生学习过程以及最终产品的一整套材料,这些材料借助信息技术得以很好地组织与管理。档案袋中可以包含各种形式的学习材料,如录像资料、书面文章、图画、计算机程序等。档案袋可以使学生在一段时间后检查自己的成长,从而成为自身努力的更有见识、更善思索和善于反思的评估者。

(4)概念地图

概念地图是指学习者对特定主题建构的知识结构的一种视觉化表征。学生可以沿着时间或空间的维度创建概念地图,以此识别、澄清和表示概念间的相互关系。概念地图的首要特征是用层级结构的方式表示概念之间的关系。概念地图的另一个特征是交叉连接。交叉连接表明了呈现在地图上的某些领域知识是怎样相联系的。

(5)学习契约

学习契约也称学习合同,是学生与教师之间的书面协议或者保证书,这种评价方法来源于真正意义上的契约或合同。在学习过程中,契约可以不断修正,它赋予了学习者自主学习的决定权,规定了学习者必须履行的学习义务,为学习者开展自主学习提供了一种基本框架。具体说来,学习契约规定了学习者将要学习什么、怎样学习以及如何检验、评价是否达到学习目标。

(6)评价表

评价表是以问题或评价条目组织的表单,适当地设计可以帮助学习者通过回答预先设计好的问题来产生某种感悟,有效地启发学生的反思,从而增强他们的自主学习能力,达到提高绩效的目的。

---

① 闫寒冰.学习过程设计——信息技术与课程整合的视角[M].北京:教育科学出版社,2005:80.

3. 教学评价的一般过程

教学设计成果评价分为5个基本步骤:制定评价计划→选择评价方法→试用设计成果→收集资料、归纳和分析资料→报告评价结果。

总之,教学设计成果评价完成的是以下两个方面的工作:

一是教学评价必须对学绩测验数据所表明的教学成效做出确切的诊断。诊断教学成效即依据教学目标,运用学绩测验数据,判明学生知识技能策略的掌握程度及能力与品格的形成状况。

二是教学评价必须对教学的成败原因进行分析,并对今后教学工作的改进方面做出明确的规定。教学评价不仅要了解学生能力与品格的形成状况,而且更重要的是要找出以往学习中的断裂点和断裂带,分析其成功与失败的原因,并提出改进措施。

2.3 信息化教学设计

教育信息化为我们展示了未来教育的美好前景。但是,具有装备精良的信息化硬件环境和信息化教学资源,可能促进教育革新,也可能优化传统教育,但不会自然而然地创造教育奇迹,因为任何技术的社会作用都取决于它的使用者。信息技术在教育中的应用是一场全面的变革,信息技术环境变了,教学方法也得相应变革。教学方法的选择是由教师的教育观念支配的,因此,如果教师不了解如何更加有效地使用技术,不了解信息化环境下的教学设计方法,所有与教育有关的技术都没有任何意义。

2.3.1 信息化教学设计概述

1. 信息化教学设计的内涵

对信息技术环境下的教学活动所进行的设计,称为信息化教学设计。信息化教学设计可定义为:充分利用现代信息技术和信息资源,科学安排教学过程的各个环节和要素,为学习者提供良好的信息化学习条件,实现教学过程最优化的系统方法。

信息化教学设计是在传统教学设计的基础上发展起来的,它强调先进的教育理念(尤其是建构主义学与教的理论)指导下的信息技术的运用,强调充分利用现代信息技术,科学安排教学过程中的各个环节和要素,为学习者提供良好的信息学习环境、实现教学过程最优化的系统方法,进而培养学生的信息素养、创新精神和实践能力。信息化教学设计有两个重要特征:一是更加注重学习者的主体作用;二是更加注重利用息技术,为学习者创设有助于培养自主学习和协作学习能力、问题解决能力、实践能力的环境,帮助学习者提高学业成就,成为具有终身学习能力的学习者。上述两个特征,渗透到教学设计的各个要素中,就形成了信息化教学设计的原则。

2. 信息化教学设计的基本原则

(1)注重情境创设

由于传统教学基本上是"去情境"的,即将知识从具体情境中抽象出来,成为概括性知识,这样虽然可以反映具体情境中概念、规则、原理等的"本质",但却忽视了知识运用的情境性和具体性,使得学习结果难以自然地迁移到真实的问题和任务情境中。美国学者布朗(J.S.Brown)等人认为,在非概念水平上,活动和感知比概括化具有更为重要的认识论上的优越性，因此，要使学习者更好地完成对所学知识的意义建构，即达到对该知识所反映事物的性质、规律以及该事物与其他事物之间联系的深刻理解，最好的办法是让学习者到现实世界的真实环境中去感知体验（即通过获取直接经验来学习），而不是仅仅聆听别人（例如教师）关于这种经验的介绍和讲解。因此，在教学中要尽可能为学生创设真实的问题或任务情境，使学习尽可能在真实的情境中进行。但需要注意的是，这里所谓的真实情境，并非一定要是真实的物理情境。情境的类型可以是多样的，既可以是现实问题的，又可以是观念的、想象的；既可以是基于学校与课堂的，又可以是基于社会的、自然的、日常生活的；既可以是真实的，也可以是虚拟的。但不管是哪一种情境，必须能够使学习者经历与真实世界中类似的认知挑战。

(2)注重“问题解决”和“任务驱动”

“问题解决”和“任务驱动”实际上是情境创设的进一步深化。信息化教学设计强调将学习与更多的任务或问题挂钩，使学习者投入到问题或真实任务中，在学习者解决问题或真实性任务的过程中，鼓励学生自主探究，激发和支持学习者的高水平思维。通过让学生合作解决真实性问题或任务，使学生知道为什么要学习这些知识和技能，如何运用这些知识和技能。

(3)充分利用各种学习资源来支持学生的自主学习和协作学习

为了支持学习者主动探索、解决问题，信息化教学设计特别强调在教学过程既要提供丰富的、多样化的、适宜多表征形式的学习资源，还要为学生提供或选择适宜的帮助和促进他们对学习资源获取、分析、处理等的认知工具，同时还要鼓励学习者在学习过程中充分利用各种学习资源，进行自主学习，借助现代信息技术所提供的各种协作、交流工具，与其他学习者进行协作学习。

(4)强调协作学习的重要性

信息化教学设计特别重视协作学习的设计。这里的协作学习不仅仅指学生之间面对面的协作，还包括基于计算机和网络通信技术支持的协作学习；不仅仅指学生之间的协作，还包括教师与学生之间的协作，学生借助信息技术与他人之间进行的协作。强调协作学习的设计是因为协作学习既是社会的需要，也是学习者心理发展的需要。随着知识的爆炸式增长和社会分工的日趋细化，越来越多的工作都需要通过协作来完成。因此，是否具有协作意识与能力已成为衡量现代人才的一个重要指标。从学习者个体的角度来看，每个学习者由于成长经历不同、知识经验不同，常常会对同一知识和问题产生不同的理解，这种理解有可能是不正确的，也有可能是不完善的、浮浅的、片面的和不充分的；而协作学习过程中的充分交流与沟通，不仅可以使学习者外化和表达自己的见解，聆听他人的想法，在与他人的交流中产生观点的砥砺和碰撞，达到对所学知识的较为全面、完善的理解，而且可以促使学习者学会相互接纳、赞赏、争辩、共享和互助。

(5)强调面向学习过程的质性评估

信息化教学设计反对把简单的技能与知识测试作为唯一的评价依据，强调把教师与学生在课程开发以及教学实施过程中的全部情况都纳入评价的范围，强调评价与具体评价情境的交互作用，主张凡是具有教育价值的结果，不论是否与预定目标相符合，都应当受到评价的支持与肯定。尤其在对能力进行评价时，更要关注学生在整个学习过程中能力发生的变化，收集整个过程中的行为信息，做出一个评估报告，为学生能力的成长提供一个可行的改进计划或培养方案。

(6)注重为学生提供有效的引导和支持

虽然信息化教学设计倡导在教学中要充分发挥学生的主体作用，注重学生的主动探索和学习过程中的积极参与，但是在缺乏指导和引导的学习环境中，学习者可能会因为受挫而失去深入探究的兴趣，也可能因错误线索的引导而偏离预期的方向。因此，信息化教学设计同样强调教师在学生的学习过程中要给予指导和帮助，包括为学生提供学习资源、示范、启发和咨询，特别是在学习者对所学内容不熟悉或学习者缺乏良好的自我调控能力的情况下，更要重视教师的指导和引导作用。

上述信息化教学设计原则更多地体现了建构主义学习理论的指导，体现了以学为主的设计思想，但这并非因为建构主义学习理论十全十美，而是因为它对于我国教育界的现状特别有针对性。它所强调的以学为主，学生主要通过自主建构获取知识意义的教育思想和教学观念，对于多年来统治我国各级各类学校课堂的以教为中心的传统教学结构与教学模式产生了很大的冲击，在培养学生的自主探究学习能力和创新能力等方面具有优势。事实上，以教为中心的教学设计和以学为中心的教学设计各有优点和不足，国际教育技术界已普遍认识到只有将二者有机结合起来才能实现优势互补，实现教学过程的优化。

2.3.2　信息化教学设计的要素及流程

近年来，随着混合式学习逐渐被国际教育技术界所接受，愈来愈多的教师认识到以学为主的教学设计有自己的突出优点，但也有自身的缺陷，而以教为主的教学设计也同样有自身的优缺点，若能将两者有机结合，正好可以优互补。何克抗教授提出的“学教并重”的教学设计汲取了两种教学设计的优点，强调既要充分体现学生的主体地位，又要充分发挥教师的主导作用，既注重系统知识和技能的学习和培养，在教学中又要充分发挥学生的首创精神，促进学生自主探究、协作学习和创新能力的培养，所以具有较为广泛的影响力和适应性，成为我国信息化教学设计的主要模式。其设计过程主要包括：

(1)教学目标分析——确定教学内容及知识点顺序；

(2)学习者特征分析——确定教学起点，以便因材施教；

(3)教学模式与策略的选择和设计；

(4)学习情境与学习任务设计；

(5)教学媒体与教学资源的选择和设计；

(6)教学评价设计。

除了上述设计要素外，我们认为信息化教学设计还必须考虑课堂管理与帮助的设计。计算机进入课堂，不仅对教师的教学方式产生了很大的影响，而且为教师作为管理者的角色带来了新的元素。有学者指出“只有当教师在对管理问题上达到了精通的层面时，教育革新才可能发生”(Sandholtz et al，1990)。因此，信息化环境的课堂管理与帮助设计显得尤为重要。下面我们将对信息化教学设计的主要要素进行较为详细的介绍。

1. 教学目标分析

教学目标是教学实践活动的方向标，它在教学过程中起着指示方向、规定结果的重要作用。所以，确定准确合理的教学目标被认为是教学设计的首要工作。教学目标是对学习者通过教学以后能做什么的一种明确、具体的表述。教学目标具有一定的层次性，在一般的课堂教学中，教师所要关注的教学目标的分析与编写主要是单元层次和课时层次上的。

教学目标分析是为了确定学生学习的内容或主题，即与基本概念、基本原理、基本方法或基本过程有关的知识内容，对教学活动展开后需要达到的目标做出一个整体描述，包括学生通过本节课的学习将具备哪些知识和能力，会完成哪些创造性产品，以及潜在的学习结果、增强哪些方面的情感态度与价值观。在实际分析中，对教学目标的分析常常是与教学内容的分析结合进行的。通常情况下，在确定了一门学科总的教学目标的基础上，我们需要确定为完成总目标所必需的学习单元内容或学习模块。在确定了单元学习内容或学习模块的基础上，需要进一步确定每一单元或模块的学习目标以及确定达到单元学习目标所需的知识点。所以，教学目标的分析一般包括两个重要内容：一是鉴别达到目标所需学习的知识、技能及应具有的态度和情感等；二是根据目标分类理论为特定的内容和学习对象编写具体的目标。

2. 学习者特征分析

(1)学习者认知能力分析

对学习者认知能力的分析，主要是了解学习者在不同的认知发展阶段所表现出的感知、记忆、思维、想象等方面的特征。瑞士著名发展心理学家皮亚杰的认知发展阶段理论能够为我们分析学习者的认知能力或认知发展水平提供一个清晰的框架，他将儿童认知发展划分为四个阶段：感知运动阶段、前运算阶段、具体运算阶段、形式运算阶段。在不同的发展阶段，儿童的认知具有不同的质的特点，但在同一发展阶段内，各种认知能力的发展水平是平衡的，即在不同的方面，儿童所表现出的能力是和谐的、水平相当的，任何个体都将按照固定的次序经历相同的发展阶段。

(2)学习者特定的知识和能力基础特征

分析特定的知识和能力基础是指学习者在学习某些特定的学科、领域的知识技能时，他与新学习相关的知识和能力的基础状况。知识和能力基础分析在个教学设计中具有非常重要的作用，只有在清晰地了解教学对象的知识和能力基础之后，教学才能做到有的放矢。那么，该如何确定每个学生的知识和能力基础呢？编制预测题是了解学习者已有知识基础的有效方法，对学习者的预备能力的了解可通过访谈和观察的方式获得。一般在编制测试题之前，需要在学习内容分析图上设定一个教学起点，将该起点以下的知识技能作为预备能力，并以此为依据编写预测题。

(3)学习者的学习态度与学习动机

了解学习者对所学内容的认识水平和态度，包括他们对教学传递系统的态度或喜好，对选择教学内容、确定教学方法等都有重要的影响。判断学习者学习态度的最常用方法是态度问卷量表。此外，观察、访谈等方法也可用于态度分析。学习动机是指直接推动学生进行学习的一种内部动力，是激励和指引学生进行学习的一种需要。学习与学习动机相辅相成。学习动机的分类有很多，比较有代表性的学习动机分类是奥苏贝尔提出的，分为认知内驱力、自我提高内驱力和附属内力。

需要特别说明的是，在信息化教学设计中，除了分析学习者在常规环境中的特征外，还应重视信息技术环境下对学习的技能要求及认知心理特点，尤其是学习者取得成功的学习需要具备的信息素养，如是否掌握计算机的基本操作，能否熟练应用各类工具软件，包括学科工具软件，是否掌握网络搜索技能和策略等。

3. 模式与策略的选择和设计

通过对教学目标的分析和学习者特征的分析，解决了确定教学的终点(教学的目标)以及学习的起点(即学习者的已有基础和准备情况)问题，接下来需要考虑“如何教与学”的问题，即要为实现符合学习者需要和特征的教学目标选择恰当的教学模式与教学策略，这是教学设计中的核心环节，直接反映了设计者的教育教学思想与观念。那么，什么是教学模式与教学策略呢？

(1)教学模式与教学策略

教学模式是在一定的教育思想、教学理论和学习理论指导下，为完成特定的教教目标和内容而围绕某一主题形成的比较稳定且简明的教学进程结构及其具体可操作的教学活动方式。一般将教学策略理解为在不同的教学条件下，为达到不同的教学结果所采用的方式、方法、媒体的总和，它具体体现在教与学相互作用的活动中。虽然在实践层面上，教学模式和教学策略包括教学方法之间常常不是那么界限分明，相对而言，教学模式属于较高层次，规定着教学策略、教学方法；教学策略比教学模式更详细、更具体，受到教学模式的制约。在某个教学模式中，可以采用多种教学策略；同时，一个教学策略可用于多种教学模式中。

(2)常用的信息化教学模式

在教学理论研究与实践中，形成了适用于不同学习结果的教学模式，这些教模式有些体现了以教为主，有些侧重于以学为主。下面列举一些具有代表性的、有较大大影响的教学模式，可供大家根据不同的教学目标和学习内容选择参考。

随着建构主义学习理论的兴起和信息技术的飞速发展，形成了许多基于信息技术支持、具有典型性的以学为主的教学模式。这些模式包括早期的适用于认知领域的教学目标，以问题解决为中心，注重学生独立活动，有利于学生的探究能力和创造性思维能力的培养的引导-发现教学模式，以及近些年基于建构主义学习理论信息技术支持而形成的支架式教学模式、抛锚式教学模式、随机进入教学模式、基于网络的协作式学习模式、研究性学习模式、专题探索与网站开发教学模式、游戏化教字、教学模拟及翻转课堂教学模式等。

(3)教学争鸣

教学策略分普遍性教学策略和具体性教学策略。普遍性教学策略是指不与具体的学科知识和技能教学紧密相连的策略，如学习动力激发策略、课堂组织策略、自主学习策略、协作学习策略等。具体性教学策略是指针对某一具体知识和技能教学的策略，如语文学科的识字教学策略、作文教学策略，英语学科的听说教学策略、汇教学策略等。由于自主、合作、探究的学习方式既是信息化教学的主要特征，也是新课程改革所倡导的，下面我们将重点对自主学习策略和协作学习策略做进一步的介绍。

①自主学习策略

自主学习策略的核心是要发挥学生学习的主动性、积极性，充分体现学生的认知主体作用，其着眼点是如何帮助学生学。因此这类教学策略的具体形式虽然多种多样，但有一条主线贯穿始终，这就是“自主探索、自主发现”。所以通常也把这类教学策略称为发现式教学策略。在自主学习策略的设计中，应该注意以下几方面：

a. 重视人的设计。要在学习过程中充分发挥学生的主动性，体现学生的首创精神。环境是促进学习者主动建构知识意义的外因，理想的学习环境是必要的，但学习者是学习的内因，如果缺乏人的自主学习，意义建构就无从谈起。因此，设计的重点要放在能够促进学习发展上，而不是活动的形式上。

b. 目标明确。在自主学习中，学生对知识的意义建构是整个学习过程的最终目的。在学习过程中强调对知识的意义建构无疑是正确的，但如果不分析学习目标，对当前所学内容不加区分，都要求意义建构，则是不恰当的。另外，要让学生有多种机会在不同情境下去应用他们所学的知识，即将知识外化。

c. 自我反馈。要让学习者能根据自身行动的反馈信息来形成对客观事物的认识，获得解决实际问题的方案，即能实现自我反馈。

d. 重视教师的指导。教师是学习过程的组织者、指导者，教师要对学生的意义建构起促进和帮助作用。因此，在充分体现学生主体地位的同时，不能忽视教师的指导作用。

②协作学习策略

协作学习是以一种小组或团队的形式，组织学生协作完成某种既定的学习任务的教学策略或形式。在协作学习过程中，学习者之间以融洽的关系、相互合作的态度，对同一问题运用多种不同观点进行观察、比较、分析和综合。学习者共享学习资源，共同担负学习责任，共同享受成功的喜悦。常见的协作学习策略有讨论策略、角色扮演策略、竞争策略、协同策略和伙伴策略。

在设计协作学习策略时及在协作学习过程中，要注意以下几方面：

a. 建立合适的协作小组。协作学习是学习者组成一个群体，互相帮助，共同学习，通过协商和辩论，加深对问题的认识。因此形成一个适当规模和构成层次相当的协作小组，对于协作学习的成功与否非常重要。如果规模不合适或协作者之间基础相差悬殊，则可能不能形成协作或协作不充分，协作学习自然会失败。

b. 学习主题要具有挑战性，问题要具有争论性。协作学习的主题可以由教师指定，也可以由学生自行确定。学习者协作解决的问题可以是围绕主题的能引起争议的初始问题，可以是深化主题的问题，也可以是稍稍超前于学生智力发展水平题，这些问题是否具有可争论性关系到是否有必要组织协作学习。

c. 重视教师的主导作用。协作学习的设计和学习过程都需要教师的组织和引导，教师要设计有争议的问题以及评价方式。在协作过程中，教师还要关注每个学生的表现，对学生表现出的积极因素给予及时的反馈和鼓励。如果学生的讨论出现离题现象或开始纠缠于细枝末节问题，要及时加以正确引导，将其引回主题。对于学生论过程中暴露出来的某个概念或认识的模糊或不正确，要用适当的方式进行引导；对于整个协作学习的过程，教师要做出恰当的评价。

现代信息技术在学生的自主学习和协作学习方面，能够提供有效的支持。信息技术可以为学生提供探索的问题情境，提供可以利用的各种信息资源和工具，支持学生之间的合作和沟通，并更好地超越课本与教材的限制，拓展学生学习的空间。近些年，计算机技术的发展使协作学习超越了时空的限制，拓展了学习的空间。

4. 学习情境与学习任务的设计

建构主义学习理论认为，学习总是与一定的情境相联系的，因为在情境的作用下，那些生动直观的形象才能有效地激发学生的联想，唤起学生原有认知结构中有关的知识、经验及表象，从而使学生利用有关知识与经验去“同化”或“顺应”学到的新知识。因此，信息化环境下的教学设计特别注重学习情境的创设。

(1)学习情境设计

所谓学习情境，是泛指一切作用于学习主体，并能对学生的学习有直接刺激作用的客观环境。在教学设计与实施过程中，要尽可能创设一个真实、完整的教学情境，以此为支撑物，启动教学，使学生产生学习的需要。在设计学习情境时，应注意如下几方面：

①不同学科对情境创设的要求不同。一种是学科内容有严谨结构的情况，比如数学、物理、化学等理科内容皆具有这种结构，这时要求创设有丰富资源的学习情境，其中应包含许多不同情境的应用实例和有关的信息资料，以便学习者根据自己的兴趣、爱好去主动发现、主动探索。另一种是学科内容不具有严谨结构的情况，如语文、外语、历史等文科内容一般具有这种结构，这时应创设接近真实情景的教学情境，在该环境下应能仿真学习情境，从而激发学习者参与交互式学习的积极性，在交互过程中去完成对问题的理解、对知识的应用和对意义的建构。

②把握教学内容、教学目标与情境创设的关系。不同的教学内容、不同的教学目标需要不同的表现手段与表现方式，要求不同的学习方法，不同情境对于不同目标的内容教学的效果是不一样的。在创设情境时，要把握好情境与这两者的关系。如提供学习资源的学习情境宜用于知识的学习，渲染气氛的情境适用于角色扮演，仿真学习情境可以用于体验式的问题解决等。

③学习情境的创设要符合学习者的特征。学习是个性化的行为，在创设情境时要充分考虑到学习者原有的知识、技能，考虑到学习者的学习动机、态度，考虑到学习者的年龄和生理发展特征，要能促进学习者产生积极的情感体验。

④学习情境是促进学习者主动建构知识意义的外部条件，是一种外因。外因通过内因才能起作用。无论是哪一种学习情境，都要为促进学习者自主学习最终完成意义建构服务。

⑤学习任务与真实学习情境必须相融合，不能处于分离或勉强合成的状态，学习情境中要能够以自然的方式展现学习任务所要解决的矛盾和问题。

⑥不能滥用媒体情境。信息技术对创设情境有潜在的优势，但是应该注意媒体情境的适度运用，不能用媒体情境代替全部真实情境，要综合各种情境的优势。

⑦由于学习情境的创设常常涉及虚拟现实、情境演示类的信息技术的应用，需要的技术与时间投入往往比较大，因此，教师在利用信息技术创设学习情境时，应考虑“教学效益”问题，即要考虑教学准备的“投入”与教学效果的“产出”之间的关系。一方面，不能滥用信息技术，情境的创设必须与学习的主题密切相关，并且有助于调动学习者学习的积极性，有助于对所学内容的学习；另一方面，不应盲目追求高技术、复杂技术，应考虑是否可用非技术或低技术的手段来代替现有的设计并取得同样的效果。

(2)学习任务设计

与学习情境设计密切相连的是学习任务的设计。使学习者投入到问题或真实性任务中，在解决问题或真实任务的过程中，鼓励学习者自主探究，激发和支持学习者的高水平思维，是缩小学校和社会的差距，培养学习者的自主和协作学习能力以及将所学知识和技能广泛迁移的有效途径。

学习任务可以是一个问题、一个案例分析、一个项目研究或是一个观点分歧，好的任务应该是既有效又真实的。所谓有效是指通过该任务的完成，学生能够学或用到需要掌握的知识与技能，并能够促进高级思维能力的发展。所谓真实是指该任务提供了现实世界中真实的绩效挑战。那么，该如何设计有效而真实的任务呢？下面提供了几种具体的策略。

①再现真实世界中的各种挑战

再现真实世界中的各种挑战需要有效而真实的任务设计与实施。这里所谓的真实情境并非是与真实世界一样的物理情境，而是要再现真实世界中的各种挑战。由于真实世界中的任务往往都是非良构的，因此，完成这类任务或解决这类问题需要学习者主动激活自身的知识和技能，并且综合、灵活运用所学知识、技能，融合各种工具和资源，有时需要运用多学科的知识和技能，通过与其他学习伙伴合作，才够完成任务。

②任务设计一般应明确要求

设计的学习任务要尽可能涵盖教学目标所规定的多个知识点或技能，使学生能够将课堂中学习的离散的、孤立的知识点通过完成任务的过程联系起来，体验知识运用的情境性、复杂性和灵活性。为了使学习者更好地完成任务，使任务的完成具有可操作性，一般在陈述学习任务时，应该使学习者明确任务所要达到的目标、完成任务的一些基本要求。

③设计的任务要使学习者有完成的可能性

虽然真实有效的任务能够培养学习者的自主探究能力，激发和支持学习者的高水平思维，但如果设计的任务太难，超出了学习者的能力水平，就会使学习者在完成任务的过程中因为遭遇太多的失败而降低完成任务的兴趣和积极性。因此，设计的任务要符合学习者的特征，要在学习者的最临近发展区。

④任务设计要注重渗透方法，培养学生的能力

在设计任务时，要注意引导学生从各个方向去解决问题，用多种方法来解决同一个问题，防止思维的绝对化和僵硬化。在教学过程中，要培养学生产生大量疑问、不受固定模式约束的能力，还要鼓励学生学会大胆猜想、判断，并将其猜想作为逻辑推理的一种形式和发展学生创造力的一种重要手段，帮助学生克服思维定式。同时，培养能力、领会思想方法重在渗透和潜移默化，不应该把方法当作知识向学生灌输。因此，对教学中让学生完成的任务，要注重讲清思路，理清来龙去脉，在不知不觉中渗透处理问题的基本方法，让学生在掌握了基本方法后，能够触类旁通，举一反三，开拓思路，增强完成类似任务的能力，提高自主学习能力，并尽可能多地产生学习迁移。

⑤明确任务完成后结果的类型和表现形式

真实世界中的任务解决路径从来就不是唯一的，往往从不同的角度入手就会有不同的解决方案。学生在完成任务的过程中，加深了自己对某一主题知识和技能的理解，从而使完成任务的过程充满了创造性与个性，任务的结果和类型也呈现多样化。为了使学习者进一步加深对所学和所运用的知识和技能的深刻理解，一般在设计任务时，要明确任务完成后结果的类型和表现形式，并且要鼓励学习者尽可能用多样化表征形式来外化任务结果，允许学习者以多样化的方式表现学习的成果或任务的结果，以更好地适应学习者的个体差异。

鉴于国内目前仍以纸笔考试作为评价的主要形式，并且仍以课堂集体教学为主要的教学组织形式，侧重知识的系统教学和学习，我们认为，在实际教学中，对学习任务的设计和实施可以从两个方面着手：一是以现实课堂教学为主，在保证完成课堂教学目标和任务的基础上，优选一些与课程内容紧密结合的问题，提出项目任务，进行精心设计，课前由教师组织相关信息资源，在课堂上以小组形式让学生进行拓展、深入学习；二是与学生的活动课、选修课、特长培养等结合起来，提出一些适度超出课程范围的、综合性的研究问题和任务，让学生

在更大范围内去探索实践、观察，收集、处理信息，完成研究报告。

5. 教学媒体与教学资源的选择和设计

现代信息技术虽然在支持教与学方面具有多方面的优势，但这并不意味着只要教学中运用信息技术，信息技术就自然能够发挥神奇的作用。国内外大量的信息化教学实践表明，教学媒体和教学资源的选择、设计与开发必须充分考虑相关的影响因素，遵循媒体选择和资源设计的原则才有可能充分有效地发挥现代信息技术的作用。

在信息化教学环境下，教学媒体与教学资源的选择和设计主要包括三个方面的内容：硬件媒体类型的选择、软件资源的选择、设计与开发以及认知工具的支持。

(1)教学媒体的选择

由于不同教学媒体的特性不同，各种媒体都有自己的优缺点，不存在对任何教学目标都最优的“超级媒体”。换句话说，没有一种媒体能对任何学习目标和任何学习者都产生最佳的相互作用。但是对于某些具体的教学目标来说，还是存在某种媒体，其教学效果明显优于其他媒体，并且每种媒体都有其独特的内在规律，有一套充分发挥其功能的固有法则。因此，就有了媒体选择的必要性和意义。所谓教学媒体的选择，是指在一定的教学要求和条件下，选出一种或一组适宜可行的教学媒体。那么，为了达到预期的教学目标，在功能各异、丰富多彩的教学媒体中如何选择适宜、有效的媒体呢？教学媒体的选择要依据教学目标、教学内容、学习者特征和教学条件。

(2)教学资源的选择、设计与开发

在信息化教学中，为了支持学习者的主动探索和意义建构，强调在学习过程中要为学习者提供各种信息资源来支持其学习，因此，也将教学资源称为学习资源。教学资源的获得通常有三条途径：选取现成的、修改原有的和编制尚无的。若现成的资源中已有合适的，应尽可能地选取和运用，这样可以节省时间、经费和精力；当已有的资源不甚合适时，可先考虑对资源略做修改，以满足教学需要；如果选取、修改都不行，就要设计、编制新的符合要求的教学资源。有关教学资源的设计与开发，将在本书后面的章节中做更详细的介绍。

在设计和开发学习资源时，除了必须与教学目标、学习内容和学习对象适应和匹配外，同时还要遵循注意、知觉、记忆、概念形成等心理学原理和规律，以使开发出的教学资源具有科学性、教育性和艺术性，更好地解决教学中的重点和难点问题，更好地支持学生的自主学习和协作学习。

(3)认知工具的支持

在“学教并重”的教学设计中，除了要为学生提供丰富的、多样化的、适宜资源的支持外，还需要为学生提供或选择适宜的，能够帮助和促进学生对学资源的获取、分析、处理、编辑、制作等的认知工具。

认知工具是支持和扩充使用者思维过程的心智模式和设备。在现代学习环境中，主要是指与通信网络相结合的广义上的计算机工具，用于帮助和促进认知过程，帮助学生进行信息与资源的获取、分析、处理、编辑、制作等，也可用来表征自己的思想，替代部分思维，并与他人通信和协作。常用的认知工具有六类：

①问题/任务表征工具：可用于帮助学习者更好地分析问题、明确任务，以一定的方式(如表格)表征出来。

②静态/动态知识建模工具：可用于帮助学习者对知识进行建模。

③绩效支持工具：可支持学习者提高学习绩效，如用记录工具记录学习者学习的心得体会，支持学习者的短时记忆，记录学习者的思路、要点，用实验工具设置实验情景，通过与学习者的交互操作进行结果呈现和数据分析以检测学习者的设想。

④信息搜集工具：可有效地帮助学习者进行网上信息搜索及网内信息导航。

⑤协同工作工具：可便于学习者之间或学习者与教师、专家之间的交流，以利于协同工作的开展。

⑥管理与评价工具：可便于进行学习过程中的知识或任务的组织和管理，便于各种评价方式的实行。

6. 教学评价设计

教学评价是指以教学目标为依据，制定科学的标准，运用一切有效的手段，对教学活动的过程及结果进行测定、衡量，并给予价值判断的过程。随着人才培养目标的转变，及建构主义评价观、多元智力评价观等多种评价观念的发展，与教学目标和教与学方式的变化相适应，当前教学评价（也称学习评价）方式表现出以下趋势：外部评价与自我评价相结合，强调自我评价和自我反思；结果性评价与过程性评价相结合，重在过程性评价；选拔性评价与发展性评价相结合，重在发展性评价，强调通过评价来更好地指导和促进学习者的学习；重视真实性测评和绩效评价，采用情景化的真实任务评价学习者实际解决问题的能力；在进行学业成绩评价的同时，全面评价学生的发展。

随着评价取向、评价功能的不断发展，与上述评价理念、取向和功能相适应的评价方法和工具也应运而生。除了传统的评价工具，如试卷、问卷调查表、观察表等工具外，档案袋评价、表现展示型评定、量规等方法和工具开始进入教学评价领域，并逐渐成为重要的评价方法和工具。由于传统的教学评价工具大家都比较熟悉，下面将重点介绍与新的评价理念相适应的几种评价工具和方法。

（1）档案袋评价

档案袋的英文“portfolio”语义有“代表作选辑”。最初多由画家及摄影家把自己有代表性的作品汇集起来，向预期的委托人展示。后应用到教育中，主要用于汇集学生作品的样本和内容，展示学生的学习和进步状况。档案袋中可以包含各种形式的学习材料，如录像带、文章、图画、获奖证书等。档案袋评价需要收集能反映学生各方面情况的材料和信息，以全面地记录和反映学生的学习过程和发展状况。因此，资料的组织和管理的工作量大，管理、查找也不方便，并且需要占用大量的空间。在这种情况下，电子学档应运而生。建立电子学档最方便也最易用的方法就是计算机的“文件夹管理”技术。另外，还有一些公司和研究机构专门开发了支持过程性评价的发展性评估系统或平台。

（2）表现展示型评定

表现展示型评定通过学生实际演示某些结果以说明其是有价值的，并由此证明学生已经掌握了这些结果。展示的内容可以是一次科学实验，也可以是一次科学展示会，还可以是一次活动或表演，或是一次论文和方案设计展示。在这种评价方式中，通过详细的评分规则提供了让学生成为自我评价者的机会，并为师生之间就学生的学业成就和进步情况开展对话打开了一条通道。同样地，这种评价方式也是以关注结果开始，学生在一开始就明确自己的任务。

（3）量规

量规是目前比较普遍使用的一种评价工具。这种评价工具的产生源于“任务驱动”的学习活动，其成果常常是多种形式的，如电子作品、调查报告、观察心得、真实作品等。这就要求评价工具不但要关注学习过程，还要具有操作性好、准确度高，能够比较全面地评价学生的学习过程和学习成果等特点，而设计良好的量规则可以达到上述要求。

7. 管理与帮助设计

对一种使用革新方法的课堂进行管理，比仅仅让学生保持安静、坐在他们的座位上进行学习的常规管理所涉及的范围要宽泛得多。特别是在使用计算机的课堂上，当学生利用计算机的支持进行自主学习和协作学习时，教师必须在各种各样的活动中来回管理学生的行为，监督学生在活动中所使用的资源。如果可以访问互联网，教师还必须对学生使用网络资源的情况进行管理。因此，学生在课堂网络环境下，也会表现出一些传统课堂环境下所没有的新的问题行为。那么，如何有效地调控网络环境下的课堂行为呢？除了传统课堂环境中的一些有效的调控策略同样可以用于网络环境以外，针对网络环境的特点，还可以从以下几个途径进行。

(1)利用相关技术进行调控

在多媒体网络教室中上过课的教师大都有一个同样的感受：学生的注意力常常被计算机吸引，而无法投入到学习中来。此时，教师可以有效利用网络教室软件"广播"功能，将教师机的内容广播给学生或锁定他们的屏幕，以更好地控制教学。此外，在某个学生发言，介绍自己的发现、作品时，教师可以将该生的屏幕内容广播给其他的学生。在学生自己学习的过程中，教师也可以利用网络教室软件来监控每个学生的学习情况，并视具体情况给学生以指导和帮助。

(2)做好课堂常规训练

目前，我国大多数中小学的教学班都有40多名学生，网络教室又大多空旷、宽敞，很多学生在网络教室中脱离教师的控制，只有靠近教师的学生才能跟上教学进度，很多后排学生几乎游离于教学之外：自主学习时乱点乱看，教师讲解时打闹嬉戏；或者行动拖拉，随意摘戴耳机等。我们认为，除了有效结合网络教室软件外，在每一学年开始就要制定课堂的规则制度，向学生明确提出网络教室学习的行为常规要求。对小学生，还可以运用一些押韵、朗朗上口的口令、规范来调控学生，通过外部调控，减少学生的问题行为。

(3)提供计算机技能指导

当课堂中增加了计算机后，教师不仅要教学生学科方面的内容，还要教他们必要的计算机技能。有多种方法可以用来帮助学生掌握和使用新的计算机技能，包括教师示范/演示、同伴示范和帮助、提供技术图示或操作手册、课堂分发材料，自然地把技术指导和学习内容整合在一起，为学生提供计算机技能指导等。

(4)引导学生专注于学习任务

当学生在计算机面前学习时，如何使学生专注于任务经常是更具挑战性的问题。计算机有引人注意的屏幕、各种有趣的游戏，特别是互联网上可以随意访问各种信息和资源，吸引着学生的注意力。因此，如何将学生的注意力引导到学习上，常常是令很多教师苦恼的问题。我们认为，学生游离于学习任务之外，往往是因为所布置的计算机任务是无趣的，或没有挑战性的。因此，首先设计真实的、有趣的、具有挑战性的、合作的学习任务或问题是引导学生专注于学习任务的关键。其次，要监控学生的学习。当学生开始一项新的任务大约两分钟后，教师开始巡视，一方面，确定学生是否理解了教师布置给他们的学习任务，根据学生的需求对学生提供个别帮助，当几个学生都遇到同样的问题时，教师可以进行普遍性的讲解；另一方面，教师的巡视可以起到对学生行为的监控作用。再次，经常性检查学生访问过的Internet站点，及时了解学生是否有访问不健康网站或游戏网站的倾向，并给予针对性的帮助和指导。最后，与学生一起制定使用计算机的规则。这些规则包括：课堂上除非教师特别允许，否则不可以擅自打开计算机或浏览相关网站；已经完成任务的学生，经过批准可以做一些其他的他们自己喜欢但是有益和健康事情，如设置个性化的屏保、搜索他们喜欢的足球队员的信息等。

8. 教学过程结构设计

课堂教学过程结构的设计实际上是以上述各教学设计要素的分析和设计结果为基础，综合考虑教师的活动、学生的参与活动、教学内容的组织、教学媒体的运用、教学评价设计、管理与帮助设计等方面及它们之间的相互联系，对具体的教学实施过程进行设计。

为了使课堂教学中教师、学生、教学内容及教学媒体等有机结合，形成最佳的课堂教学结构，可借助图标的形式，设计课堂教学结构流程图，并作为实施课堂教学活动的蓝图。

9. 信息化教学设计方案的编写

一个完整的信息化教学设计方案的编写，包括教学目标或学习目标、教学内容分析、学习者特征分析、教学模式和教学策略的选择、学习任务设计、教学媒体和教学资源的选择与设计、教学评价等方面的描述。具体来说，有如下的几个步骤和内容：

(1)课程名称。

(2)概述关于课程的说明，包括说明学科名称、所需课时、学习内容、课程设计的意义等。

(3)教学目标分析，对该课程预计达到的教学目标做出整体描述。

(4)学习者特征分析，说明教师是以何种方式进行的学习者分析，比如通过平时的观察了解、预测题目的编制等，对学习者的智力因素(知识基础、认知结构、认知能力)、非智力因素(学习动机、学习风格、学习态度)进行分析。

(5)教学模式、教学策略的选择和设计。根据对学习内容、教学目标、学习者特征分析，选择和设计有助于达到预期目标、符合学习内容的特点、与学习者特征相适应的教学模式和教学策略。

(6)教学媒体选择与设计。介绍学习者完成该学习任务所需要的资源，包括学习者可能获得的学习环境、教材、文本图片或音视频资源、多媒体课件、参考网址以及认知工具等。

(7)教学活动过程流程图设计。

(8)评价。利用各种评价工具，方便学生自评、互评。

(9)管理与帮助设计，对学生所使用的各种工具平台提供技术支持、学习帮助等。

2.4　翻转课堂的教学设计

2.4.1　什么是翻转课堂

翻转课堂也称颠倒课堂，是相对于传统课堂的教学过程而言的。它是一种将传统课堂上的教学内容以课下学习活动内容进行倒置的教学模式。

在传统教学过程中，教师在课堂上“传授知识”，把知识的内化过程留给学生课下独立完成，这就导致本应用于师生互动、同伴交流合作的课堂，被教师独占。学生在课堂上处于“被动”听课和记笔记的状态，精神还要高度集中，长此以往，学生会对学习失去兴趣，丧失继续学习的动机和热情。

翻转课堂作为一种新型的教学方式，颠覆了传统的教学过程，它将”知识传授”放在课堂之外，学生借助于教师制作的教学视频和开放的网络资源自主完成知识的建构，而课堂则成为他们完成作业、探讨问题或个性化指导的地方。因此，在翻转课堂中，学生摆脱了被动接受知识的角色，成为整个教与学活动的主体，学生在自主学习中主动建构知识。

互联网的普及和计算机技术在教育领域的应用，使“翻转课堂”的教学模式变得可行和现实。学生可以通过互联网去使用优质的教育资源，不再单纯地依赖授课教师去教授知识。翻转课堂中，学生和老师的角色则发生了变化。教师更多的责任是去理解学生的问题和引导学生去运用知识。

2.4.2 翻转课堂教学过程

1. 课下“知识获取”过程

教师依据教学目标及学生整体情况制作一些时间短、信息明确的教学视频，每个视频针对一到两个特定的问题，供学生课前观看学习。学生依据自己的特点选择观看视频的侧重点、次数和速度等，完成信息的主动加工，遇到困难时可以随时后退、多次观看视频，或者借助网络上的其他教学资源拓展思维，也可以随时在交流平台上与教师和同学讨论交流。

学生完成“知识获取”后，还需要完成一定的针对性练习题，检查自己对知识的掌握程度并巩固学习内容，并且通过学习平台把学习结果提交给教师，教师可以在课上讲解每一位学生学习的难点、盲点，以确定课上创设相应的问题情境来帮助学生对知识的深入理解和灵活运用。

2. 课上“知识内化”的过程

在课堂上，学生可以就自己在课前知识建构过程中产生的疑惑向教师请教，接受教师的个性化指导。由于学生学习的目的性强，因此效率高。教师可以根据课程内容及学生课前观看视频和完成练习时遇到的疑惑总结出一些有价值的问题，供学生探究学习。在探究问题的过程中，学生可以采用自主探究和小组协作相结合的方式，通过自主探究，培养其独立学习的能力；通过小组协作，在相互学习和讨论中加深对知识的理解，提高协作学习的意识和能力。

2.4.3 翻转课堂的设计原则

翻转课堂作为一种新型的教学模式，与传统课堂相比，有着颠覆性的变化和典型的特征。具体来说，翻转课堂的设计需要遵循的教学设计原则有：

1. 以学生为主体的原则

由于课堂的颠倒，教师和学生的角色定位也发生的质的变化。在翻转课堂中，由于强调学生是学习过程主体，是意义的主动建构者，所以把学生对知识的意义建构作为整个学习过程的最终目的。教师只是由场上的“主演”改变为场外的“指导”，教师对学生的直接灌输减少了甚至取消了，但教师的启发、引导作用和事先的准备工作、组织工作都大大增强了。

2. 课堂互动交流有效性原则

翻转课堂由传统的教师面对面拓展到教室之外，教师与学生的互动交流是全程的，既包括课堂上的解惑答疑，也包括线上的交流，交流的有效性、针对性更强。

2.4.4　翻转课堂教学设计的内容和步骤

1. 确定教学目标

教学是促使学习者朝着教学目标所规定的方向变化的过程。教学目标是否明确、具体、规范,直接影响到教学任务能否完成,因此,首先需要分析教学目标。

2. 分析学习者特征

教学设计的最终目的是促进学习者的学习。在设计时必须要考虑学习者的哪些特征影响学生的学习过程和结果,这样才能设计出符合学生学习特点的个性化的课堂教学方案。

3. 选定教学内容,设计教学资源

通过学习目标分析和学习者特征分析,确定学生的学习起点和终点能力,找到学习需要,设计合理的教学资源供学生自主学习。

4. 设计自主学习环境,支持学生课下学习过程

翻转课堂学生获取新知识的主要渠道是通过教师事先制作的教学视频,因此自主学习环境的设计非常重要。具体包括:给学生提供一个泛在学习的机会;支持学生与教师、交流平台以及学生之间的顺畅协作;满足学生的个性化学习需求。

5. 课前学习效果评价设计

教师根据教学目标,设计一些题目,供学生自测,自行判断自己的学习效果,还可以和同学对比交流。

6. 课堂探究情景设计

教师根据学生课前知识获得和学习情况,设计有探究意义的问题情景,供学生在课堂上交流、讨论,促进知识的内化。

7. 学习成果交流展示设计

设计成果交流展示平台,促使学生将自己的探究学习成果、心得和全班同学交流讨论。

2.4.5　教学平台总体设计

学习系统平台的核心模块包括资源发布共享模块、交流互动功能模块、学习检测跟踪模块、资源推荐功能模块。

1. 资源发布共享模块

教师负责在系统平台上提前发布教学视频以及与学习内容有关的优秀开放教学资源,供学生下载学习。

2. 交流互动功能模块

该模块支持在线发帖、实时语音、视频通话功能,方便学生在自主学习过程中,遇到困惑时,和教师、同学及时交流沟通,同时可以减少学生学习过程中的孤独感。

3. 学习检测跟踪模块

该模块方便教师及时掌握课下学生的学习进度、知识点掌握情况等,以便教师及时调整教学。

4. 资源推荐功能模块

可以根据学生知识检测结果的数据分析,找到学生学习的难点,为学生提供个性化的学习资源,促进学生对知识的深入理解。

总之，翻转课堂可以增加学生与教师互动和个性化沟通的方法，创设学生自主学习的环境。教师不再是讲台上的“圣人”，而是身边的导师。它是教师直接指导和建议式学习的混合模式。另外翻转课堂的内容被永久保存，可供查阅和修正，让所有的学生都参与到学习中，所有的学生都能获得个性化教育。

2.5 案例分析

2.5.1 小学数学“特殊的条形统计图”教学设计

小学数学“特殊的条形统计图”课堂教学设计

章节名称	特殊的条形统计图				
学科	数学	授课班级	三年级	授课时数	1
设计者	许丽美	所属学校	福州市鼓楼区茶园山中心小学		

本节(课)教学内容分析

本节课是在学习横向条形统计图和纵向条形统计图的基础上学习的。认识学习这种特殊条形统计图的必要性，以及特殊条形图的特点，并能根据数据选择合适的统计图；会提出问题并解决问题，做出简单的判断与预测，为后面学习折线统计图作准备。

依据标准

课程标准：

本学段主要通过对日常生活和周围环境中熟悉的素材，使学生经历简单的数据处理过程来进一步学习收集、整理和描述数据的知识和方法，并根据数据做出简单的决策和预测。

本节(课)教学目标

(一)知识和技能

1. 初步认识特殊条形统计图的特点，理解起始格与其他格代表的单位量不一致的条形统计图；
2. 能根据统计图表中的数据完成统计图，提出并回答问题。

(二)过程和方法

1. 初步学会简单的数据分析；
2. 进一步感受到统计对于决策的作用；
3. 能够提出问题并解决问题。

(三)情感态度和价值观

1. 体验学习数学的乐趣；
2. 体会数学与生活的紧密联系，感受统计价值；
3. 形成良好的积极向上的生活习惯。

学习者特征分析

1. 学生是福州市鼓楼区茶园山中心小学三年级的学生；
2. 学生对有关体育的谈话主题有着浓厚的兴趣；
3. 学生已经掌握横向条形统计图和纵向条形统计图的有关知识，并能根据图回答问题；
4. 学生对自行搜集、分析统计数据的方法与能力有一定的基础；
5. 合作交流的能力还比较强。

续表

知识点学习目标描述

知识点编　号	学习目标	具体描述语句
6-3-1	感知	根据情境中的两组数据分别选择合适的条形统计图。
6-3-2	体验	第三组数据利用已学的统计图无法解决,体验需要新的统计图的必要性。
6-3-3	领会	特殊条形图的特殊性,能根据数据填图。
6-3-4	分析	能根据统计图表中的数据提出问题,并根据数据能预测。
6-3-5	应用	现场收集数据,并对数据进行分析,制成合适的条形统计图。

教学重难点：

项目	内容	解决措施
教学重点	认识特殊性统计图的特征及其形成过程,并能根据图提出问题进行预测。	通过情境中提炼的数据让学生选择合适的统计图,产生知识障碍,从心理上强烈需要新的统计图,从而产生学习的积极性,并在感受特殊统计图形成的过程中认识并了解了它的特殊性。
教学难点	根据不同的数据选择合适的条形统计图。	先让学生自主探讨出特殊的条形统计图,充分感受这种图的优点,就是当一组数据比较大而且相对比较接近时,把起始格代表的数据多一些,其他格代表的数据一样多。学生只有了解了本质特征,才能在许多不同的数据中选择合适的统计图。

教学环境设计
图片、统计图表、教学课件、声音媒体等

教学媒体(资源)选择

知识点编　号	学习目标	媒体类型	媒体内容要点	教学作用	使用方式	所得结论	占用时间	媒体来源
6-3-1	感知	图片	运动会的情境图	B	H	学生学习兴趣浓厚	5	CD 抓取
6-3-2	体验	动画	特殊的条形统计图	G	E	直观领会表达的内容	8	自制
6-3-3	领会	文本	对比三组不同数据	J	F	根据不同数据选择合适的统计图	5	自制
6-3-4	分析	图片	没有完成好的统计图	E	E	巩固所学的知识并能根据图进行预测	3	学生作品
6-3-5	应用	图片	完成好统计图	J	F	有趣,有挑战性。得到情感体验,知识又得到巩固提升	10	学生作品

①媒体在教学中的作用分为：A.提供事实,建立经验；B.创设情境,引发动机；C.举例验证,建立概念；D.提供示范,正确操作；E.呈现过程,形成表象；F.演绎原理,启发思维；G.设难置疑,引起思辨；H.展示事例,开阔视野；I.欣赏审美,陶冶情操；J.归纳总结,复习巩固；K.自定义。
②媒体的使用方式包括：A.设疑—播放—讲解；B.设疑—播放—讨论；C.讲解—播放—概括；D.讲解—播放—举例；E.播放—提问—讲解；F.播放—讨论—总结；G.边播放,边讲解；H.边播放,边议论；I.学习者自己操作媒体进行学习；J.自定义。

续表

板书设计			
统计图表粘贴	特殊的条形统计图。 数据特点：大、接近。 图的特点：起始格和其格代表的数据不一样		

教学策略的选择

(1)创设情境：让学生从情境图的数据选择合适的统计图，感受统计图的作用，激发学习兴趣。
(2)质疑：第三组数据不能用现有的统计图来表示。
(3)尝试学习：先让学生“头脑风暴”式地创造新的统计图，再通过优化的方法得出新的条形统计图。
(4)巩固提高：通过全班内学生的合作与交流，使学生体验到问题解决策略的多样化。
(5)合作学习：拓展应用，通过现场面收集数据，整理数据，制成合适的条形统计图。

课堂教学过程结构设计

教学环节	教师的活动	学生的活动	教学媒体（资源）	设计意图、依据
一、创设情境质疑引新	1. 课件展示：运动会中100米赛跑的场面。	观察画面中的100米赛跑的情境图，确定竖轴上每格代表多少。	PPT图片	以小孩子喜欢的运动会引入课题，激发孩子学习的兴趣，巩固所学的知识。
	2. 课件展示：团体操比赛的情境图。	观察团体操比赛的情境图，确定竖轴上每格代表多少。	PPT图片	还是以小孩子喜欢的运动会，激发孩子学习的兴趣，巩固所学的知识。
一、创设情境质疑引新	3. 课件展示：接力赛的情境图。	观察接力赛的情境图，确定竖轴上每格代表多少，产生困惑。	PPT图片 动画	通进设障引起质疑，激发学生自主探究问题解决办法的欲望。
	4. 课件展示：三组数据的对比图。	观察三组数据的特点	PPT图片	通过分析数据特点，找出本组数据与前两组数据不同的地方，交流得出解决问题的策略。
二、体验过程提出问题解决问题	5. Flash播放：特殊的条形统计图的产生过程。	通过“头脑风暴”式的交流讨论，得出解决问题的办法。	动画	给学生创设亲历特殊条形统计图的环境，帮助理解其特殊性。
	6. 出示三组数据对比的图，让学生根据特殊的条形统计图选择合适的数据，并在不完整的统计图上把图制好。	独立完成，全班交流。	图片	自主学习，通过对比巩固新知。
三、巩固新知	7. 教师作适当的引导归纳，课件出示另一张不完整的统计图。	组内、班内交流，把统计图补充完成，根据图提出问题、解决问题，并进行预测。	图片	让学生自主学习、有效合作，并对所学的知识进行巩固提高。

续表

四、拓展应用评价	8. 组织现场收集数据，并根据数据制成合适的统计图。	学生收集数据，合作完成统计图。	图片	能对收集到的数据进行分析，制成合适的统计图，有效突破这节课的重难点。

教学流程图

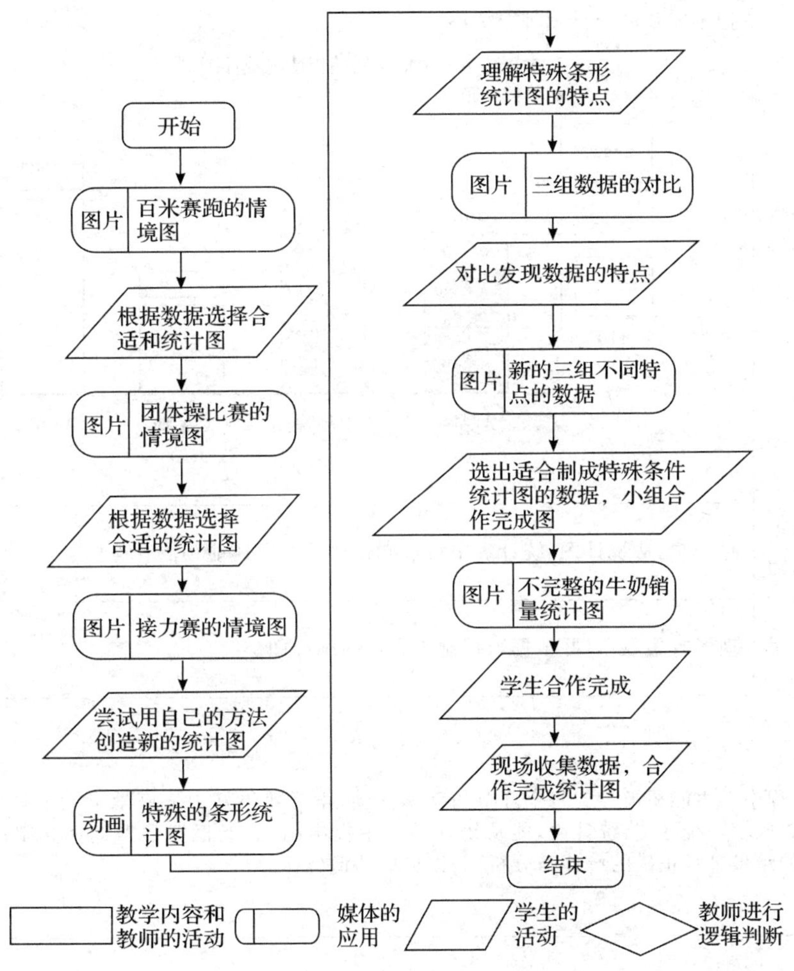

个性化教学

为学有余力的学生所做的调整：

每个小组学生对现场收集的数据进行分析。

为需要帮助的学生所做的调整：

小组合作时互相帮助。

续表

形成性检测		
知识点编　号	学习目标	检测题的内容
6-3-2	知道	根据数据决定竖轴上的起始格代表多少，形成特殊的条形统计图。
6-3-3	理解	根据不同的数据特点选择合适的条形统计图。
6-3-4	解决问题	把不完整的统计图补充完整 永辉超市一星期牛奶销售情况统计图 单位：箱 160 140 110 0 A品牌　B品牌　C品牌　D品牌
6-3-5	提出问题	想一想：从统计图、统计表中可以知道些什么？还能预测什么？
6-3-6	应用	现场收集数据，并根据数据制出合适的统计图。

形成性评价

本节课教学过程中学生能积极参与每个环节的教学活动，学习效果好。全班学生能正确地收集、记录、统计数据，能正确填写统计图、统计表，能从统计结果中提出问题，能根据数据选择并制作合适的统计图，并对统计的结果进行正确的解读与分析，获得良好的情感体验。

教学反思、总结

通过多媒体课件的演示，把抽象的知识形象化，突破了重难点。学生能亲身体验产生特殊条形统计图的必要性，理解这种统计图的特点，并能很好地根据数据特点选择合适的条形图，且能根据图进行预测。可见多媒体在本节课中起到了很重要的作用，但是如果多媒体在这节课中师生交互性方面的功能再强一点会更好。

感谢、其他

感谢为我制作课件的徐老师以及本小组的组员们。

2.5.2　"Four Season"教学设计

小学英语 Four Season——网络环境下的教学设计方案①

学校：广东省南海市实验小学　　姓名：范巧凌　　日期：2002/9

一、学习目标与任务

1. 学习目标描述

(1)认知目标：掌握五个新单词：season、spring、summer、autumn、winter。
(2)能力目标：培养学生听、说、读和对话交际的能力、交往能力及实践能力，以及培养学生通过网络进行自主学习和小组协作学习的能力。
(2)情感目标：培养学生热爱生活、热爱大自然的情感和互相帮助、互相学习的品德。

2. 学习内容与学习任务说明

Four Season 是剑桥少儿英语第一级上册 Unit 25 的课文内容。通过本课的学习，要求学生能够认读单词，理解词义，熟练掌握句型，在生活交际中能学以致用。教师为了让学生能运用已有的英语知识和网络知识去提高听、说、读、对话交际的能力，为学生提供了大量的与课本所学内容相关的童话、寓言和成语故事等网络资源，学生在教师的引导下，通过卡通欣赏、游戏、情景对话、故事编演等活动，进行自主学习和小组协作学习。学生在自主参与体验的学习活动中，单词的识记量明显增加，并能够灵活运用所学单词与他人进行情景对话和交流，既提高了学生的口语交际能力，也提高了学生的语言综合运用能力。

二、学习者特征分析

(说明学生的学习特点、学习习惯、学习交往特点等)
本节课的教学对象是小学二年级的学生，他们喜新好奇，对于新鲜的事物有着浓厚的兴趣和探究欲望。经过一年多的实验，学生已经掌握了电脑打字操作、简单编辑文字和图片、发送电子邮件以及网上浏览的方法。打字、浏览的速度比较快，听、说、读以及口语表达能力也有一定的提高。学生对英语学习具有很浓厚的兴趣，学习的积极性和主动性也很高，能运用网络进行自主学习和小组协作学习，能踊跃参与课堂的每个教学活动。

三、学习环境选择与学习资源设计

1. 学习环境选择(打√)

(1)Web 教室√	(2)局域网	(3)城域网
(4)校园网√	(5)Internet√	(6)其他

2. 学习资源类型(打√)

(1)课件(网络课件)√	(2)工具√	(3)专题学习网站
(4)多媒体资源库	(5)案例库	(6)题库
(7)网络课程	(8)其他√	

① 案例来源：http://www.jswl.cn/course/kczh/IT/IIS/klfx/four/index.asp

续表

3. 学习资源内容简要说明

（说明名称、网址、主要内容）
1. 网络课件：提供与四季相关的童话、寓言、成语故事和卡通；
2. 新知堂网：网址 http://www.xinzhitang.com.cn/；
3. 卡秀网：网址 http://www.kaxiu.com/；
4. 画图工具。

四、学习情境创设
1. 学习情境类型（打√）

（1）真实情境	（2）问题性情境
（3）虚拟情境	（4）其他√

2. 学习情境设计

教师首先利用卡通视频录像创设生动活泼的学习情境，激发学生的学习兴趣和积极性，让学生从整体感知四季。

五、学习活动组织

1. 自主学习设计（打√并填写相关内容）

类型	相应内容	使用资源	学生活动	教师活动
（1）抛锚式				
（2）支架式√	单词学习	网络课件和Internet	学生自主利用网络课件和网络资源进行单词的学习	示范指导，答疑解难
（3）随机进入式√	单词的巩固和故事的学习	网络课件	学生利用网络课件中提供的转盘游戏进行单词的巩固，利用课件中的许多故事进行自主学习	示范指导，答疑解难
（4）其他√	绘画	绘画工具	学生利用绘画工具画出四季的特点	指导、监控、点评

2. 协作学习设计（打√并填写相关内容）

类型	相应内容	使用资源	分组情况	学生活动	教师活动
（1）竞争					
（2）伙伴√	谈论四季、自编对话	网络课件、Internet	按照座位进行分组，每组两个学生	同桌交流对话	指导检查
（3）协同					
（4）辩论					
（5）角色扮演√	改编故事和表演故事	网络课件	每组五个学生	学生以小组为单位自编自演他们所喜爱的季节	指导点评
（6）其他					

续表

3. 教学结构流程的设计

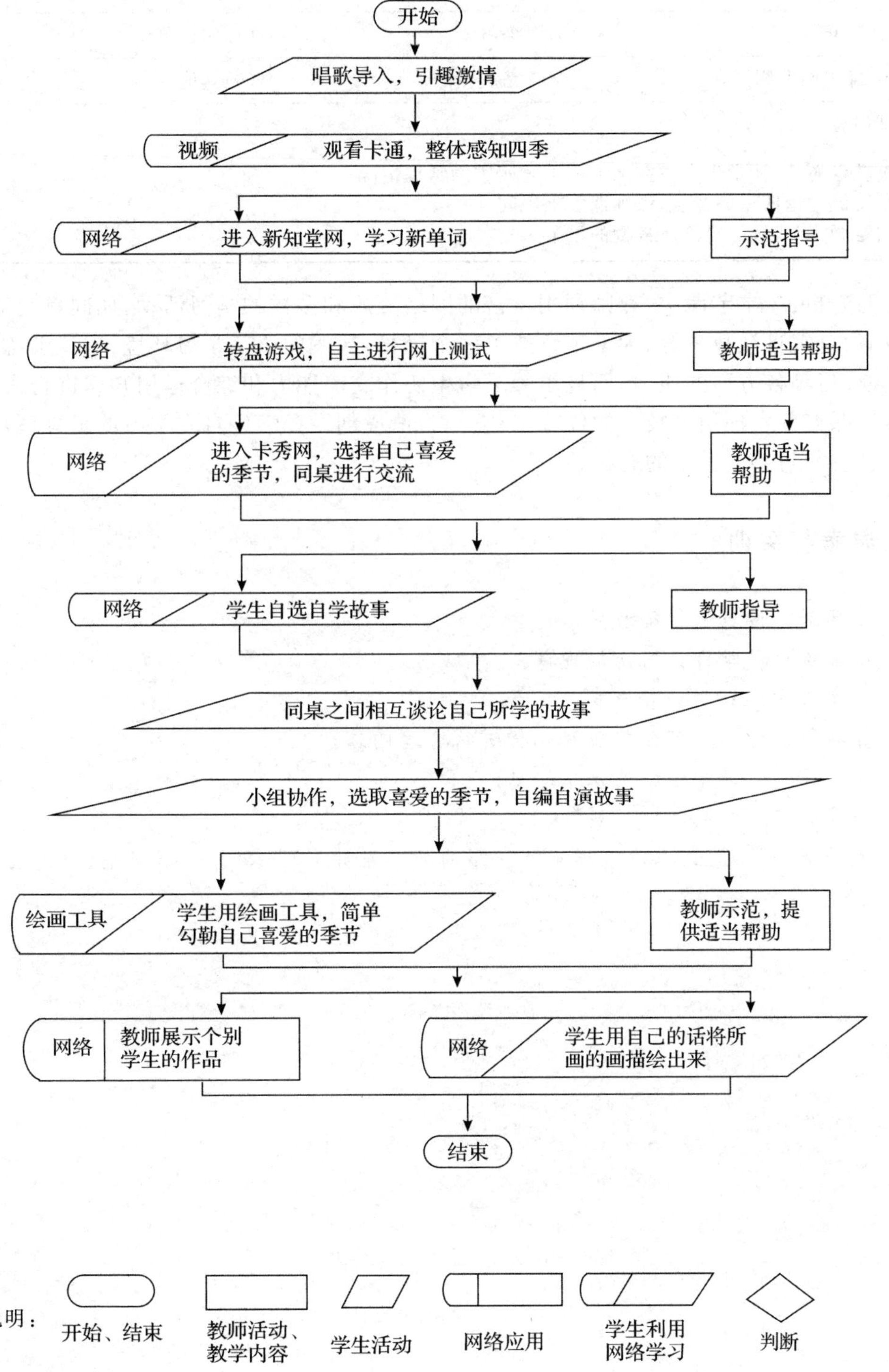

续表

六、学习评价设计		
1. 测试形式与工具(打√)		
(1)堂上提问√	(2)书面练习	(3)达标测试
(4)学生自主网上测试√	(5)合作完成作品	(6)其他√
2. 测试内容		
1. 通过转盘游戏,让学生自主在网上测试对四季的掌握情况。 2. 同桌交流讨论四季的特点,教师课堂上提问。 3. 运用绘画工具,画出自己所喜爱的季节。		

案例分析:在本节课中,教师利用丰富的网络资源和多样的学习活动,如同桌交流会话、角色扮演、自编自演故事等,为学生营造了一个轻松、活泼的语言学习环境,不仅训练了学生听、说、读、写等各方面的能力,而且培养了学生协作交流能力和综合运用知识进行表达的能力。本节课充分发挥信息技术的优势,将它作为情境创设和学生自主学习的工具,很好地体现了信息技术与英语教学的有机整合。

思考与实训

1. 简述教学设计的特征和发展历史。
2. 谈谈你对教学设计概念的理解。
3. 简述教学设计的一般模式。
4. 教学策略由哪些部分构成?怎样进行合理的选择?
5. 简述信息化教学设计的基本原则。
6. 论述翻转课堂教学设计过程。
7. 选择某一学习任务,能根据本章介绍的教学设计原理,设计一个完整、规范的教学设计方案。

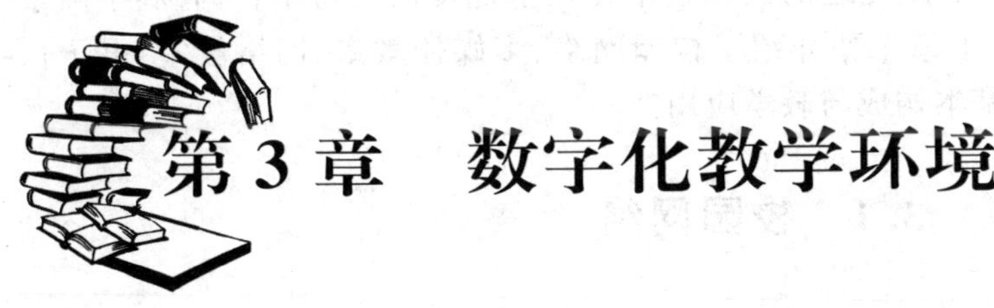

第 3 章　数字化教学环境

【学习目标】

1. 了解校园网的基本概念和主要功能。
2. 熟悉多媒体教室的基本功能及教学特点。
3. 了解多媒体网络教室的基本功能及教学特点。
4. 了解智慧教室的基本功能。
5. 掌握微格教学的概念及其组织和实施的步骤。

【知识导学图】

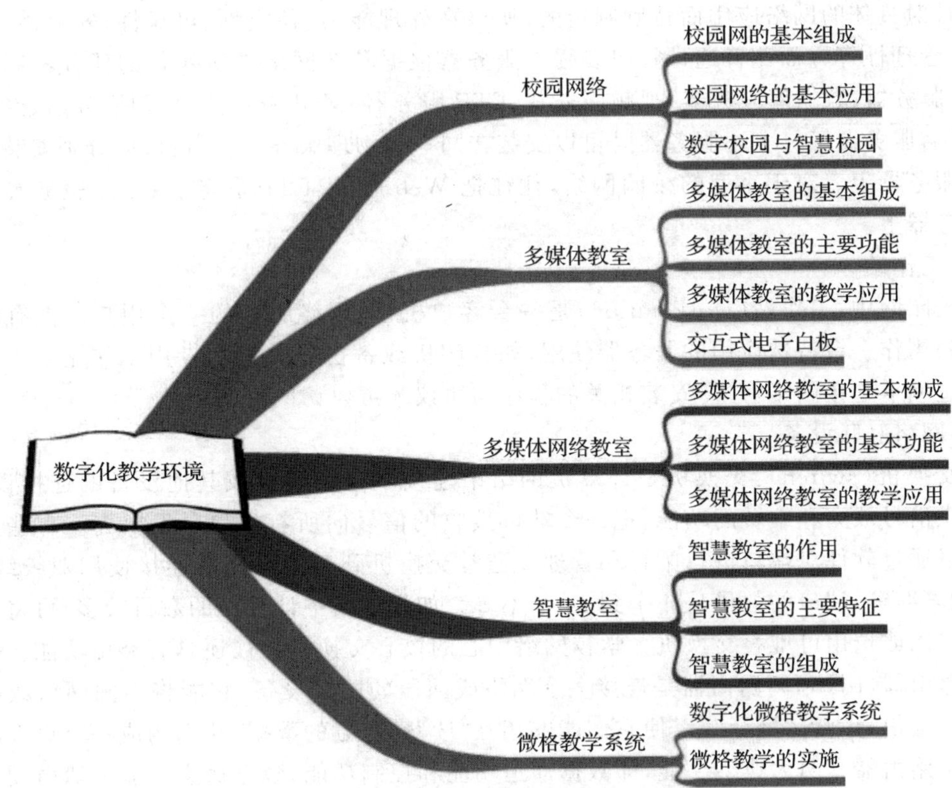

随着多媒体技术与网络技术的迅速发展以及“校校通”工程的实施，学校的现代化教学环境得到了很大的改善，为教师运用先进的教育技术提供了优良的支持平台，有利于高素质、创造性人才的培育与成长。本章主要介绍了校园网络、多媒体教室、网络教室、电子白板、智慧教室、微格教学系统的基本构成与教学应用。

3.1 校园网络

3.1.1 校园网的基本组成

校园网络(campus network)通常是指利用网络设备、通信媒质和相应的协议(如 TCP/IP 协议等)以及各类系统管理软件，将校园内计算机和各种终端设备有机地集成在一起，同时通过防火墙(firewall)与外部的 Internet 网络连接，以用于教学、科研、学校管理、信息资源共享和远程教育等方面工作的局域网。

1. 校园网络的组成

校园网络系统主要包括服务器、工作站、网络传输媒质、交换设备(交换机、路由器等)和网络软件等部分组成。

(1)服务器

服务器(server)是网络上一种为客户端计算机提供各种服务的高性能计算机。由于服务器是针对具体的网络应用而特别制定的，所以在处理能力、稳定性、可靠性、安全性、可扩展性、可管理性等方面比普通计算机要强。服务器根据其在网络中所执行的任务不同可分为 Web 服务器、数据库服务器、视频服务器、FTP 服务器、Mail 服务器、打印服务器、网关服务器、域名服务器等。上述服务器既可以安装在同一台物理服务器上，也可以分别安装在多台物理服务器上。对于小型的校园网络，往往把 Web 服务、FTP 服务、数据库服务等集于一台服务器上。

(2)工作站

在校园网中，工作站(workstation)是一台客户机，即网络服务的一个用户。但有时也将工作站当作一台特殊应用的服务器使用，如打印机或备份磁带机的专用工作站。工作站一般通过网卡连接网络，并需安装相关的程序与协议才可以访问网络资源。

(3)网络互联设备

①交换机(switch)：交换机是计算机网络中连接多台计算机或其他设备的连接设备。主要提供信号放大和中转的功能，把一个端口接收的信号向所有端口分发出去。有些交换机还可以通过软件对端口进行配置和管理。通常交换机到各节点间的连接使用双绞线、光纤、同轴电缆等，端口的数量从 4 个到 24 个不等。如果网络中计算机的数目较多，可将交换机级联使用或选用可堆叠交换机。学校网络中心的核心交换机往往还具有路由功能。

②路由器(router)：路由器是连接多个网络或网段的网络设备，它能将不同网络或网段之间的数据信息进行“翻译”，以使它们能够相互“读”懂对方的数据，从而构成一个更大的网络。通常路由器有两大典型功能，即数据通道功能和控制功能，数据通道功能一般由硬件来完成，控制功能一般用软件来实现。

③网关(gateway)：网关是网络连接设备的重要组成部分，它不仅具有路由的功能，而且

能对两个网络段中使用不同传输协议的数据进行互相的翻译转换，从而使不同的网络之间能进行互联。

④防火墙：是指一种将内部网和公众访问网（如 Internet）分开的硬件或软件技术。防火墙对流经它的网络通信进行扫描，这样能够过滤掉一些攻击，以免其在目标计算机上被执行。防火墙还可以关闭不使用的端口，也能禁止特定端口的流出通信，封锁特洛伊木马等程序。它还可以禁止来自特殊站点的访问，从而防止来自不明入侵者的所有通信。防火墙有不同类型，一个防火墙可以是硬件自身的一部分，如路由器，可以将因特网连接和计算机都插入其中。防火墙也可以是在一个独立的机器上运行的软件，该机器作为它背后网络中所有计算机的代理和防火墙。对于直接连在因特网上的 PC 机可以使用个人防火墙软件。

（4）常用的网络传输媒质

①双绞线（twisted pair）：是由两根相互绝缘的铜导线按照一定的规格互相缠绕在一起而成的网络传输介质。它的原理是：如果外界电磁信号在两条导线上产生的干扰大小相等而相位相反，那么这个干扰信号就会相互抵消。常用的无屏蔽层双绞线由 4 对双绞线和一个塑料护套构成。由于线缆的长度受到衰减的严重限制，所以在当前的技术下，传输数据的距离一般限定在 100 米范围内。双绞线是目前局域网中使用最多的传输媒质。

②光纤（fiber）：光纤是以光脉冲的形式来传输信号，材质以玻璃或有机玻璃为主的网络传输介质。它由纤维芯、包层和保护套组成。光纤按其传输方式可分为单模光纤（直线传播）和多模光纤（折射传播）。单模光纤较多模光纤具有更高的容量和更大的传输距离，但价格比较昂贵。光纤具有极高的传输带宽，目前技术可以 1000 Mbps 以上的速率进行传输。光纤的衰减极低，抗电磁干扰能力很强，所以传输距离可达 20 公里以上。但价格高，安装复杂和精细，需要使用专门的光纤连接器和转换器。

（5）网络软件

网络软件包括系统软件和应用管理软件。其中系统软件由操作系统、数据库系统和各类工具软件构成，是保证校园网硬件正常工作的支撑服务系统。应用管理软件则需要按校园网所要实现的功能来配置或专门设计开发，如学生成绩管理软件、图书管理软件等。

2. 校园网络拓扑结构

在计算机网络中，把计算机、终端、通信处理机等设备抽象成点，把连接这些设备的通信线路抽象成线，并将由这些点和线所构成的拓扑称为网络拓扑结构。图 3-1 为某高校校园网拓扑结构图。

3. 中小学校园网基础设施建设

与大学校园网相比，中小学校园网的规模比较小，网络节点通常只有几百个，所以大多采用单中心交换节点的星型拓扑结构，包括主干网和工作组子网（如教学子网、管理子网等）两个层次。

目前中小学校园主干网大多选用千兆以太网组网技术，工作组子网多采用快速以太网技术。

中小学校园网络系统基本可分为网络信息中心、办公管理子网、教学子网、数字图书馆子网、网络接入几个部分。

学校的网络信息中心是整个校园网的服务和管理中心，校园内所有局域网都通过一定线路与该中心连接，由中心负责整个校园网内的信息交换以及与广域网的信息交流，同时负

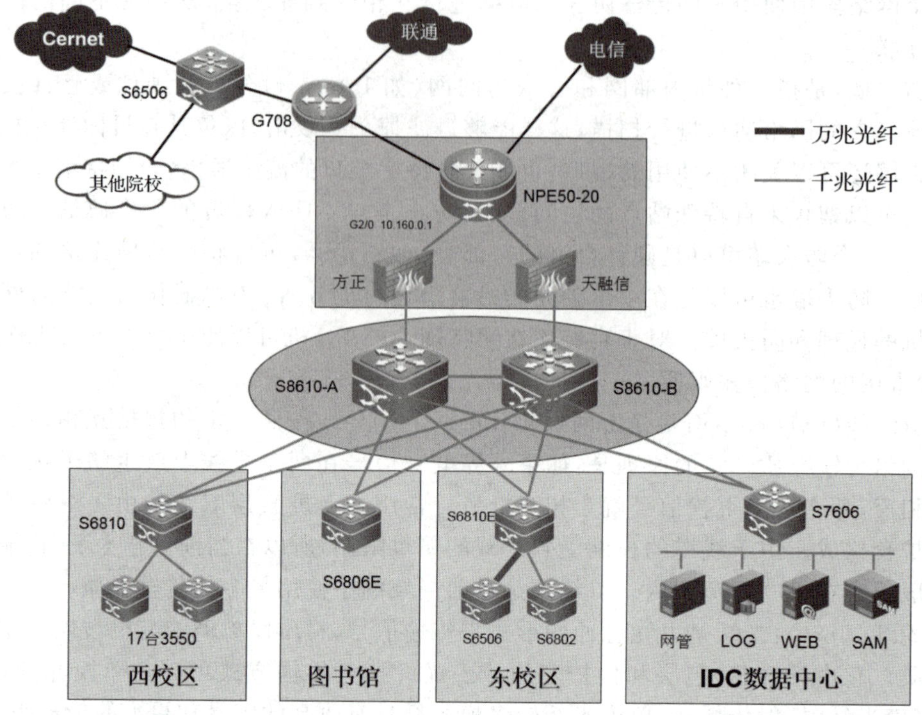

图 3-1 某校校园网拓扑结构

责整个校园网络系统的正常运行。

网络信息中心一般设置中心交换机、服务器群组和网管机以及边界路由器等设备。

服务器用来提供各种校园网络服务功能,如域名服务、电子邮件服务等。

网管机则是专门用来管理服务器的,网管人员可以通过网管机在服务器上进行各种操作,包括上传、下载数据,增删用户,设定账户和密码等。

服务器群和网管机等设备都以中心交换机为中心,构成星型拓扑结构。

3.1.2 校园网的基本应用

校园网可以把分布在校园不同地点的多台电脑连接,按照网络协议相互通信,以共享软件、硬件和数据资源。校园网建设的概念由原本的只是以硬件集成为主的硬件平台,转变成以硬件集成、教学应用软件、现代教育技术集成为主的软件建网的校园网,形成了教育教学信息和资源是校园网生命力的概念,诞生了全新的以教育模式为主导的校园网概念,不再依附于传统的教学模式上。因此,建设校园网的真正目的在于为学校师生提供教学、科研和综合信息服务的高速多媒体网络。校园网的功能作用主要体现在以下几个方面:

1. 校园信息发布

通过网页的形式向外发布信息。学校通过主页窗口向世界各地的人们充分展示学校的形象,介绍学校的相关情况,包括校规校史、学科建设、院系专业设置、教学信息、科研信息、职能部门、招生信息、分配信息等。

在学校主页上同时可以发布学校的各种重大事件及会议通知和安排,也可以发布各种公文,在提高办公效率的同时,推进了政务工作公开化的改革进程。

2. 教学、教改应用

教学、教改应用是校园网的主要功能，它可以应用多种网络工具完成网络教学任务，并由相应的网络教学软件平台提供技术支持，以网络教学信息及资源库作为教学、教改信息的来源。

(1)网络教学软件平台

学校开展网络教学、教改活动以网络教学软件平台为支撑系统，通过这个平台可以实现教学课程资源管理、网上备课、网上授课、网上学习、网上练习、网上复习、网上报名、网上成绩查询、网上实时在线考试、网上教学评价、虚拟实验室、作业递交与批改、课程辅导答疑、师生交流讨论等。

(2)网络教学信息及资源库

网络教学信息及资源库是学校进行网络教学的重要组成部分，包括文本素材库、图片素材库、动画素材库、音像片段库、声音素材库、电脑课件库、创作支援库、多媒体制作素材库、资料呈现方式库、教学策略库等。同时资源库还为师生提供全文检索、属性检索，提供资源的增减与归类，还可以提供下载等。

3. 管理应用

通过校园网，学校的人事管理、教学教务管理、财务管理、学生学籍管理、行政事务管理、总务后勤管理等都可以由学校管理信息系统管理。从原来简单管理模式，发展成为一个先进的分布式管理系统，以先进的、多方向性的、多通道的、网络状的复杂模式去应对日益繁重的管理任务，从而提高管理效率。

基于校园网的信息管理系统将由原来的人工管理或单机管理模式，发展成网络化的管理模式，在提高效率的同时，也扩大管理系统的应用领域；能更加及时地收集、统计、分析学校的各种信息，以利于学校的行政管理和教学管理，充分发挥学校的整体功能，更好地为教育工作服务。

基于校园网的计算机管理信息系统在功能上具有以下特点：

(1)共享计算机的硬件资源

在本机系统的数据处理满负荷时，可以将急需处理的数据交给其他空闲的系统机器，避免在设备的利用上出现空置和浪费。在网络软件研制开发上更可避免重复处理的现象。

(2)高可靠性的计算机系统

当计算机系统出现故障或其他不可避免的原因导致工作停止时，利用校园网中其他的计算机系统代为处理，以保证管理工作的如常进行。

(3)共享数据库资源

对于校内相同的信息数据，通过校园网的管理信息系统可以实现共享和有效的利用，避免浪费、重复存贮现象。

(4)促进行政办公效率的提高

基于校园网的计算机管理信息系统，为学校建立办公自动化提供了技术基础，依赖校园网，可以迅速地发送通知、布告消息，传递、复制、查询、收集、保存各类信息。还可以利用校园网所构建起来的强大通信能力，为教职工和管理人员提供较完善的多媒体电子邮件(E-mail)功能，召开音、视频网络电子会议，大大节约人力、时间及纸张印刷等费用。

通过计算机管理信息系统建立的集中和分散相结合的分级、分布式数据库管理系统，既实现学校各部门之间大量数据的共享，同时也为管理人员及时提供数据，为快速做出决策提供帮助。

4. 科研应用

用户通过校园网可以使用资源库中共享的各类计算机软、硬件资源和学术信息资源、图书资料，从而提高科研的效率，降低科研的成本。可以利用校园网检索世界各地的信息资料，可以使用电子公告栏(BBS)与世界各地的专家讨论最新的思想，发表、交流学术观点，交换论文等。还可以利用校园网连接形成一个科研工作团队，使分别处于不同地理位置的科研人员方便地通过网络与其他成员交流设计思想和设计方案。

5. 数字化图书馆(E-Library)

利用校园网和计算机技术将图书馆中的资料数字化，通过校园网络进行数据的存取及分布式管理，为信息检索和利用提供便利。通过对图书馆的数字化，使校园网内的用户可以对数字图书馆中以数字化格式存储的海量多媒体信息资源进行高效的操作，其资源数字化、联系网络化、获取自主化等优点是传统图书馆无法比拟的。建立在校园网上的数字图书馆对于教学、科研的支持服务是全方位的和个性化的，可以及时响应远程用户的需求，可以联机查询、借阅，可为管理人员提供业务数据，及时分析研究，加强宏观管理。校园内的用户通过校园网可方便地对图书馆的藏书、文献资料进行检索与阅读，可以访问数字图书馆中的联机数据库，在自己家中或办公室里阅读报刊或检索资料。

3.1.3 数字校园与智慧校园

1. 数字校园

数字校园是以数字化信息和网络为基础，在计算机和网络技术上建立起来的对教学、科研、管理、技术服务、生活服务等校园信息进行收集、处理、整合、存储、传输和应用，使得数字资源得到充分利用的一种虚拟教学环境。通过实现从环境(包括设备、教室等)、资源(如图书、讲义、课件等)到应用(包括教、学、管理、服务、办公)的全部数字化，在传统校园的基础上建立一个数字空间，以拓展现实校园的时间和空间维度，提升传统校园的运行效率，拓展传统校园的业务功能，最终实现教育过程的全面信息化，从而达到提高管理水平和效率的目的。

2. 智慧校园

智慧校园是数字校园升级到一定阶段的表现，是数字校园发展的一个阶段。

智慧校园是指通过利用云计算、虚拟化和物联网等新技术来改变全校师生、工作人员和校园资源交互的方式，将学校的教学、科研、管理与校园资源和应用系统进行整合，以提高应用交互的明确性、灵活性和响应速度，从而实现智慧化服务和管理的校园模式。

智慧校园有三个核心的特征：

(1)为广大师生提供一个全面的智能感知环境和综合信息服务平台，提供基于角色的个性化定制服务；

(2)将基于计算机网络的信息服务融入学校的各个应用于服务领域，实现互联和协作；

(3)通过智能感知环境和综合信息服务平台，为学校与外部世界提供一个相互交流和相互感知的接口。

智慧校园的基石是前期数字校园的建设与发展。也就意味着，智慧校园首先要有一个统一的基础设施平台，要拥有有线与无线双网覆盖的网络环境；其次，要有统一的数据共享平台和综合信息服务平台。

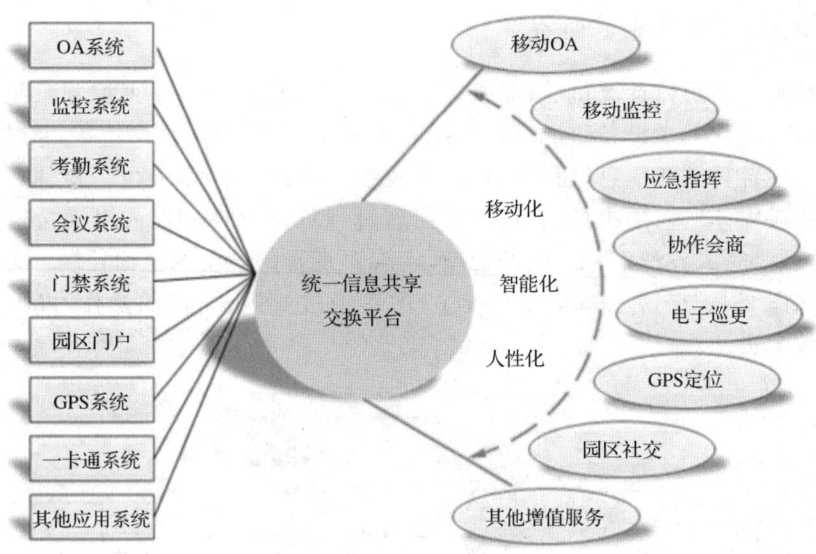

图 3-2　数据共享平台

3.2　多媒体教室

多媒体教室也称多媒体演示室，是根据现代教育教学的需要，将多媒体计算机、投影、录音、录像等现代教学媒体结合在一起而建立起来的综合教学系统。它能使教室方便、灵活地应用多种媒体实施多媒体组合教学，可使教学过程更加符合学生的认知、理解和记忆规律，从而提高教学效果和教学效率。图 3-3 为某学校多媒体教室。

图 3-3　某校多媒体教室

3.2.1 多媒体教室的基本组成

多媒体教室由多媒体计算机、液晶投影机、数字视频展示台、中央控制系统、投影屏幕、音响设备等多种现代教学设备组成。该系统与校园网络、有线电视网连接,系统中的多媒体计算机不仅呈现各种教学信息,还可以作为中央控制系统的操作平台。各种不同类型的教学资源通过相应媒体送入中央控制系统,然后通过计算机软件界面或桌面按键面板或遥控器进行操作控制,完成各种信号之间的切换,实现对视音频设备的全面控制。多媒体教室系统基本结构如图 3-4。在这个多媒体系统中,教师通过直观、简便的操作,以人机对话的方式调用各种教学资源。

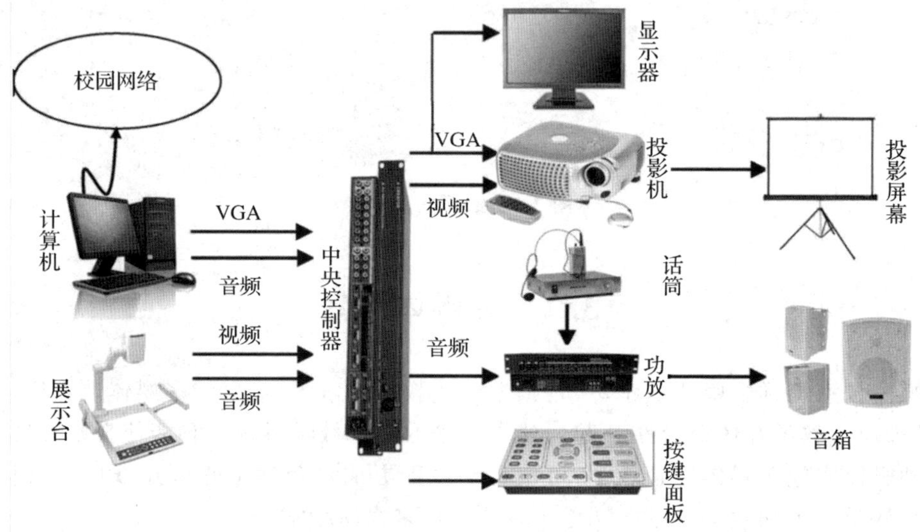

图 3-4 多媒体教室系统基本结构

1. 中央控制系统

由于多媒体教室中使用了多种数据、音频设备,要完全用好这些设备对上课的教师来说有一定难度。中央控制系统用系统集成的方法,把各种多媒体演示设备操作集中在一个平台上,所有设备的操作均可在这个平台完成,使用者无须对单个设备进行操作。中央控制系统及其控制面板如图 3-5 所示。

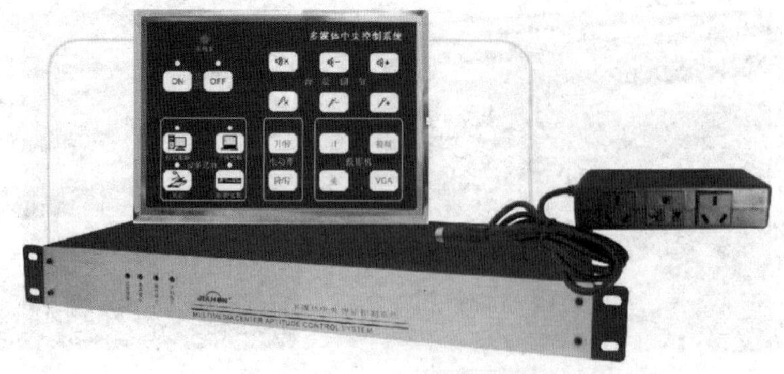

图 3-5 多媒体中央控制系统及其控制面板

多媒体教室中的全部媒体设备都由中央控制系统集中管理控制。该系统采用单片机通信技术和系统集成技术，将被控设备的各种操作功能按照用户实际操作的要求进行组合处理，然后将其具体对某一媒体或设备的操作过程集成一体。目前，一些中央控制系统还具备远程控制、状态反馈的网络型集中控制系统，该系统可将多媒体教室重要设备的运行状态，如投影机的工作状态、电动屏幕工作位置、计算机工作情况等实时传送到主控室进行监控管理，并可对教室的设备进行远程控制。

目前，中央控制系统管理下的多媒体教室设备大多都采用一键开/关机，操作简便。上课前，教师只需打开讲台门，按“系统开”键后系统能自动打开所有的设备，教师直接可以上课；下课时按“系统关”键，关上讲台即可离开，系统会自动遥控关投影仪，使电动屏幕升起来，将功放电源关闭，延时设定时间后关闭设备电源，延时几分钟后关闭投影机电源，最后关闭系统主机电源。这样教师不需要经过专门的培训即可在教学中自如使用并操作各种媒体设备。

2. 多媒体计算机

多媒体计算机是多媒体教室的核心设备，在系统中既是计算机教学媒体，又是网络连接设备，可能还是中央控制系统的操作平台。由于其多数时间处于多任务工作状态，所以尽量选配运行速度快、内存大，配有声卡、网卡，光驱纠错能力强，且工作稳定可靠的多媒体计算机。因多媒体教室的计算机要适合不同课程的教学，软件的配置要兼顾不同课程的需要，最好是安装有系统保护功能的硬件保护卡，以防止计算机操作系统文件被破坏。

3. 视频展示台

视频展示台(visual presenter)是国内、外通行的一个正式名称，在我国有时也被叫作实物展示台、实物演示仪、实物投影机、实物投影仪、数字展台等，在国外还被称作文本摄像机(document camera)。从功能上可以给视频展示台下这样一个定义：视频展示台是通过CCD 摄像机以光电转换技术为基础，将实物、文稿、图片、过程等信息转换为图像信号输出在投影机、监视器等显示设备上展示出来的一种演示设备。

视频展示台可以进行实物、照片、图书资料、透明普通胶片、实验动作等的投影，还可实现远距离摄像、现场书写等高级功能，是一种非常实用的设备，如图 3-6。它输出视频、数字信号，由多媒体投影机来投影。

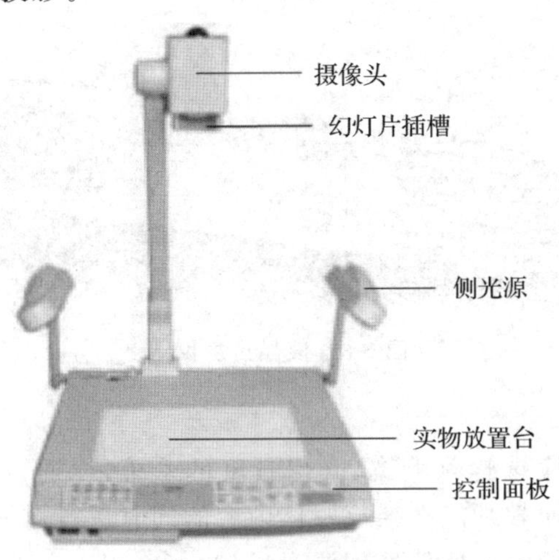

图 3-6　视频展示台

从外观上看,一台视频展示台基本的构成包括摄像头和演示平台两部分。摄像头通过臂杆与演示平台连接,但是为了实现更好的应用,还需要一些拓展设备,如控制面板(遥控器)、辅助照明(上部和底部)、视音频输入/输出、计算机接口等,共同构成一个完整和完善的产品。视频展示台各组件结构如图 3-7 所示。

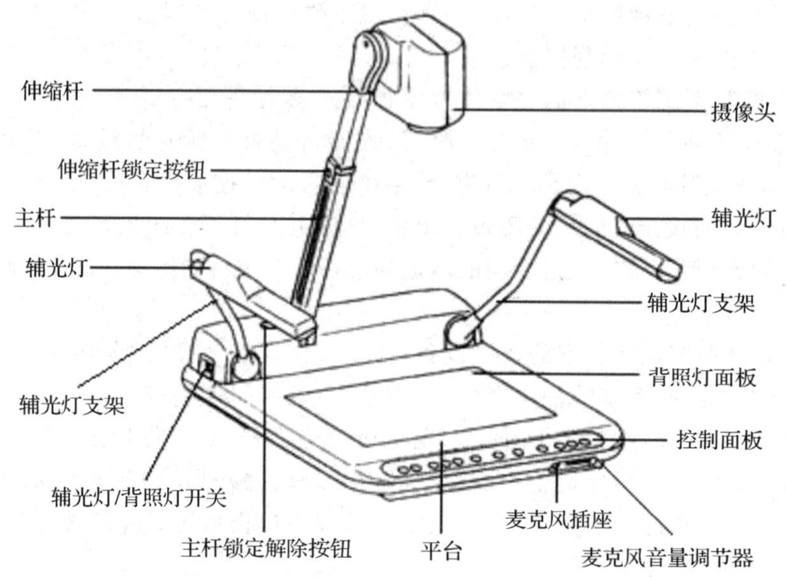

图 3-7　视频展示台组件结构图

4. 投影仪

投影仪也称为投影机,是多媒体教室中视频设备(如多媒体计算机、视频展示台、影碟机、录像机等)信号输出的再现设备,把视频和数字信号输出显示在大屏幕上。也是多媒体教室中昂贵的设备之一。从投影机所采用的投影技术对它进行分类,可分为阴极射线管投影机、液晶显示投影机、数字光处理投影机。目前多媒体教室大多使用液晶投影机,如图 3-8。

图 3-8　液晶投影仪

5. 音响系统

多媒体教室中的音响应选择频响宽、高保真度的系统,以适合多媒体教学的需要。同时,应具有话筒混响功能,使教师能在播放媒体内容的同时进行讲解。

对于有多个音源输入的系统建议使用调音(混音)台,调音台可对多路音频信号的输入、输出进行调整和混合，方便教学。调音台一般要求有多路音频输入接口，可对各路声音的音调、音色、音量进行单独的调整。

6. 投影屏幕

和投影机配套使用。良好的投影屏幕对投影机投射的影像效果有很大的提升作用，投影机与屏幕搭配得当，可以起到很好的演示效果。

7. 教室环境

多媒体教室的环境建设要考虑整体环境、照明环境和声学环境多个方面。除安放各种设备的教室讲台和学生课桌应当式样新颖、结构简洁、色调明快外，还可以在教室顶部和后部墙面采用吊顶和铺设多孔纸面石膏板，利用它们和窗帘的吸音特性，有效地调整教室的吸音量，减少混响时间，以获得预期的声场效果。在照明灯光的处理中，可以将学生座位区的吊顶设计成向后逐渐升高的锯齿状，在锯齿向后的平面上安装内嵌式格栅日光灯。利用日光灯安装平面与水平面之间的夹角，使座位区的照明光线不会照射到投影屏幕上。经过这些技术处理，多媒体教室的照明方式、音质条件以及外观形态将构成一个和谐的整体。

3.2.2　多媒体教室的主要功能

1. 连接校园网络和Internet，使教师能方便地调用丰富的网络资源，实现网络联机教学。
2. 连接有线数字电视系统，在教学中充分利用电视媒体。
3. 演示各类多媒体教学课件，开展计算机辅助教学。
4. 能展示实物、模型、图片、文字等资料。
5. 能以高清晰、大屏幕投影显示计算机信息和各种视频信号。
6. 用高保证音响系统播放各种声音信号。

3.2.3　多媒体教室的教学应用

目前，多媒体教室被广泛应用于教学中，教学中教师通过操作计算机和数字视频展示台等设备，可以自如地应用动画、文字、投影、录音、录像等现代教学媒体，学生也能展示作品和小组的研究结果，也可以运用板书、教材、图表、图片等常规教学媒体进行教学。多媒体教室在课堂教学中的优势主要表现在以下几个方面：

1. 多媒体演示教室中使用了多种数据、视频、音频设备，可以方便教师根据教学需要随时调用多种媒体信息，具有很强的真实感和表现力。可激发和提高学生学习的兴趣，也是改善课堂教学环境的重要一环，有助于调动学生的学习积极性。

2. 多媒体演示可以变抽象为具体，模拟微观世界的反应和现象，使教学更加形象、直观，便于学习者理解和掌握。比如数学教学“棱锥的体积”一节时，将锥柱切割成等底等高的三个三棱锥，其体积之和就是棱柱的体积，从而导出了棱锥的体积就是等底等高的棱柱体积的三分之一。

3. 可以同时调动视、听、说等多种感官，形成合理的教学过程体系，使学习者在最佳的学习环境中学习，达到教学的最佳效果。

3.2.4　交互式电子白板

交互式电子白板是一款专门针对教育领域的电子白板产品，它将当前最先进的光学影像触摸技术与应用教学软件完美融为一体，是用于现代教育教学的最新科技的工具。目前在信息化条件较好的学校，多媒体教室已经普遍采用交互式电子白板取代投影屏幕。

交互式电子白板是一块具备书写、触摸功能的电子白板，同时又是一个超大尺寸的电脑显示屏，将电子白板与计算机、数字投影仪三者相互连接，投影仪将计算机画面投影到白板上就构成了一个完整的交互式演示系统。连接结构如图 3-9 所示。相对于传统的黑板和计算机辅助教学，它的突出优势在于完全可以代替黑板和幕布，直接进行触摸互动操作。

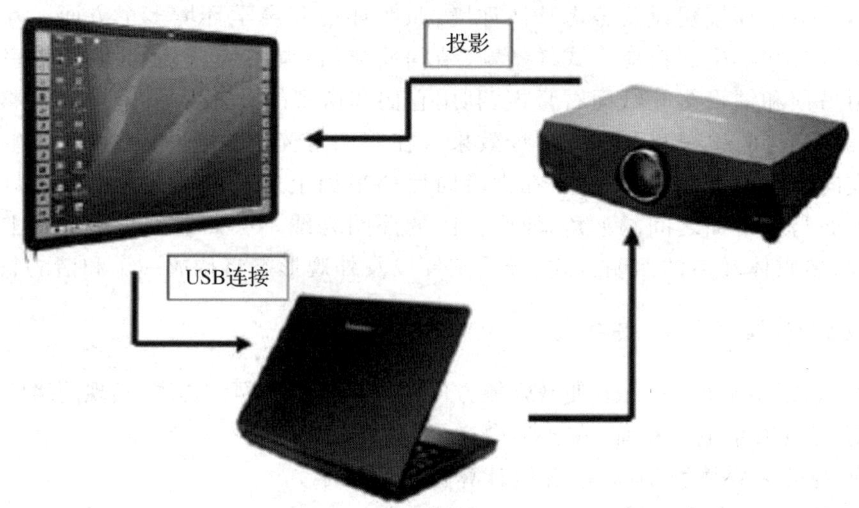

图 3-9 交互式电子白板在多媒体教室的连接结构

1. 电子白板的类型

按照技术原理分，交互式电子白板主要有四种：压感电子白板、电磁电子白板、红外电子白板、光学电子白板。

随着技术进步，压感电子白板由于定位不准，使用需要力度，使用不方便已完全淘汰。电磁电子白板改善了压感技术定位不准确的问题，一度在市场上很受欢迎，但是由于不能实现手动触控，需要专用笔，耗材使用大，电磁电子白板也在逐渐被新技术淘汰和替代。

(1)红外式白板

红外白板的原理是通过白板周围一圈的红外框来达到定位效果。红外框从 X 轴和 Y 轴发出信号，另外一边接收。如果被手指遮挡，则会感应到手指的触控位置，从而达到定位的效果。已经有扇形发射信号的红外电子白板，这样可以避免由于一两个红外灯坏了之后所产生的接收失灵等问题。

红外电子白板的优点可直接手写，或者任意物体都能替代笔的效果。操作感觉有点类似于 IPad，一般在幼教、商用等领域应用广泛。

缺点：不能提供板书的精确书写效果，手写的时候必须一笔一画，手腕或者其他物体进入红外框范围则会造成误操作。同时红外电子白板会受到屏前强光干扰。

(2)光学电子白板

交互式电子白板由电子白板、智能笔和应用软件三部分组成。光学电子白板采用了先进的触摸屏技术、光学影像触摸技术，大幅提升了触摸精度、响应速度、平滑度、分辨率、使用寿命等各个方面特性。触摸精度高，书写流畅，可以跟平时的书写习惯完全一致，不会产生任何延迟。

光学电子白板是一种先进的教育或会议辅助人机交互设备，它可以配合投影机、电脑等工具，实现无尘书写、随意书写、远程交流等功能。广泛应用在学校、培训、会议领域。

2. 电子白板的主要功能

交互式电子白板具有良好的兼容性和实用性，集书写、记忆、储存、打印、控制、演示等功能于一体。当与计算机连接，配合任何型号的投影机使用时，即实现人机合一、人机交流，师生可以共同参与，从而创造一个生动活泼的教学环境，有利于培养学生的综合素质和能力。除此之外，因其表面良好的低反光投影效果，可以作为投影仪的幕布使用；而耐热、耐磨、可擦洗的特性则满足作为传统黑板直接手写的需求。

(1)交互功能

白板在交互模式下可以控制 Windows 应用。当使用者通过投影机将 PC 或笔记本电脑的桌面投放到白板上，启动该系统的电子白板控制软件后，就可以利用电子笔在白板的桌面影像上进行单击、双击、右击、拖放以及其他控制操作。教师在教学中可以在白板上随时操作计算机，当需要在白板上边书写边讲解时，无须再回过头来操作计算机键盘，避免了顾此失彼、手忙脚乱、分散学生的注意力等情况，让教师的个人魅力再次在课堂上充分展现。

(2)实时记录功能

电子白板控制软件可实时记录教师在白板上的移动轨迹以及白板上的所有内容，录制成电子档后就可以进行课后回放。这样就帮助学生省去记笔记的时间，使学生不会因为集中精力抄写笔记而忽略了重要的讲解，有更多的时间进行真正的学习。

(3)标注功能

标注功能是演讲、授课最实用的工作模式，这种模式下使用者用一支电子笔就可以在白板上对已有的课件进行注释，并且可以自由更换笔的颜色，任意擦写。这样就打破了教师在使用课件教学时的固定模式，使教师在教学时产生的智慧火花得以记录保存。

(4)远程会议

利用“远程会议”的功能，再结合视频会议软件就可以很方便地进行远程教学，使多点能共享一个教学画面。远端的教室不仅可以与主教室的课程进度同步，还可以看到主教室的授课者的图像。在该系统中所有的操作都能以电子档的形式进行保存以利于最大限度的信息共享。

(5)管理

交互式电子白板的板书内容一次可储存几百页，可以随时调出任何一页进行重复讲解、补充修改、重点强调，以加深学生印象。教师写满一板不需要保存时，只需轻轻一敲，满板文字、图形即刻被“擦掉”，省时省力，又无任何消耗和污染，真正属于绝对环保型的教学硬件。

3. 电子白板的教学应用

(1)交互式电子白板对教学的影响

①交互式电子白板技术为课堂互动、师生互动提供了技术可能和方便，为建立以学生学习为中心的课堂教学奠定技术基础。整个教学过程中，学生可以更改、充实教师用交互式电子白板技术制作的课件内容，不管是学生对知识的正确理解，还是错误的回答，只要在白板上操作，白板系统会自动储存这些宝贵的信息，从而生成每个教师每堂课的个性化的“课件”，成为教师以后教学的重要资源。

②有效地利用教学资源是熟练应用交互式电子白板技术的重要环节。白板系统为每个学科准备了大量的学科素材,但不是固定的课件,教师可根据自己特定的教学设计和目标添加或者删除资源,并且应用资源库中的素材可形成自己的教案。白板技术使教师应用资源库中的资源自我生成数字化教案的过程变得非常方便。而且,白板系统兼容微软的各种软件应用,所以教师还可以在白板上直接上网寻找课程资源。

③交互式电子白板操作系统扩展、丰富了传统计算机多媒体的工具功能,提高了视觉效果。操作工具中独有的录放功能、照相功能、遮幕功能、涂色功能等,提高了视觉效果,更加有利于激发学生的兴趣,调动学生积极参与学习过程。

④教师不仅用交互式电子白板授课,同时白板也是教师备课的好帮手。教师可以把整个白板上的教学过程储存在自己的文件夹中,成为自己学科教学的电子档案和课程资源,成为教师今后授课、总结和反思等促进教师专业发展的资源基础。

⑤交互式电子白板有利于教师开展团队教学研究。有研究表明,如果教师在应用白板教学方面组成教学研究小组,共同探讨白板教学方法及策略,这样的团队教学研究方式比教师自己孤立的白板教学,更有利于促进教师专业发展。

(2)对学生学习的影响

①提高学生的注意力和理解力。相对于传统的黑板教学,白板的视觉效果如色彩、隐藏、动画等多种教学功能,能够极大地吸引学生的注意力,并利用多元智能理论,帮助学生更好地理解和掌握知识。尤其是学习一些比较抽象的知识和概念时,白板为学生提供了多种分析和解决问题的方法和思路。

②便于学生复习以往的知识内容并促进学生掌握新知识。由于白板可以记录教师以往授课内容和过程(包括学生的学习过程),有利于学生巩固和回忆旧知识及概念,从而促进学生学习和掌握新知识。

③有利于调动学生在课堂上主动学习的积极性和参与性。有研究表明,白板教学更强调学生的参与和师生、生生的互动,使原来课堂教学中学生不注意听讲、做小动作、随意说话等现象大大减少,提高了学生的学习质量、学习动力和学习自信心。

3.3 多媒体网络教室

多媒体网络教室是集成了多媒体技术和网络技术的一种信息化教学环境。它既能呈现出形式多样的教学内容,又能提供各类丰富的学习资源,能够支持学生的自主、合作、探究性学习活动。图 3-10 某学校多媒体网络教室。

3.3.1 多媒体网络教室的基本组成

网络教室通常由计算机网络和网络教学系统两部分构成。

1. 计算机网络

这是一个小型局域网络,该网络可以通过代理服务器与校园网或 Internet 连接。

系统硬件的基本配置包括学生机、教师机、集线器或交换机、服务器等设备,并通过双绞线连接。机房中的服务器可用高性能的 PC 机承担,也可用普通的 PC 承担。学生用计算机除常规 PC 的配置外还需耳机和话筒。由于教师机经常处于多任务工作状态,所以教师机

图 3-10　某校多媒体网络教室

在 CPU、内存等方面的配置应高些。有条件的机房还可以配置功放、投影仪等多媒体演示设备。

系统中学生机和教师机的操作系统一般选用 Windows，服务器的操作系统可选择 Windows Server 2012。服务器除存放本地的一些教学资源外，还应提供简单的 WWW、FTP、E-mail 等常见的 Internet 应用服务。此外，服务器还应安装代理软件，使学生机用户可以通过服务器访问校园网或 Internet，这样既可增强网络的安全性能，也可以履行数据流监控、过滤、记录和报告等网络管理职能。

网络机房中学生机及教师机等网络设备的布局通常有普通教室型、U 字型、小组协作型、综合型等。具体实施时可依据教室空间结构、学生群体的特征以及教学活动的内容和模式等因素设计摆放格局，以满足实际教学需求。

2. 网络教学系统

网络教学系统是指在计算机网络系统的基础上为开展网络多媒体教学所提供的控制系统，这类教学系统在中小学的网络机房中使用较广泛。按照控制信号传输方式的不同，可以将多媒体网络教学系统划分为以下基本类型：

（1）基于硬件方式的多媒体控制

该方式需要给每台计算机安装多媒体传输卡，且教师机与学生机的多媒体传输卡是不同的。在各计算机之间直接铺设多媒体线路（非计算机网络）传输音视频信息，另外还需配置专用的控制面板，用于教学控制。基于硬件方式的多媒体控制成本较高，存在安装繁杂、不可升级等缺点。

（2）基于软件方式的多媒体控制

它是在计算机局域网的基础上，利用专用软件进行教学控制和数据传输，是目前网络教学系统的发展方向。该方式无须额外的硬件设备，成本低，容易升级。由于系统太依赖于操作系统及网络性能，因此在稳定性及系统维护上比较麻烦。图 3-11 为极域电子网络教室教学管理系统的控制界面。

图 3-11　极域电子教室教学管理系统控制界面

3.3.2　多媒体网络教室的基本功能

多媒体网络教室通常包含以下功能：

1. 教学功能

可以利用教师视频、教师音频、外部视频、外部音频等多媒体节目源，对全部、部分或个别学生进行教学。

2. 示范功能

可以将指定学生的屏幕、话音及声音广播给全体、部分或个别学生进行示范。

3. 交互控制功能

教师可以利用键盘、鼠标对选定的学生进行遥控操作，学生也可以利用键盘和鼠标对教师或其他学生进行遥控操作。遥控过程的控制与交互可以通过相应的开关来设定。

4. 监视功能

教师可以利用手动的方式对指定学生的屏幕画面或声音进行监视，也可以利用自动的方式对全体或部分学生的屏幕和声音进行扫描监视。监视功能不影响被监视者正在进行的操作，也不会被察觉。自动监视的时间间隔可以调节。

5. 学生机控制功能

教师可以对全体、部分或个别学生机进行锁键、黑屏、重新启动、开关机等控制操作。

6. 分组讨论功能

教师可任意指定每 2～16 人为一组，将全体学生分为多组进行分组讨论，教师也可加入到任何一组参加讨论。

7. 电子举手功能

学生有问题提出或需要帮助时，可以按功能键进行电子举手。

8. 快速抢答功能

教师开启快速抢答功能后，学生按功能键抢答，最先按键的学生被显示。

9. 学籍管理功能

可对学生的姓名、学号、班级、年龄等学籍信息进行管理并显示在屏幕上。

10. 联机考试功能

这是一个很重要的教学反馈功能，教师选择此功能后，先可以指定一个正确答案，再通过屏幕或声音将试题发送给学生，学生按 A、B、C、D 回答，收卷后电脑立即自动批卷，教师可以马上了解学生对所学知识的掌握情况，从而对教学效果做出正确的评估。

11. FREECHAT 功能

内部有多个语音聊天室，Free Chat 有两种操作模式：在教师控制模式下，教师可指定哪些学生加入哪个聊天室；在学生控制模式下，每个学生自己有权选择加入聊天室中参加讨论。

12. 专业化网络联机考试功能

支持统一发卷统一收卷功能，试卷内包含多道试题；支持单选、多选和复选等多种题目类型；自动批卷，自动评分；包含考试结果评估与分析系统。

13. 媒体控制功能

可直接在控制界面或控制台上对录像机、影碟机等媒体设备进行控制。

14. 数码录音功能

运行数码录音机软件后，录音机即可由教师控制，也可由学生控制。

15. 自动辅导功能

教师可依电子举手的先后顺序对学生进行逐一辅导。

3.3.3　多媒体网络教室的教学应用

利用多媒体网络教室可以有效地完成多种教学任务，其应用形式主要有以下几种：

1. 多媒体课堂教学

在教学过程中，通过文本、声音、动画、图像和图片等多媒体信息表达教学信息，激发学生的兴趣，提高教学效率和质量。在网络教室中，可以方便地将多媒体教学信息集成在一起，开展多媒体课堂教学。还可以把其他学校的课堂教学或网上学习资源引入课堂，丰富教学资源。同时，还有利于教师对学生进行个别辅导，开展因材施教。

2. 电子备课与教师开发

电子课件经常遇到两个问题：一是相关资料不足，二是文件较大不容易移动。在网络教室备课可以解决这两个问题，网络教室中资源库可以为教师提供丰富的资源，教师还可以把做好的课件存入资源库供课上调用，解决了文件较大不容易移动的问题。在网络教室备课还有一个好处就是可以实现资源的共享，例如学校购买的教学资源、教师的课件可以存入资源库，为教师间的交流共享提供途径。

3. 学生利用网络教室资源进行自学

学生可以利用网络教室服务器提供的学习资源进行自学。如果网络教室连入互联网或校园网,就可为学生自学提供一个更加开放的资源共享的学习环境。

4. 网络练习和测试

教师可以通过网络教室为学生提供课堂练习或进行考试,既避免了打印、发放试卷的麻烦,又可以及时了解学生答题情况,甚至可以当场完成试卷评判,提高了教学效率。

3.4 智慧教室

智慧教室是数字教室和未来教室的一种形式,它是一种新型的教育形式和现代化教学手段,是基于物联网技术集智慧教学、人员考勤、资产管理、环境智慧调节、视频监控及远程控制于一体的新型现代化智慧教室系统,是推进未来学校建设的有效组成部分。

所谓“智慧教室”,是以建构主义学习理论为依据,利用大数据、云计算、物联网等新一代信息技术打造的智能、高效的课堂环境(教室)。其实质是基于动态学习数据分析和“云+端”的运用,实现评价反馈即时化、交流互动立体化、资源推送智能化,全面变革课堂教学的形式和内容,构建大数据时代的信息化课堂教学模式。

3.4.1 智慧教室的作用

智慧教室设备能够体现物联网的三个层次(应用层、网络层、感知层),运用传感器、射频识别(RFID)等技术,使信息传感设备实时感知任何需要的信息,按照约定的协议,通过可能的网络(如基于 WiFi 的无线局域网、移动通信、电信网等)接入方式,把任何物品与互联网相连接,进行信息交换和通信,实现物与物、物与人的泛在链接,实现对物品的智慧化识别、跟踪、监控和管理。同时,智慧教室还能满足开设物联网导论、传感器原理及应用、无线传感器网络及应用、RFID 技术及应用、物联网工程及应用、物联网标准与中间件技术、物联网应用系统设计等课程的实践实训教学需要,并为学生或教师的物联网技术应用项目开发提供平台。

通过智慧教室实验平台,学生能掌握物联网技术基础理论、物理信息系统标识与感知、计算机网络理论与技术以及数据分析与信息处理技术等知识,具备通信技术、网络技术、传感技术等信息领域宽广专业知识,具备一定的工程应用系统的开发能力、实践能力和科学研究能力。

智慧教室建设可以用光载无线交换机构建 WiFi 无线局域网,覆盖智慧教室,加上教室的有线网络交换机、网络路由器,从而建立融合有线网络、无线局域网的物联网关键部分——网络层,各种传感器件通过标准模块 WiFi 设备服务器(串口通信 RS232 转 WiFi 无线网络)无线接入物联网工程信息平台,构成全面涵盖物联网三个层次的统一的物联网工程实验平台。同时,其他内置 WiFi 模块的各种手持设备(笔记本电脑、手机等)也能无线接入该实验平台,成为物联网实验设备的一部分;师生教学、科研实践开发的其他感知模块,通过与标准的 WiFi 设备服务器连接,也能轻易接入该实验平台,完成测试、验证。

智慧教室基于物联网技术,可以搭建成一个物联网应用场景,既可以用于学生进行创新实验研究,也方便教师开展科学研究。可以通过智慧教室里面的人员考勤系统来判断教室内是否有人员,如果教室内无人,则教室内所有系统处于关闭状态;反之,则处于工作状态。

3.4.2　智慧教室的主要特征

1. 基于数据的教学

传统课堂主要依靠教师的个人教学经验对课堂上学生的学习行为进行判断和制定教学决策，智慧教室根据学生学习行为大数据挖掘与分析来调整教学策略，用直观的数据了解学生对知识掌握的水平，在课堂教学中实现了基于证据的教育新形态。

2. 高效的教学

利用现代信息技术打造智慧学习环境，用大数据构建高效课堂，大大提高了课堂教学效率。如通过情境感知、数据挖掘等方法可以提前预知学习者潜在的学习需求，在智慧教室中学习者通过资源订阅和智能推送的方式第一时间获取最新的学习资源，实现了教与学的立体沟通与交流。

3. 个性化学习

通过课前预习测评分析和课中随堂测验即时分析，准确把握每个学习者掌握知识的状况，实现对学生的个性化学习能力的评估，使老师对每一位学生的认知度更清晰，有针对性地制定教学方案和辅导策略，推送个性化的学习资料，制作针对个人的"微课"，真正实现以学生为中心的"一对一"的个性化教学服务。

4. 合作探究的学习方式

依据知识构建的需要，智慧教室中采取小组协商讨论、合作探究的学习方式，协作群组服务能够帮助有相同学习需求和兴趣的学习者自动形成学习共同体，就某个问题开展深入的互动交流，有利于实现对所学知识的意义建构。

5. 动态开放的课堂

"动态生成"是新课标提倡的一个重要理念。课堂本质上是一个动态开放的系统，随着互联网、移动互联等新兴信息技术在课堂教学中的应用，课堂系统超越了时空限制。智慧教室不是忠实地、封闭地传递和接受知识，而是鼓励课堂创新与开放，鼓励生成，积极为学生激发创新、发展智慧提供有利条件。

6. 教学机智的课堂

课堂教学是千变万化的，再好的预设方案也不能预见课堂上可能出现的所有情况。智慧教室要求教师要有随机应变的能力，根据教学进程中出现的新情况，基于动态学习数据分析和即时反馈，采取机智性行动，及时调整课前的教学设计，优化和改进课堂教学进程。

3.4.3　智慧教室的组成

智慧教室通过"云＋端"的应用，实现了教室内多种终端设备的无缝连接和智能化运用，进而改变课堂结构，实现教与学的革命。其核心功能是：在教室内，教师和学生可以通过多种移动设备（同时支持安卓、苹果、Windows），在无须互联网的状态下，实现点对点的通信与交互。同时，教师可以通过大数据分析即时获取准确的学情信息，利用移动端设备直接书写，并将书写内容可分别投送到教室的投影仪、大屏幕显示设备或学生手持设备。如果教室连接了互联网，可实现课堂在线直播。教师也可以通过手持设备，将课堂教学全过程录制下来（声音、视频、PPT课件及板书等），形成新的教学资源，通过智慧课堂云平台实现资源云端共享。智慧教室让教室进入移动互联网时代，实现了教与学的立体沟通与交流，打破传统意义教室的时空概念，并重新定义了黑板、讲台等一系列传统意义上的教室应用。主要包括以下九个系统：

1. 教学系统

教学系统由内置电子白板功能的触控投影机一体机、功放、音箱、无线麦克、拾音器、问答器和配套控制软件构成。使用内置电子白板功能的触控投影机代替传统的黑板教学，实现无尘教学，保障师生的健康；可在投影画面上可以操作电脑，在每个桌位上配置问答器，实现师生交互式课堂教学。

2. LED 显示系统

LED 显示系统由 LED 面板拼接而成，安装在教室黑板顶部，用于显示正在上课的课程名称、专业班级、任课教师、到课率和教室内各传感器采集的环境数据（室内温湿度、光照度、二氧化碳浓度等）。

3. 人员考勤系统

人员考勤系统由 RFID 考勤机、考勤卡和配套控制软件构成。在教室前后门各安装一个 RFID 考勤机，采用 RFID 标签（校园一卡通）对学生进行考勤统计，对进入教室的人员进行身份识别，对合法用户进行考勤统计，对非法用户进行告警。同时可通过 WiFi 无线覆盖，在远程对考勤情况进行监控、统计以及存档打印等。

4. 资产管理系统

资产管理系统由特高频 RFID 读卡器、纸质标签、抗金属标签和配套控制软件构成。在教室前后门各安装一个特高频读卡器，对教室内的实验仪器、设备等资产（贴有 RFID 标签，标签上存储有设备的详细信息）出入教室进行监控与管理，对未授权用户把教室内资产带出教室进行告警，方便设备管理人员对教室设备的统一管理。

5. 灯光控制系统

灯光控制系统由灯光控制器、光照传感器、人体传感器、窗帘控制系统和配套控制软件构成。首先通过人体传感器来判断教室内对应位置是否有人，此位置无人，则灯光控制系统及窗帘控制系统处于关闭状态；反之，处于工作状态。

6. 空调控制系统

空调控制系统由中央空调电源控制器、温湿度传感器和配套控制软件构成。通过温湿度传感器监测室内温度，通过分析数据，根据软件预设值，当室内温湿度高于最高门限值时自动开启空调，当室内温湿度低于最低门限值时自动关闭空调，实现室内温湿度的自动控制。

7. 门窗监视系统

门窗监视系统由窗户门磁模块及配套软件组成。窗户门磁模块用于检测门和窗户的开关状态，并将状态信息及时上传至服务器。同时设置敏感时段，实施对窗户的自动监视和报警。

8. 通风换气系统

通风换气系统由抽风机、CO_2传感器和配套监控软件构成。通过 CO_2传感器监测室内的 CO_2浓度，通过分析数据，根据软件预设值，当室内 CO_2浓度高于软件门限值时自动开启抽风机来进行换气，通过补充室外空气来降低室内的 CO_2浓度。

9. 视频监控系统

视频监控系统由 WiFi 无线摄像头和配套监控软件构成。视频监控可为安防系统、资产出入库、人员出入情况提供查询依据。在教室前后门口各安装一个 WiFi 无线摄像头监控人员出入和资产的出入库情况，在教室内安装一个 WiFi 无线摄像头监控教室内部实时情况，所采集的影像经由远端射频单元传送至终端管理电脑，提供实时的监控数据。

3.5　微格教学系统

微格教学的概念源于英文 micro teaching 的翻译，它是由美国斯坦福大学 D.Allen 和他的同事 A.Eve 于 1963 年率先提出来的。

微格教学是以现代教育理论为基础，利用先进的媒体信息技术，依据反馈原理和教学评价理论，通过对教学行为进行记录和研究，分阶段培训教师教学技能的活动。D.Allen 认为微格教学是一个缩小了的、可控制的教学环境，它使准备成为或已经是教师的人有可能集中掌握某一特定的教学技能和教学内容。

进行微格教学的一般方法是：由受训者用 10～15 分钟，对某个教学环节，如“组织教学”或“授新课”进行试讲。试讲情况由录像机记录，指导教师和受训者一起观看，共同分析优缺点，然后再训练，直至掌握正确的教学技能。由于这一训练活动只有很少人参加(人数以 10 人为宜)，时间很短，而且只训练掌握某一教学技能，所以称为微格教学，也叫微型化教学，也被翻译为“微观教学”“小型教学”“录像反馈教学”。

3.5.1　数字化微格教学系统

数字化微格教学系统实际上是一种依托学校校园网络环境，将计算机技术、网络技术、视音频技术、视音频压缩技术、存储技术以及传输技术进行综合应用，构建出的一个集视音频录制、实时监控、网络点播于一体的教学系统。

1. 数字化微格教学系统的特点

根据目前微格教学的发展与应用水平，在进行数字化微格教学系统设计时，应结合学校的数字校园建设，将微格教学系统的设计与学校校园网建设及数字资源建设结合起来。跟传统微格教学系统相比较，它具有以下特点：

(1)遵循 TCP/IP 协议标准。支持网络点播、广播、直播、存储、实时监控和后期编辑等多种应用，能以 Web 方式进行微格教学，并能实现微格教学的现场评估、远程多点在线评估和后期比对教学等功能。

(2)实现了录制与回放的分离。因此，对于微格教学训练录制减少了干扰，提高了微格教学资源利用率，使得能够用更少的设备投入来训练更多的学生。同时，实现了集中录像控制，减少了微格教室的人员配备。

(3)具有开放性的体系结构，支持 C/S 或 B/S 模式，既可通过系统教学平台点播，也可通过 IE 浏览器点播，因此点评、回放灵活、方便，反馈优势更加明显。

(4)实现了全数字化存储，有利于视频资料的查询和检索。

(5)与校园网互为一体，共享资源，便于系统的升级扩展与利用。如实现双向实时交流、校园远程教学、虚拟教室、网络视频会议等功能。

(6)数字视频资料占用空间小,图像质量高,可无限次点播回放,有利于微格教学样本资源库的建立,可让不同年级、不同班级的同学相互观摩,真正实现博采众长、汲取精华。

2. 数字化微格教学系统的构成

数字化微格教学系统通常由一间主控室和多间微格教室组成。数字化微格教学系统结构如图 3-12 所示。

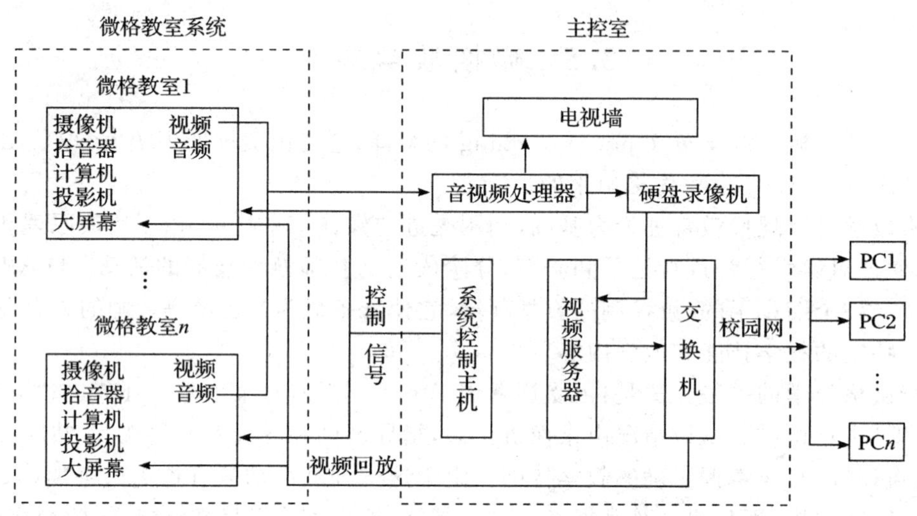

图 3-12　数字化微格教学系统结构

(1)主控室

在后端的主控室是该系统的核心,主要设备有主控电脑、主控管理电脑、录播服务器、一体化摄像机、交换机和投影设备等。在主控电脑上安装微格课堂评估软件,主要是对各个微格教室进行录像控制,同步观看各个微格教室的训练情况,提供训练的实时记录,按统一标准对学生训练情况进行量化打分,实现背对背评估。在主控管理电脑上安装微格教室平台管理软件,用于实现对整个微格教学系统的管理与调度,如分配用户及管理权限,实时维护、管理与控制系统所有相关设备及服务端状态。在录播服务器上安装媒体服务软件及微格教室录播软件,用于对来自各微格教室的音、视频信号和 VGA 信号进行录存和管理,实现网络广播、点播和强制、定制广播功能。同时,自动生成标准格式文件,导入学校的资源管理平台。

(2)微格教室

微格教室即学生实施微格教学的场所。图 3-13 为某学校微格教室。

微格教室硬件组成包括摄像机、万向云台、解码器、拾音器、授课 PC 机、采集设备及大屏幕彩色电视机各一套。摄像机和拾音器主要负责视频摄取和音频拾取,授课 PC 机和大屏幕彩色电视机主要模拟多媒体显示环境,同时也作为回放观看的显示设备,以便进行小组点评。采集设备中安装有音、视频采集卡和 VGA 采编卡,专门负责教室内音、视频信号的采集及授课 PC 机上 PPT 等画面的采集。三路信号在采集设备中统一为数字格式后经网络上传至录播服务器。

3. 数字化微格教学系统的功能

(1)主控室的功能

①对多个多媒体微格室观察监控。同时,有一定的扩展能力,对更多的微格室进行监控。

图 3-13　微格教室

②通过网络可以将任意某室的上课情况调到其他微格教室，同时指导教师根据需要可将某室讲课实况实时发布，网上进行远程观察、学习。

③主控室可以任意控制微格室任意摄像机的推拉、变焦和云台运动，且云台运动速度可根据实际情况进行实时调整。

④现场实录的视音频信号分两种方式录制：模拟信号使用录像机，数字信号使用视频服务器。

⑤在主控室可对微格教室视音频进行设置、控制。

⑥提供系统操控平台。

(2)微格教室的功能

①课程教学实况记录功能。实况记录实时性要求强，多路视音频流应能同步，录制效果好，码流大小能控制等。

②基于网络资源信息的浏览、上传、下载。

③各个微格室之间能通过网络进行视频交互交流、观摩。

④教授过程自动生成网络课件，常见格式是 avi 和 asf 格式。

⑤现代各种媒体演示操作功能。利用现代媒体培训演讲技能、电子板书技能、多媒体教学技能、网络资源利用技能、信息技术技能、多媒体组合教学技能。各种媒体演示操作功能属于系统集成功能，通过各种软件、硬件的集成实现。

3.5.2　微格教学的实施

微格教学具有技能培训方向明确、集中，反馈及时且可以审阅、检查的特点，因此，在师范生教学技能训练和在职教师培训中得到广泛应用。

微格教学的实施过程是以现代学习理论、教学理论、现代教育技术理论以及系统科学理论为指导的教学技能训练过程。微格教学的培训模式因充分利用了现代科学技术发展的最新成果，最大限度地体现了它的科学性。

1. 微格教学的特征

微格教学是模拟课堂教学的教学实验，又是一门实践性较强的课程，具有如下特征：

(1)理论联系实际

微格教学中的一系列实践活动可以使相关的教育教学理论、心理学理论得到具体贯彻和应用。在微格教学的一系列实践活动，使教育教学理论得以贯彻和体现，使学习者对某一教学技能既有在理论学习中形成的理性认识，又有通过直观观察获得的感性认识。理论紧密联系实际，有利于教学技能的训练和掌握，从而大大地提高了学习者的学习兴趣。

(2)训练目标明确

在训练过程中，由少数学习者(5～10 人)组成微型课堂，学习者充当“模拟教师”和“模拟学生”，使课堂微型化；学生可以频繁地调换“教师”和“学生”的角色。实践表明，这样在实施微格教学时具有机动性和灵活性，且在讨论和评价时会更加深入，教学过程更易于控制，而教师仅起组织者的作用。

(3)信息反馈直观、形象、及时

采用现代信息技术对学生的行为进行记录，在进行“微型课程”的教学实践过程中，利用视听设备将实践过程记录下来，现场重播已记录的内容，能及时准确地获取反馈信息，可大大提高训练的效率。及时进行反馈评价和分析，可以是自我评价，也可以是他人评价。因此，微格教学能更直观地反映教学的效果，从而使教学行为更容易。

(4)有利于学生主体作用的发挥

微格教学坚持以学生为主体，以指导教师为主导，以训练为主线的原则，这有利于学生创造性思维的培养。

(5)自我训练和提高

由于使用录音和录像的记录技术，被培训者可以作为“第三者”来观察自己的教学活动，认识自己的不足之处。

(6)心理压力小

教师的角色扮演者不必因为试教失败产生不良影响而担心。这将为他们下一步的教育实习打下良好的基础，增强自信心。

2. 微格教学的实施过程

微格教学的实施过程如图 3-14 所示，包括以下 8 个步骤。

(1)学习相关知识

在实施模拟教学之前应学习微格教学、教学目标、教学技能、教学设计等相关的内容。通过理论学习形成一定的认知结构，利于以后观察学习内容的同化与顺应，提高学习信息的可感受性及传输效率，以促进学习的迁移。

(2)确定训练目标

在进行微格教学之前，指导教师应该先向受训者讲清楚本次教学技能训练的具体目标、要求，以及该教学技能的类型、作用、功能、典型事例运用的一般原则、使用方法及注意事项。在微格教学培训中，为了便于学习、操作，将教学技能分为导入技能、教学语言技能、提问技

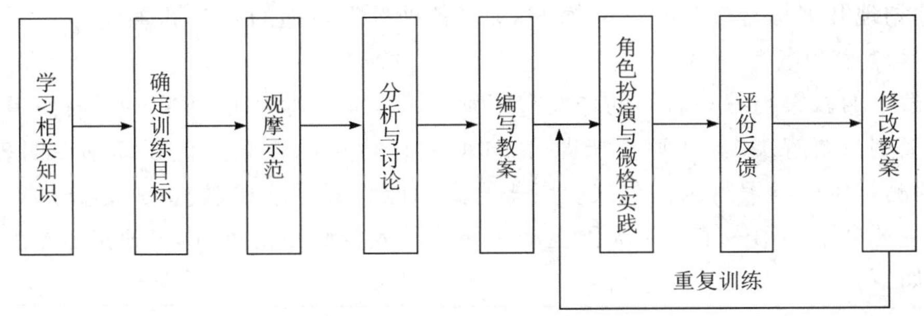

图 3-14　微格教学的实施步骤

能、讲授技能、变化技能、强化技能、演示技能、板书技能、结束技能和课堂组织技能十种。

(3)观摩示范

为了增强受训者对所培训技能的形象感知，需提供生动、形象和规范的微格教学示范片(带)或教师现场示范。在观摩微格教学片(带)过程中，指导教师应根据实际情况给予必要的提示与指导。示范可以是优秀的典型，也可利用反面教材，但应以正面示范为主。如有可能，应配合声像资料提供相应的文字资料，以利于对教学技能有一个理性的把握。要注意培养受训者勤于观察、善于观察的能力，及吸收、消化他人的教学经验的能力。

(4)分析与讨论

在观摩示范片(带)或教师的现场示范后，组织受训者进行课堂讨论，分析示范教学的成功之处及存在的问题，并就“假使我来教，该如何应用此教学技能”展开讨论。通过大家相互交流、沟通，集思广益，酝酿在这一课题教学中应用该教学技能的最佳方案，为下一步编写教案做准备。

(5)编写教案

当被训练的教学技能和教学目标确定之后，受训者就要根据教学目标、教学内容、教学对象、教学条件进行教学设计，选择合适的教学媒体，编写详细的教案。教案中首先说明该教学技能应用的构想，还要注明教师的教学行为、时间分配及可能出现的学生学习行为及对策。

(6)角色扮演与微格实践

角色扮演是微格教学中的重要环节，是受训者训练教学技能的具体教学实践过程。即受训者自己走上讲台讲演，扮演教师，因此被称作“角色扮演”。为营造出课堂气氛，由小组的其他成员充当学生。受训者在执教之前，要对本次课作一简短说明，以明确教学技能目标，阐明自己的教学设计意图。讲课时间视教学技能的要求而定，一般 5～10 分钟。整个教学过程将由摄录系统全部记录下来。

(7)评价反馈

评价反馈是微格教学中最重要的一步。在教学结束后，必须及时组织受训人员重放教学实况录像或进行视频点播，由指导教师和受训者共同观看。先由试讲人进行自我分析，检查实践过程是否达到了自己所设定的目标，是否掌握了所培训的教学技能，指出有待改进的地方，也就是“自我反馈”。然后指导教师和小组成员对其教学过程进行集体评议，找出不足之处，教师还可以对其需改进的问题进行示范，或再次观摩示范录像带(片)，以利于受训者进一步改进、提高。

(8)修改教案

评价反馈结束后，受训者需修改、完善教案，再次实践。在单项教学技能训练告一阶段后，要有计划地开展综合教学技能训练，以实现各种教学技能的融会贯通。

3. 微格教学的教案编写

微格教学的教案与编写教学的详案有区别。详案对教学中的环节要求面面俱到，微格教学的教案则只要解决 1～2 种技能即可；同时微格教学的教案不但要详细说明教师的行为，还要预测学生的学习行为。如人教版普通高中课程标准实验教科书（必修）第三单元近代中国民主革命中的第一节太平天国运动一课的导入及其突出重点“天朝田亩制度”的微格教学教案如下：

微格教学教案

学校__________ 年级：高中一年级 主讲教师__________ 科目：历史

课题：第三单元近代中国的民主革命

第一节：太平天国运动的兴起和发展

教学目标	1. 复习太平天国兴起和发展的内容 2. 通过学生了解“生产关系”的概念，对照学习“天朝田亩制度”的内容 3. 用公式法引导学生掌握“天朝田亩制度”的意义			
时间分配	授课行为（教师讲解、提问的内容）	授课技能	学习行为（预想学生回答内容）	需准备的教学媒体
01	同学们好，现在开始上课。前面我们知道，1851 年 1 月 11 日太平天国在金田起义以后洪秀全率军北上，占领武汉以后没有继续北伐，而是沿长江东下攻占南京，将其改为天京。在那里，洪秀全颁布了一个什么重要制度，是几千年来农民反封建斗争的思想结晶	组织课堂教学的能力、课堂导入技能、结合动态地图讲述历史事件的能力	集中注意、回忆旧知、回答问题	太平天国战略进攻多媒体动态图
04	生产关系是历史学中的重要观点，主要内容有哪三个方面？（在学生回答后，教师归纳）即：(1)生产资料归谁所有？(2)人们在生产过程中关系如何？(3)产品如何分配	历史教学与历史结合化的典型范例	可能学生不能完整作答，教师注意引导补充	将生产关系的内容做成幻灯片，讲完后及时展示
10	(1)“凡天下田，天下人同耕”；(2)“四有二无”；(3)“天下人人不受私，物物归上主”，规定每户留足口粮，其余归圣库	培养学生史论结合能力	学生应该容易接受，并记得较长久	做成幻灯片，相对应地讲完后及时展示
15	(1)性质：农民反封建的建国纲领 (2)作用：废除封建土地所有制；农民反封建斗争的思想结晶 (3)评价：无法调动农民积极性，无法实现，只能是空想	对历史事件分析主要从性质、作用、评价三方面进行，以培养高中学生的归纳能力	学生应该容易接受，并记得较长久	做成幻灯片，相对应地讲完后及时展示

思考与实训

1. 简述多媒体教室系统的基本构成。
2. 多媒体网络教室主要由哪些部分组成？网络教学系统能实现哪些功能？
3. 电子白板在教学中有哪些主要的教学功能？
5. 简述微格教学的教学设计所涉及的主要理论。
6. 了解数字化微格教学系统的功能。
7. 简述微格教学的实施步骤。
8. 简述校园网络的主要设备组成及其基本功能。

第4章　多媒体素材的获取与处理

【学习目标】

1. 理解不同格式的文本、图形、图像、动画、音频、视频的特点。
2. 能够获取文本、图形、图像、动画、音频、视频等素材。
3. 能够应用相关软件对文本、图形、图像、动画、音频、视频等素材进行基本的编辑。

【知识导学图】

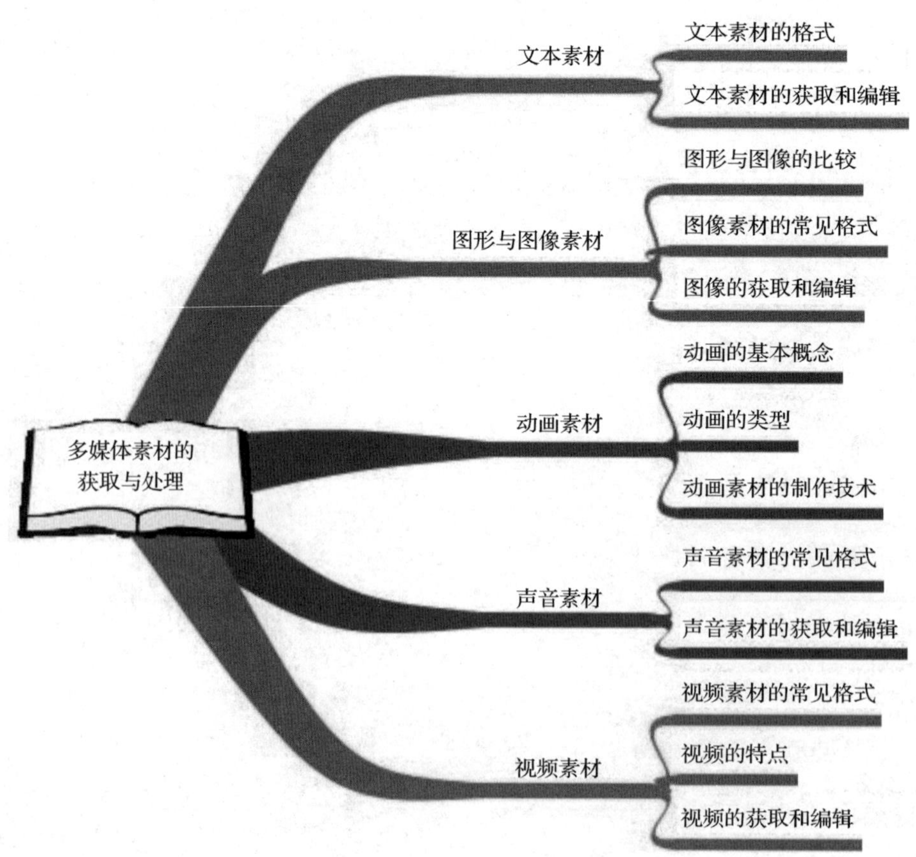

多媒体素材是指多媒体作品中所用到的各种听觉、视觉材料。一般地，根据素材在磁盘上存放的文件格式不同，可将素材划分为文本、声音、图形、图像、动画和视频等种类。本章主要介绍了这些素材的获取与处理的基本方法。

4.1　文本素材

在各种媒体素材中，文字素材是最基本的素材。文字素材的处理离不开文字的输入和编辑。文字在计算机中的输入方法很多，除了最常用的键盘输入以外，还可用语音识别输入、扫描识别输入及笔式书写识别输入等方法。目前，多媒体作品多以Windows为系统平台，因此准备文字素材时应尽可能采用Windows平台上的文字处理软件，如Microsoft Office、写字板等。Windows系统下的文字文件种类较多，如纯文本文件格式(*.txt)、写字板文件格式(*.wri)、Word文件格式(*.doc)等，它们有各自不同的特点。

4.1.1　文本素材的格式

文本素材一般有txt、doc、rtf、pdf、caj等格式，不同格式的文件用不同的扩展名加以区别。

1. txt格式

txt格式是微软在操作系统上附带的一种纯文本格式，是最常见的一种文件格式，主要用于保存文本信息。txt文件具有体积小，存储方便，易查看，通用性好，格式简单，不易中毒等优点。纯文本格式除了换行和回车外，不包含有任何格式化的信息，即文件中没有任何有关文字字体、大小、颜色、位置等格式化信息，利用这个特点，我们可以方便地实现一些图形表格文字的转换，如从网页上下载的文字资料一般都包含格式控制，若直接下载到Word等字处理环境中，会带有一些不需要的格式符号，常含有表格形式，通过“记事本”等工具，将下载的文本资料转换为纯文本后再导入Word中，会使排版更轻松。

2. doc文件

doc文件是办公软件Word生成的文档格式。Word是Microsoft公司的一个文字处理器应用程序，它是最常用和应用最广泛的办公用文字处理工具。在Word中编辑的文档保存后就会生成一个文档，扩展名为doc，它具有强大的编辑功能。

3. wps文件

wps文件是国内金山公司出品的中文字处理软件WPS的文档格式。它包含特有的换行和排版信息，通常只能在WPS软件中使用。利用WPS软件“文件”菜单下的“另存为”命令，可以实现WPS格式和Word格式的互换。

3. rtf文件

rtf文件是Rich Text Format的缩写，意即丰富的文本格式。它不仅可包含传统的文字及其格式信息，还可包含图像、图形等多种媒体信息。这是一种类似doc格式(Word文档)的文件，有很好的兼容性，许多软件都能够识别这种文件格式，比如写字板、Word、WPS、Excel等。

4. pdf文件

pdf全称为Portable Document Format，是便携文档格式的简称，是由Adobe公司开发的独特的跨平台文件格式。pdf 文件可把文档的文本、格式、字体、颜色、分辨率、链接及图形图像、声音、动态影像等所有的信息封装在一个特殊的整合文件中。它在技术上起点高,功能全,功能大大强过了现有的各种流行文本格式,现在已成为新一代电子文本的不可争议的行业标准。

5. caj 文件

caj 文件是一种同 pdf 文件类似的文件格式,网络上的许多电子图书文献均使用这种格式让广大用户浏览,如中国学术期刊网全文数据库中的文档文件大部分是 caj 格式。caj 通用的浏览器为 caj 全文浏览器,它支持中国期刊网的 caj、nh、kdj 和 pdf 格式文件。它的打印效果可以达到与原版显示一致的程度。

4.1.2　文本素材的获取

文本素材是指以文字为媒介的素材,主要有字母、数字和符号等形式。学习内容的表达,如概念、定义、原理的阐述和问题的表达等,都离不开文本,文本是传递教学信息最重要的媒体元素。文本一般可分文纯文本和图形文本。

1. 键盘录入

这种方式就是利用文本编辑软件,用键盘将文字直接输入计算机。目前常用的文字处理软件有 Word、记事本等。键盘录入输入的出错率低,容易修改,不需要任何附加录入设备,但是费时费力。

2. 扫描仪+OCR 识别输入

OCR 技术是光学字符识别技术的英文缩写,扫描仪+OCR 识别输入就是将印刷品类纸张上的文字以图像的方式扫描到计算机中,再用 OCR 软件将图像中的文字识别出来,并转换为文本格式的文件,同时可对识别不正确的文本进行编辑修改。这种方法省时省力,与人工键盘录入相比更经济;缺点是不能建立新文本,因而必须有原文稿,最后还要靠人工进行核对编辑。

在各类扫描仪中,平板式扫描仪由于扫描精度高、速度快,在家用及电脑办公中很流行。市场上销售的扫描仪基本都附带了 OCR 软件,而 OCR 软件种类比较多,如清华 TH-OCR、汉王 OCR、尚书 OCR、蒙恬 OCR 等识别软件都具有较高声誉。

3. 手写输入

手写识别输入系统是用手笔在与计算机相连的一块手写板上写字,用压敏或电磁感应等方式将笔在运动中的坐标输入计算机,计算机中的识别软件根据采集到的笔迹之间的位置关系和时间关系信息来识别所写的字,并把结果显示在屏幕上。识别率是手写输入系统的最重要指标,字体不同或字迹潦草将影响系统的识别率。手写输入的优点是对录入者不要求掌握文字输入法,只要会写字即可。但由于要求录入者写字规范,还需要从很多的重码中选择,所以正确率不高,录入速度慢,因而只适合少量文本的输入。

图 4-1　手写板

手写绘图输入系统对计算机来说是一种输入设备,最常见的是手写板(图 4-1),其作用和键盘类似。当然,基本上只局限于输入文字或者绘画,也带有一些鼠标的功能。

在手写板的日常使用上，除用于文字、符号、图形等输入外，还可提供光标定位功能，从而手写板可以同时替代键盘与鼠标，成为一种独立的输入工具

4. 语音输入

利用声音建立计算机文本应该是最自然、最方便的输入方式。只需要面对与计算机相连的话筒，将要输入的文字用规范的读音读出，由相应的软件将声音转换成文本文件保存起来。尽管语音输入具备不需学习汉字输入法、无须动手等特点，但由于语音识别率受到话筒质量、录入者的语音、语调及节奏等因素的影响，正确识别率不高，因而，这种输入方式的使用率较低。但是随着技术的进步，语音输入的方式将越来越普及，现在很多手机就支持语音输入短信的技术。

4.1.3　文本素材的编辑与应用

1. 使用汉王 OCR 软件把图片上的文字转换成 Word 文字

我们在工作中常常会碰到要将图片上的文字转换成 Word 文档的情况。通常要转换成 Word 文档的图片，有些是扫描的，有些是用相机拍下来的，不能在电脑上编辑，如果图片上的文字转换成 Word 文档后就可以在电脑上编辑了。下面以汉王 pdf OCR8.1.03[①] 中文版软件为例，介绍如何将图片转换为 Word 文档的方法，具体步骤如下：

(1)安装软件后打开软件，点击“打开图像”按钮图标，导入准备识别的图片，如图 4-2。

图 4-2　导入识别的图片

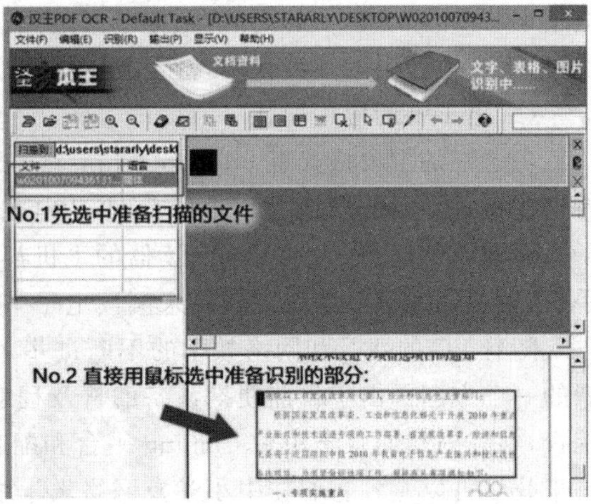

图 4-3　选择识别的内容

(2)导入一张或多张图片后在左侧列表会显示，选中要扫描的文件，右侧下半部分窗体会显示本张图片的内容。然后直接用鼠标拖曳，选中准备识别的部分，如图 4-3。

(3)点击“识别”按钮开始识别，如图 4-4。

(4)参考对照栏的内容是将识别后的内容进行微调和修改，如图 4-5，完成后将文本内容导出即可。

---

① 汉王 pdf OCR8.1.03 软件下载地址：http://www.onlinedown.net/soft/77263.htm

图 4-4 菜单栏中的“识别”按钮

图 4-5 编辑修改内容

2. 用“好的电子书制作生成器”软件[①]来制作电子书

(1)电子书的概念

电子书是指将文字、图片、声音、影像等信息内容数字化的出版物以及植入或下载数字化文本、图片、声音、影像等信息内容的集存储介质和显示终端于一体的手持阅读器。它由电子书的内容、电子书的阅读器、电子书的阅读软件三要素构成,无论是电子书的内容、阅读设备,还是电子书的阅读软件,甚至是网络出版都被称为电子书。

(2)电子书的应用现状

电子书的主要格式有 pdf、exe、chm、jar、pdb、txt、brm 等,目前很多流行移动设备都支持这些格式。目前网络上“书香电子书”“白鹿书院”等就提供这类电子书下载。现在手机电子书逐渐流行起来,大多附带阅读器的手机都支持 txt 格式电子书的阅读,不附带阅读器的手机,也可以通过安装特定软件来阅读电子书。

随着 PC 的普及和网络教学的不断进步,电子教科书已经越来越明显地成为电子书发展的一个方向。由于目前便携设备的普及程度尚不足,所以电子教科书的发展集中在高等院校,学院内建的教学用 e-learning 平台和配套的 e-book 教材开发越来越成熟,相信不久的将来我们可以看到它们在中小学校网络教学中的身影。

(3)电子书的优点

电子书具有许多优点,如成本低,可以节省纸张;内容丰富,设计精美,可以集图片、声音、视频等素材为一体;使用方便,读者可以通过电脑或者手机等设备随时随地从网上下载或直接在线阅读电子书;购买方便,可以实现全球同步发行,在线实时购买。电子书的这些优点非常适合现代生活。数字版权贸易和互联网技术的发展,使电子书用户可以以更低的价钱方便地购买到更多的图书,为电子书的流行奠定了基础。目前很多流行移动设备都具有电子书功能。

(4)电子书的制作实例

以“好的电子书制作生成器”软件为例,电子书的制作过程如下:

---

① “好的电子书制作生成器”软件下载地址:http://www.onlinedown.net/soft/47969.htm

①打开软件，了解电子书的界面分区

如图 4-6，主要分为标题目录栏和页内容区。页内容区可分为三个模式：编辑模式、HTML模式、预览模式。编辑模式是可做到所见即所得。HTML 模式适用于略懂 HTML 标记语言的用户。预览模式可看到编译后的结果。如果对 HTML 语言不是特别熟悉，建议使用编辑模式进行编辑。

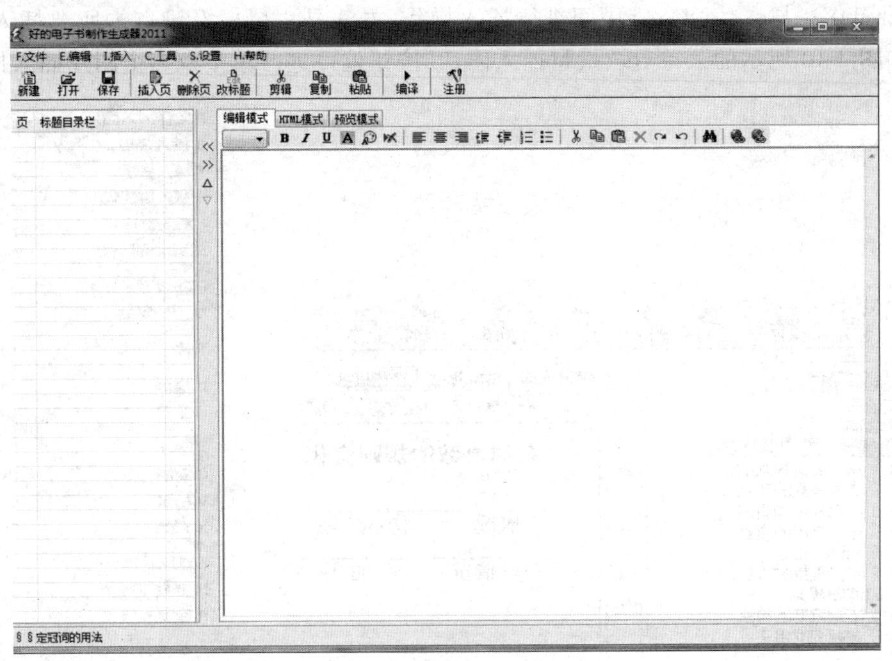

图 4-6　电子书的界面

②页标题区的制作

打开软件，点击菜单栏的"新建"，就会跳出标题对话框，如图 4-7。要注意的是章的标题格式为：标题；节的标题格式为：'§'+标题；小节标题格式为：'§ §'+标题；小小节标题格式为：'§ § §'+标题。这样就可以对比较复杂的电子书进行编辑，并且生成层次清晰的目录结构。如果要对某页标题进行修改，只要用鼠标左键双击标题页就会弹出如图 4-8 所示的对话框，然后进行修改即可。如果需要对某页进行删除，选中标题页，双击鼠标右键，按删除一页即可。注意：一经删除，就不能还原了。

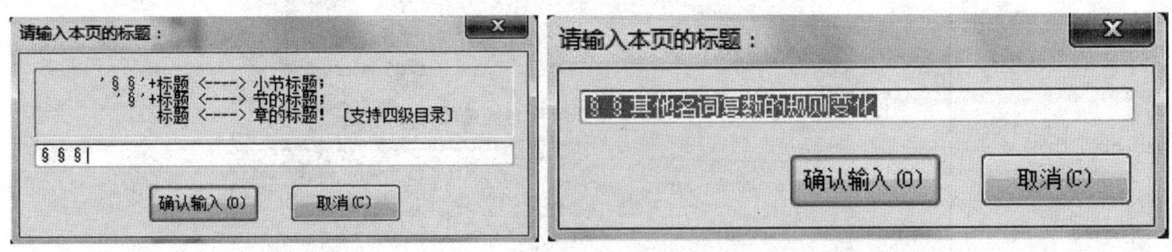

图 4-7　标题对话框　　　　图 4-8　修改标题对话框

③页内容区的操作

首先在页标题区选中要进行编辑内容的地方，如图 4-9。然后在图的右边进行编辑，输入内容，或者找到别的内容，进行粘贴操作，最后不要忘记进行保存，这样就完成编辑操作了。注意编辑区图片是不显示出来的，要想看到图片效果，可切换到预览模式，如果预览模式下图片显示出来了，表明图片正常显示。如果想粘贴网页图片，首先必须把浏览的网页保存在同一目录下，然后打开先前保存的网页，就可采用粘贴的方式进行操作了，把图片粘贴过去。如果不成功，可切换到 HTML 模式进行代码方式的修改。如果有图片需要插入，可切换到 HTML 模式，在<BODY>与</BODY>中间进行插入操作，方法是用鼠标右键点击所要插入的地方，会弹出如图 4-10 所示的菜单，按“批量插入图片”按钮就可进行单个及多个图片插入操作了。

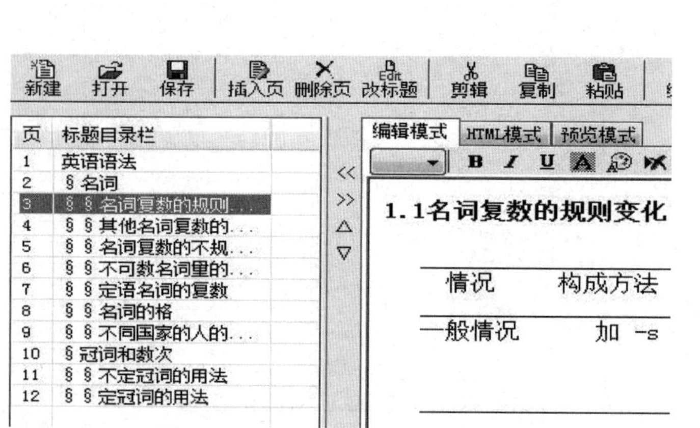

图 4-9 页内容区的操作

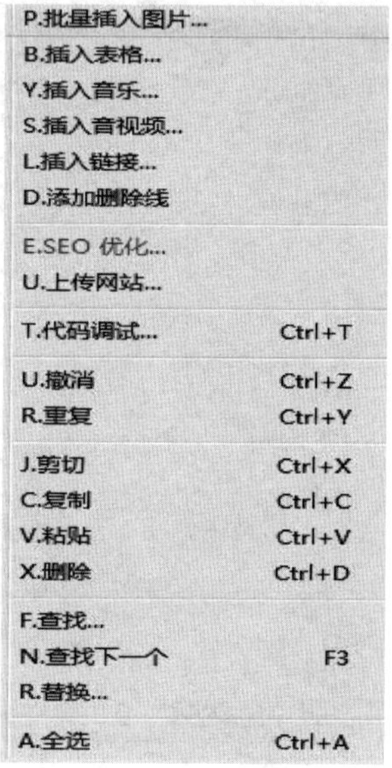

P.批量插入图片...
B.插入表格...
Y.插入音乐...
S.插入音视频...
L.插入链接...
D.添加删除线
E.SEO 优化...
U.上传网站...
T.代码调试... Ctrl+T
U.撤消 Ctrl+Z
R.重复 Ctrl+Y
J.剪切 Ctrl+X
C.复制 Ctrl+C
V.粘贴 Ctrl+V
X.删除 Ctrl+D
F.查找...
N.查找下一个 F3
R.替换...
A.全选 Ctrl+A

图 4-10 HTML 模式下的鼠标右键

④风格设置

“预览模式”为我们提供了很多背景模板，我们可以选择自己喜欢的风格。如图 4-11，就是在“预览模式”下面选择“梦幻女孩”后的效果。除此之外，我们也可以通过自定义选择我们喜欢的模板。

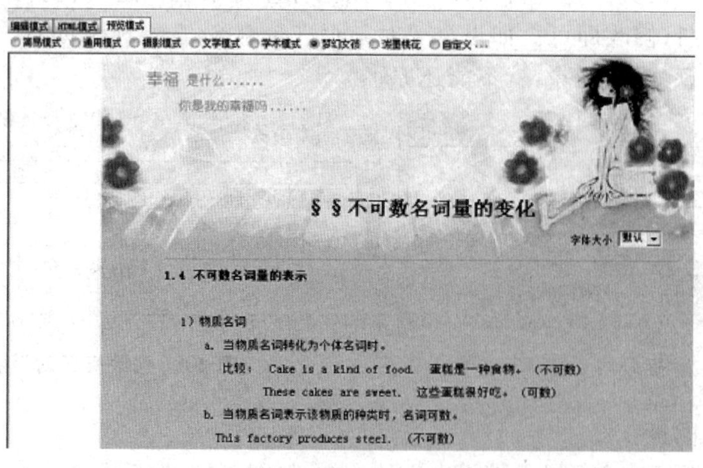

图 4-11 预览模式中的“梦幻女孩”模式效果

⑤其他设置

点击菜单栏的选项“设置/参数设置”,可以看到如图 4-12 所示的界面,在这里可以修改封面颜色、标题字体、背景颜色、章节标题字体、背景音乐、封面图片、背景图片等相关信息。

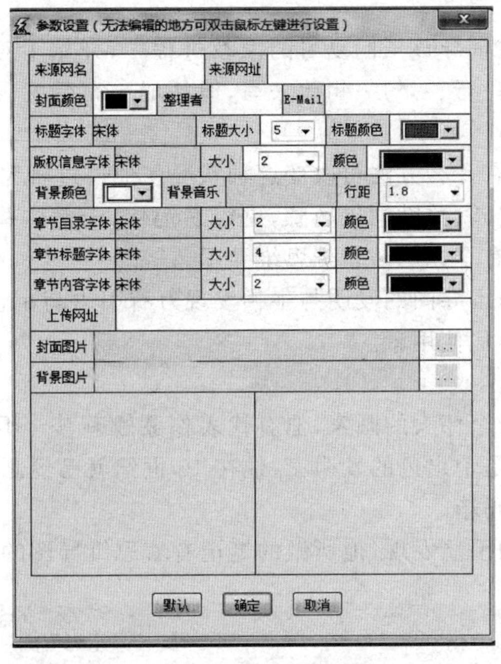

图 4-12　电子书输出设置选项

⑥编译

设置好后选择“编译”,如图 4-13,即可生成 chm 格式的电子书。这种书可以在电脑、手机上观看。如果不能在手机上正常播放的,安装一下阅读软件,就可以正常观看了。

图 4-13　编译

3. 用 MindManager 工具绘制思维导图

(1)思维导图的概念①

①思维导图的含义

思维导图是一种集图形与文字于一体,开发思维潜力、提高思维能力的简单高效的工具。

思维导图是一种新的思维模式。它结合了全脑的概念,包括左脑的逻辑、顺序、条例、文字、数字,以及右脑的图像、想象、颜色、空间、整体等。透过思维导图,我们不但可以增强思

① 节选自百度文库《思维导图入门》:http://wenku.baidu.com/view/78e126c24028915f804dc2d9.html?from=search&isbtn=2

维能力，提升注意力与记忆力，更重要的是，能够启发我们的联想力与创造力。

②思维导图的由来

关于思维导图的诞生，有很多种版本，但最可信的是托尼·布赞在采访中自己透露的那个故事。

年轻的托尼·布赞在辅导孩子们复习的家教过程中，开始了对笔记的研究。他发现传统的笔记是线性的，一行一行、一句一句地去写，但托尼·布赞发现这样工整的笔记在帮助记忆方面没什么效果。

很自然地，他就思考有什么方法可改变这种状况。他通过研究前人的经验与笔记发现，人的大脑对颜色、图像、线条、关键词更敏感，更容易记住，于是这些要素就出现在了托尼·布赞的教学中了，于是就有了托尼·布赞思维导图。

美国的时代杂志称思维导图的发明与牛顿发现万有引力与霍金的《时间简史》有相同意义。思维导图全球有2.5亿使用者。

③思维导图的历史

我们都知道达·芬奇个伟大的画家，他有代表作蒙娜莉莎。但很少有人知道他还是个出色的解剖学家，并且还是个出色的发明家，他在15世纪就已经画出了自行车、降落伞的草图，而且发明了当时的密码箱。

通过研究达·芬奇的手稿发现，他所做的笔记有着思维导图的雏形，如图4-14。

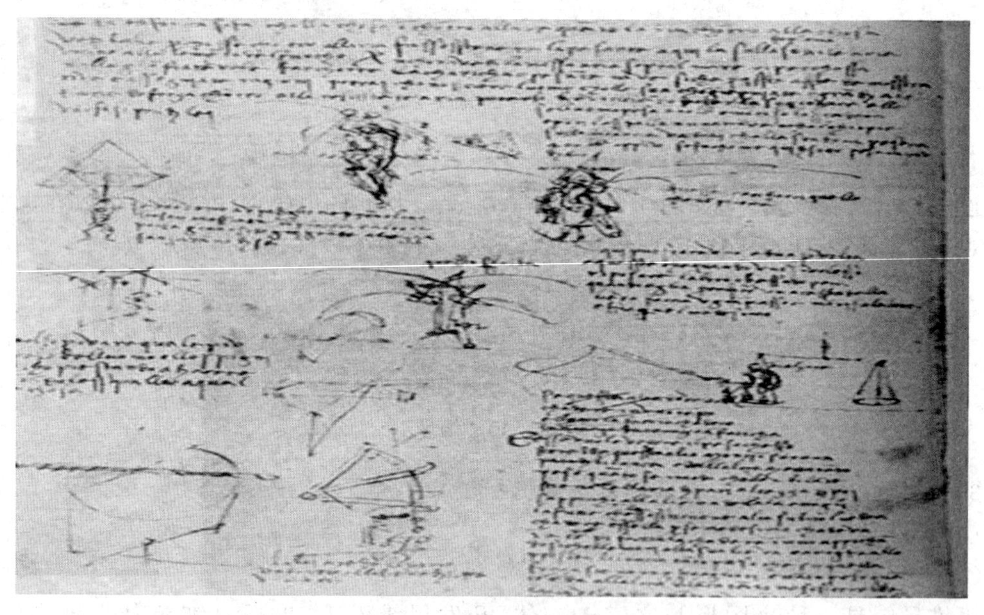

图4-14　达·芬奇手稿

④思维导图的作用

a.可以帮助人们极快地提高记忆力。

b.可以很好地开发大脑潜能，提高大脑的创造能力。

c.具有很好的归纳、总结、分析能力。

(2)思维导图的应用[①]

思维导图仅仅是一个工具,不是拿来学的,而是要不断把它应用到各领域过程中去,充分发挥应用思维导图的作用。

①笔记(阅读、课堂学习、面试、演讲、研讨会、会议记录等,需记录要点时)

接收信息时,用思维导图作记录,将要点以词语形式记下,把相关的想法用线连上加以组织,方便记忆。使用思维导图的好处是无论信息表达的次序如何,都能放在适当的位置上。在画思维导图的过程中,可以帮助了解和总结信息及想法,如图 4-15。

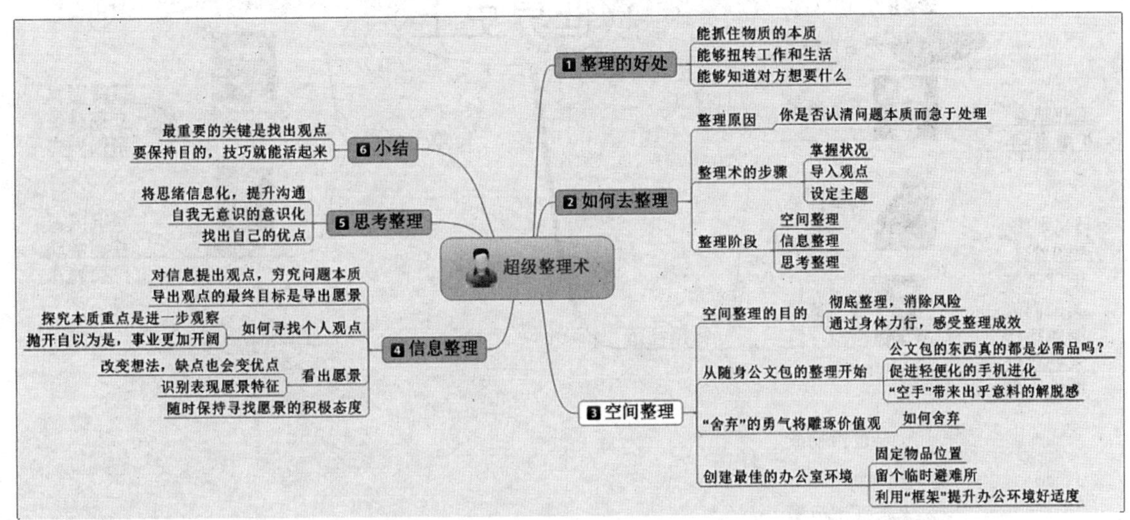

图 4-15　《超级整理术》阅读笔记思维导图

②复习(预备考试、预备演说等需加深记忆时)

将已知的资料或想法从记忆中以思维导图画出来,或将以往画的思维导图再重复画出,能加深记忆。思维导图也能帮助组织想法,令想法更清楚,如图 4-16。

③小组学习(头脑风暴、小组讨论、家庭或小组计划等需共同思考时)

小组共同创作思维导图。首先由各人自己画出自己的想法,然后将各人的思维导图合并并讨论,决定哪些较为重要,再加入新想法,最后重组成为一个共同的思维导图。在这个过程中,每个组员的意见都被考虑,提升了团队归属感,加强了团队的合作。共同思考时,也可产生更多创意和有用的想法,最后的思维导图是小组共同的结晶,各组员有共同的方向和结论。

④创作(写作、学科研习、水平思维、新计划等需创新时)

首先将所有环绕主题的想法都写下来,包括新的、不可能发生的,不用理会对或错。然后将想法组织合并,重新画出思维导图,不要将不可能的划去,让大脑放松,这时候创意可能产生,再将思维导图改写。在这个过程中,思维导图帮助我们将大量的想法联系起来,产生新的想法,而且中心目标十分清楚。将已知的资料或想法从记忆中以思维导图画出来,或将以往画的思维导图重复画出,能加深记忆。思维导图也能帮助组织想法,令想法更清楚,如图 4-17。

---

①　选自搜狐公众平台《思维导图的应用领域》:http://mt.sohu.com/20160710/n458582121.shtml

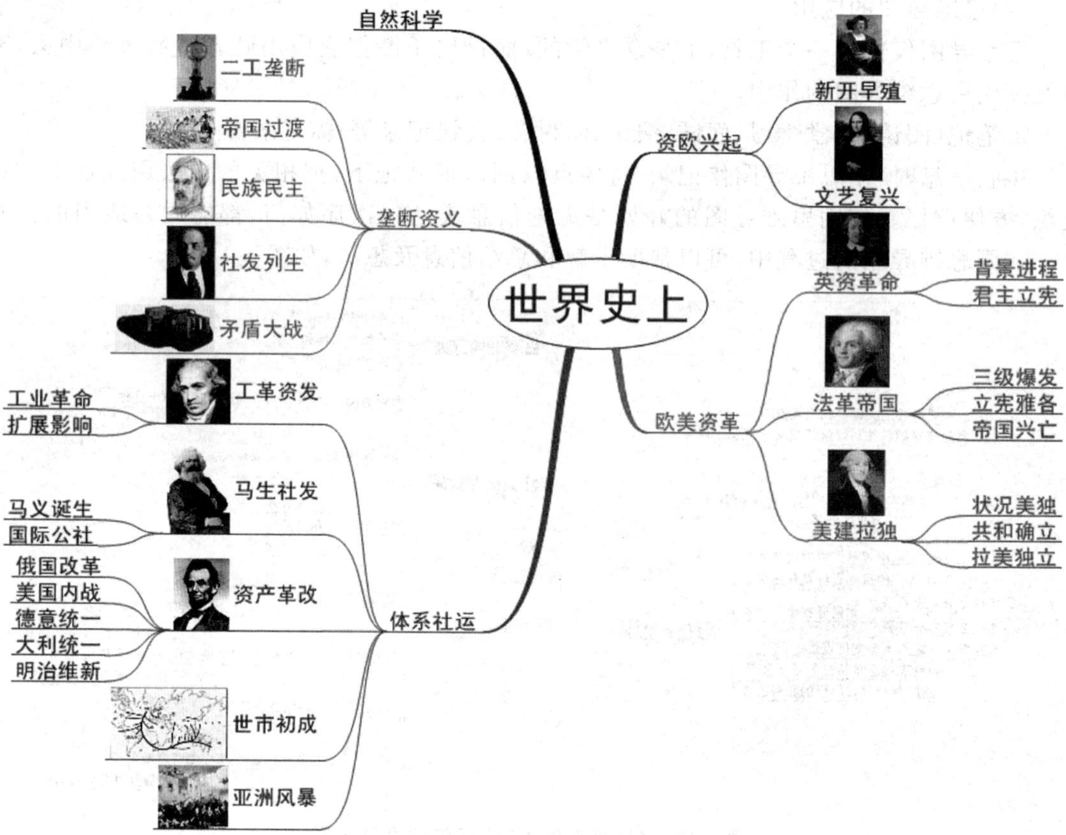

世界史上
自然科学
垄断资义
二工垄断
帝国过渡
民族民主
社发列生
矛盾大战
体系社运
工革资发
工业革命
扩展影响
马生社发
马义诞生
国际公社
资产革改
俄国改革
美国内战
德意统一
大利统一
明治维新
世市初成
亚洲风暴
资欧兴起
新开早殖
文艺复兴
欧美资革
英资革命
背景进程
君主立宪
法革帝国
三级爆发
立宪雅各
帝国兴亡
美建拉独
状况美独
共和确立
拉美独立

图 4-16 “世界史(上)”复习思维导图

写作计划
题目
主要概念
主题
目标
人物
场景
关键词
题目
前言
谨以此献给……
致谢
关于作者
更多内容
目录
第一章
第二章
第三章
第四章
主体
人物角色
场景
设置
画面
表述
出版社/印刷厂
编辑
出版社
市场推广
资源
参考书目
附录
插图
引用
结局
第一部分
第二部分
第三部分

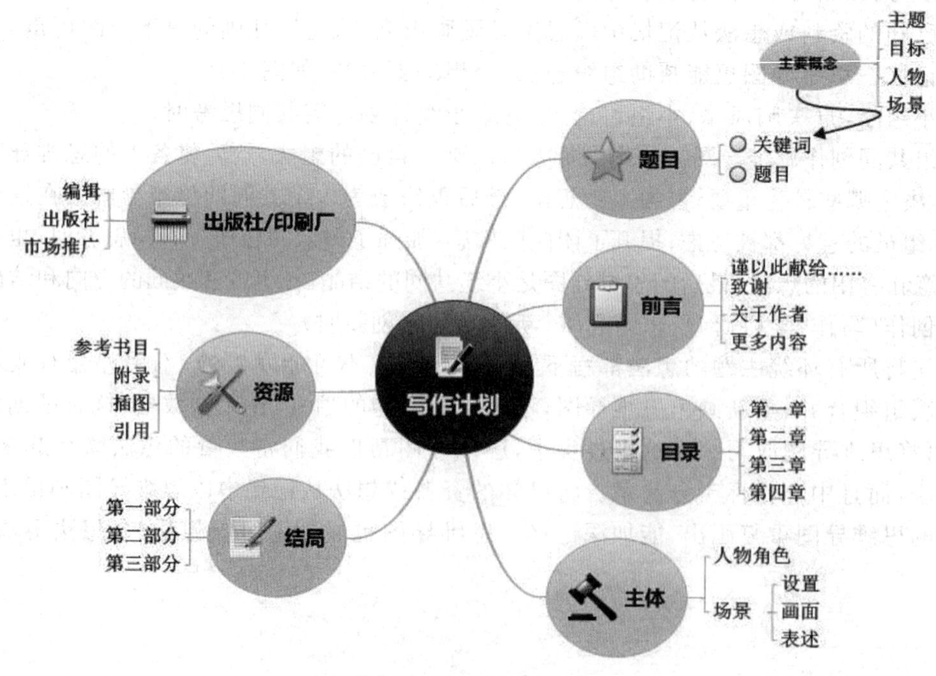

图 4-17 写作计划思维导图

⑤选择(决定个人行动、团体议决、设定先后次序、解决问题等需做出决定时)

当有多个想法要求我们去选择并做出决定时,思维导图可以帮助我们更全面更清晰地明白这个问题。先将需要考虑的因素、目标、限制、后果及其他可行性用思维导图画出来,再将所有因素以重要程度或喜恶加权,最后尝试做出决定。如图 4-18。

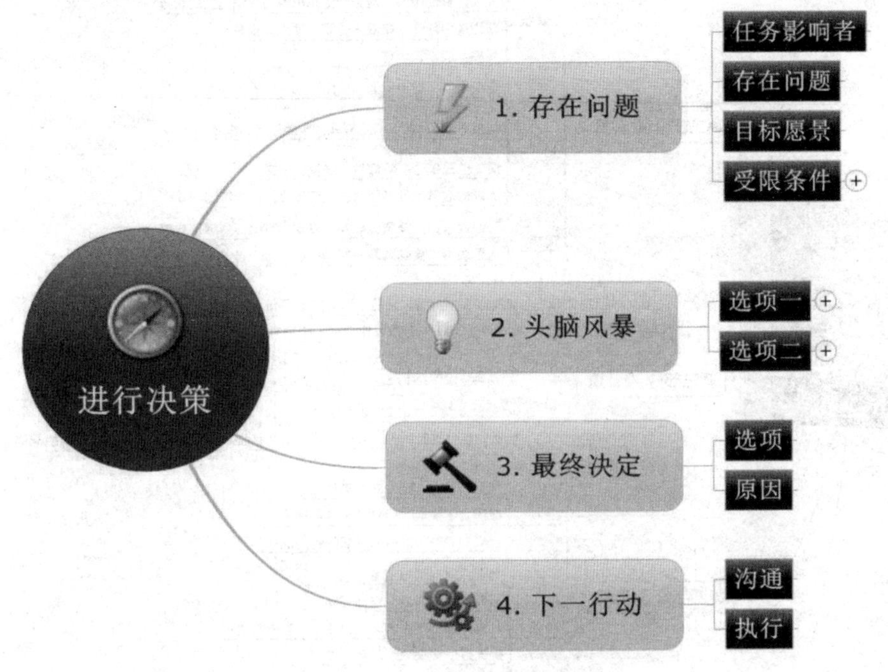

图 4-18　进行决策思维导图

⑥展示(演讲、教学、推销、解说、报告等需向别人说出自己的想法时)

当我们需要向别人讲解自己的想法时,思维导图可以协助我们在预备时清楚自己的构思,令我们的演说更具组织性,更容易记忆。在演说时利用思维导图可令听众容易明白,不用阅读长篇大论的文字,演说者也不用将预备好的字句读出来,让演说更能配合听众的需要,增加双方的交流。如果有人发问,演说者可灵活地在思维导图上扩张处理,不会迷失在其他思路上。如图 4-19。

⑦计划(个人计划、行动计划、研究计划、问卷设计、写作、预备会议等需行动前思考时)

当我们要进行计划时,思维导图可帮助我们将所有要留意的想法写出来,再组织成清楚、具目标的计划。设计思维导图时,是环绕主题进行思考的,不会迷失方向,完成设计后很容易组织并写出报告,别人阅读计划时也很容易了解计划脉络,容易跟进。如图 4-20。

(3)思维导图绘制工具 MindManager① 操作入门

MindManager 思维导图软件是创造、管理和交流思想的标准,也是一款专业的思维导图绘制软件,其界面直观清晰,功能强大,可以快速捕捉、组织和共享思维、想法、资源和项目进程等。

① MindManager 软件下载地址:http://www.mindmanager.cc/xiazai.html

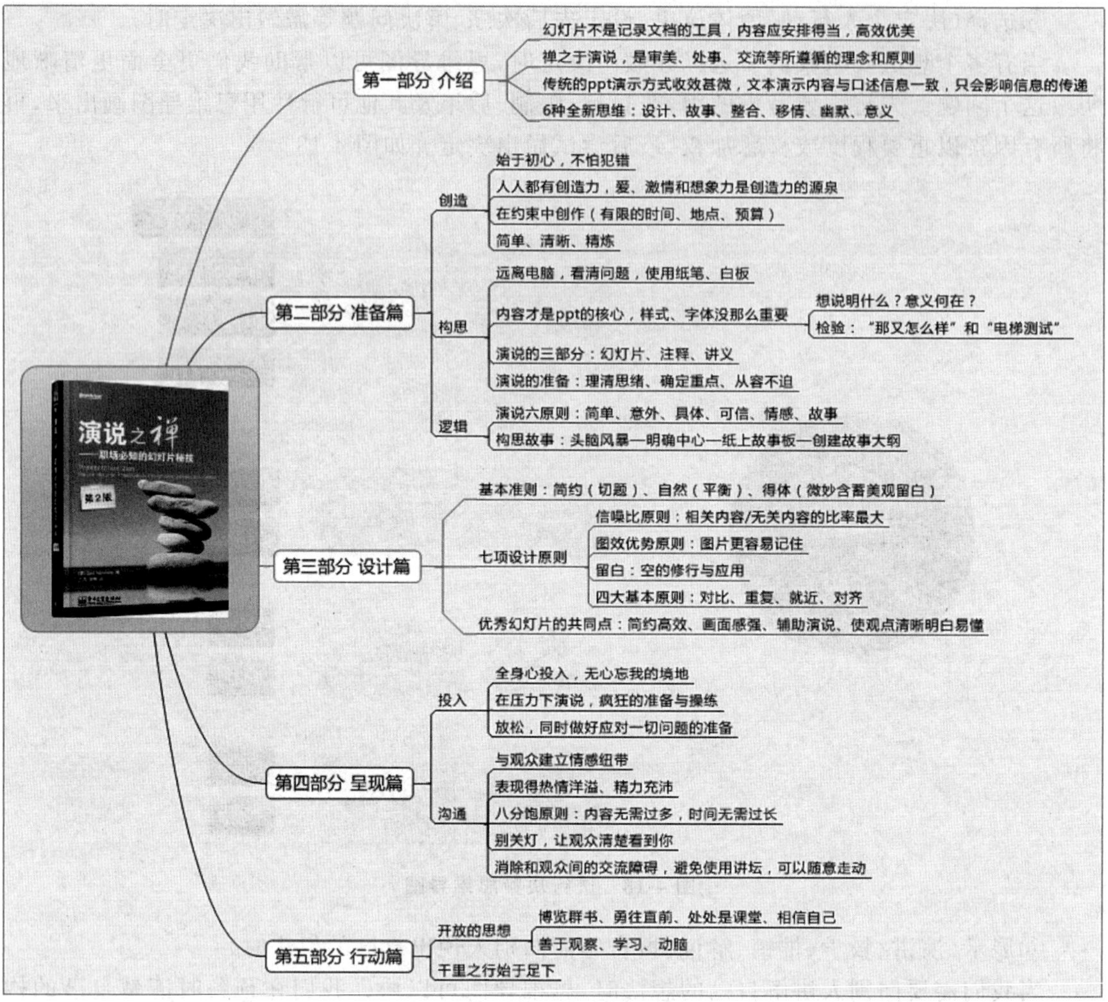

演说之禅 ——职场必知的幻灯片秘技 第2版

- 第一部分 介绍
  - 幻灯片不是记录文档的工具，内容应安排得当，高效优美
  - 禅之于演说，是审美、处事、交流等所遵循的理念和原则
  - 传统的ppt演示方式收效甚微，文本演示内容与口述信息一致，只会影响信息的传递
  - 6种全新思维：设计、故事、整合、移情、幽默、意义
- 第二部分 准备篇
  - 创造
    - 始于初心，不怕犯错
    - 人人都有创造力，爱、激情和想象力是创造力的源泉
    - 在约束中创作（有限的时间、地点、预算）
    - 简单、清晰、精炼
  - 构思
    - 远离电脑，看清问题，使用纸笔、白板
    - 内容才是ppt的核心，样式、字体没那么重要
      - 想说明什么？意义何在？
      - 检验："那又怎么样"和"电梯测试"
    - 演说的三部分：幻灯片、注释、讲义
    - 演说的准备：理清思绪、确定重点、从容不迫
  - 逻辑
    - 演说六原则：简单、意外、具体、可信、情感、故事
    - 构思故事：头脑风暴—明确中心—纸上故事板—创建故事大纲
- 第三部分 设计篇
  - 基本准则：简约（切题）、自然（平衡）、得体（微妙含蓄美观留白）
  - 七项设计原则
    - 信噪比原则：相关内容/无关内容的比率最大
    - 图效优势原则：图片更容易记住
    - 留白：空的修行与应用
    - 四大基本原则：对比、重复、就近、对齐
  - 优秀幻灯片的共同点：简约高效、画面感强、辅助演说、使观点清晰明白易懂
- 第四部分 呈现篇
  - 投入
    - 全身心投入，无心忘我的境地
    - 在压力下演说，疯狂的准备与操练
    - 放松，同时做好应对一切问题的准备
  - 沟通
    - 与观众建立情感纽带
    - 表现得热情洋溢、精力充沛
    - 八分饱原则：内容无需过多，时间无需过长
    - 别关灯，让观众清楚看到你
    - 消除和观众间的交流障碍，避免使用讲坛，可以随意走动
- 第五部分 行动篇
  - 开放的思想
    - 博览群书、勇往直前、处处是课堂、相信自己
    - 善于观察、学习、动脑
  - 千里之行始于足下

图 4-19　演讲展示思维导图

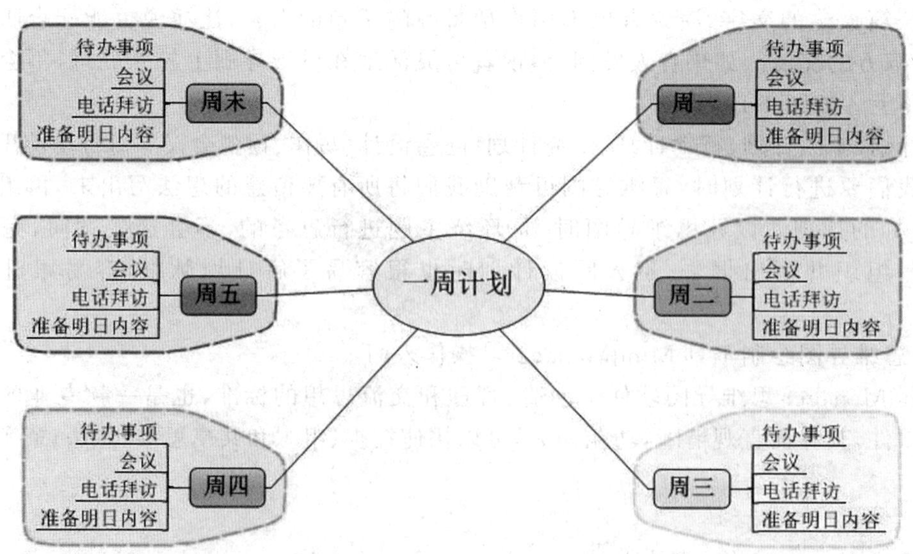

图 4-20　个人计划思维导图

MindManager 思维导图主要由中心主题、主题、子主题、附注主题、浮动主题、关系线等模块构成，新手入门教程专为新手用户设计，包含创建思维导图基本入门操作，让用户快速上手。

①创建 MindManager 导图

打开 MindManager 将自动新建一个 Central Topic，即中心主题，点击主题直接输入文字，可更改思维导图的名称，如图 4-21。

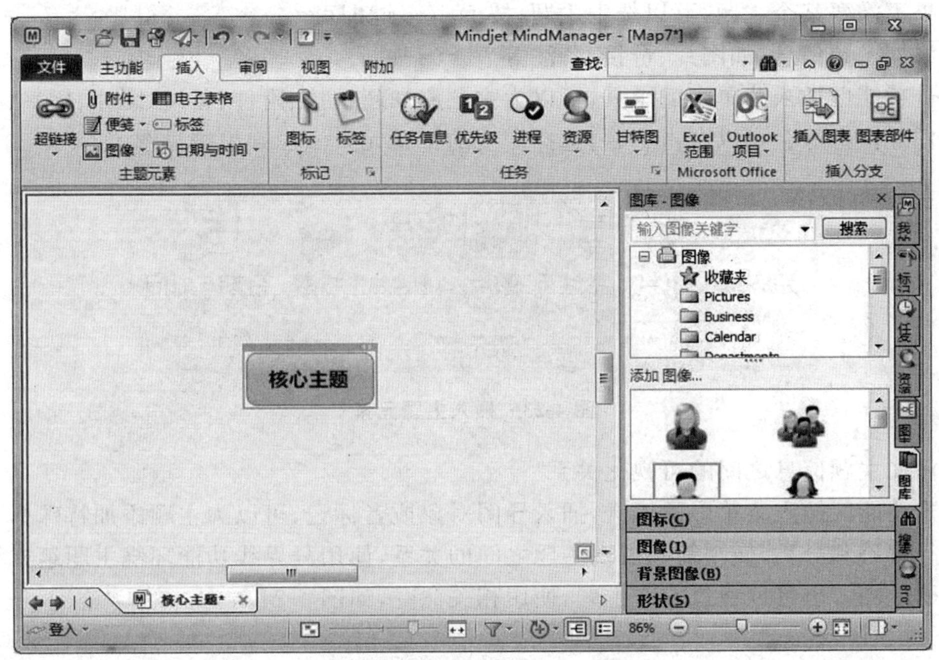

图 4-21　新建“核心主题”

②添加 MindManager 主题及子主题

按 Enter 键可迅速添加主题，如图 4-22。添加主题的方式还有：

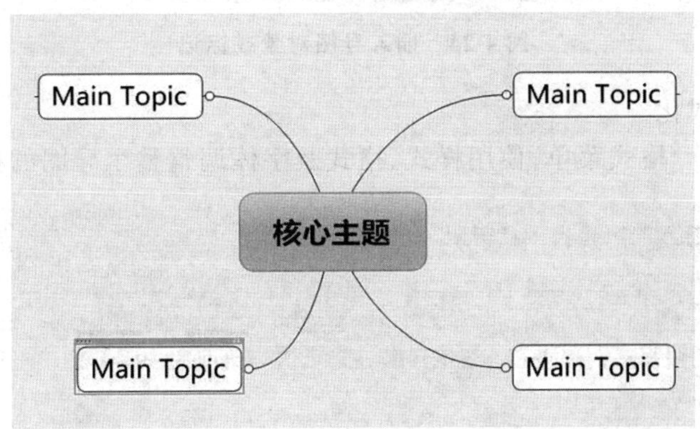

图 4-22　添加主题

a.双击屏幕背景；

b.通过左上角快速访问工具栏主题图标添加主题；

c.使用中心主题上的加号；

d.右击中心主题单击插入→主题。

如果还需要添加下一级内容，可以创建子主题，添加方式有：

a.单击软件左上角快速访问工具栏新建子主题图标；

b.使用快捷键 Ctrl＋Enter 键；

c.使用主题上的加号。

如果不需要某个主题，可以选中主题，按 Delete 键即可。

③添加主题信息，如图片、链接、备注等

点击功能区插入菜单中的工具，可以为主题添加超链接、附件、备注、图片、标签、提醒以及指定任务信息等。可以右击主题，选择需要的主题元素添加到思维导图，如图 4-23。

图 4-23　插入主题元素

④添加主题信息之间的可视化关系

点击功能区插入菜单中的工具，插入导图对象或者标记，可以为主题添加特殊标记来对主题进行编码和分类，使用箭头展现主题之间的关系，使用分界线功能环绕主题组或者使用图像说明导图。也可以通过右击主题，使用相关命令，如图 4-24。

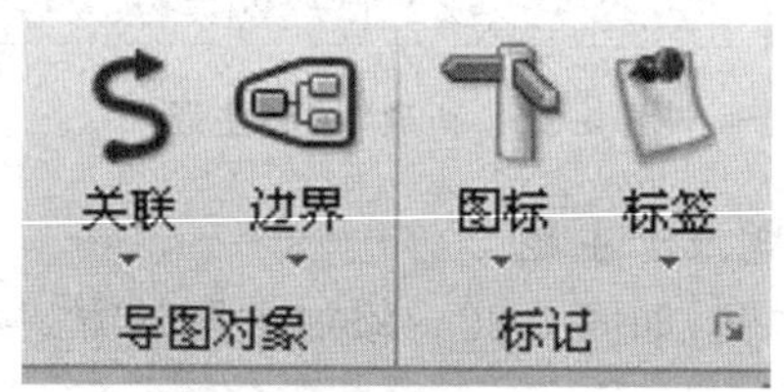

图 4-24　插入导图对象或标记

⑤思维导图格式化

点击功能区设计/格式菜单，使用样式、格式及字体调整整个导图的格式，如图 4-25。

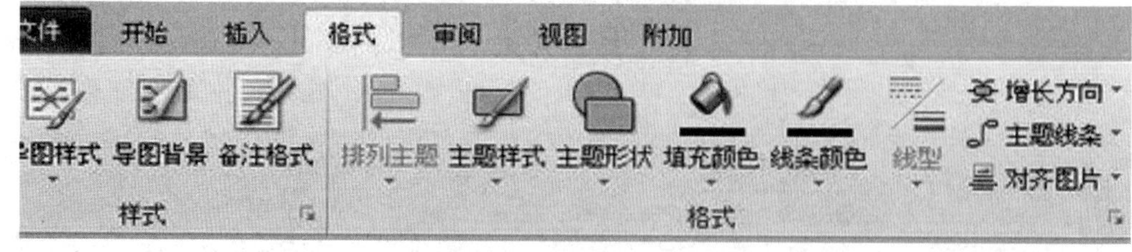

图 4-25　格式菜单功能区

⑥审核思维导图及最终定稿

最终确认导图内容的拼写检查，检查导图中的链接及编辑导图属性，并保存导图，如图4-26。

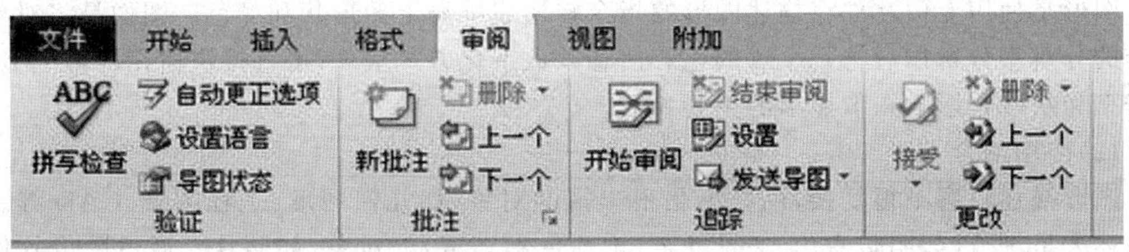

图 4-26　审阅菜单功能区

⑦分享思维导图

保存思维导图后可以使用文件菜单导出功能，将最终定稿的导图作为原始格式、图片或者 pdf 文件格式发给项目、部门或者公司的其他成员，也可以演示、打印导图或者以其他格式导出导图，或者创建一组网页。

4.2　图形与图像素材

4.2.1　图形与图像的比较

图形和图像是人类视觉所感受到的一种形象化的媒体，能形象、生动、直观地表现出大量的信息，是人类获取和交流信息的重要形式之一，也是很重要的一种多媒体素材。数字图像是以 0 或 1 的二进制数据表示的，其优点是便于修改，易于复制和保存。数字图像可以分为矢量图和位图两种形式，对应我们常说的图形和图像。

1. 图形

图形是指由外部轮廓线条构成的矢量图。描述对象可任意缩放不会失真。使用专门软件将描述图形的指令转换成屏幕上的形状和颜色。适用于描述轮廓不太复杂，色彩不太丰富的对象，如几何图形、工程图纸、CAD、3D 造型软件等。

图形的优点是信息储存量小，分辨率完全独立，尺寸放大或缩小质量不会受到丝毫影响。缺点是用数学方程式来描述图形，运算比较复杂，而且所制作出的图形色彩显示比较单调，看上去比较生硬，不够柔和、逼真。

2. 图像

图像是由数码相机、扫描仪、摄像机等输入设备捕捉实际的场景画面或者以数字化形式存储的任意画面。它在空间和亮度上已经离散化了，由数字阵列信息组成。阵列中的各项数字用来描述构成图像的各个点(称为像素点)的强度与颜色信息，与显示器上的点一一对应，故也称之为位图映射图形。

图像的优点是色彩显示自然、柔和、逼真。它适用于表现含有大量细节(如明暗变化、场景复杂、轮廓色彩丰富)的对象，如照片、绘图等。通过图像软件可进行复杂图像的处理以得到更清晰的图像或产生特殊效果。图像的缺点是在放大或缩小的转换过程中会产生失真或产生锯齿，且随着图像精度提高或尺寸增大，所占用的磁盘空间也急剧增大。

3. 图形与图像的比较

(1)屏幕显示

图形是使用专门软件将描述图形的指令转换成屏幕上的形状和颜色。图像是将对象以一定的分辨率分辨以后将每个点的色彩信息以数字化方式呈现，可直接快速在屏幕上显示。分辨率和灰度是影响图像显示的主要参数。

(2)使用场合

图形描述轮廓不很复杂，色彩不是很丰富的对象，如几何图形、工程图纸、CAD 等。图像描述大量细节(如明暗变化、场景复杂、轮廓色彩丰富)的对象，如照片。通过图像软件可进行复杂图像的处理，以得到更清晰的图像或产生富有创造力的特殊效果。

(3)编辑处理

图形通常用 CorelDraw、Illustrator 等软件编辑，可以对矢量图形及图元独立进行移动、缩放、旋转和扭曲等变换，主要参数是描述图元的位置、维数和形状的指令和参数，而且压缩后不变形，局部处理不影响其他部分。图像通常用 Photoshop、Paint 等软件编辑，主要是对图像文件及相应的调色板文件进行常规性的加工和编辑，但不能对某一部分控制变换。由于位图占用存储空间比较大，一般要进行数据压缩。

4.2.2 图像素材的常见格式

1. bmp 格式

bmp 是一种与硬件设备无关的图像文件格式，使用非常广泛。它采用位映射存储格式，除了图像深度可以选择外，不采用其他任何压缩，因此，bmp 文件所占用的空间很大。bmp 文件图像深度可选 1 bit、4 bit、8 bit 及 24 bit 等。该格式是 Windows 中的标准图像文件格式，通用性好，各种常用的图形图像软件都可以对该格式的图像文件进行编辑和处理。

2. tiff 格式

该格式是常用的位图图像格式。tiff 图像可具有任何大小的尺寸和分辨率，用于打印、印刷输出的图像建议存储为该格式。

3. jpeg

该格式是一种高效的压缩格式，可对图像进行大幅度的压缩，最大限度地节约网络资源，提高传输速度，因此用于网络传输的图像一般存储为该格式。

4. gif 格式

gif 格式是一种基于 LZW 算法的连续色调的无损压缩格式，压缩比约为 50%，几乎所有的图像软件都支持它。其图像的深度从 1 bit 到 8 bit，即 gif 最多支持 256 种色彩。占用空间较小，适合于网络传输，一般常用于存储动画效果图片。gif 的另一个特点是在一个 gif 文件中可以存放多幅彩色图像，若逐帧读出，则可构成一种最简单的动画。

5. psd 格式

该格式是 Photoshop 软件中使用的一种标准图像文件格式，可以保留图像的图层信息、通道蒙版信息等，便于后续修改和特效制作。一般在 Photoshop 中制作和处理的图像建议存储为该格式，以最大限度地保存数据信息，待制作完成后再转换成其他图像文件格式，进行后续的排版、拼版和输出工作。

6. png 格式

png 是 20 世纪 90 年代中期开始开发的图像文件存储格式，其目的是希冀替代 gif 和 tiff 文件格式，同时增加一些 gif 文件格式所不具备的特性。png 格式图片因其高保真性、透明性及文件体积较小等特性，被广泛应用于网页设计、平面设计中。网络通信中因受带宽制约，在保证图片清晰、逼真的前提下，网页中不可能大范围地使用较大的 bmp、jpg 格式文件，gif 格式文件虽然文件较小，但其颜色失色严重，不尽如人意，所以 png 格式文件自诞生之日起就大行其道。

7. raw 格式

raw 图像就是 CMOS 或者 CCD 图像感应器将捕捉到的光源信号转化为数字信号的原始数据，同时记录了由相机拍摄所产生的一些元数据（如 ISO 的设置、快门速度、光圈值、白平衡等）。raw 是未经处理，也未经压缩的格式，所以文件容量比较大。利用 raw 保存数据，任何时候都可以对图像进行重新处理，这可以说是 raw 图像的一大特长。

4.2.3　图像的获取

1. 利用软件制作

利用图像处理软件，例如画笔工具、Photoshop 等都可以用来绘制各种图像，也可以对图像进行加工处理。

2. 屏幕捕捉或屏幕硬拷贝

在 Windows 系统中，标准的键盘上都有一个“Print Screen”按键，如图 4-27。一般情况下，直接按下此键，Windows 将整个屏幕上的内容捕捉到剪贴板中；若同时按下“Alt＋Print Screen”组合键，可将当前活动窗口的内容捕捉到剪贴板中。想要保存复制到剪贴板中的图像，可以打开一个图形图像处理软件，然后用“编辑”菜单下的“粘贴”命令把剪贴板中的图像粘贴下来，把它保存成图像文件即可。还能利用专门的屏幕抓图软件实现自由抓取大小可选、形状可选的图像，如 SnagIt、HyperSnap-DX、Capture Profession、腾讯 QQ 等。

图 4-27　标准键盘上的“Print Screen”按键

我们以 SnagIt12① 为例进行讲述。SnagIt12 相对于旧版，做了比较大的改动，大幅简化了用户体验，不需要复杂的操作，只需点击一个按钮就可以开启捕获，可以快速上手。将鼠标移到桌面正上方，会出现如图 4-28 所示的画面，SnagIt 默认有“Capture Profiles”“Time-saving Profiles”“Scrolling Profiles”三类文件夹选项，点击红色圆圈“start new capture”按钮，激活捕捉功能开始截图，捕获时可以拖动鼠标进行自定义区域捕获、全屏捕获和选择窗口捕获。当鼠标移动到某窗口时，若此窗口是滚动窗口，则会自动出现 3 个方向：一个往下，一个往右，一个是往下往右循环，如图 4-29。点击图 4-29 中的一个方向，就会自动得到所需要的滚动截图。捕获到截图后，软件直接将捕捉结果保存入“捕获预览”界面，此时就可保存或编辑了。

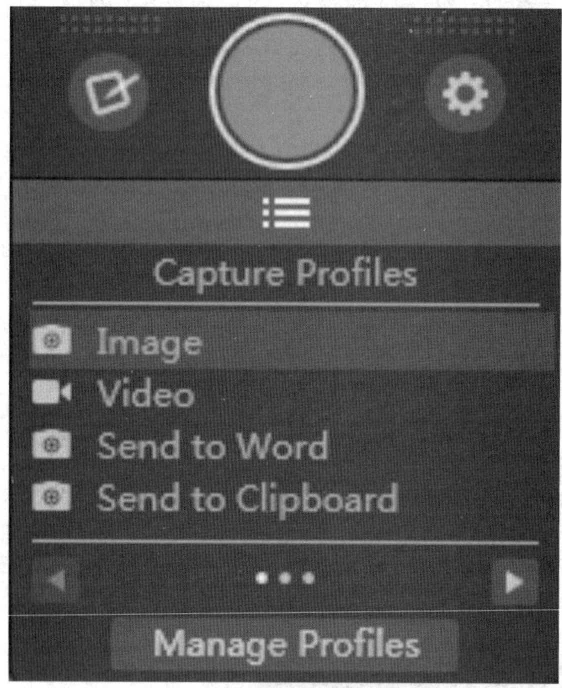

图 4-28　SnagIt 自动隐藏的界面

图 4-29　捕获滚动窗口的界面

3. 扫描仪扫描

扫描仪能够将照片、图片等转化成数字图像输入到计算机中，这是获取数字图像的一种比较简单的办法。高分辨率的扫描仪可以得到高质量的图像，但其文件也会相应增大。扫描下来的图像还可以运用图像处理软件进行编辑处理，不过扫描仪只能读取平面图像。

4. 利用数码照相机拍摄

利用数码照相机可以把看到的现象、景物转化为数字信号，直接输入到计算机中，是获得图像的一中重要途径。

5. 利用摄像机捕获

利用摄像机可以捕获三维空间的景物，即使是输入平面的图像，速度也要比扫描仪快，

① SnagIt 软件下载地址：http://download.techsmith.com/snagit/enu/snagit.exe

但其性价比却不如扫描仪。

6. 视频帧捕获

利用一些视频播放软件或视频编辑软件可以将屏幕上显示的视频图像进行单帧捕捉，变成静止图像储存起来。但是由于视频信息本身已经经过压缩，因此在色彩、清晰度方面相对较差，不适合制作大尺寸画面。

下面介绍利用暴风影音软件截取视频中的一张图片的具体操作。如图 4-30 所示，在暴风影音软件中打开一段视频，首先在屏幕的右上角打开高级选项，如图 4-31 所示。然后在“高级选项”|“截图设置”中对截图的保存路径等进行设置，最后在屏幕的右下角一个红色的“暴风工具箱”中点击“截图”，或者直接按 Ctrl+F5 就可以将正在播放的视频中的某一画面成功截图，如图 4-32。

图 4-30　暴风影音的高级选项

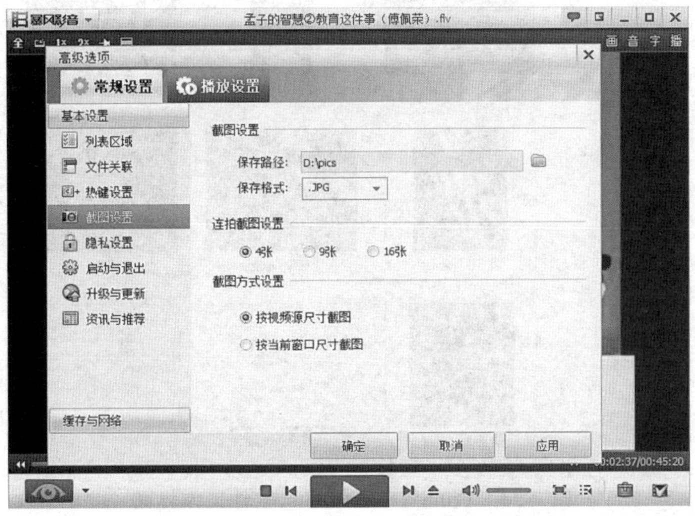

图 4-31　暴风影音的截图设置

图 4-32　暴风影音的截图

7. 从已有动画中提取

利用 WinSWF Extractor 软件[①]可以从 Flash 中直接提取图像。动画是一种常见的教学资源，一个动画文件中既有图片又有声音，但有时我们只需要动画文件中的一张或几张图像而已，那么就可以通过这个软件直接提取。如图 4-33 所示，打开 swf 动画文件，WinSWF Extractor 会将动画中所包含的图片和声音全部分离出来，就可单独选中文件，点击右键另存为就可以将动画中的图片提取出来。

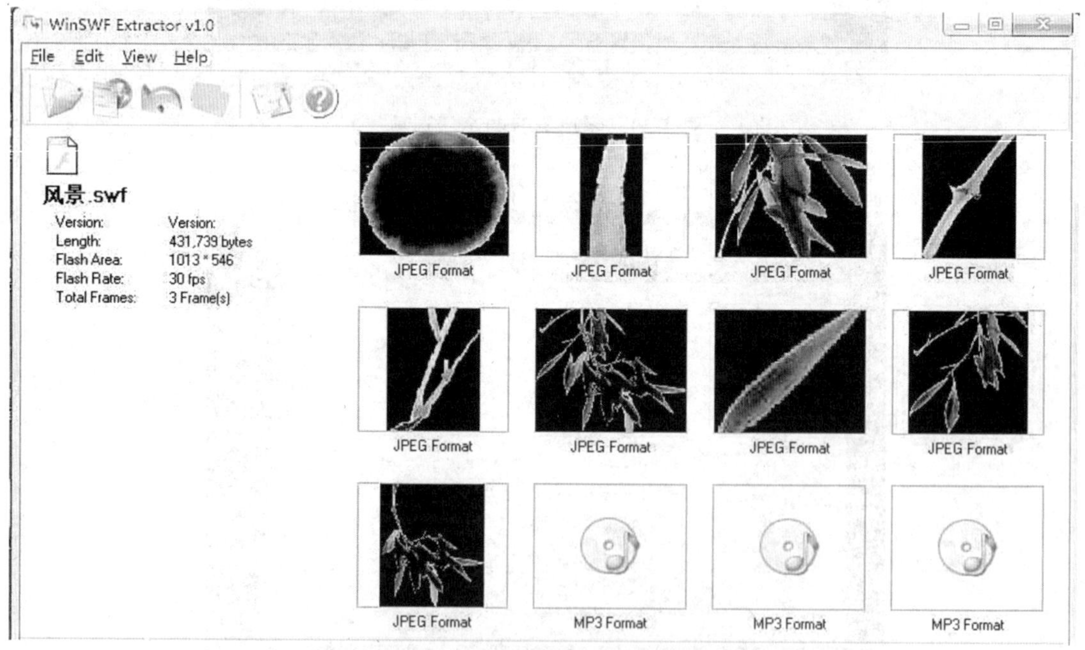

图 4-33　WinSWF Extractor 软件工作界面

---

① WinSWF Extractor 软件下载地址：http://www.onlinedown.net/soft/39694.htm

8. 网络下载

网络上有越来越丰富的信息资源，是我们获取图像的最有效途径。对网上的图片，有些可以直接点击右键另存为来保存，有些无法直接下载的可以通过屏幕捕捉来获得。

4.2.4　图像的编辑

在教学活动中，处理图片素材、设计试卷是很常见的工作，教师可以利用 CorelDraw、Adobe Illustrator 等软件设计一些图形，也可以利用 Adobe Photoshop 处理图片或者设计简单的图形。获取数字化图像之后，不一定就适合直接应用，有些需要进行相应的处理，如放大、缩小、选择等，进行色彩校正、明暗调整、去除斑点以及将几幅图像合成等，最终使图像达到表现信息所需的最佳效果。鉴于教学活动中教师更多地需要处理图片素材，对图形要求比较简单，本书先简单介绍傻瓜式的图像处理软件——光影魔术手，然后详细讲解 Adobe Photoshop 在图形与图像编辑中的应用。

1. 利用光影魔术手①进行图像处理

光影魔术手是一个对数码照片画质进行改善及效果处理的软件，简单、易用，每个人都能制作出精美相框、艺术照、专业胶片效果。不需要任何专业的图像处理技术，就可以制作出专业胶片摄影的色彩效果，是摄影作品后期处理、图片快速美容、数码照片冲印整理时必备的图像处理软件。不过光影魔术手只能对整张图片进行处理，而对图片的局部处理或多张图片合成的功能不多。它是一种“傻瓜式”的图像处理软件。

(1)图像的调整

打开要编辑的图像文件，点击“图像”菜单，出现如图 4-34 所示画面，可以对当前图片进

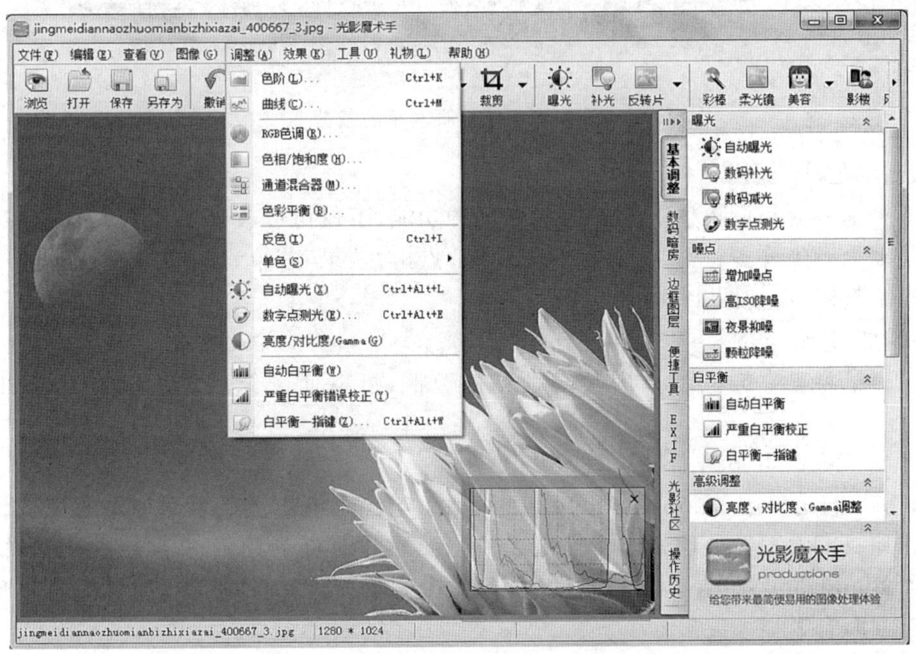

图 4-34　光影魔术手的调整选项

① 光影魔术手软件下载地址：http://www.neoimaging.cn/

行缩放、旋转等操作，或直接选择缩放、旋转工具进行调整；点击“调整”菜单，可选择相应命令进行色阶、色相/饱和度、色彩平衡及曝光等方面的调整。

(2)图像的裁剪

选择裁剪工具，在图像上拖动鼠标，框选要保留的图像部分，可对所选区域进行调整，按“确定”即可裁剪照片，如图 4-35 所示。

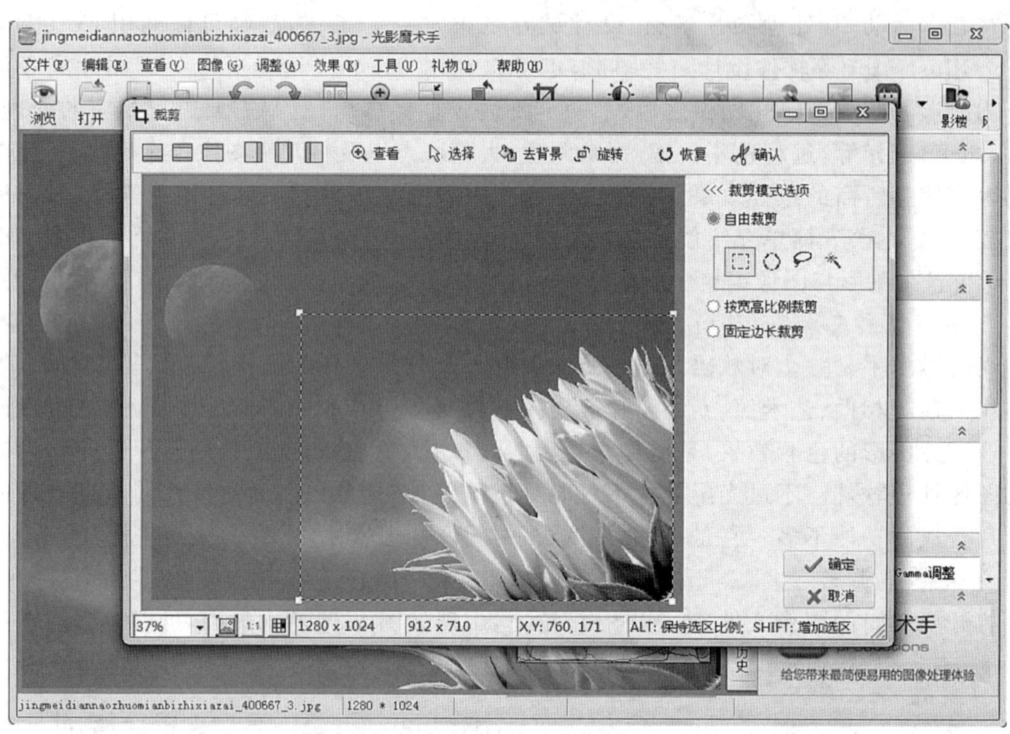

图 4-35　光影魔术手的裁剪

(3)艺术处理

光影魔术手为我们提供了多种艺术处理的功能，不仅可以改善图像效果，还可以在原有图像的基础上产生许多特殊炫目的艺术效果。点击“效果”菜单，选择其中一种效果，根据提示做相应调整即可，如图 4-36。

(4)添加修饰

在“工具”菜单中提供了日历及多种花样边框，可以使图像更加生动有趣。如图 4-37 所示。

2. 利用 Photoshop 进行图像处理

Photoshop 是美国 Adobe 公司于 20 世纪 80 年代末推出的图像处理软件。它为图像、图形设计师及广大图像处理爱好者提供了一个很好的编辑工具。它功能强大，操作简单方便。目前 Photoshop cs5① 是比较新的版本，它在图像选择、图像润饰、逼真的绘图和 3D 创建与编辑方面有了很大突破。

如今多媒体教学日益普及，Photoshop 可以作为教师创建或者编辑图片素材的工具，将

---

① Photoshop 软件下载地址：http://rj.baidu.com/soft/detail/23675.html

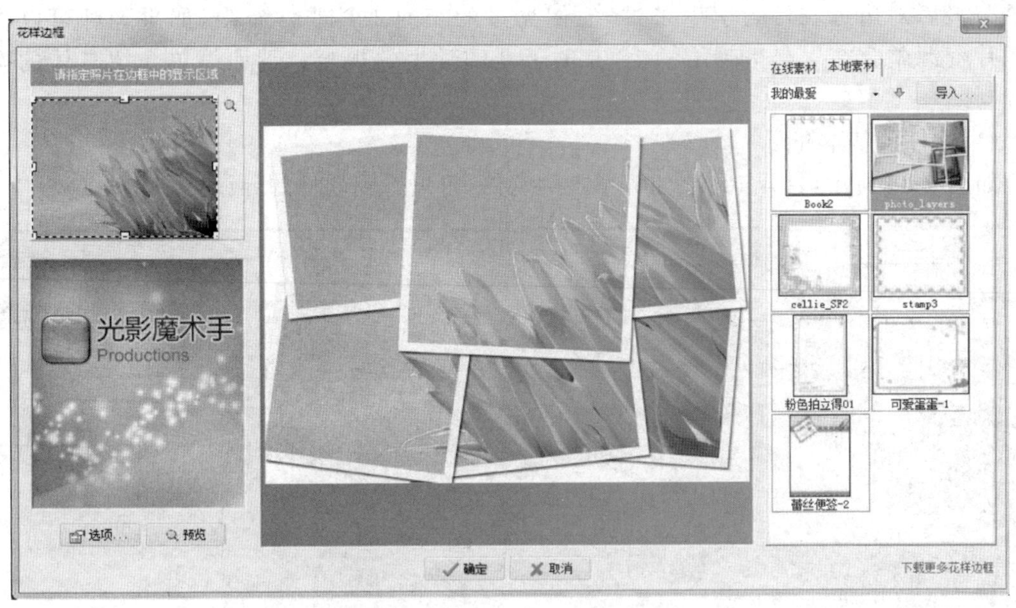

图 4-36　光影魔术手添加艺术效果

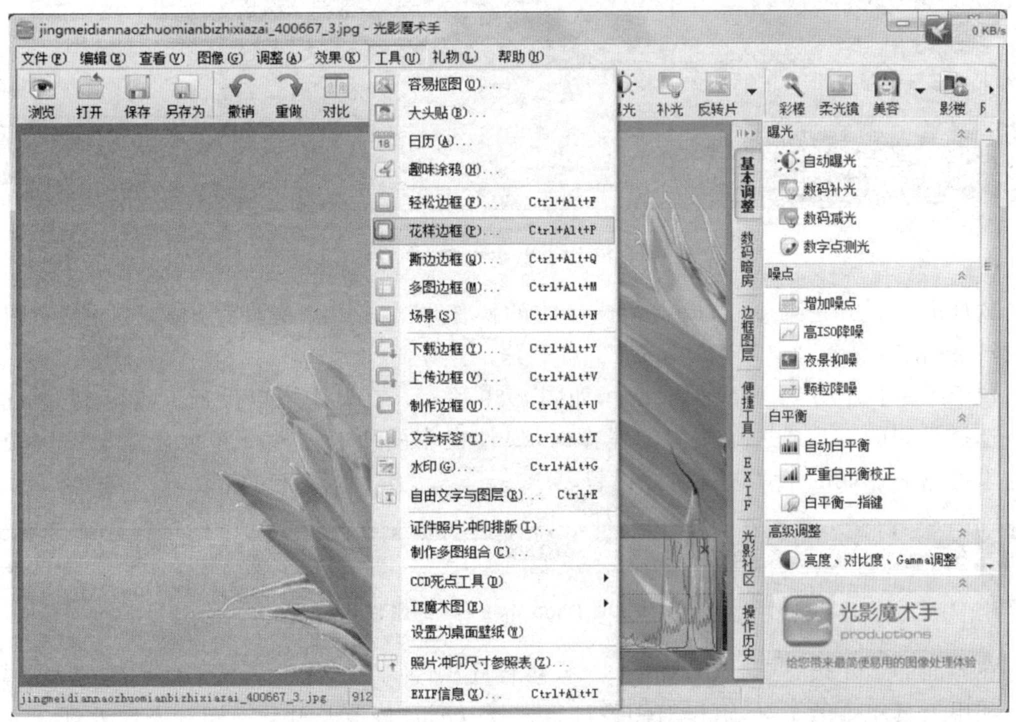

图 4-37　光影魔术手添加边框

模糊的照片变清晰，提高学生的认知效果；可以用图片给学生显示一些生活中难以见到的场景，让学生有更形象的认识；还可以用软件在课堂上显示一些特效，如浮雕、水墨、油画等，而不再是传统的课堂中的实物展示，省时省力。以农村小学生“科学”课程教学中的“交通

工具”为例，对边远农村的学生来讲，他们见过的交通工具非常有限，如果老师可以将一些图片资源整合在一起呈献给学生，有助于开阔学生的视野。下面简单介绍具体的操作过程。

(1)软件的基本介绍

如图 4-38 所示，打开 Photoshop cs5 的软件，可以看到软件的界面。

图 4-38 Photoshop cs5 的界面

软件的最上方是菜单栏，提供了选单式的操作形式，分为“文件”“编辑”“图像”“图层”“选择”“滤镜”“视图”“窗口”和“帮助”9 个子类。

位于菜单栏下方的一行是属性栏，如图 4-39 所示。在其中可以设置工具箱中工具的属性。选择不同的工具或进行不同的操作时，属性栏中的所有属性及参数会随之发生变化。在这里可以对选取的工具进行属性设置。

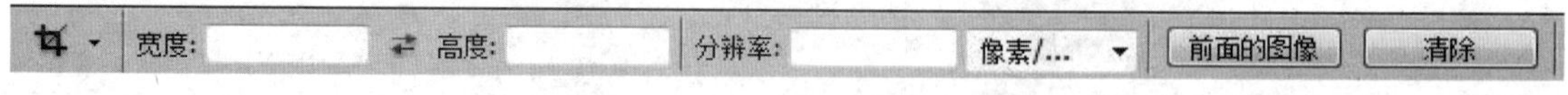

图 4-39 Photoshop cs5 的属性栏

在界面的最左边是工具箱，如图 4-40，共有近 60 种工具，能够满足平面创作的大多数操作。利用工具箱中的工具，可以对图像进行选择、编辑、修改及调整视图等操作处理。

界面右边是命令面板，里面有信息、色彩、色样、图层、历史、通道、路径等。这些调板用来进行参数设置或用于图像处理操作。每种调板可以根据需要隐藏或者显示。如图 4-41 所示。

打开软件后，选择“文件”|“新建”会跳出如图 4-42 所示对话框，在该对话框中可以设定图片文件的名称、尺寸(即图像的大小)、分辨率、颜色模式及背景内容的设置。需要注意的

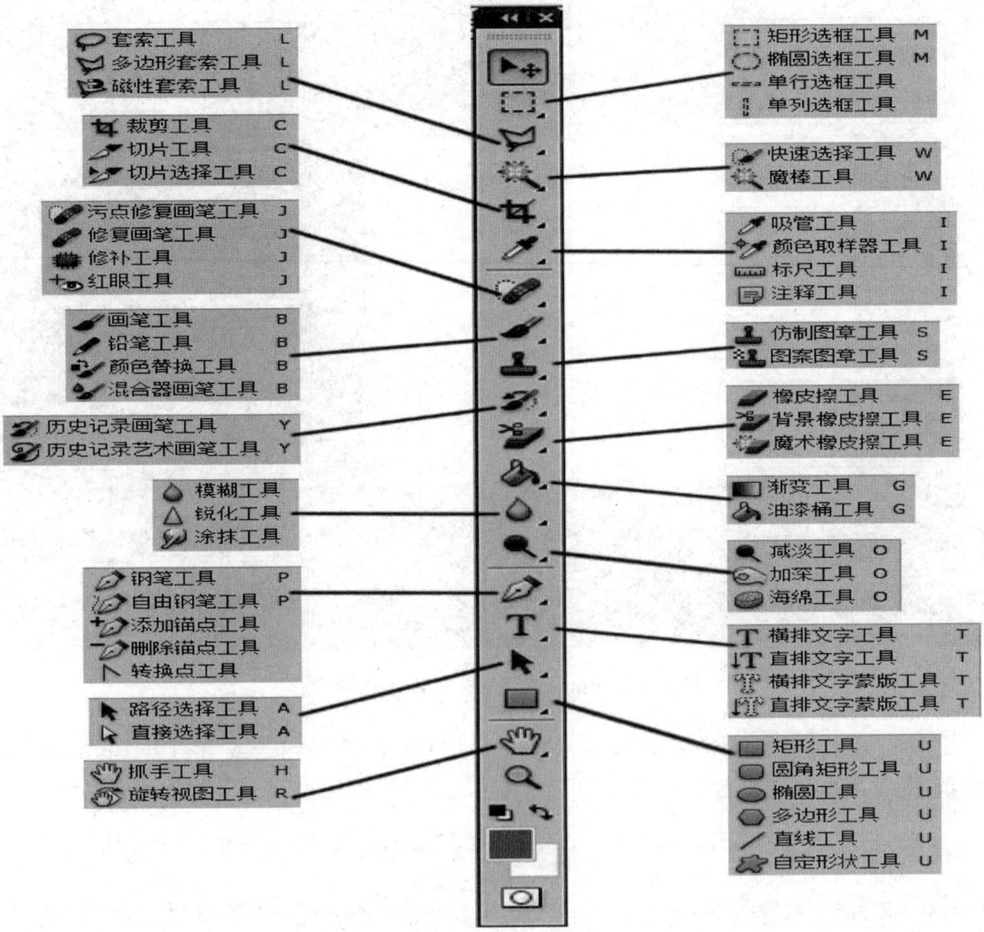

套索工具 L
多边形套索工具 L
磁性套索工具 L
裁剪工具 C
切片工具 C
切片选择工具 C
污点修复画笔工具 J
修复画笔工具 J
修补工具 J
红眼工具 J
画笔工具 B
铅笔工具 B
颜色替换工具 B
混合器画笔工具 B
历史记录画笔工具 Y
历史记录艺术画笔工具 Y
模糊工具
锐化工具
涂抹工具
钢笔工具 P
自由钢笔工具 P
添加锚点工具
删除锚点工具
转换点工具
路径选择工具 A
直接选择工具 A
抓手工具 H
旋转视图工具 R
矩形选框工具 M
椭圆选框工具 M
单行选框工具
单列选框工具
快速选择工具 W
魔棒工具 W
吸管工具 I
颜色取样器工具 I
标尺工具 I
注释工具 I
仿制图章工具 S
图案图章工具 S
橡皮擦工具 E
背景橡皮擦工具 E
魔术橡皮擦工具 E
渐变工具 G
油漆桶工具 G
减淡工具 O
加深工具 O
海绵工具 O
横排文字工具 T
直排文字工具 T
横排文字蒙版工具 T
直排文字蒙版工具 T
矩形工具 U
圆角矩形工具 U
椭圆工具 U
多边形工具 U
直线工具 U
自定形状工具 U

图 4-40　Photoshop cs5 的工具箱

是，在设置宽度和高度的值时，如果要进行包装等方面的设计，多以“毫米”作为单位；如果要进行软件界面或普通照片处理，多以“像素”为单位。在设置分辨率时，如果只是用于屏幕显示，分辨率设置为 72 即可；如果要喷绘，分辨率需要设置成 150；如果要印刷，分辨率需要设置成 300。在设置颜色模式时，如果作品用于显示器上观看，多用“RGB 颜色”；如果用于印刷，多用“CMYK 模式”。在设置通道时，一般选择 8 位即可，如果选择 16 位通道，图像的颜色信息会更丰富，但是文件会比较大。在本实例中，文件名称为“交通工具”，文件尺寸为 1366＊768，分辨率为 72 像素/英寸，颜色模式为 RGB 模式，背景颜色为白色。

图层
路径
通道
正常
不透明度: 100%
锁定:
填充: 100%
图层 1
背景
历史记录
新建
粘贴
裁剪
裁剪

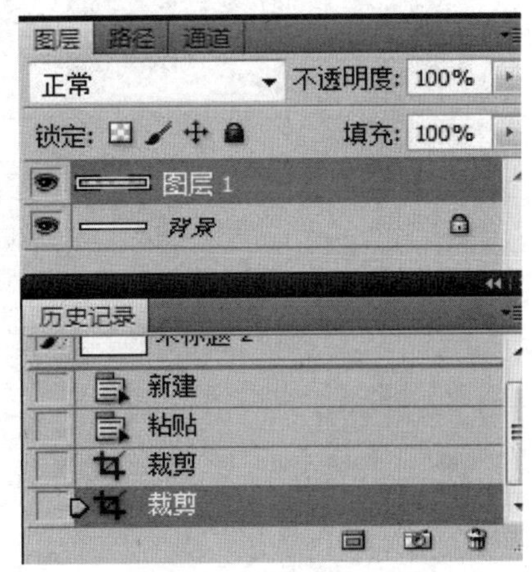

图 4-41　Photoshop cs5 的调板

(2)打开素材文件

通过网络或者多媒体素材库搜集一些交通工具图片素材，选择软件的“文件”|“打开”命

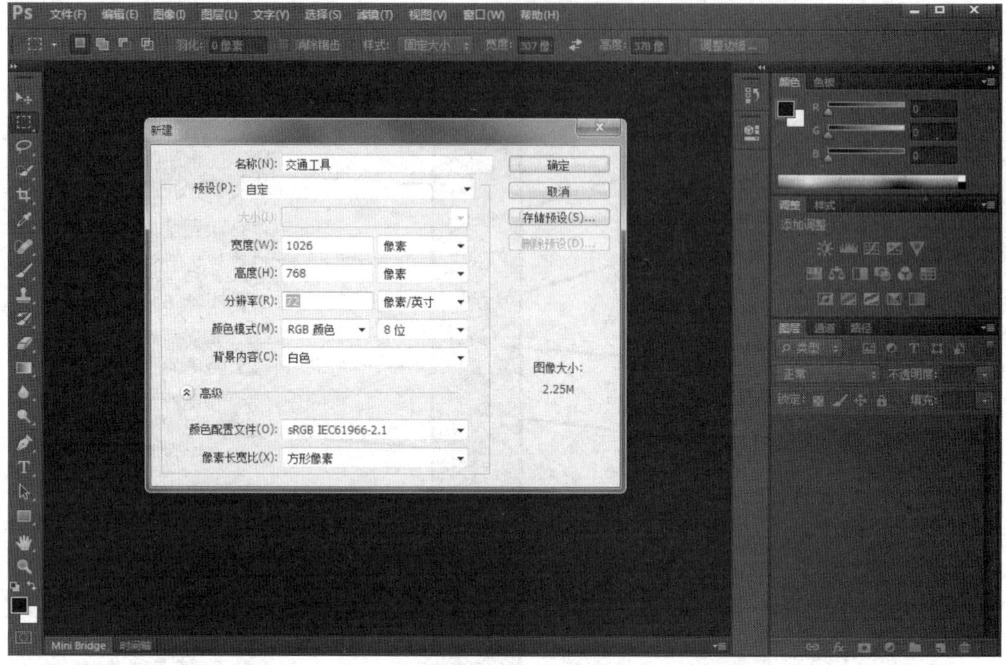

图 4-42　Photoshop cs5 的新建文件设置

令即可出现打开对话框,选中准备好的素材文件即可,如图 4-43。或者打开 Photoshop 软件后直接把图片文件拖入软件。

图 4-43　Photoshop cs5 中打开文件

(3)对素材文件进行局部选取

利用 Photoshop 软件可以将某一主体从图片中单独选取,再设计成其他的图片,这种局部选取俗称为“抠图”。我们在使用 Photoshop“抠图”时，对于不同的情况可以采取不同的方法，以实现运用最简单的方法来达到最佳的效果。下面将各种工具的使用做一比较。

①第一种情况是从源图片中选取较规则的一部分，可以使用选框工具。如图 4-44 中的热气球，我们可以利用椭圆选择工具在热气球周围选择一个椭圆，然后选中“添加到选区”，在原来的选区下面添加小椭圆，最后可以把整个热气球都选中。使用选区工具时，可以利用属性栏中的工具进行灵活设置，如图 4-45。椭圆选择工具的右边有四个不同图形的选框，它们分别代表“创建新选区”（清除原有的选择区域，直接新建选区）、“添加到选区”（在原有选区的基础上，增加新的选择区域，形成最终的选择范围）、“从选区减去”（在原有选区中，减去与新的选择区域相交的部分，形成最终的选择范围）、“与选区交叉”（使原有选区和新建选区相交的部分成为最终的选择范围）。羽化可以使选定范围的图边缘达到朦胧的效果。羽化值越大，朦胧范围越宽；羽化值越小，朦胧范围越窄。选择消除锯齿可以使边缘变得圆滑。具体过程如图 4-44、图 4-46、图 4-47。

图 4-44　热气球源图片

图 4-46　利用选框工具创建选区

图 4-47　抠图结果

图 4-45　Photoshop cs5 的选择工具属性栏

②第二种情况是当主体与背景的颜色反差较大，主体的轮廓又很分明，我们可以使用魔术棒工具吸取背景色，并选择合适的容差值。容差的作用是确定魔棒工具的选择范围，数值越高，选择的范围就越大，反之，选择的范围就小。选项中可输入 0～255 之间的数值，系统默认为 32。勾选“消除锯齿”，可以消除边缘的锯齿，使选择对象边缘光滑。勾选“连续”，只选择使用相同颜色的邻近区域，否则将会选择整个图像中使用相同颜色的所有像素。勾选“对所有图层取样”，使用所有可见图层中的数据选择颜色，否则，魔术棒工具将只从现用图层中选择颜色。如图 4-48、图 4-49 所示，自行车可以这样抠图。

③第三种情况是主体轮廓很分明，但主、背景颜色相差不大，如图 4-50 中的飞机，我们使用磁性套索工具，框选飞机外边界，如图 4-51。我们选中飞机后，在“选择”菜单中选择“反选”项，然后按“删除”键删除。结果如图 4-52 所示。

④第四种情况是主体形状比较简单且以直线条为主，但主、背景颜色相差较大，如图 4-53 中的公交车，我们使用多边形套索工具，框选公交车外侧，如图 4-54。选中后可以按

图 4-48　自行车抠图前

图 4-49　自行车抠图后

图 4-50　飞机源图片

图 4-51　飞机抠图中

图 4-52　飞机抠图后

照上面的方法先反选再删除背景，留下主体，或者直接选中主体，按 Ctrl+J，复制到新的图层，把刚才的图层删掉，同样可以得到想要的结果，如图 4-55。

图 4-53　公交车抠图前

图 4-54　公交车抠图中

图 4-55　公交车抠图后

⑤第五种情况是主体轮廓分明，其前景色与需要被擦去的背景存在颜色上的明显差异时，我们可以使用背景橡皮擦工具。擦除时鼠标变成一个带十字星的圆形图案。操作过程如图 4-56、图 4-57、图 4-58 所示。

图 4-56　跑车抠图前

图 4-57　跑车抠图中

图 4-58　跑车抠图后

⑥第六种情况是当主体与背景在色相或者亮度方面没有明显差异，但是有清晰的边缘

时，用钢笔工具可以制出具有高度精度的主体边缘。使用钢笔工具抠图具有选区精确、易于修改的优点，但是比较费时费力。如图 4-59 至图 4-62，用钢笔工具沿着主体边缘绘制出路径，起点和终点重合后就可以得到封闭的路劲，可以利用路径选择工具对路径进行修改，然后在“命令面板”中选择“路径”面板下方的图标，将路径作为选区载入，就可以选中主体。

图 4-59　源图片

图 4-60　利用钢笔绘制路径

图 4-61　将路径转换为选区

图 4-62　抠图后

（4）对选区进行操作

对选区，常见的操作有移动、取消、羽化、变换等编辑。使用任何一种选择工具创建选区后，在选项栏中选择新选区按钮，将指针放在选区边框内，拖动鼠标就可以移动选区。此外，还可以将选区边框拖动到另一个图像窗口中。若要将方向限制为 45°的倍数，先开始拖动选区，然后在继续拖移时按住 Shift 键即可。若要以 1 个像素的增量移动选区，可以使用箭头键；若要以 10 个像素的增量移动选区，可以按住 Shift 键并使用箭头键。

取消当前选区最快捷的方式是按 Ctrl＋D，也可以执行“选择”|“取消选择”命令来取消选区。

羽化命令可以在选区边界及其周围的像素之间进行模糊处理，从而达到柔和的边界效果。制作羽化效果分为两种情况：一种是为选区工具定义羽化边缘，选择套索或选框等选区工具，在选项栏中输入需要的“羽化”值，然后创建选区即可；第二种是为已有选区定义羽化边缘，选取“选择”|“羽化”命令，在弹出的“羽化选区”对话框中，输入合适的“羽化半径”值，然后单击“好”按钮即可。

“变换选区”命令可以改变选区的形状、角度。对选区执行“选择”|“变换选区”即可修改

选区的形状、大小。

(5)对不同种类的交通工具进行整合

我们可以利用选择工具把各种交通工具整合在少数的几张图片中。整合过程中比较常用的工具除了抠图工具外，还有“自由变换”工具。为了突出主体，我们可以为图片中的主体添加丰富多彩的图层样式。如图 4-63，选中某一图层，点击图层面板下面的混合选项图标后，会跳出图 4-64 所示界面。

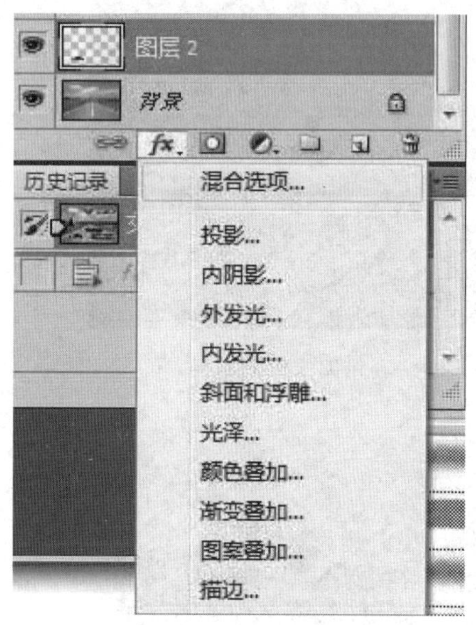

图 4-63　添加图层样式

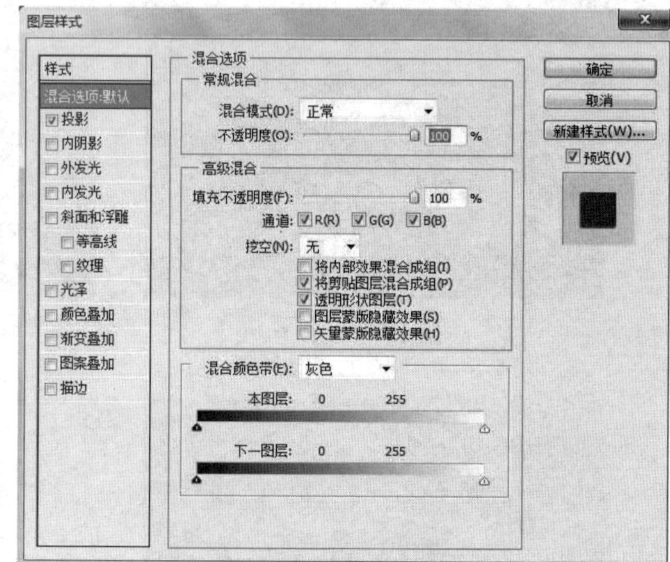

图 4-64　图层样式的选项

在图层样式中，我们可以对图层进行多种多样的编辑。

例如，添加“投影”效果后，图层的下方会出现一个轮廓和层相同的影子，这个影子有一定的偏移量，默认情况下会向右下角偏移，可以通过修改角度来改变影子的方位，如图 4-66 中的公交车。

“内阴影”可以使图层上方好像多出了一个透明的黑色的图层，如果把投影效果看为一个光源照射屏幕对象的效果，那么内阴影则可以理解为光源照射球体的效果。

使用“外发光”和“内发光”样式，可以为图层添加发光效果。“外发光”是为图像边缘的外部添加发光效果，可以产生类似玻璃物体发光的效果，而“内发光”是为图像边缘的内部添加发光效果，会给图片一种凹陷的感觉。

使用“斜面与浮雕”样式，可以在图像上应用高光和阴影效果，从而创建出立体感或浮雕效果，将图像变形成阴刻或阳刻状态，还可以在选项中选择不同的样式。如图 4-66 中的自行车。

使用“光泽”样式可以模拟光线在形体表面产生的映射效果，添加“光泽”样式可以使图像表面产生像丝绸或金属一样的光感质感效果。如图 4-66 中的跑车。

“颜色叠加”“渐变叠加”和“图案叠加”样式可以分别使用颜色、渐变和图案来填充选定的图层内容，为图像添加这三种样式效果，犹如在图像上新添加了一个设置了“混合模式”和“不透明度”样式的图层，可以轻松地制造出绚丽的视觉效果。

“描边”就是沿着层中非透明部分的边缘描边，如图 4-66 中的热气球。

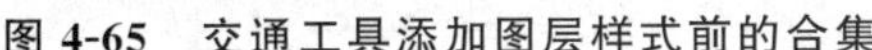

图 4-65　交通工具添加图层样式前的合集

图 4-66　交通工具添加图层样式后的合集

操作结束后，需要保存文件。可以选择“文件”|“存储”(或 Ctrl+S)将文件保存为 psd 格式.这种文件体积比较大，但是图像质量好，而且可以将文件的图层信息保存下来，有利于下次修改。也可以选择“文件”|“存储为”(或 Shift+Ctrl+S)将文件存储为其他格式，如 jpg 格式，生成的文件大小比 psd 格式小很多，图像质量也不错，但是无法保存图层信息。或者选择“文件”|“存储为 Web 和设备所用格式”(或 Alt+Shift+Ctrl+S)，将图片保存成可以满足特殊需要的格式。

如果需要将图片保存成透明格式，需要在 Photoshop 中新建文件时将背景设置为“透明”，保存文件时选择“存储为 Web 和设备所用格式”，并选择 gif 格式即可。这种透明的 gif 图片经常被应用于网页制作和 PPT 中。

4.3　动画素材

动画是多媒体产品中最具吸引力的素材，具有表现力丰富、直观、易于理解等特点。动画制作不仅需要良好的绘画与制作功底，还需要一个好的动画制作软件。

4.3.1　动画的基本概念

1. 动画的基本原理

1824 年彼得·马克·罗杰出版了一本谈眼球构造的书——《移动物体的视觉暂留现象》。书中提出如下观点：形象刺激在最初显露后，能在视网膜上停留若干时间。当多个刺激相当迅速地连续显现时，在视网膜上的刺激信号会重叠起来，形象就成为连续进行的了。这就是作为动画基石的视觉暂留现象。经科学家研究，证实视觉印象在人的眼中大约可保持 0.1 秒之久。如果两个视觉印象之间的时间间隔不超过 0.1 秒，那么前一个视觉印象尚未消失，而后一个视觉印象已经产生，并与前一个视觉印象融合在一起，就形成视觉残(暂)留现象。

由于动画片是将一幅幅有序的画面通过逐格拍摄连续放映的方法使形象活动起来的，因此，它不但能使一切生物按照创作者的意志活动起来，也可以赋予非生物以生命，使桌、椅、板、凳、锅、碗、瓢、盆，乃至各种固定的建筑物都按创作者的意志活动起来。动画片的表现力极其丰富，几乎什么都可以表现，为创作人员充分发挥自己的想象力提供了广阔的天地。动画片特别适用于表现夸张的、幻想的、虚构的题材，它可以把幻想和现实紧紧交织在一起，把幻想的东西通过具体形象表现出来，从而使动画片具有独特的感染力。

2. 常见的动画文件格式

(1)gif 格式

gif 文件格式是目前使用最广泛的图形图像文件格式之一，大部分软件和浏览器都支持 gif 动画。它生动、直观、小巧且易学易用，制作 gif 动画的软件众多。

gif 动画内容和形式简单，但不能对动画过程进行控制和互动，且不能添加音频和视频等多媒体元素。因此，在教学中，gif 动画往往用来制作简单的按钮或教学网页广告条，不能制作长时间的有音视频元素的动画和交互式动画。

(2)SWF 格式

SWF 文件是 Macromedia 公司推出的 Flash 软件的矢量动画格式，文件体积小，便于网络传输，且在缩放时不会失真，适合描述由几何图形组成的动画。由于这种格式的动画采用流式传输技术，可以边数据传输边播放，并能添加 mp3 音乐，因此被广泛应用在网页上。此外，该格式还有强大的动画编程语言，可用于制作有高度交互性的网络动画。

(3)FLIC FLI/FLC 格式

FLI/FLC(Flic 文件)是 Autodesk 公司在其出品的 2D、3D 动画制作软件中采用的动画文件格式，FLIC 是 FLC 和 FLI 的统称。FLI 是最初的基于 320×200 分辨率的动画文件格式，在 Autodesk 公司出品的 Autodesk Animator 和 3D Studio 等动画制作软件均采用了这种彩色动画文件格式。

4.3.2 动画的类型

根据动画的性质可将计算机动画分为帧动画和矢量动画两大类。根据视觉空间的不同，计算机动画又有二维动画与三维动画之分。

帧动画是计算机动画中最基本并且运用最广泛的方法，它通过一帧一帧显示动画的图像序列而实现运动的效果。出现在动画中的一段连续画面实际上是由一系列静止的画面来表现的，制作过程中并不需要逐帧绘制，只需从这些静止画面中选出少数几帧加以绘制。被选出的画面一般都出现在动作变化的转折点处，对这段连续动作起着关键的控制作用，因此称为关键帧。绘制出关键帧后，再根据关键帧插入中间画面，就完成了动画制作，因此也称作关键帧动画。制作帧动画的工作量非常大，计算机只能解决移动、旋转等基本动作过程，所以它主要用在传统动画片的制作、广告片的制作等方面。

矢量动画也称造型动画，一般通过绘图软件来制作，其画面只有一帧，是对每一个活动对象分别进行设计，赋予每个对象的一些特征(如形状、大小、颜色等)，然后用这些对象组成完整的画面。这种动画主要表现变换的图像、线条、文字等，比如模拟飞机的飞行以及鱼的游动等。矢量动画通常采用编程方式和某些矢量动画制作软件来完成。

二维动画称为“平面动画”，是帧动画的一种。它借用传统动画的概念，具有灵活的表现手段和良好的视觉效果。二维动画可以很好地发挥计算机所特有的功能，将所生成的图像进行复制、粘贴、放大、缩小及任意移动等操作。在二维动画中处理的关键是动画生成处理。

三维动画称为“空间动画”，可以是帧动画，也可制作成矢量动画。它主要表现三维物体和空间运动。首先要建立角色、实物和景物的三维模型，然后给各个模型贴加材质；接下来给该模型设置动作，如移动、旋转、变色等；最后添加摄像机和灯光。

二维动画和三维动画的区别主要在于采用不同的方法获得动画中的景物运动效果。如要制作一个旋转的地球，在二维处理中需要一帧帧地绘制球面变化画面，这样的处理难以自动进行；而在三维处理中，先建立一个地球的模型并把地图贴满球面，然后使模型步进旋转，每次步进自动生成一帧动画画面，当然最后得到的动画仍然是二维的活动图像数据。

4.3.3　动画素材制作技术

动画制作软件的种类很丰富，目前流行的有 Adobe 公司的 Flash（二维动画）和 3ds max（三维动画）。Flash 动画在网页中应用广泛，是目前最流行的二维动画技术，用它制作的 SWF 动画文件可以嵌入到 HTML 文件里，也可以单独成页，或以 OLE 对象的方式出现在 Authorware 课件中。Flash 动画还有一大特点，即其中的文字、图像都能跟随鼠标的移动而变化，可制作出交互性很强的动画文件。3ds max 是一个目前使用比较广泛的三维动画制作软件，它的界面色彩丰富，而且提供了大量的模块化功能，可以制作出各种格式的动画文件。

4.4　声音素材

在多媒体产品的开发过程中，适当地运用声音，能起到文字、图像、动画等媒体形式无法替代的作用。当然，声音作为一种信息载体，其更主要的作用是直接、清晰地表达语意。

4.4.1　声音素材的常见格式

在制作多媒体作品时，经常需要处理各种音频文件格式以及进行格式之间的转换，计算机中广泛应用的音频文件格式有 wav、mp3、wma、midi、cda、ra 等。

1. wav 格式

wav 格式是采集各种声音的机械振动而得到的音频文件格式，也叫波形文件格式，也包括语音及自然界的效果音（音效文件）等。它是微软公司开发的一种声音文件格式，被 Windows 平台及其应用程序所广泛支持。标准格式化的 wav 文件和 CD 格式一样，也是44.1 k 的取样频率，16 位量化数字，声音文件质量和 CD 相差无几。该格式文件支持多种音频压缩算法以及多种音频位数、采样频率和多声道，不过这种文件格式的数据量比较大，多用于存储简短的声音片段。

2. mp3 格式

mp3 是一种音频压缩技术，其全称是动态影像专家压缩标准音频层面 3，简称为 mp3。它被设计用来大幅度地降低音频数据量。mp3 是利用人耳对高频声音信号不敏感的特性，将时域波形信号转换成频域信号，并划分成多个频段，对不同的频段使用不同的压缩率，对高频加大压缩比（甚至忽略信号），对低频信号使用小压缩比，保证信号不失真。这样一来就相当于抛弃人耳基本听不到的高频声音，只保留能听到的低频部分，从而将声音用 1∶10 甚至 1∶12 的压缩率压缩，而对于大多数用户来说重放的音质与最初的不压缩音频相比没有明显的下降。

用 mp3 形式存储的音乐就叫 mp3 音乐，能播放 mp3 音乐的机器就叫 mp3 播放器。目前，虽然使用 mp3 音乐的过程中出现了一些专利侵权的问题，但由于它进入市场早，已经产生了大量的 mp3 音乐以及相关的硬件、软件，而且大部分用户并不知道或者不关心软件专利争端，所以 mp3 还是拥有最庞大的用户群。

3. wma 格式

wma 文件的全名是 Windows Media Audio，它是微软公司推出的与 mp3 格式齐名的一种新的音频格式。由于 wma 在压缩比和音质方面都超过了 mp3，更是远胜于 ra(Real Audio)，即使在较低的采样频率下也能产生较好的音质。wma 是随身数码播放器最常用的音频格式，目前所有的随身播放器都支持 wma 格式音乐的播放。

平时我们只要提到下载音乐，第一反应就是 mp3，其实现在越来越多的在线音频试听网站都使用的是 wma 格式(通常码率 64 kbps)，wma 解码比起 mp3 复杂些，wma 7 之后的 wma 支持证书加密，未经许可(即未获得许可证书)，即使是非法拷贝到本地，也是无法收听的。

wma 可以用于多种格式的编码文件中。一些常见的支持 wma 的应用程序包括 Windows Media Player、Windows Media Encoder、RealPlayer、Winamp 等。其他一些平台，如 Linux 和移动设备中的软硬件也支持此格式。

4. midi 格式

midi(Musical Instrument Digital Interface)格式是计算机数字音乐接口生成的音频文件格式。乐器数字接口是 20 世纪 80 年代初为解决电声乐器之间的通信问题而提出的。midi 传输的不是声音本身的波形数据，而是音符、控制参数等指令，它指示 midi 设备要做什么，怎么做，如演奏哪个音符、多大音量等。

5. cda 格式

cda 是 CD 音轨(Compact Disc Audio Track)的文件后缀标准，它是标准的光盘文件。CD 格式也就是 44.1 k 的采样频率，速率 88 kbps，16 位量化位数。因为 CD 音轨可以说是近似无损的，因此它的声音基本上是忠于原声的，因此如果你是一个音响发烧友的话，CD 应该是你的首选，它会让你感受到天籁之音。CD 光盘可以在 CD 唱机中播放，也能用电脑里的各种播放软件来重放。一个 CD 音频文件是 *.cda 文件，这只是一个索引信息，并不是真正地包含声音信息，所以不论 CD 音乐的长短，在电脑上看到的 *.cda 文件都是 44 字节长。注意：不能直接复制 CD 格式的 *.cda 文件到硬盘上播放，需要使用像 EAC 这样的抓音轨软件把 CD 格式的文件转换成 wav。

6. ra 格式

ra 文件格式是 realaudio 文件格式的简称，它是一种可以在网络上实时传送和播放的音乐文件音频格式的流媒体技术。ra 文件压缩比例高，可以随网络带宽的不同而改变声音质量。适合在网络传输速度较低的互联网上使用。

4.4.2 声音素材的获取

声音素材的采集方法大概有以下几种：

1. 利用 Windows 系统自带的录音机采集声音

将麦克风插入计算机标有 MIC 的接口上，选择 Windows 系统自带的程序“附件”里面的"录音机"选项，即可出现图 4-67 所示界面，选择"开始录音"，就可以开始录音了。点击"停止录制"就可以停止录音，然后根据对话框选择录音文件的保存目录即可。

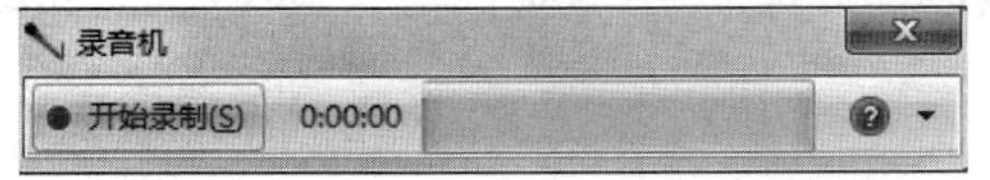

图 4-67　录音机的设置

在 Windows 7 以前的版本中，系统自带的录音机一次只能录 60 s，但是在 Windows 7 中录音时长没有限制，这为用户提供了很大的方便。

2. 利用声卡软件采集声音

如果计算机安装了声卡，一般来说都附带有声音工具。例如，声霸卡带有几种声音工具，通常要由用户自己安装。

3. 利用电子乐器数字接口采集声音

midi 是用在音乐合成器、乐器和计算机之间交换音乐信息的一种标准协议。从 20 世纪 80 年代初期开始，midi 已经逐步为音乐家和作曲家广泛接受和使用。

midi 是乐器和计算机使用的标准语言，是一套指令，它指示乐器(即 midi 设备)要做什么以及怎么做，如演奏音符、加大音量、生成音响效果等。midi 不是声音信号，在 midi 电缆上传送的不是声音，而是发给 midi 设备或其他装置让它产生声音或执行某个动作的指令。midi 生成的文件比较小，因为 midi 文件存储的是命令，而不是声音波形；容易编辑，因为编辑命令比编辑声音波形要容易得多；可以做背景音乐，因为 midi 音乐可以和其他的媒体，如数字电视、图形、动画、话音等一起播放，这样可以加强演示效果。

4. 利用声音编辑软件制作声音

目前有不少专门用于声音编辑的软件，如 Adobe Audition、sound Forge、Wave Edit、Gold Wave 等，它们可以录制声音，而且可以灵活地编辑声音，从而制作出我们需要的声音。

5. 从网上下载声音

随着科技进步，网络上面的声音资源越来越丰富。无论是音乐，还是听力学习材料，都可以为我们所用。但是下载过程中需要注意版权问题。

6. 利用专门的声音素材库

现在很多公司将音乐、效果声等制作成光盘销售，购买这些素材库光盘是最直接最方便的方法。

4.4.3　声音素材的编辑

声音的编辑软件很多，如 Adobe Audition、sound Forge、Wave Edit、Gold Wave 等，它们都可以对声音进行多种多样的编辑，但是功能与应用范围略有不同。下面以应用广泛的 Adobe Audition CS 5.5 软件①为例，讲解如何对声音进行录音、降噪、混响、滤波、变调等常用编辑。

Audition 是一个专业音频编辑和混合环境，它是由 Cool Edit 发展而来的。Audition 专

① Adobe Audition CS 5.5 软件下载地址：http://rj.baidu.com/soft/detail/13053.html

为在照相室、广播设备和后期制作设备方面工作的音频和视频专业人员设计，可提供先进的音频混合、编辑、控制和效果处理功能。最多混合128个声道，可编辑单个音频文件，创建回路并可使用45种以上的数字信号处理效果。Audition是一个完善的多声道录音室，可提供灵活的工作流程并且使用简便。

1. 录音

要将模拟的声波转换为该声波的数字描述，就要在指定时间间隔内对声波进行采样。每秒的采样数称为采样频率，也称为采样率，单位是赫兹(Hz)。采样频率的倒数是采样周期(也称为采样时间)，表示采样之间的时间间隔。多媒体素材中比较通用的是44100 Hz和48000 Hz。

声道是指声音在录制或播放时在不同空间位置采集或回放的相互独立的音频信号，所以声道数也就是声音录制时的音源数量或回放时相应的扬声器数量。自然界发出的声音是立体声，但我们如果把这些立体声经记录、放大等处理后而重放时，所有的声音都从一个扬声器放出来，这种重放声(与原声源相比)就不是立体的了。这时由于各种声音都从同一个扬声器发出，原来的空间感(特别是声群的空间分布感)也消失了。这种重放声称为单声。如果从记录到重放整个系统能够在一定程度上恢复原发生的空间感(不可能完全恢复)，那么，这种具有一定程度的方位层次等空间分布特性的重放声，称为音响技术中的立体声。与单声道相比，立体声有如下优点：(1)具有各声源的方位感和分布感；(2)提高了信息的清晰度和可懂度；(3)提高节目的临场感、层次感和透明度。5.1声道就是使用5个喇叭和1个超低音扬声器来实现一种身临其境的音乐播放方式，它是由杜比公司开发的，所以叫作“杜比5.1声道”。在5.1声道系统里采用左(L)、中(C)、右(R)、左后(LS)、右后(RS)五个方向输出声音，使人产生犹如身临音乐厅的感觉。五个声道相互独立，其中“.1”声道，则是一个专门设计的超低音声道。正是因为前后左右都有喇叭，所以就会产生被音乐包围的真实感。

和图像一样，音频文件也用它们的位深度来度量(也称为采样分辨率或者字深度)，位深度越大，代表声音的采样频率越高。

本实例取名“声音编辑”，采样率选择44100 Hz，声道选择“立体声”，位深度选择24位，确定后，界面如图4-68。界面上会出现一个红色圆点，鼠标放到圆点上面就会出现“录制”的字样，点击红色圆点，就可以开始录制。录制结束后选择“文件”|“存储”，可以保存成wav、mov、mp3等格式。

2. 降噪

降噪是指减少音乐中的噪音，使音乐更加清晰，音质更加完美。针对不同类型的噪音，有不同的处理方法。需要说明的是，理论上讲，降噪会在一定程度上影响音质，所以在可能的情况下应尽量避免降噪，不过如果噪音严重影响到了音乐或音频的质量，降噪则是必需的工作。利用Audition提供的“降噪”功能可以对音频文件进行采样降噪。采样降噪是一种有效的降噪方法，它的原理是采集噪音音频获得噪音样本，再通过分析获得的噪音样本得到噪音特征，最后利用分析结果降低夹杂在音乐中的噪音。比如说，在录制歌曲时旁边有人在走动，则录入的音频中混有了脚步声。脚步声的音频具有频率相对稳定的特点，在这种情况下我们应该使用采样降噪方法降噪。首先提取脚步声的噪音样本，接着进行分析，最终利用噪音特征在歌曲中找出噪音并将其去除。在使用这种方法降噪时，取得一个稳定的噪音样本十分重要，因此本种方法仅适用于除去频率稳定的噪音。

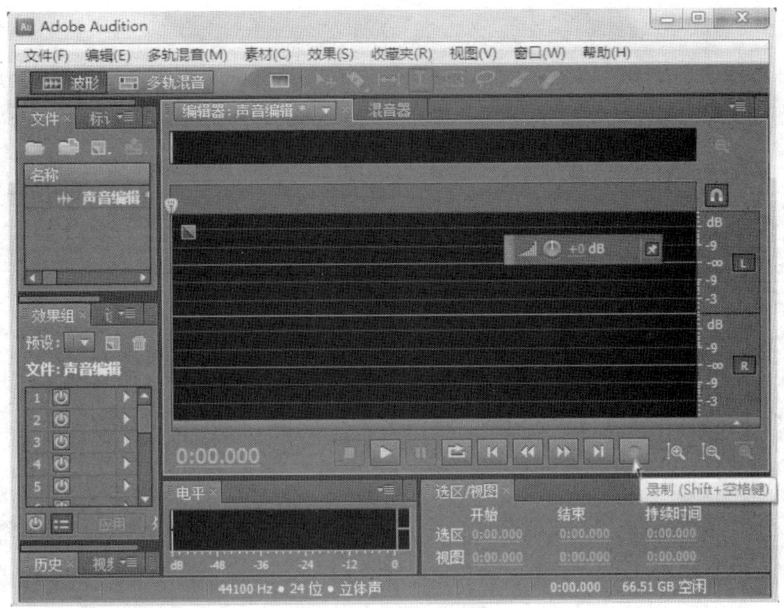

图 4-68　录音界面

具体降噪步骤如下：

(1)在噪音存在的环境中录音，得到如图 4-69 所示的波形。

图 4-69　录制有噪音的声音

(2)录制噪音。在相同的环境下，录制噪音。得到如图 4-70 所示的波形。

(3)对噪音进行采样。

选中图 4-70 中的波形，选择“效果”|“降噪”|“降噪进程”，出现如图 4-71 所示窗口，选择“捕捉噪声样本”，然后选择“存储当前噪声样本”，将噪声样本保存为“噪声.fft”。

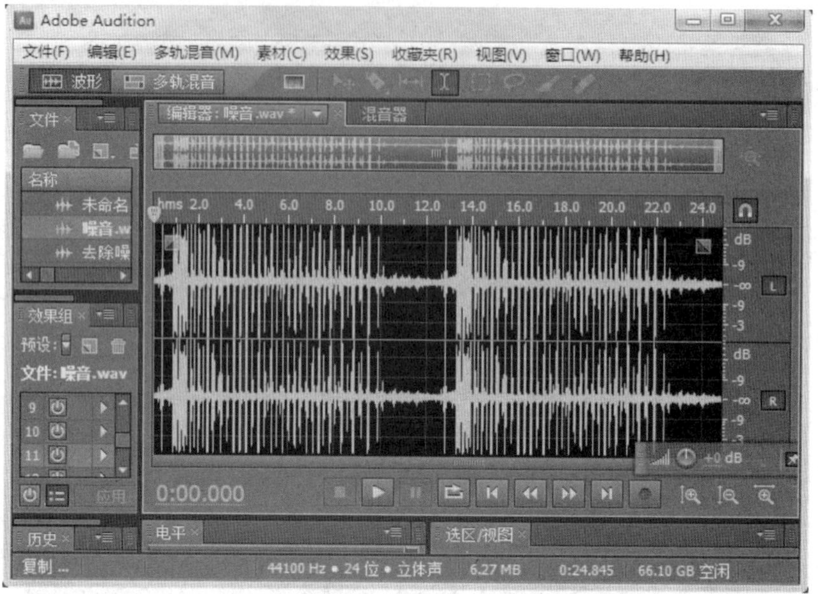

图 4-70　录制噪音

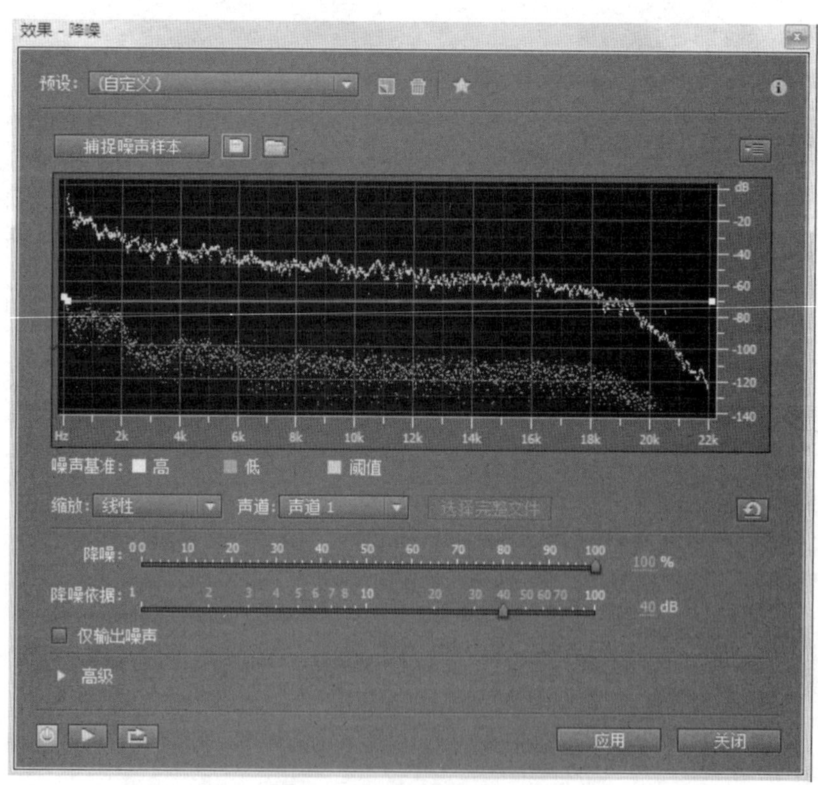

图 4-71　对噪音采样

(4)对录音文件降噪。打开有噪音的录音文件，选择“效果”|“降噪”|“降噪进程”|“加载硬盘中的噪声样本”，打开在步骤(3)中保存的“噪声.fft”文件，点击“应用”，即可开始降噪。

降噪后的波形如图 4-72。

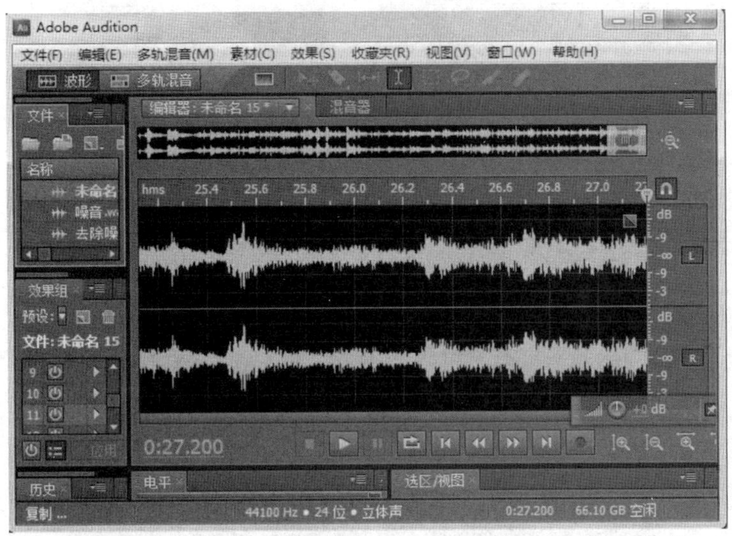

图 4-72　对噪音降噪

3. 混响

声音遇到障碍会反射,所以我们这个世界充满了混响。混响是室内声音的一种自然现象。室内声源连续发声,当达到平衡时(室内被吸收的声能等于发射的声能时),关断声源,在室内仍留有余音,此现象被称为混响。混响声可以加强声源的响度,可以改变声源的主观音质,可以给声音温暖感,也可以使声音丰满或明亮。混响声比例的大小有助于听者判断声源的距离。

专业的录音棚是有混响的,里面有很多板状的材料,可以灵活地把房间改造制造出各种混响效果。但随着数字录音技术的飞速发展,数字混响效果器能够模拟真实情况下的混响,所以就干脆把录音棚弄成无混响的,录完音后再用效果器来模拟混响效果,想要什么混响就有什么混响。

利用 Audition 软件就可以很方便地为音频增加混响效果。打开软件后,选择“文件”|“导入”,导入一段音频文件,选择“效果”|“混响”|“混响”,此时会出现如图 4-73 所示界面。其中各参数解析如下:

(1)衰减时间(decay)

衰减时间也就是整个混响的总长度。不同的环境会有不同的长度,一般来说,空间越大,衰减时间越长,反之越短。空间越空旷,衰减时间越长,反之越短。空间中家具或别的物体(比如柱子之类)越少,衰减时间越长,反之越短。空间表面越光滑平整,衰减时间越长,反之越短。因此,大厅的混响比办公室的混响长,无家具的房间的混响比有家具的房间长,荒山山谷的混响比森林山谷的混响长,水泥墙壁的空间混响比布制墙壁的空间混响长。很多人喜欢把混响时间设得很长。其实真正的一些剧院、音乐厅的混响时间并没有我们想象的那么长。例如,波士顿音乐厅的混响时间是 1.8 s,纽约卡内基音乐厅是 1.7 s,维也纳音乐厅是 2.05 s。

(2)预延迟时间(predelay)

预延迟时间就是直达声与前反射声的时间距离。它有以下几个特点:空间越大,预延迟

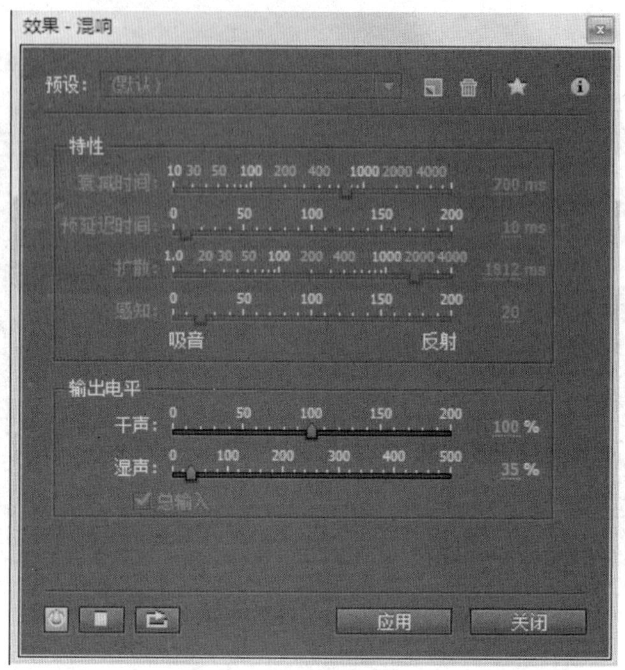

图 4-73　混响界面

时间越长，反之越短；空间越宽广，预延迟时间越长，反之越短。因此，大厅的预延迟时间比办公室的长；而隧道的空间虽然大，但是它很窄，所以预延迟时间就很短。想要表现很宽大空旷的空间，就把预延迟时间设大一点。

(3)扩散(diffusion)

传统上叫作早反射的散射度(early reflections diffusion)。早反射是一组比较明显的反射声，这些反射声的相互接近程度，就是扩散。墙壁越不光滑(例如铺上了地毯的)，声音的散射度就越大，反射声越多，相互之间越接近，混响是连声一片的，声音很温和；墙壁越光滑(例如玻璃)，声音的散射度就越小，反射声越少，相互之间隔得越开，混响声听起来就比较接近回声了，声音很清晰。因此，对于一些延音类的声音，比如风琴、合成弦乐，可以使用较小的扩散，声音就比较漂亮清楚；对于脉冲类的声音，比如打击乐、木琴等，可以使用较大的扩散，混响就比较平滑。在某些效果器里，扩散是指反射声的无规律程度，空间的形状越不规则(例如山洞、教堂里)，墙壁越不光滑，反射声音的出现越没有规律，扩散越大；空间的形状越规则(例如无家具的住宅、空的教室)，墙壁越光滑，反射声的出现越有规律，扩散越小。

(4)干声

干声一般指录音以后未经过任何后期处理和加工的原始人声。

(5)湿声

湿声为音频术语，在 Audition、Cool Editpro 中经常能够见到，指的是经过后期处理(混响、调制、压限、变速等音频操作)的声音。与干声相对应。

4. 滤波

滤波是将信号中特定波段频率滤除的操作，是抑制和防止干扰的一项重要措施。分经典滤波和现代滤波。它是根据观察某一随机过程的结果，对另一与之有关的随机过程进行估计的概率理论与方法。滤波一词起源于通信理论，指从含有干扰的接收信号中提取有用信号的一种技术。“接收信号”相当于被观测的随机过程，“有用信号”相当于被估计的随机过程。例如用雷达跟踪飞机，测得的飞机位置的数据中，含有测量误差及其他随机干扰，如何利用这些数据尽可能准确地估计出飞机在每一时刻的位置、速度、加速度等，并预测飞机未来的位置，就是一个滤波与预测问题。这类问题在电子技术、航天科学、控制工程及其他科学技术部门中都是大量存在的。

Audition 软件中的滤波效果可以针对声音的不同频率部分进行不同的操作。在 Audition 中，导入音频文件，选择“效果”|“滤波与均衡”，可以发现有“FFT 滤波”“图示均衡器”“参数均衡”等选项。其中，“FFT 滤波”在波形处理中是一个常用的高品质滤波效果器，可以滤除共振和模拟环境特性的频响；“图示均衡器”的主要作用是过滤掉不需要的声音，保留需要的声音；“参数均衡”采用 IIR 滤波器，拥有自动生成连接频点 EQ 均衡曲线的功能，个频段衔接的连续性比较好，而且大大简化用户的操作。

以“FFT 滤波”为例，如图 4-74、图 4-75 所示。

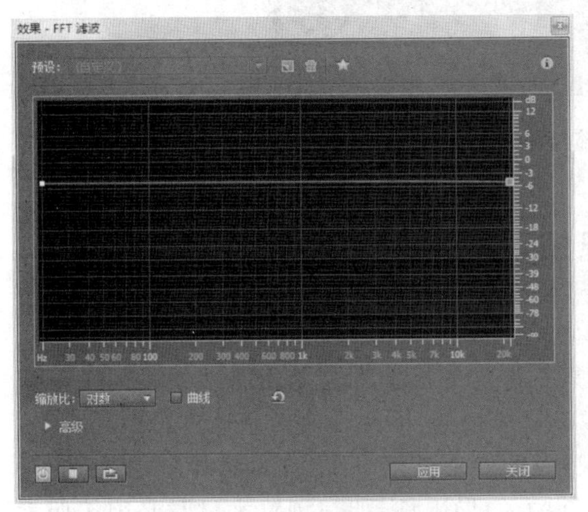

图 4-74　FFT 滤波的参数一

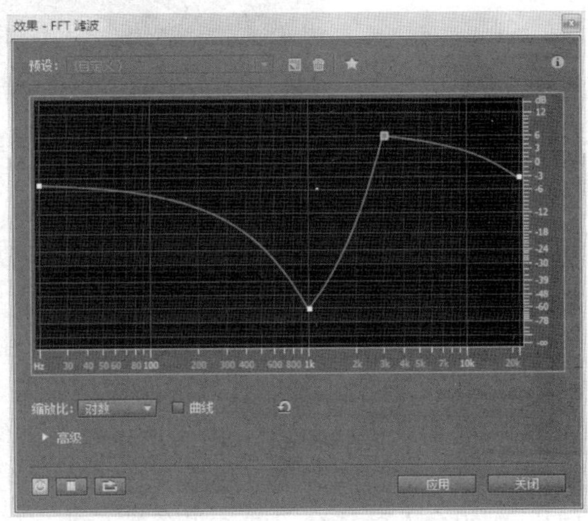

图 4-75　FFT 滤波的参数二

5. 变调

声音频率的高低叫作音调。音调表示人的听觉分辨一个声音调子高低的程度。音调主要由声音的频率决定，同时也与声音强度有关。对一定强度的纯音，音调随频率的升降而升降；对一定频率的纯音，低频纯音的音调随声强增加而下降，高频纯音的音调却随强度增加而上升。音调的高低还与发声体的结构有关，因为发声体的结构影响了声音的频率。音调还与声音持续的时间长短有关。非常短促（毫秒量级或更短）的纯音，只能听到像打击或弹指那样的“咔嚓”一响，感觉不出音调。持续时间从 10 ms 增加到 50 ms，听起来觉得音调是由低到高连续变化的。超过 50 ms，音调就稳定不变了。

在 Audition 中，可以利用“伸缩与变调”功能调节音调，制造一些有趣效果，例如将歌曲变调，原本男歌手的声音变成了女歌手的声音。

将软件打开，导入音频文件后，选择“效果”|“时间与变调”|“伸缩与变调”，即可出现如图 4-76 所示窗口，直接调节其中的“变调”，点击左下角的播放按钮，就可以预听效果了。

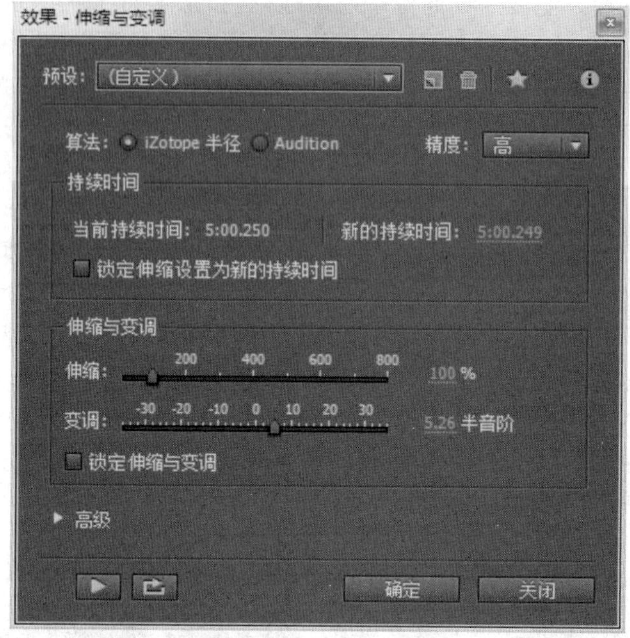

图 4-76　伸缩与变调窗口

4.5　视频素材

为了提高动态影像的处理能力,实现个性化的影视制作,视频的处理就显得尤为重要。视频与动画一样是由一些连续的画面组成的,只不过它的画面图像是由自然景物的图像组成的,如电视录像或 VCD。由于所组成的影像都是模拟的,因此在输入到计算机中处理时,必须完成量化、压缩和储存等数字化工作。在视频的处理过程中,传统的编辑方法是基于录像机、编辑台及特技台等线性设备进行的,具有很大的局限性,如在浏览素材时必须按照素材的时间前后来进行,因此需要大量的时间进行走带工作。同时,由于线性编辑是基于磁带进行的,所以不可避免地会导致信号的衰减,从而使影片的质量有所下降,也在某种程度上抑制了创作者的创作欲望。随着计算机技术的发展,对视频素材的处理出现了非线性编辑方法。非线性编辑相对于传统的线性编辑来说,是由计算机存储数据的原理所引发的,是以计算机为平台配合专用图像卡、视频卡、声卡等专用卡和高速硬盘,以软件为控制中心来处理视频素材。它对视频文件的操作非常简单,完全是在指定的时间轴上进行文件的拼接,只要没有最后生成影片输出,对这些文件在时间轴上的摆放位置和时间长度的修改都是非常容易的。

4.5.1　视频素材的常见格式

视频文件的格式与视频压缩技术、视频编辑处理技术有关,目前视频一般分为适合本地播放的本地影像视频和适合在网络中播放的网络流媒体影像视频两大类。例如 avi、mpg 等格式的文件,画面质量清晰,播放稳定,但是体积比较大,一般只适合本地播放。随着网络技术的发展，出现了越来越多的网络流媒体影像视频，例如 asf、rm、flv、3gp 等，它们虽然画面质量不太清晰，但是体积小，易于传播，正被广泛应用于视频点播、网络演示、远程教育、网络视频广告等互联网信息服务领域。

1. avi

avi(Audio Video Interleaved)文件是音频、视频交叉记录的数字视频文件格式，是不需要专门硬件参与就可以实现大量视频压缩的视频文件格式，使用广泛。文件扩展名为 *.avi。它将音频信号和视频信号以交错的方式存储在一起，并独立于硬件设备。其压缩算法采用 Inter 公司 Indeo 视频有损压缩技术，解决了音频和视频信息同步问题。avi 格式调用方便，图像质量好，压缩标准可任意选择，是应用最广泛的格式。

2. mp4

mp4 是一套用于音频、视频信息的压缩编码标准，由国际标准化组织(ISO)和国际电工委员会(IEC)下属的“动态图像专家组”(Moving Picture Experts Group，MPEG)制定，第一版在 1998 年 10 月通过，第二版在 1999 年 12 月通过。MPEG4 格式的主要用途在于网上流、光盘、语音发送(视频电话)以及电视广播。其对于不同的对象可采用不同的编码算法，从而进一步提高压缩效率，允许在不同的对象之间灵活分配码率，对重要的对象可分配较多的字节，对次要的对象可分配较少的字节，从而能在低码率下获得较好的效果。另外，它还可以方便地集成自然音视频对象和合成音视频对象。

3. mov

mov 文件是 Macintosh 计算机上使用的影视文件格式，与 avi 文件格式一样，也是采用了 Intel 公司的 Indeo 视频有损压缩算法。mov 视频默认的播放器是 QuickTime。

4. asf

asf(Advanced Streaming Format，高级流格式)是 Microsoft 为了和 Real Player 竞争而发展出来的一种可以直接在网上观看视频节目的文件压缩格式。asf 使用了 MPEG4 的压缩算法，压缩率和图像的质量都很不错。

5. wmv

是一种独立于编码方式的在 Internet 上实时传播多媒体的技术标准，Microsoft 公司希望用其取代 QuickTime 之类的技术标准以及 wav、avi 之类的文件扩展名。wmv 的主要优点在于可扩充的媒体类型、本地或网络回放、可伸缩的媒体类型、多语言支持、扩展性等。

6. 3gp

3gp 是一种 3G 流媒体的视频编码格式，主要是为了配合 3G 网络的高传输速度而开发的，也是目前手机中最为常见的一种视频格式。简单地说，该格式是“第三代合作伙伴项目”(3GPP)制定的一种多媒体标准，使用户能使用手机享受高质量的视频、音频等多媒体内容。其核心由高级音频编码(AAC)、自适应多速率(AMR)、MPEG4 和 H.263 视频编码解码器等组成，目前大部分支持视频拍摄的手机都支持 3gp 格式的视频播放。

7. flv

flv 是 flash video 的简称，flv 流媒体格式是一种新的视频格式。它形成的文件极小，加载速度极快，使得网络观看视频文件成为可能。它的出现有效地解决了视频文件导入 Flash 后，使导出的 swf 文件体积庞大，不能在网络上很好地使用的缺点。

8. f4v

作为一种更小更清晰，更利于在网络传播的格式，f4v 已经逐渐取代了传统 flv，也已经被大多数主流播放器兼容播放，而不需要通过转换等复杂的方式。f4v 是 Adobe 公司为了迎接高清时代而推出继 flv 格式后支持 H.264 的流媒体格式。它和 flv 主要的区别在于：flv 格式采用的是 H.263 编码，而 f4v 则是支持 H.264 编码的高清晰视频，码率最高可达 50 Mbps。也就是说，f4v 和 flv 在同等体积的前提下，能够实现更高的分辨率，并支持更高比特率，就是我们所说的更清晰、更流畅。很多主流媒体网站上下载的 f4v 文件后缀却为 flv，这是 f4v 格式的另一个特点，属正常现象，观看时可明显感觉到这种实为 f4v 的 flv 有明显更高的清晰度和流畅感。

4.5.2 视频的特点

视频作为多媒体素材的一种，在多媒体系统中占有非常重要的地位。因为它本身就可以由文本、图形图像、声音、动画中的一种或多种组合而成，利用其声音与画面同步、表现力强的特点，能大大提高直观性和形象性。

在多媒体数字视频中有几个重要的技术参数影响视频图像的质量，即帧速、分辨率、颜色数和压缩比。

帧速常用的有 25 帧/秒(PAL)和 30 帧/秒(NTSC)两种。帧速越高，数据量越大，质量越好。

视频的分辨率越大，数据量越大，视频的质量越好。

颜色数是指视频中最多能使用的颜色位数，颜色位数越多，色彩越逼真，数据量也越大。

压缩比较小时对图像质量不会有太大影响，而超过一定倍数后，将会明显看出图像质量下降。而且压缩比越大，在回放时花费在解压上的时间越长。

4.5.3 视频的获取

1. 利用摄像机拍摄

视频素材可以利用摄像机直接拍摄得到，摄像机有模拟和数字两种类型。模拟摄像机拍摄录制的视频素材为模拟信号，要转换为计算机可以处理的数字信号需通过视频采集卡等设备。而用数字摄像机拍摄的信号则可以直接将采录的信号存入计算机中，因此能利用编辑软件进行编辑。

对于模拟摄像机拍摄录制的视频素材，还要进行视频采集。所谓视频采集就是将模拟摄像机、录像机、LD 视盘机、电视机输出的视频信号，通过专用的模拟、数字转换设备转换为二进制数字信息的过程。在视频采集工作中，视频采集卡是主要设备，分为专业和家用两个级别。专业级视频采集卡不仅可以进行视频采集，并且还可以实现硬件级的视频压缩和视频编辑。家用级的视频采集卡只能做到视频采集和初步的硬件级压缩，而更为“低端”的电视卡，虽可进行视频的采集，但它通常省却了硬件级的视频压缩功能。如果只是个人学习使用，建议在电脑上安装 1394 接口用于视频采集。

2. 利用光盘中的视频素材

光盘中，特别是 VCD、DVD 中有大量丰富的视频素材，利用合适的软件可以从中截取所需要的视频片断，转换成视频素材文件。常用的视频截取软件有格式工厂、视频截取专家等。

3. 屏幕视频捕捉

通过一些屏幕视频捕捉软件，如 SnagIt、HyperCam、ScreenCam、Camtasia 等对计算机操作过程中的屏幕变化情况实时捕捉，包括鼠标的移动轨迹与音效，并保存成视频格式。但此方法对计算机的硬件配置要求较高。当然，在抓取中可以用降低抓取帧速或缩小范围等办法来弥补机器硬件配置的不足。

4. 从网络下载

有些网站的视频可以直接下载，例如优酷、土豆上面的很多视频都可下载。下载这些视频时，一般都要下载专门的软件，如在优酷网上下载视频必须安装 iku，在土豆上下载视频必须安装 itudou。这些视频插件安装好后，用户注册一下就可以下载视频了。也有一些视频可以直接通过迅雷等软件下载。

还有些网站的视频只能在线播放，不能下载，这时我们可以利用一些小软件来下载。例如 UUme FLV、FVD Download 等下载器。下面以 FVD 下载器为例，说明如何下载视频文件。

在 360 浏览器中，点击右上角“扩展”后面的三角，然后选择“扩展中心”，如图 4-77。在 360 应用市场页面的搜索栏中输入 FVD 后回车，找到 FVD Download 软件，点击下面的“安装”，安装好软件。点击新添加到工具栏上的“FVD Download”按钮，然后选择“设置”，如图 4-78。确认已经勾选 mp4、flv、swf 等格式的动画和视频，如图 4-79，然后点击“关闭”按钮。重新打开要下载的动画与视频的网页，点击“FVD Download”按钮，如图 4-80。点击要下载的 Flash 动画后面的“下载”按钮，如图 4-81，即可下载相应的动画和视频。

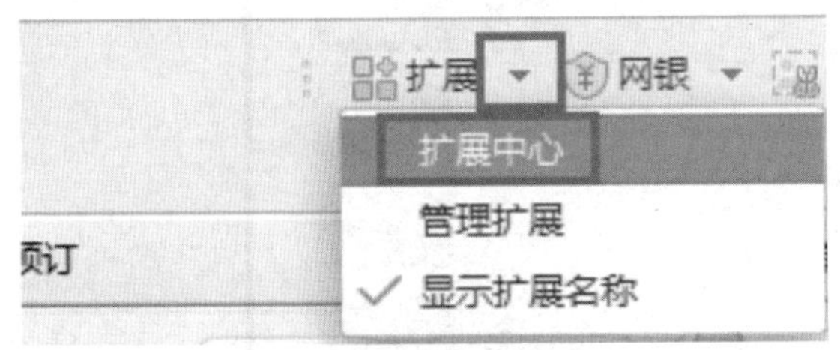

图 4-77　选择“扩展中心”

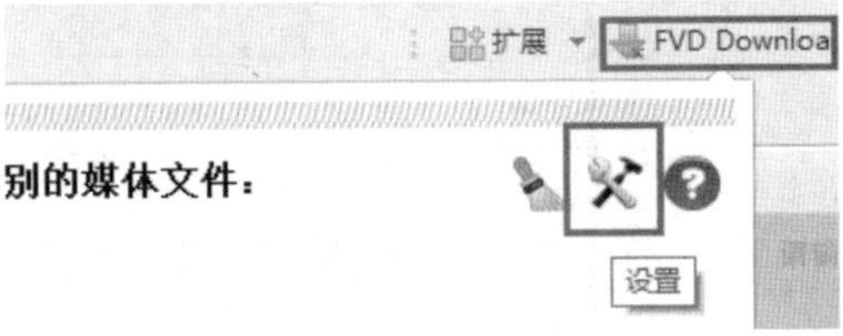

图 4-78　选择“设置”

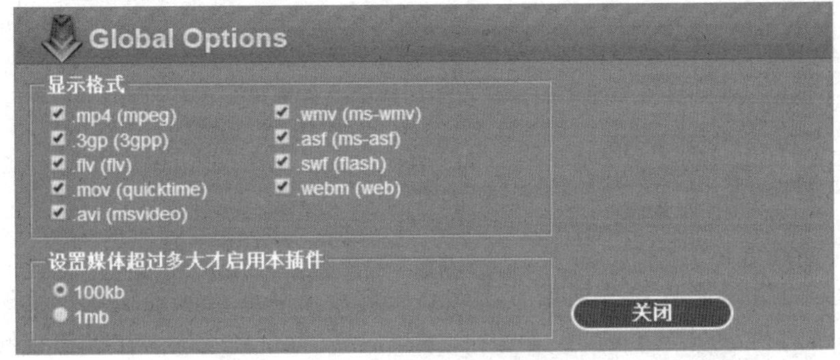

图 4-79　“设置”界面

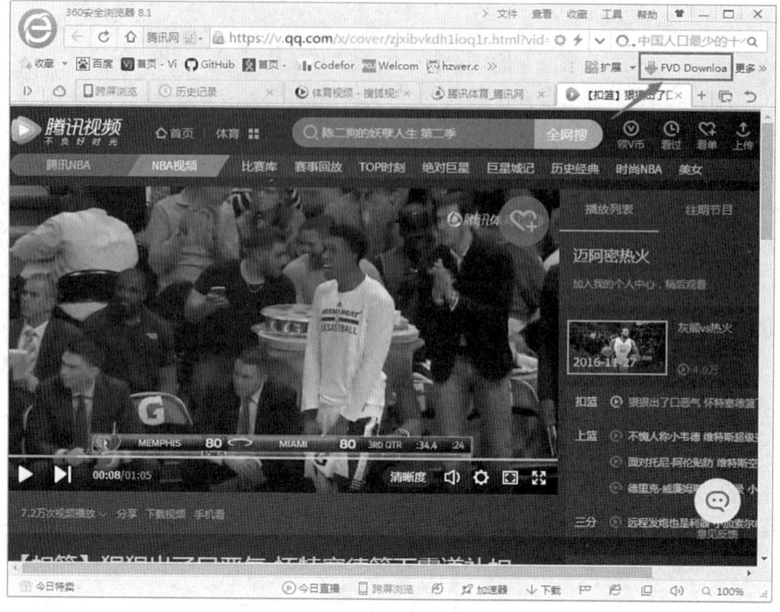

图 4-80　点击工具栏上的“FVD Download”按钮

图 4-81　已识别的媒体文件界面

4.5.4　视频的编辑

1. 视频编辑的技术发展

视频编辑是将大量影片镜头根据一定的意图进行剪切处理并连接成一部影片。传统的视频编辑是基于先行编辑方法的，在录像机、编辑台等设备上进行。在进行视频编辑时必须按照素材的时间前后顺序从头到尾进行浏览，要花费大量的时间，而且在编辑过程中会造成信号的衰减，再插入与原画面时间不等，或删除节目中某些片段时要重编，而且每编一次视频质量都有所下降。

随着计算机技术的发展，出现了非线性视频编辑系统。非线性编辑系统是将传统的电视节目后期制作系统中的切换机、数字特技、录像机、编辑机、调音台、字幕机等设备集成于一台计算机内，用计算机来处理、编辑图像和声音，再将编辑好的视音频信号输出的一种视频编辑系统。它首先将视频文件通过与计算机相连的外部设备传输到计算机中，然后利用编辑软件对其进行加工处理做成成品。在编辑素材的过程中，操作者可以随机访问任意素材，不受素材存放时间的限制，而且可以任意对素材进行添加、剪切等操作，还可以利用软件进行创意制作。

2. 视频的格式转换

(1)格式转换的必要性

有些视频只有转换格式才能进行编辑。目前市面上的视频编辑软件功能各异，有些软件只能导入 avi、mpg 格式的视频，如果要对 rm、flv 等格式的视频文件进行编辑，就只能将这些格式转化为视频软件支持的格式。

有些视频只有转换格式才能在某些设备上播放。例如，家用的 DVD 播放机只能读 VCD、DVD 等格式的视频，如果我们希望视频可以在这些设备上播放，就必须将视频刻录成 VCD、DVD 格式。将视频刻录成 VCD 光盘时，视频会变成 dat 格式；录成 DVD 格式时，视频会变成 vob 格式。

有些视频转换格式后可以减小体积，利于传播。例如，现在很多网络爱好者都把自己的视频上传到网络上和他人分享，但是如果视频体积太大，如 avi、mpg 格式的视频，上传和下载费时又费空间。如果把这些视频转换成 rm/rmvb/asf 等流媒体格式，上传容易，下载也快，而且他人还可以在线观看。

(2)格式转换的常用软件

目前市面上格式转换软件非常多，可以根据自己的需要在网上搜索相应的软件。以下我们介绍格式工厂、狸窝全能视频转换器、万能视频格式转换器这三种软件。

①格式工厂①

格式工厂(Format Factory)是由上海格式工厂网络有限公司开发的免费多功能多媒体格式转换软件。它界面友好，操作简单，支持几乎所有类型视频转到 mp4、3gp、avi、mkv、wmv、mpg、vob、flv、swf、mov，新版支持 rmvb(rmvb 需要安装 Realplayer 或相关的译码器)、xv(迅雷独有的文件格式)转换成其他格式。支持几乎所有类型音频转到 mp3、wma、flac、aac、mmf、amr、m4a、m4r、ogg、mp2、wav，支持几乎所有类型图片转到 jpg、png、ico、bmp、gif、tif、pcx、tga。支持转换 DVD 到视频文件，转换音乐 CD 到音频文件。可设置文件输出配置(包括视频的屏幕大小、每秒帧数、比特率、视频编码，音频的采样率、比特率，字幕的字体与字号等)。高级项中还有“视频合并”与查看“多媒体文件信息”。在转换过程中可修复某些损坏的视频，也支持媒体文件压缩。可提供视频的裁剪功能，转换图像档案支持缩放、旋转、数码水印等功能。其主界面如图 4-82 所示。

②狸窝全能视频转换器

狸窝全能视频转换器(视频格式转换器、手机视频转换器、万能视频转换器)是一款功能强大、界面友好的全能型音视频转换及编辑工具，可以在几乎所有流行的视频格式之间任意

---

① 格式工厂软件下载地址：http://www.pcfreetime.com/CN/index.html

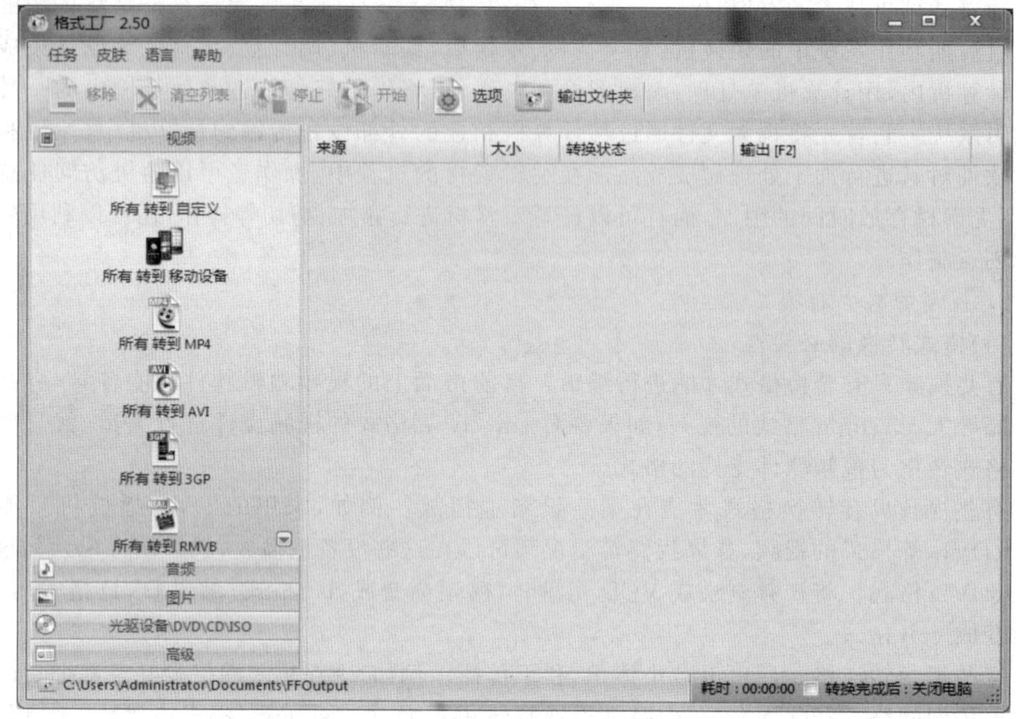

图 4-82 格式工厂界面

相互转换。如将 rm、rmvb、vob、dat、VCD、DVD、SVCD、asf、mov、qt、MPEG、wmv、mp4、3gp、DivX、XviD、avi 等视频文件转换为手机、mp4 机等移动设备支持的音视频格式。

狸窝全能视频转换器不单提供多种音视频格式之间的转换功能，也是一款简单易用却功能强大的音视频编辑器。在视频转换设置中，可以对输入的视频文件进行可视化编辑，如裁剪视频，截取部分视频转换，不同视频合并成一个文件输出，调节视频亮度、对比度等。

③万能视频格式转换器

万能视频格式转换器是一款功能强大的视频格式转换软件，支持多种视频格式转换。可将 rm、rmvb、avi、wmv、MPG、MPEG、flv、3gp、mp4、swf、asf、DivX、XviD、3gp2、flv1、MPEG1、MPEG2、MPEG3、MPEG4、H.264 等视频格式转换，用于各种 mp4 播放机、手机、PSP 游戏机、iPod、DVD、iPhone、高清电视等设备播放。它是一款用于专业视频转换和压缩的软件，采用全新的国际一流编解码技术，具有转换速度快，支持批量转换，上手容易，操作简单易用等特点。

3. 视频素材的编辑

可以利用视频编辑软件对各种视频、音频、图像素材进行编辑制作，如 Movie Maker Live、绘声绘影、Premiere 等。下面以 Movie Maker Live① 为例，介绍视频的编辑过程。

Movie Maker Live 是 Windows Vista 及以上版本附带的一个影视剪辑小软件（Win-

---

① Movie Maker Live 软件下载地址：https://support.microsoft.com/zh-cn/help/14220/windows-movie-maker-download

dows XP 带有 Movie Maker)。它功能比较简单,可以组合镜头、声音,加入镜头切换的特效,适合家用摄像后的小规模处理。通过 Windows Movie Maker Live(影音制作),可以简单明了地将家庭视频和照片转变为感人的家庭电影、音频剪辑或商业广告。可剪裁视频、添加配乐和照片,只需单击一下就可以添加主题,从而为电影添加匹配的过渡和片头。

①安装完 Windows Movie Maker Live 之后,在 C:\Programfiles\Windows Live\PhotoGallery 文件夹中双击 Movemaker.exe 运行程序,接着点击"添加视频和照片",导入我们准备制作影集的照片,此时在播放窗口可预览到效果。如图 4-83。

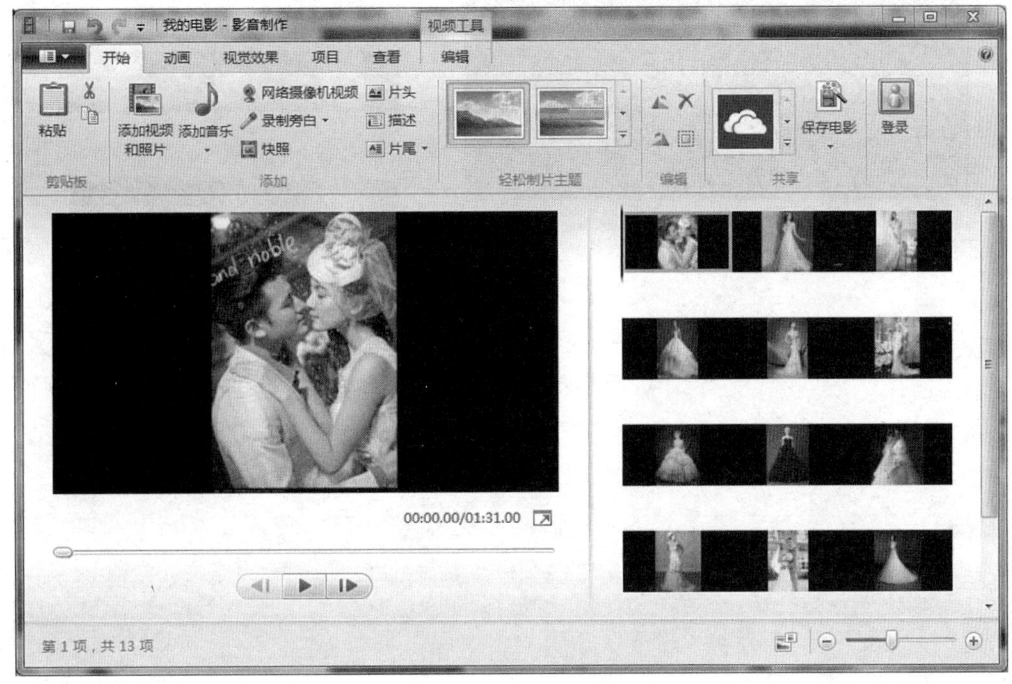

图 4-83　在软件中导入照片

②如果要添加"片头文件",则点击"片头",然后在打开的设置窗口中设里片头名称,此时在右侧窗格可以看到添加的片头文件,如图 4-84。同样,点击"片尾"可以设置片尾文件。

③可以加上背景音乐。点击"音乐",选择添加音乐,完成后右侧窗格的视频下方会添加一个绿色的音频条,默认情况下该音频会自动重复播放。还可以为视频添加各种特效,如切换到"动画",选择自己喜欢的效果,设置在视频开始时显示。另外,还可添加淡入淡出等其他的特效。如图 4-85。

④输出视频。视频编辑完成后,直接选择"开始"菜单下右上角的"保存电影"按钮,在出现的菜单选项中选择计算机,根据需要选择输出的 mp4 或 wmv 视频格式,点击"确定",即可渲染输出视频。

图 4-84　添加片头文件

图 4-85　添加背景音乐和视频特效

思考与实训

1. 比较图形图像的异同点，并列出它们的常用文件格式。

2. 获取声音素材、图片素材及视频素材分别有几种方法？试举例说明。

3. 如何使用图像处理软件 Photoshop 实现“抠图”？你可以说出几种方法？

4. 朗读选定的一段文本，尝试利用 Audition 对声音进行录音、降噪、混响、滤波、变调等常用编辑操作。

5. 试列出几种常见的视频素材格式转化软件工具，选定一段视频素材进行格式转换操作。

第5章　多媒体课件设计与制作

【学习目标】

1. 理解多媒体课件的基本概念、特点、类型及发展趋势。
2. 掌握多媒体课件的设计开发流程。
3. 了解PowerPoint2013软件的特点，掌握利用其制作多媒体课件的基本方法与技巧。
4. 了解Flash动画基本类型及操作方法。
5. 掌握利用Flash开发多媒体课件的基本方法与操作技巧。

【知识导学图】

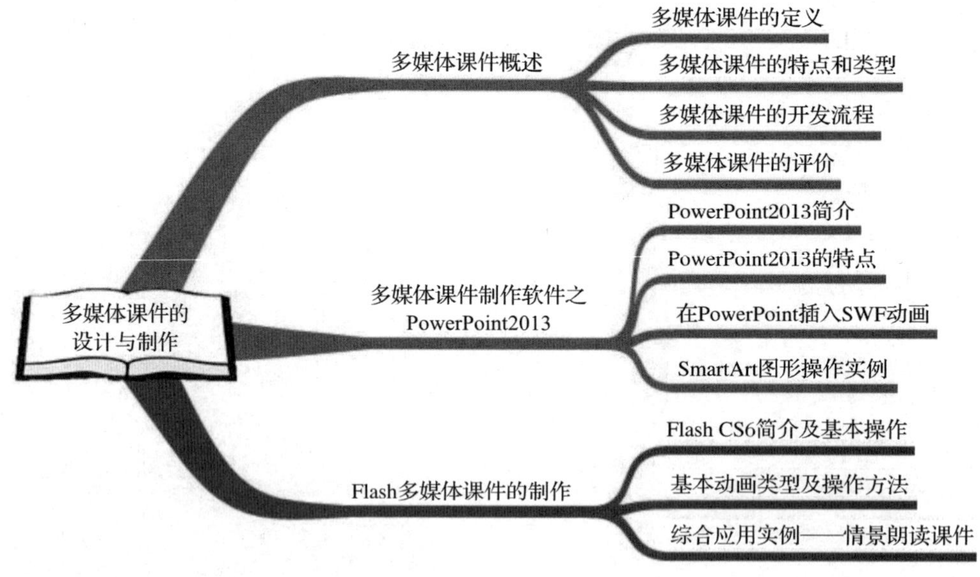

多媒体课件设计与制作是计算机辅助教学中非常重要的一部分内容，高质量多媒体课件的设计与开发是一项复杂的系统工程，涉及教育学、心理学、传播学、计算机技术、美学等多学科知识，必须在相关教学理论的指导下，按照科学的方法与步骤，对多媒体课件进行教学设计与艺术设计，并运用计算机技术来完成开发。本章介绍多媒体课件的基本概念、特点、类型、开发过程等基本知识；介绍PowerPoint2013多媒体课件制作软件的基本特点、操作方法及使用技巧；介绍动画制作软件Flash CS6的动画类型及其实现方法，并通过一个综合实例对Flash多媒体课件的制作流程和基本操作方法进行了较为详尽的介绍。

5.1　多媒体课件概述

5.1.1　多媒体课件的定义

20 世纪 90 年代以来，多媒体技术在教育教学中的应用日益广泛，课件多以图、文、声、像等多种媒体来呈现教学信息。

一般来说，多媒体技术是指把文字、声音、图像、动画和视频等多种媒体信息通过计算机进行交互式综合处理的技术。采用多媒体技术来辅助教学，能使学生的多种感官得到刺激，最大限度地汲取信息与知识。从教育心理学角度看，人们从听觉获得的知识大约能记忆 15%，从视觉获得的知识大约能记忆 25%，但如果同时使用视听觉两种手段，就能记忆知识的 65%。可见，在教学中，相对于普通教学方法，应用多媒体技术可以大大地提高教学效率。

多媒体课件主要是指在现代先进的教学理论指导下，以计算机与多媒体技术为支撑，依据教学目标设计的用于执行教学任务的多媒体软件。

多媒体课件是计算机多媒体技术在教育领域中应用的典型范例，它的核心内容是以计算机多媒体技术为教学媒介而进行的教学活动。多媒体课件的主要表现形式是利用数字化的声音、文字、图片以及动态画面，形象地展现学科中的可视化内容，强化形象思维，使抽象概念更易于接受。实践证明，多媒体课件从真正意义上优化了课堂教学，提高了课堂效率，已经在教育领域得到了广泛的应用。

5.1.2　多媒体课件的特点

多媒体技术的主要特点体现在它的集成性、多样性和交互性。其中交互性也是基于多媒体技术的新型媒体与传统的单向信息传递的电视、电影等视听媒体的主要区别。基于多媒体技术的多媒体课件具有以下特征：

1. 友好的交互环境

多媒体教学课件提供了图文并茂、丰富多彩的人机交互式学习环境，学习者可以根据自己的实际需求，选择适合自己的学习内容，推动学习进程，而不是由教师事先安排好，学生只能被动接受。友好的交互环境可以充分发挥学习者学习的主动性，体现学习者的认知主体作用。

2. 形式多样、形象直观的信息呈现方式

多媒体课件中教学信息的显示包括文字、声音、图像、动画、视频等多种形式，为学习者提供了视觉、听觉等多种感官的综合刺激。这种方式更能引起学生的学习兴趣，提高学习积极性。这种形象直观的信息呈现方式可以为学习者创设多样化的情景，使学生获得生动形象的感性素材，比传统教学的黑板更直观、形象，更具有吸引力。

3. 丰富的学习资源

多媒体课件提供了大量的图文并茂的多媒体学习资源，创设了丰富有效的教学环境，扩展了学生的知识面，这是纸质媒体、录像片等其他媒体等难以做到的。

4. 超文本的组织结构

超文本是一种用计算机来实现连接课件中相关页面的结构，在一个课件页面中把某些

文本通过链接引向其他的相应页面，读者在浏览页面时可以通过该链接交叉引向其他的相应页面。超文本结构信息组织的联想式和非线性符合人类的认知规律，便于学生进行联想思维，同时也为学习者提供了多种不同学习对象的教学方案和学习途径。

5.1.3 多媒体课件的类型

随着多媒体计算机技术的发展和广泛应用，多媒体课件的种类也越来越多，可以从不同的角度进行分类。

1. 根据使用对象分类

(1)助学型。旨在辅助学生自主学习以掌握一定的知识或技能。

(2)助教型。旨在辅助教师更好地完成课堂教学任务。

2. 根据内容与作用分类

(1)课堂演示型。此类多媒体教学软件通常是为了解决某一学科的教学重点与教学难点而开发的，它注重对学生的启发、提示，反映问题解决的全过程，主要用于课堂演示教学。这种类型的教学软件要求画面直观，尺寸比例较大，能按教学思路逐步深入地呈现。

(2)学生自主学习型。此类多媒体教学软件具有完整的知识结构，能反映一定的教学过程和教学策略，提供相应的形成性练习供学生进行学习评价，并设计友好的界面让学习者进行人-机交互活动。利用这种类型的多媒体教学软件，学生可以在个别化的教学环境中进行自主学习。

(3)模拟实验型。此类多媒体教学软件借助计算机仿真技术，提供可更改参数的指标项，当学生输入不同的参数时，能随时真实模拟对象的状态和特征，供学生进行模拟实验或探究发现时使用。

(4)测验训练型。此类多媒体教学软件主要通过问题的形式来训练、强化学生某方面的知识和能力。

(5)资料工具型。此类多媒体教学软件包括各种电子工具书、电子字典、各类图形库、动画库、声音库等。它只提供某种教学功能或某类教学资料，并不反映具体的教学过程，可供学生课外查阅资料，也可根据教学需要事先选定有关片断，配合教师讲解，辅助课堂教学。

5.1.4 多媒体课件设计开发流程

多媒体课件的设计开发是一项复杂的系统工程，需要全体开发人员的通力配合，需要对开发过程的各个步骤和任务做出具体的规定来作为行动的指南。一般而言，多媒体课件的开发要经过分析、设计、开发、试用评价、出版发行等环节，如图 5-1 所示。

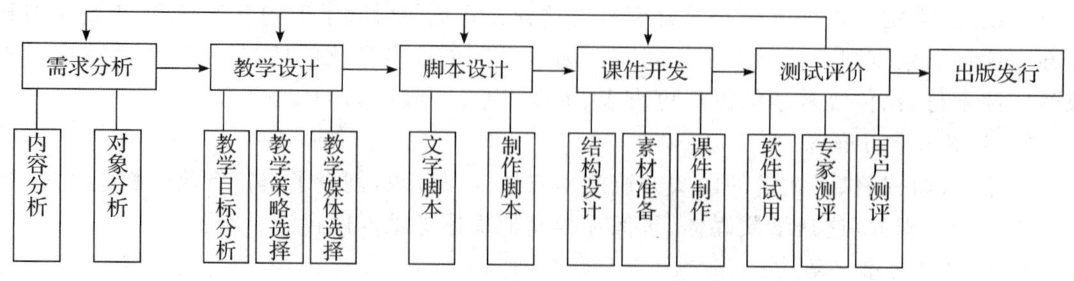

图 5-1 多媒体课件设计开发流程

1. 需求分析

需求分析主要包括内容分析与对象分析。

(1)内容分析主要包括对教学内容的选择，确定教学内容的重难点，确定适合于多媒体课件来展现的、优于传统教学的知识内容。

(2)对象分析主要是分析学习者在进行新的学习或练习时，其原有知识水平或心理发展水平对新的学习的适合性，包括学习者年龄、受教育水平、学习动机、文化背景和计算机操作能力等。多媒体课件的设计必须与学习对象的特征相适应，帮助学习者由直觉思维向抽象思维过渡，引导学生学习抽象概念，逐步发展学生的逻辑思维能力。

(3)成本估算通常也是多媒体课件开发过程中不可缺少的。成本费用一般包括开发人员的劳务费用、参考资料费用、耗材费用等。

2. 教学设计

教学设计是课件中最能体现教师教学经验和教师个性的部分，是教师教学思想最直接和最具体的表现。主要包括教学目标分析、教学方法选择和教学媒体选择。

(1)教学目标分析。教学目标分析就是要明确如何将学习者在开始学习时的起点能力通过教学系统开展的教与学的活动转换成学习结束应能达到的终点能力，从而达到教学目标。因此，教学目标是由从事教学实践工作的教师根据教学的实际需要决定的，而不是由课件开发者决定的。课件的教学目标分析不仅要将教学内容划分到教学单元，而且要进行知识点的划分。教学单元的划分一般要考虑教学目标的先后次序和连续性，并应在时间上加以限制。而知识点的划分一般要考虑知识内容的属性和知识内容之间的逻辑联系。

(2)教学方法选择。在“黑板＋粉笔”的传统教学方式中，教学方法常被描述为诸如讲授法、讲练结合和讨论法之类的呈现方式。随着媒体技术的快速发展，现代教学方法主要是与教学媒体使用有关的方法。一般而言，教学方法没有优劣之分，但必须考虑其在教学中的适用性。因此，熟悉各种能与教学媒体的应用有效结合的教学方法是教师有效运用教学方法的前提。海涅克等人概括了 10 类与选择和利用教学媒体相关的教学方法：呈现法、演示法、讨论法、个别指导、训练与实践法、合作学习法、游戏法、模拟法、发现法、问题解决法等。教师只有在教学实践中不断尝试，才可能确定对于特定的对象和内容哪种方法更好，哪种媒体与哪种方法结合最有效。

(3)教学媒体选择。教学媒体选择的主要任务是选择适合教学内容的合适媒体并合理地使用这些媒体。媒体的种类、媒体的多少及媒体的安排方式都将直接影响到课件的教学效果和学习者对课件的接受程度以及学习效果和效率。

3. 脚本设计

在完成多媒体课件的设计工作后，应在此基础上编写相应的脚本作为制作课件的依据。规范的脚本对保证课件的质量、提高课件的开发效率具有积极的作用。

4. 课件开发

(1)结构设计。结构设计的任务是勾画出课件的总体结构框架，解决各模块之间的链接，并给出各种要采用的类型模板。

(2)素材准备。多媒体课件可以使用的信息有文本、图形、图像、动画、视频、音频等，这些信息称为多媒体素材。在实际制作过程中，准备素材消耗的时间和精力常常是最多的。例如，要制作一个生物课件，需接收集与本课相关的图片、动画以及声音等素材。这些素材有的可以找到，但需要进行加工和处理才能够使用；有的不容易找到，只有自己进行制作。素材准备的时间往往远远超过创作课件的时间。因此，掌握获取素材与处理素材的办法和技巧非常重要。

(3)课件制作。多媒体课件制作工具很多，常用多媒体课件制作工具有 PowerPoint、Authorware、Flash 等，处理媒体素材的常用工具有 Photoshop、Flash、Director、3DMax、Maya、课件梦工厂、Powercreator 等。制作课件时最好选择功能强大、容易上手、兼容性好的多媒体课件创作工具。

5. 调试运行

课件制作完毕后对课件进行反复调试和修改是必不可少的重要环节。课件制作过程中，开发人员、设计人员和用户之间在对课件的理解上会存在一定的偏差，所以要根据用户需求对课件进行修改和调试，尤其在公开出版发行之前，必须对课件进行必要的测试和评价。

运行调试是在课件的编制过程中随时进行的。在系统编辑过程中，开发人员可以运行系统，并设置断点，跟踪系统的运行状态。也可以逐段运行，观察系统编辑后的效果，并随时中断系统运行，返回到编辑状态；在课件基本完成后，必须进行测试，测试者一般为选好的模拟用户，测试的目的是排除软件中较为明显的错误与缺陷，尤其是技术方面的缺陷。

6. 交付使用

对于大型的多媒体课件，还应制作多媒体课件的安装程序，将多媒体课件刻录成光盘，编写使用手册，印制多媒体课件包装。

5.1.5 多媒体课件的评价

多媒体课件的评价就是衡量和估计这个课件对学生的教育价值，判断其应用效果。教学效果的评价分析应分为两部分进行：一部分是分析课件本身对教学效果的影响，可以使开发者清楚地看到软件结构、素材质量以及编制质量对教学效果的影响，从而能发现问题所在，尽快改进教学软件的不足之处；另一部分是学习内容与学习水平的确定、媒体内容的选择与设计以及教学过程结构的设计对教学效果的影响，将有助于对学习内容与学习水平进行更深入细致的分析，有助于选择最佳的媒体内容，有助于设计出更好的教学过程结构。因此，详细分析影响教学效果的因素对多媒体课件的开发有着重要的意义。

多媒体课件作为重要的教学资源，目前公认的对其评价的要素包括以下几个方面：

1. 科学性。包括概念的科学性、问题表述的准确性、引用资料的正确性等。
2. 教育性。包括认知逻辑合理性、直观性、启发性、针对性、思想方法创新等。
3. 技术性。能恰当运用多媒体，运行可靠，易操作等。
4. 艺术性。语言文字规范、简洁、明了，画面和声音具有较高的艺术性等。
5. 使用性。界面友好，操作简单方便、灵活，容错能力强，文档齐备等。

5.2　多媒体课件制作软件之 PowerPoint2013

5.2.1　PowerPoint2013 简介

Microsoft PowerPoint 是微软公司出品的 Office 办公系列软件重要组件之一，可集成视频、音频、文字、图片与动画等素材，可用于教育教学及企业展示与汇报、总结等多方面，用途非常广泛。PowerPoint2003 具有使用方便、效果华丽、智能工作的优点，其丰富多彩的图标颜色已让人印象深刻。而 PowerPoint2013相对于 PowerPoint2003，具有一些革命性的改变，内容更加丰富，功能更为强大，主要体现在界面、内容、功能、操作及服务上。

图 5-2　PowerPoint2013 启动界面

5.2.2　PowerPoint2013 的特点

从界面上看，PowerPoint2013 具有全新的外观，更加简洁，适合在平板电脑上使用；演示者视图可自动适应投影设置；主题提供了诸多变体，可更加简单地打造所需外观；与其他人协作时，可以添加一些批注以提出问题和获得反馈。

从内容上看，素材及功能得到了扩展与改进。在 PowerPoint2003 中，多媒体素材(包括图像、声音、照片和动画)相对较少，而 PowerPoint2013 进行了较大的改进，图片素材丰富且制作速度大大提升。PowerPoint2013 还提供了多种艺术效果，基本涵盖了常用的滤镜效果。此外，PowerPoint2013 引入了如 Photoshop 等平面设计软件里的“图层”概念与应用，用图层可以轻松实现复杂的画面设计与改进，使所有的元素都是处在一定的“层”上，通过叠加、并列、交错等应用轻松实现对各类元素的操作。

从操作上看，PowerPoint2013 更加便捷与灵活。“选择窗格”的出现给 PowerPoint2013 的动画制作带来了翻天覆地的变化。通过选择窗格可以清楚地调整对象的层。当需要给某个对象添加或编辑动画时，只要在选择窗格里单击该对象名称，则选中对象，即使该对象被别的对象遮盖，也不影响操作。此外，PowerPoint2013 可以将特殊字体存成图片，再插入幻灯片中，这样可以有效地避免文件移动时的字体丢失问题。

1. 简洁的界面

PowerPoint2013 继承了 Win 8 metro 风格，平面化，没有多余的修饰。这给操作带来了很大的帮助，不再被无关设计干扰。在 PowerPoint2013 中，界面上最大的变化就是将工具栏进行显性显示，采用了革命性的 Ribbon 界面，以此来适应平板电脑普遍应用的发展趋势。Ribbon 界面是一种命令工具条的集合，将软件的功能集成到窗口上方的一系列标签中。使用 Ribbon 界面可以使得软件的功能和特性更容易被用户发现，以此加快软件整体学习的速度。PowerPoint2013 中的工具栏将主要的功能用图标的方式集中在整个视窗的上方，为使用者提供了更加直观与方便的操作体验，从长远来看，在操作速度与操作的直观便捷性上会得到大大提高。如图 5-3 所示。

图 5-3　显性工具栏

现在几乎可在任何设备(包括 Windows 10 PC、平板电脑、手机等)上与 PowerPoint 进行交互。使用典型的触控手势，在幻灯片上轻扫、点击、滚动、缩放和平移，真正地感受演示文稿。

2. 模板、主题变体及宽屏模式

PowerPoint2013 提供了许多新模板，如报表、贺卡、图表、管理方案、行政公文等，还提供了主题、最近的演示文稿、较旧的演示文稿或空白演示文稿来启动下一个演示文稿，使用者可以根据使用目的来进行选择，用最简单的方法做出最合适而美观的演示文稿。如图 5-4。

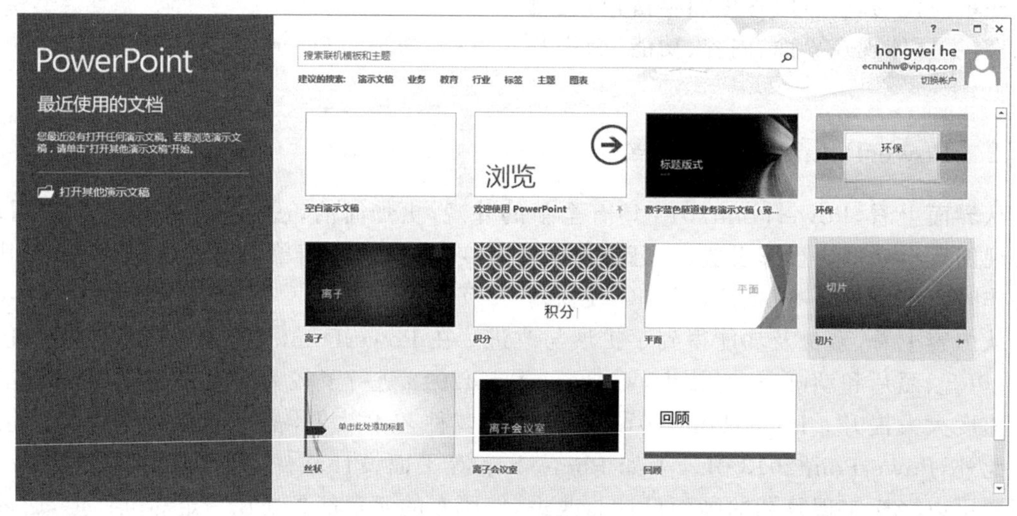

图 5-4　主题模板库

PowerPoint2013 的主题提供了一组变体，如不同的调色板和字体系列，从“设计”选项卡即可选择一个主题和变体。通过变体的改变可以细微地调整某个主题的配色细节。如图 5-5。

此外，PowerPoint2013 提供了新的宽屏主题以及标准大小。世界上的许多电视和视频都采用了宽屏和高清格式，PowerPoint2013 也是如此。它具有 16∶9 版式，新主题旨在尽可能利用宽屏。宽屏模式的设置位于“设计”选项卡里。如图 5-6。

3. 新增和改进的演示者工具

演示者视图是一个方便的小功能，可以帮助演示者在演示过程中使用双屏播放(即大屏幕显示幻灯片，电脑屏幕显示 PowerPoint 操作界面)。演示者视图可以显示演示时间、当前页面、下一页幻灯片等，最重要的是允许演讲者查看备忘笔记，而观众只能看到幻灯片。如图 5-7。在以前的版本中，很难弄清谁在哪个监视器上查看哪些内容。改进的演示者视图解决了这一难题，使用起来更加简单。演示者视图还可以单击放大镜放大图表、图示或者需要强调的任何内容，也可使用“幻灯片浏览”来浏览到演示文稿中的其他幻灯片。Power-

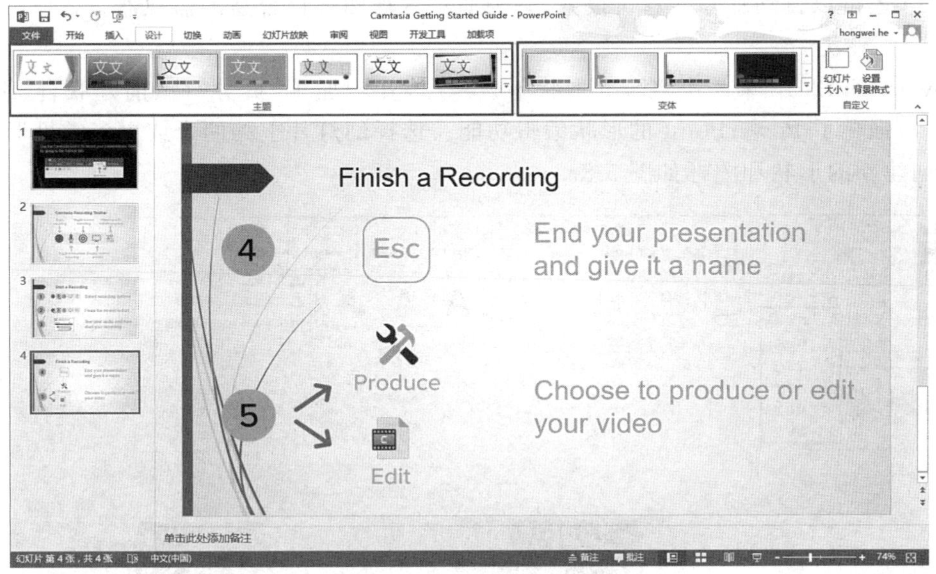

图 5-5　主题和变体设置

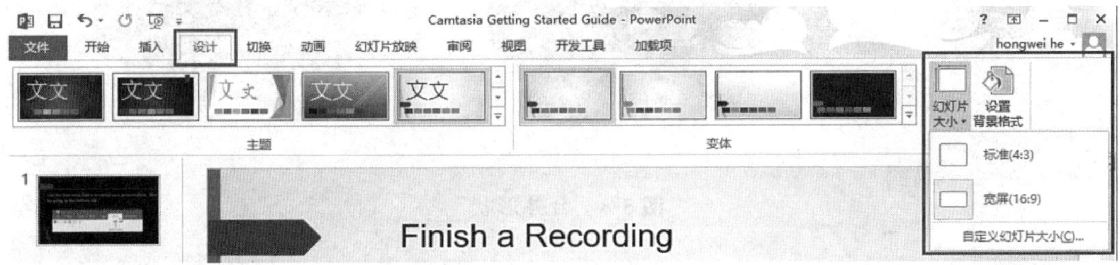

图 5-6　幻灯片大小设置

图 5-7　演示者视图

Point2013 还可以自动感知计算机设置，并为演示者视图选择合适的监视器。

4. 合并形状

PowerPoint2013 第一次将合并形状单独列出，并增加了“拆分”（以前是联合、组合、相交、减除），强化了 PowerPoint 的形状编辑功能。选择幻灯片上的两个或更多常见形状进行组合以创建新的形状和图标如图 5-8。

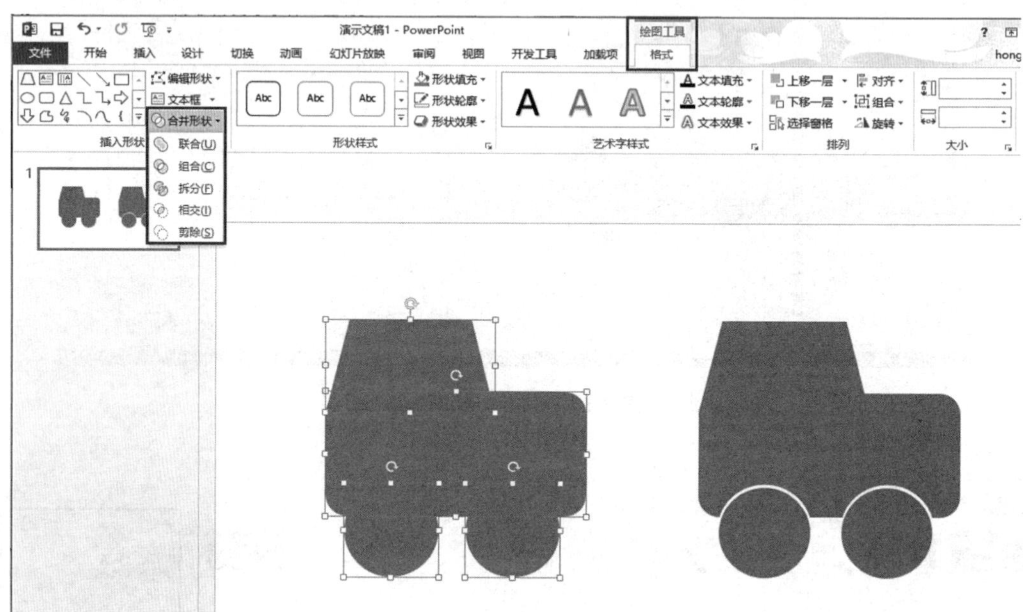

图 5-8 合并形状

5. 取色器

新的取色器是个很小的工具，却有着四两拨千斤的功用。它可实现颜色匹配，从屏幕的对象中捕获精确的颜色，然后将其应用于任何形状。譬如我们在花瓣上发现某张图配色还不错，就可以复制该图片到某一页幻灯片上，再取色使用，如图 5-9 所示。

6. 智能参考线

PowerPoint2013 具有智能参考线功能，当对象（如图片、形状等）距离较近且均匀时，智能参考线会自动提示对象的间隔及大小，用户无须精确设置对象的位置其大小，用眼睛目测即可实现精准的排列效果。如图 5-10。

7. 选择窗格

新增的选择窗格类似于 Photoshop 中图层，当页面中的对象较多时，使用者可以通过这个窗格，对本幻灯片中的对象进行显示或隐藏，非常便捷。如图 5-11。

8. 更加完善的 SmartArt 图形

在 PowerPoint2013 的“插入”选项卡中，新增了许多 SmartArt 图形，并将这些图形进行归类，应用 SmartArt，使用者可以方便地从逻辑上表现自己想要展现的内容，并且操作便捷，美观大方。如图 5-12。

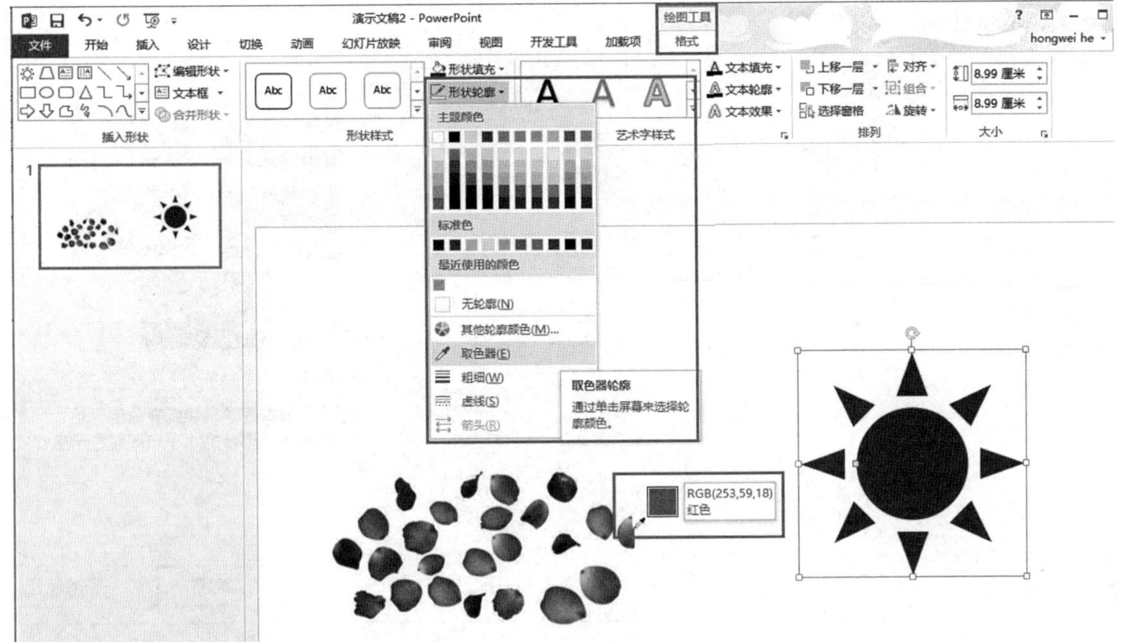

图 5-9　取色器

图 5-10　智能参考线

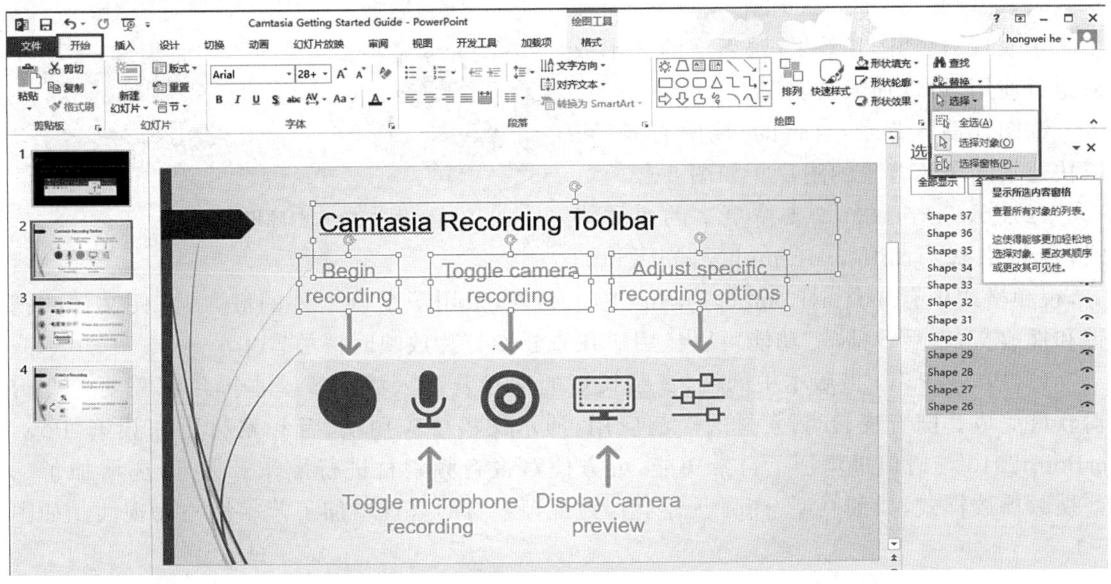

图 5-11　选择窗格

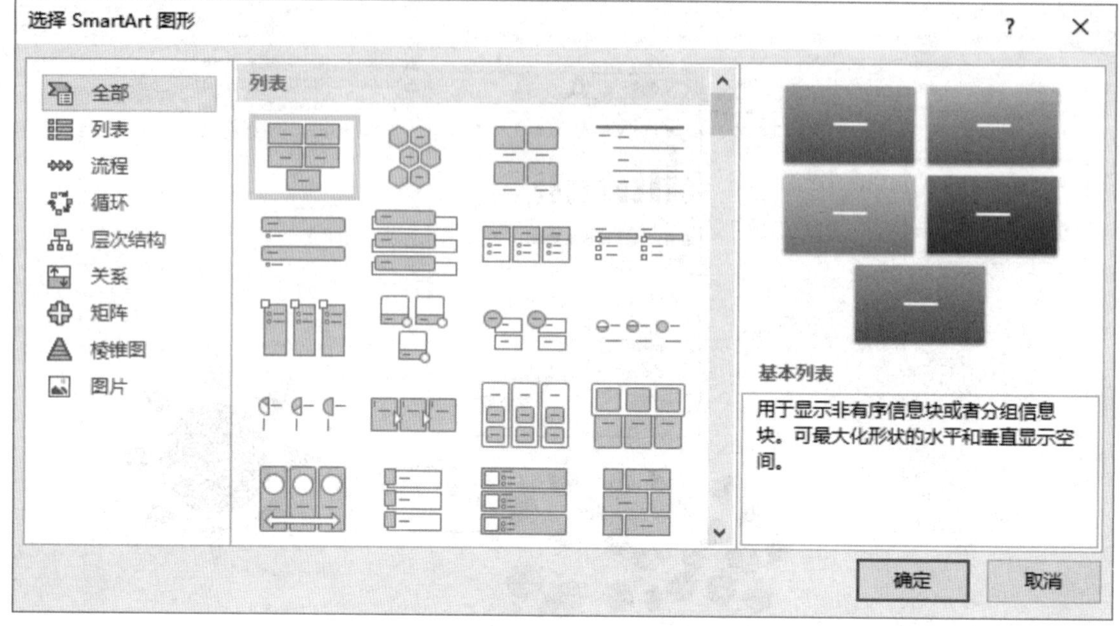

图 5-12 插入 SmartArt 图形

9. 更丰富的图片、音频与视频功能

(1)PowerPoint2013 新增了强大的图片编辑功能,方便使用者做一些图片的修改,以更好地配合整个幻灯片的风格,包括以下几分方面:

①图片的重新着色:可以对插入的图片进行重新着色,增加其表现力与艺术感染力。

②图片的艺术效果增加:增加了许多艺术效果,如虚化、影印与纹理化等效果,加强了艺术表现力。“图片效果”跟新增的艺术效果组合使用,可以加强其表现力。

③图片消除背景:自带的“删除背景”可以快速去除单色背景的图片。如图 5-13。

图 5-13 删除图片背景

(2)PowerPoint2013 支持更多的媒体格式,音频格式有.aiff、.au、.midi、.wav、.mp3等,视频格式中有.asf、.avi、.mpeg、.wmv 等。另外,采用了默认文件的嵌入,方便文件的携带和播放。“在后台播放”功能可以让用户在查看幻灯片放映时播放音乐。

(3)PowerPoint 老版本中的视、音频长短的剪接及淡入淡出等基本操作都需要专业剪辑软件完成。随着视、音频素材的广泛应用,演示文稿中应用视、音频素材更加频繁,PowerPoint2013 与时俱进增加了自带功能,可方便对视音频素材进行操作。另外,还增加了一些视频播放样式,如细微型、椭圆、强烈型,为视频素材的呈现增加了艺术性与表现性。如图 5-14。

10. 动画的设置

(1)PowerPoint2013 提供了 200 种动画效果,其中多数的动画可以切换不同的效果选

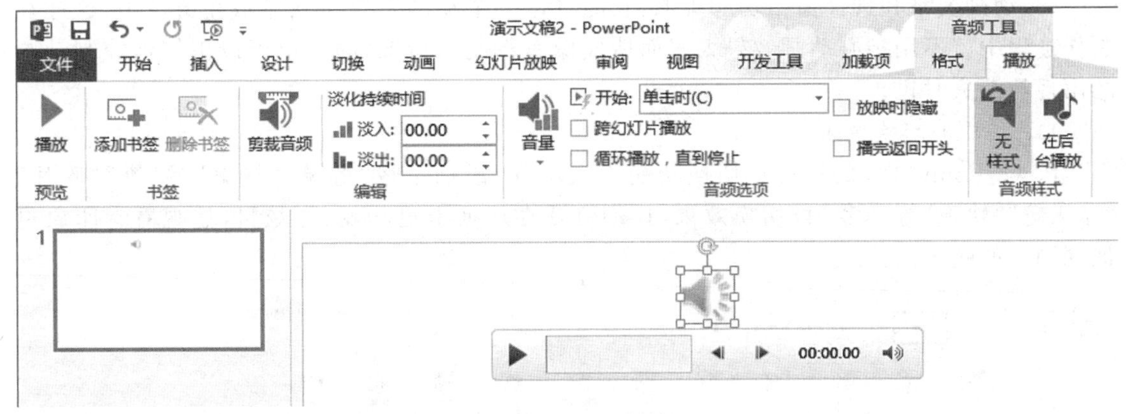

图 5-14　音频工具

项，还能够实现多种动画的组合，从而得到不计其数的动画艺术效果。如图 5-15。

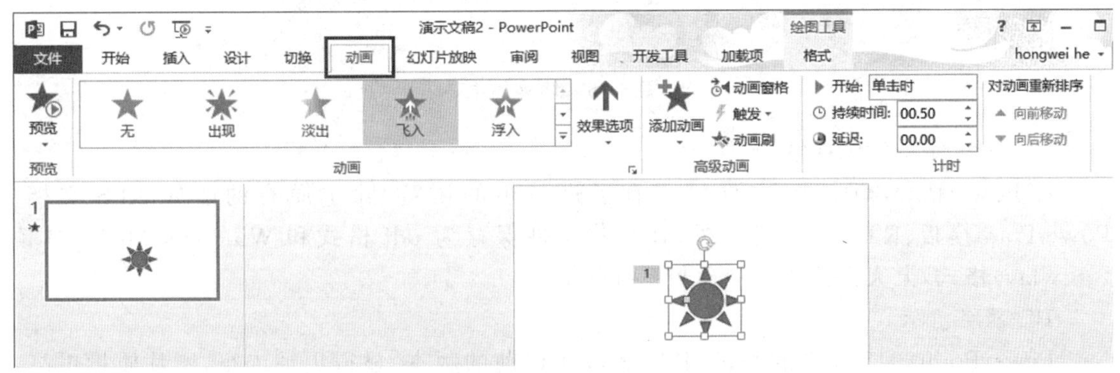

图 5-15　动画效果设置

(2)PowerPoint2013 中新增了动画刷功能，当使用者需要做一些重复的动画效果时，通常会感到繁琐不便和无趣。动画刷可以像 Word 中的格式刷一样复制动画效果，非常神奇与高效。

(3)触发器能实现交互功能，使用触发器可以让动画效果选择性地出现，并且可以通过鼠标点击随意控制动画出现的先后顺序。如图 5-16。

(4)在创建动作路径时，PowerPoint 会显示对象的结束位置，原始对象始终存在，而“虚影”图像会随着路径一起移动到终点。如图 5-17。

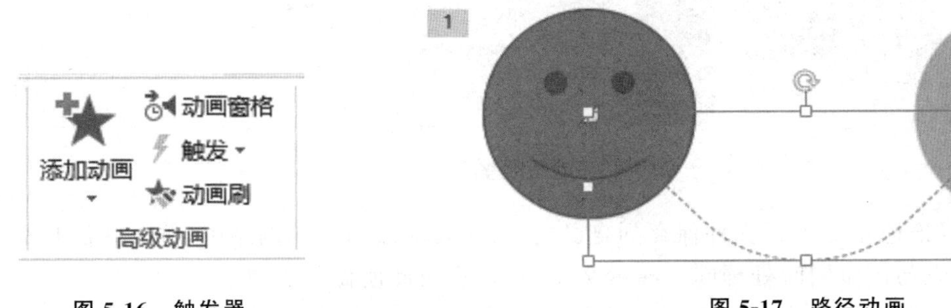

图 5-16　触发器

图 5-17　路径动画

(5)动画窗格和选择窗格功能类似,它能将每一个动画效果单独显示在窗口中,这样在制作过程中就不用担心动画效果太多而造成操作不便的情况,同样也可以更好地控制动画的出现与消失时机。

11. 华丽的切换效果

PowerPoint2013 的幻灯片切换功能大大增强,添加了像"涟漪""蜂巢""涡流""碎片""摩天轮""轨道"等许多 3D 切换效果,让幻灯片在切换上更华丽、更炫目,使观看者印象更加深刻。如图 5-18。

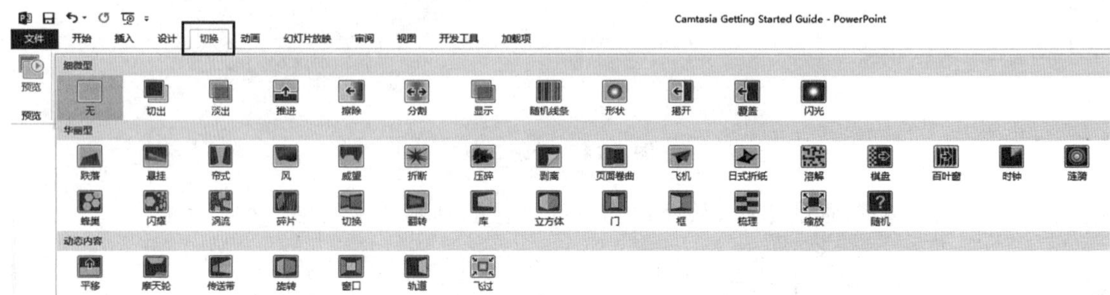

图 5-18 切换效果

12. 多样的文件保存格式

在 PowerPoint2013 中,文件格式有了进一步的拓宽,除了原有的诸如 XPS 文档、PowerPoint模板、RTF 元文件之外,还可将文件保存为 pdf 格式和 Windows Media 视频(*.wmv)格式,大大方便了各平台与系统的播放。

13. 服务升级

PowerPoint2013 提供的联机服务,相较于以前的版本,显得更加丰富,图片质量更高,模版数量更丰富。如图 5-19。

图 5-19 联机服务

用户可以轻松地将 Office 文件保存到自己的 SkyDrive 或组织的网站中,每次联机时都可以访问,还可以与同事同时处理同一演示文稿,并查看彼此所做的更改。

PowerPoint2013 中用户还可以通过多种方式利用 Web 共享 PowerPoint 演示文稿,

可以发送指向幻灯片的链接，或者启动完整的 Lync 会议。该会议可显示平台以及音频和 IM，观众可以从任意位置的任何设备使用 Lync 或 Office Presentation Service 加入会议。

此外，PowerPoint2013 还提供了更为丰富的 Office 应用程序，如图 5-20 所示。用户只需注册一个 Microsoft 的账号，即可获取 Office 应用商店里的程序，其中大量插件是免费的。如 Pro Word Cloud 是 Office2013 应用商店里面的一款免费插件，它可以让文本内容瞬间变成一张字体云的图片，并且它根据词频来调整生成的图片中文字的大小，也就是说图片中字体最大显示最突出的就是词频最高的词语，快速实现可视化效果。如图 5-21。

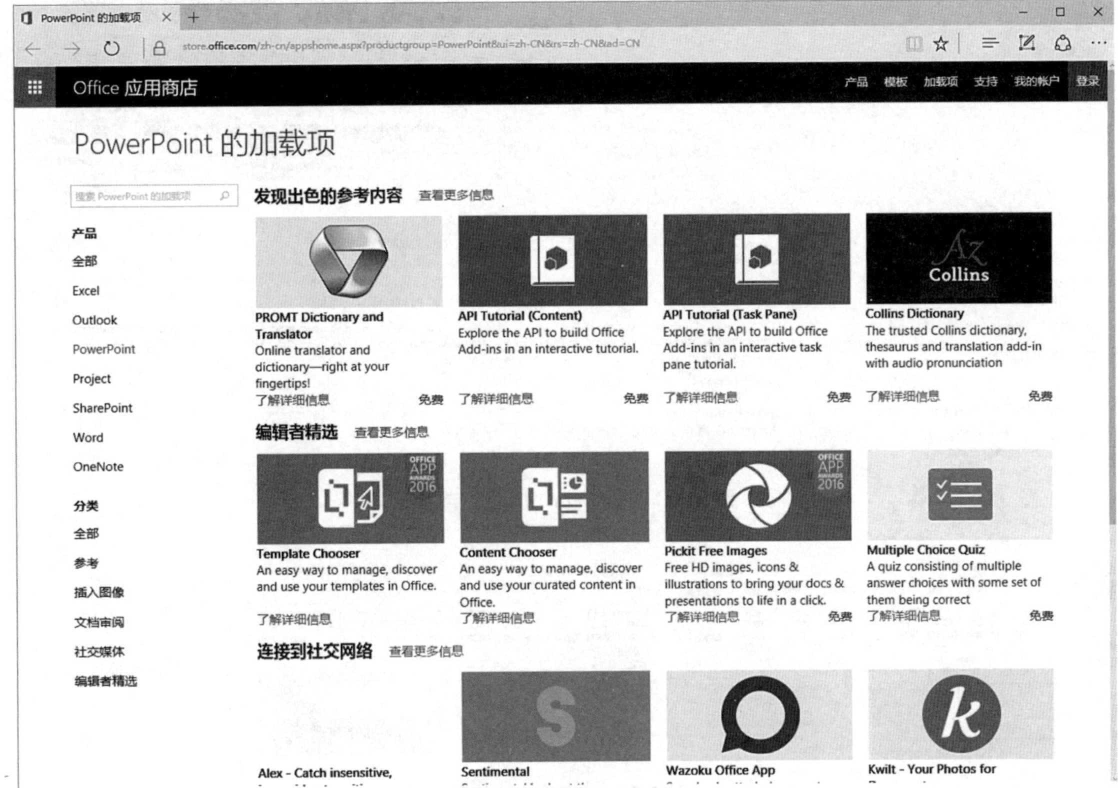

图 5-20　Office 应用商店

5.2.3　在 PowerPoint 中插入 swf 动画

下面以一个保存在 D 盘中的名为“爆笑猪对话”的 swf 动画如何实现在 PowerPoint 2013 中的播放为例，向大家介绍在 PowerPoint 中使用“Shockwave Flash Object”控件插入 Flash 动画的方法。

1. 添加控件工具箱

运行 PowerPoint2013，打开要添加 SWF 动画的演示文稿，在选项卡的空白处单击右键，在弹出的快捷菜单中选择“自定义功能区”。如图 5-22。

在右侧的“自定义功能区”主选项卡中将“开发工具”勾选。如图 5-23。

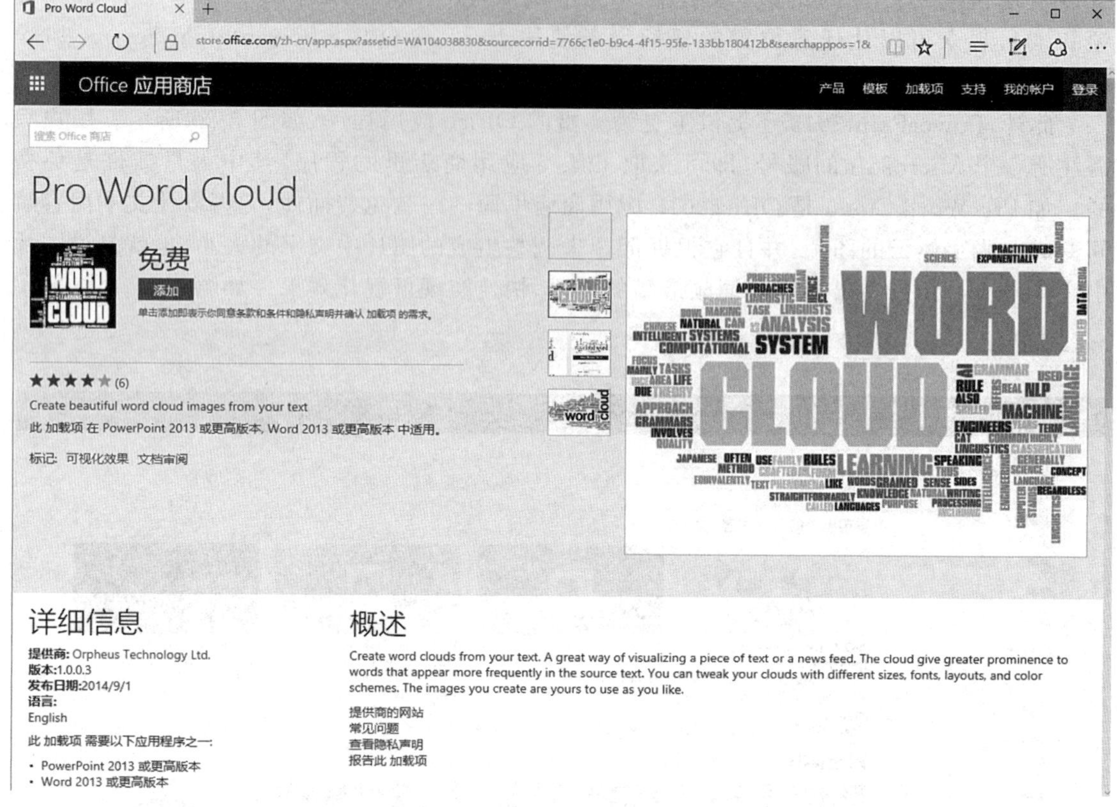

图 5-21　Pro Word Cloud 字体云

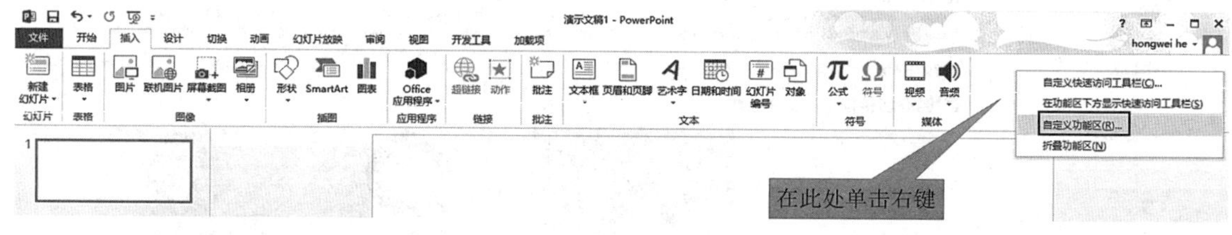

图 5-22　自定义功能区

2. 插入 Flash 对象

选定要插入 swf 动画的幻灯片页面,依次执行“开发工具”|“控件”|“其他控件”，在“其他控件”列表中,选择“Shockwave Flash Object”,并确定,如图 5-24。

3. 设置对象属性

返回幻灯片页面,光标形状变为“+”字形,拖动鼠标左键,画出一个矩形,并在矩形上右击,在弹出的快捷菜单中选中“属性表”,如图 5-25 所示。然后在属性窗口中找到“movie”,右侧输入完整的 swf 视频路径,如图 5-26。此处输入的是“D:\爆笑猪对话.swf”。

4. 预览动画

关闭窗口后就可以预览 swf 视频了。如图 5-27。

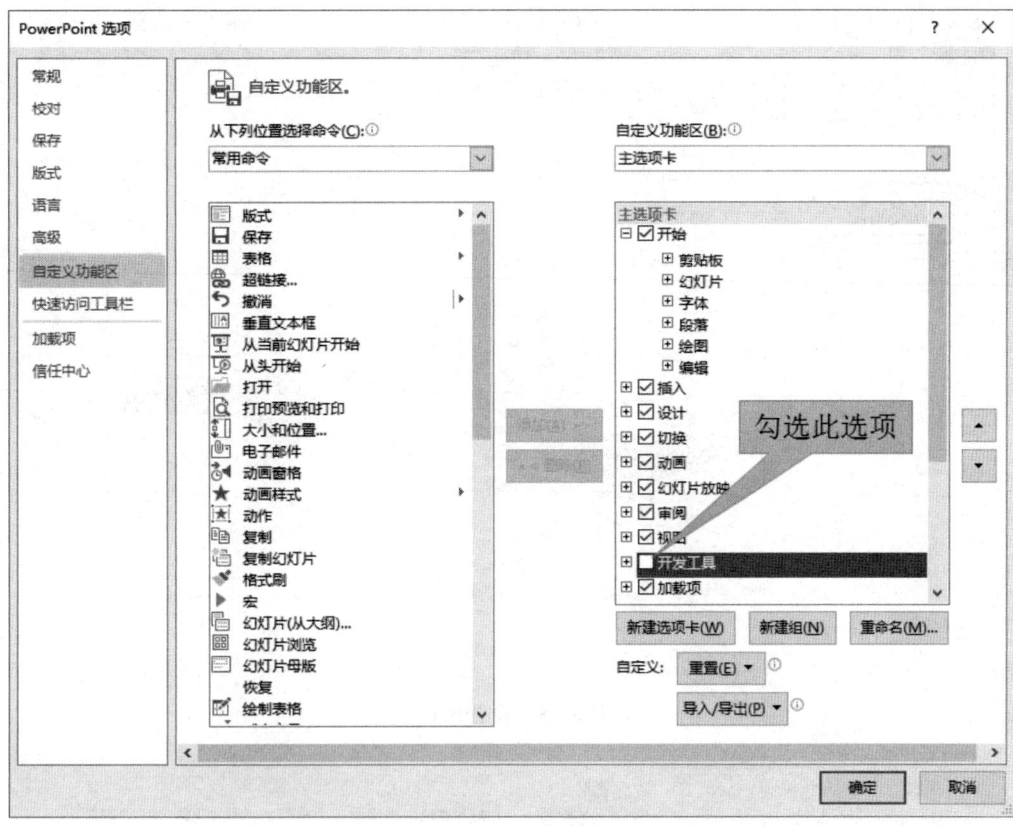

图 5-23　添加控件工具箱

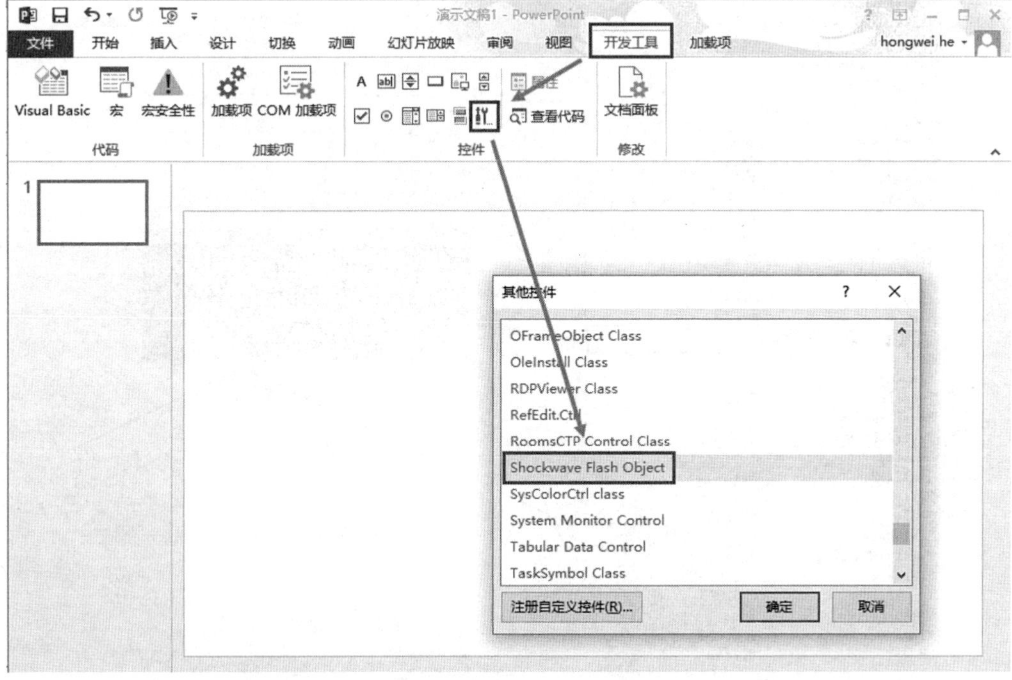

图 5-24　插入 Flash 对象

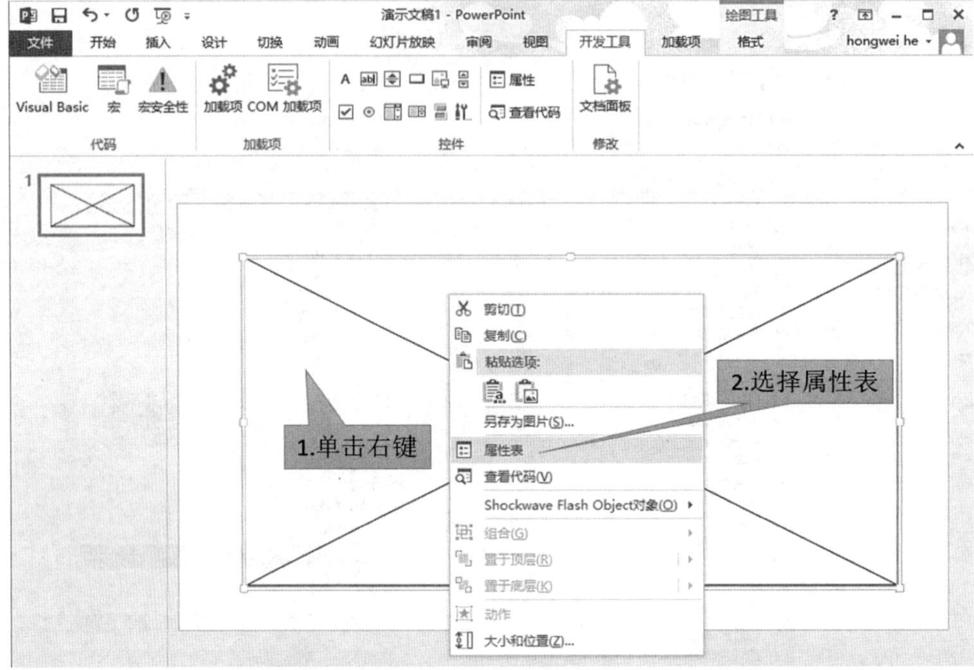

图 5-25　设置属性

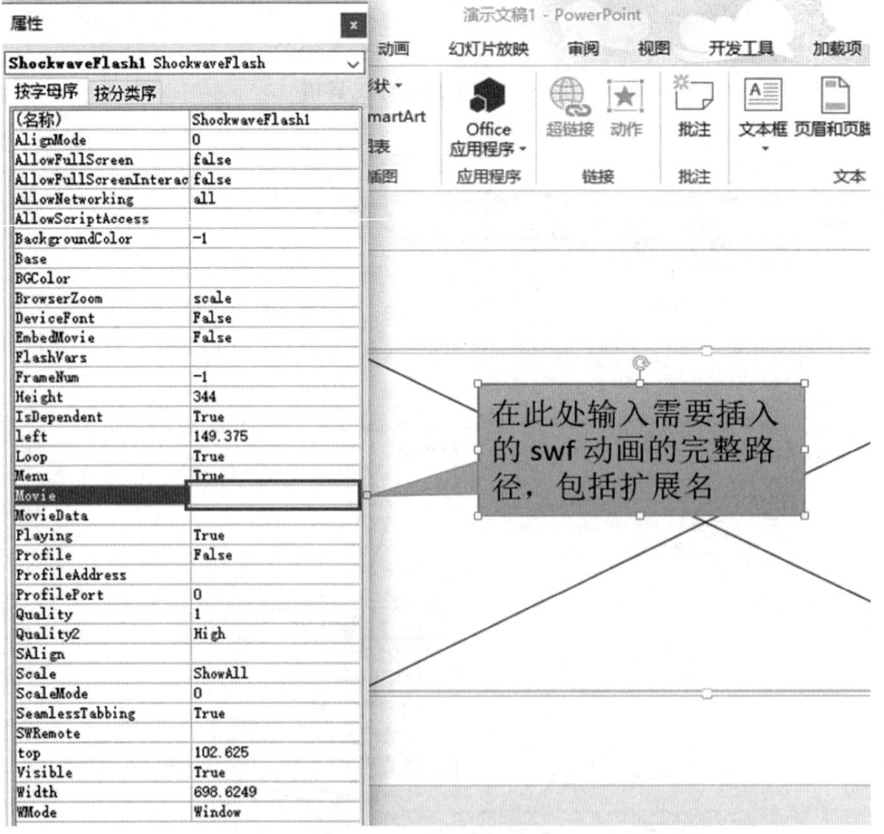

图 5-26　绘制 Flash 对象

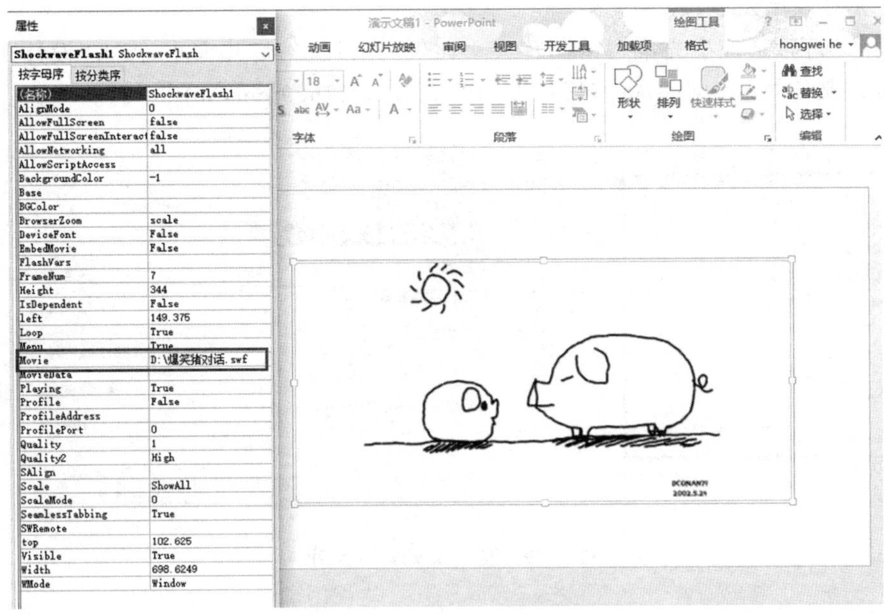

图 5-27　预览动画

5.2.4　SmartArt 图形操作实例

现在我们通过一个 SmartArt 图形应用实例来介绍如何利用 SmartArt 图形快速理清对象的组织关系或层次关系，并快速显示醒目艺术效果，如图 5-28。

图 5-28　效果图

1. 设置幻灯片大小

为了让幻灯片适应事先准备的图片大小比例，先设置幻灯片大小，点击“设计”|“幻灯片大小”|“自定义幻灯片大小”，将幻灯片设为 25.4 cm×16.9 cm，如图 5-29。

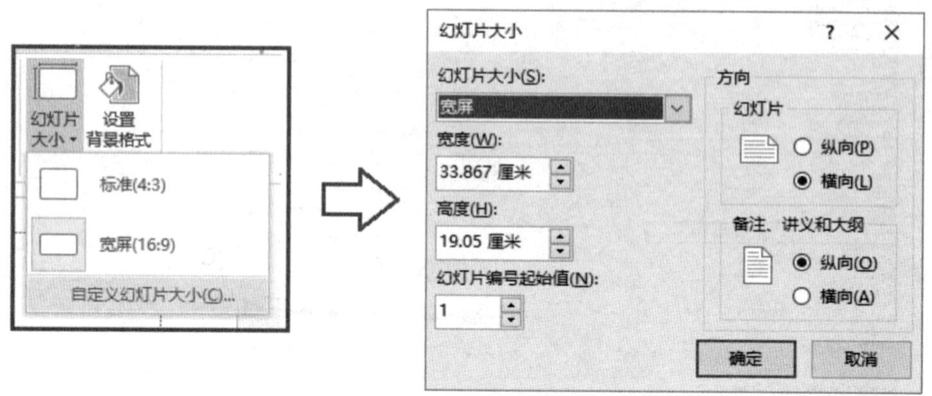

图 5-29　自定义幻灯片大小

2. 设置幻灯片背景

在幻灯片空白处单击右键，在弹出的菜单中选择“设置背景格式”|“图片或文理填充”|“插入图片”|“来自文件”，将事先准备好的背景文件插入幻灯片，如图 5-30。

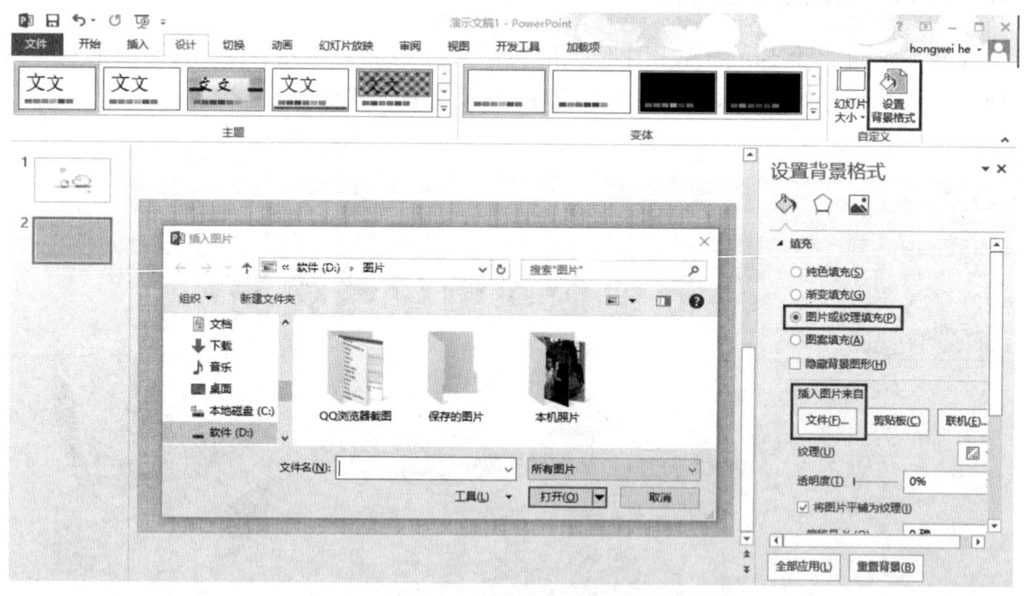

图 5-30　设置幻灯片背景

3. 插入 SmartArt 图形

在标题处输入标题“德生公司组织结构图”，然后点击“插入”|“插图”|“SmartArt”，选择 SmartArt 图形格式“层次结构”中的第一个结构图。如图 5-31。

4. 输入组织结构关系

点击 SmartArt 图形左边的小三角符，打开“在此键入文字”对话框，将公司的组织结构输入到列表中，并调整其从属关系，如图 5-32。

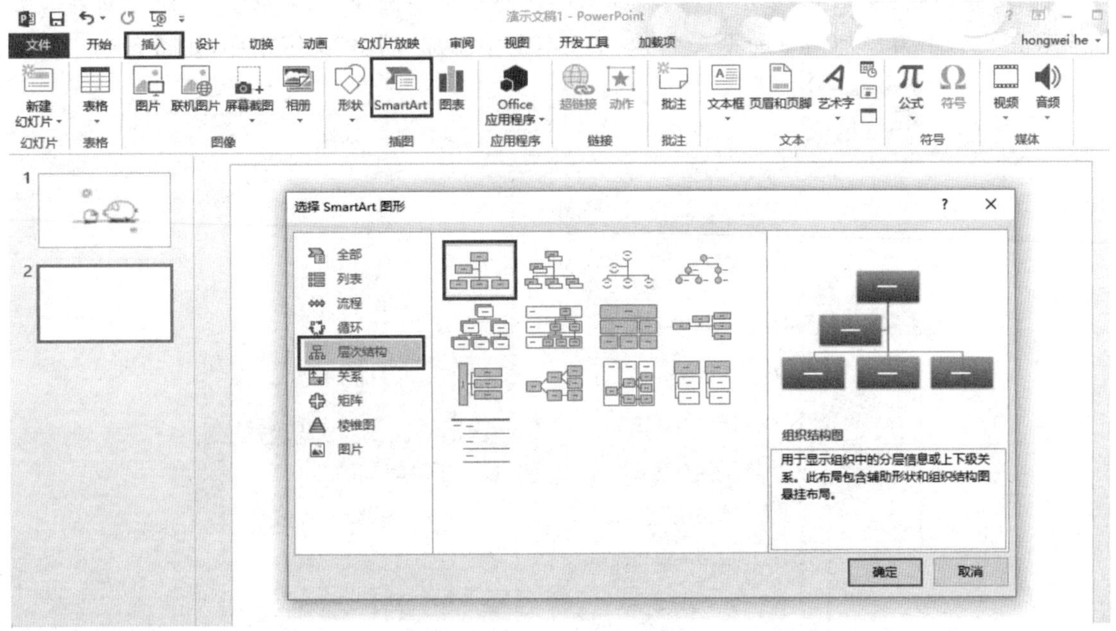

图 5-31　插入 SmartArt 图形

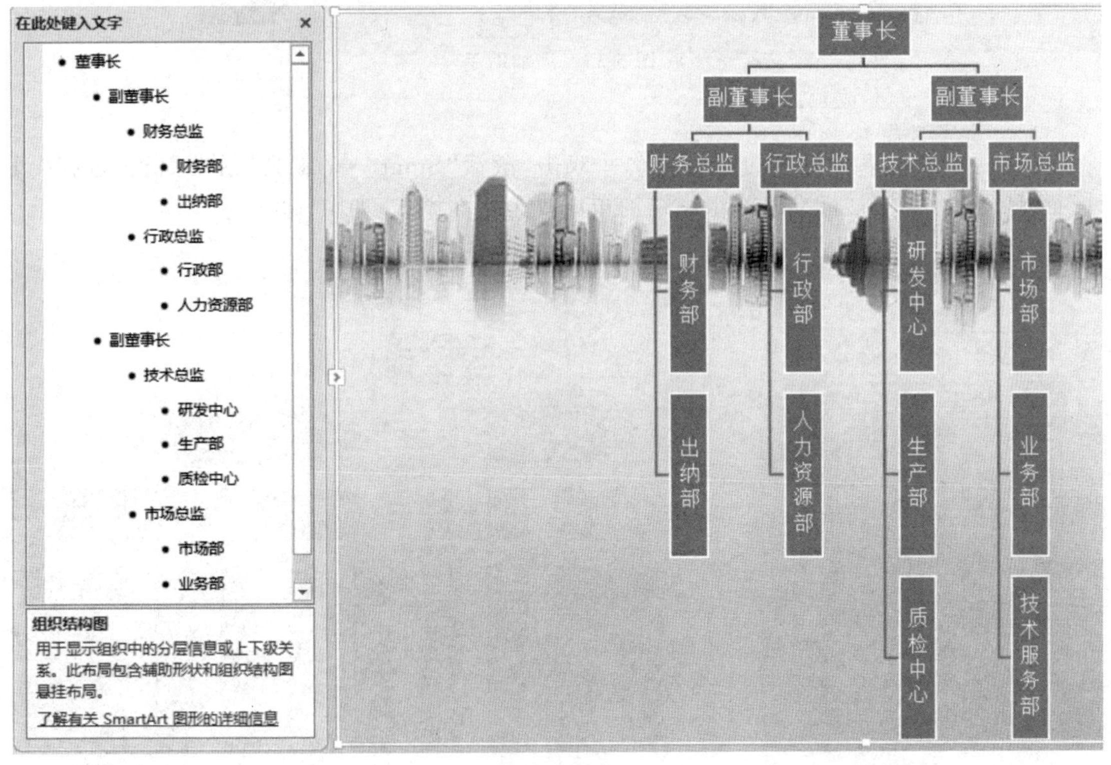

图 5-32　输入组织结构关系

5. 添加助手

选择“董事长”文本框，单击右键，在弹出的快捷菜单中选择“添加形状”|“添加助手”，系统会在董事长下方添加一个助手文本框，在文本框中添加“助手”文字字样，如图 5-33。

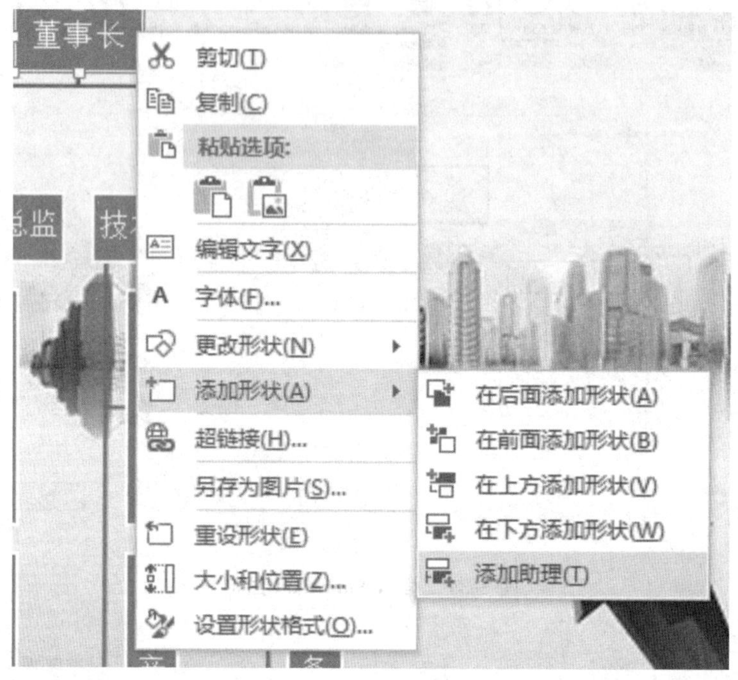

图 5-33　添加助手

6. 更改布局

选中两位副董事长下方的所有结构并双击，激活“SmartArt 工具”活动面板，选择“设计”面板下的“布局”|“标准”，将组织结构布局改为标准模式，如图 5-34。

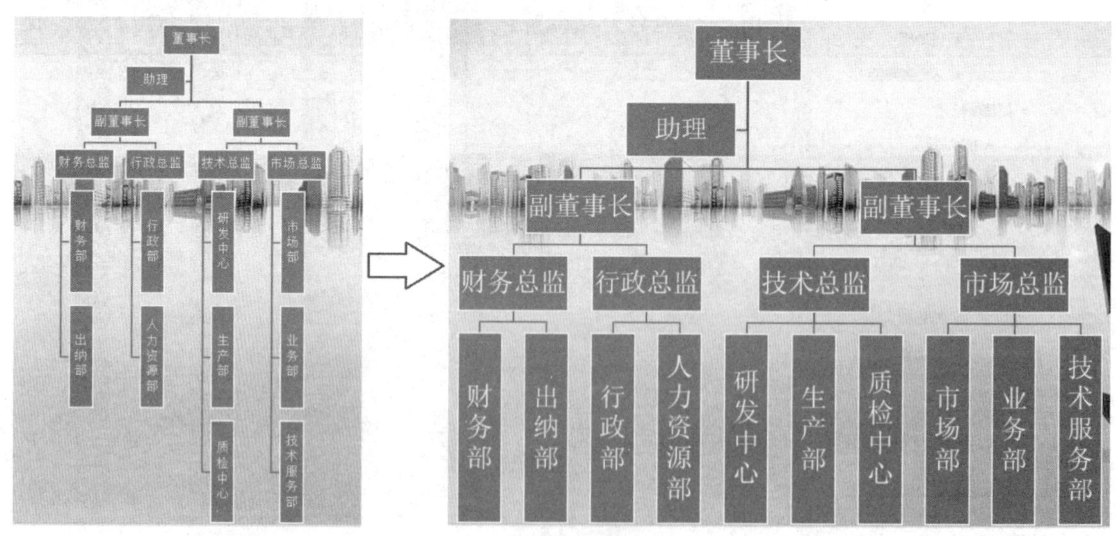

图 5-34　更改布局

7. 调整颜色和式样

选择“SmartArt 工具”|“设计”|“更改颜色”，将颜色调整为“彩色范围-着色 5-6”，将 SmartArt 式样选择“三维”|“优雅”，如图 5-35。至此，本实例制作完成。

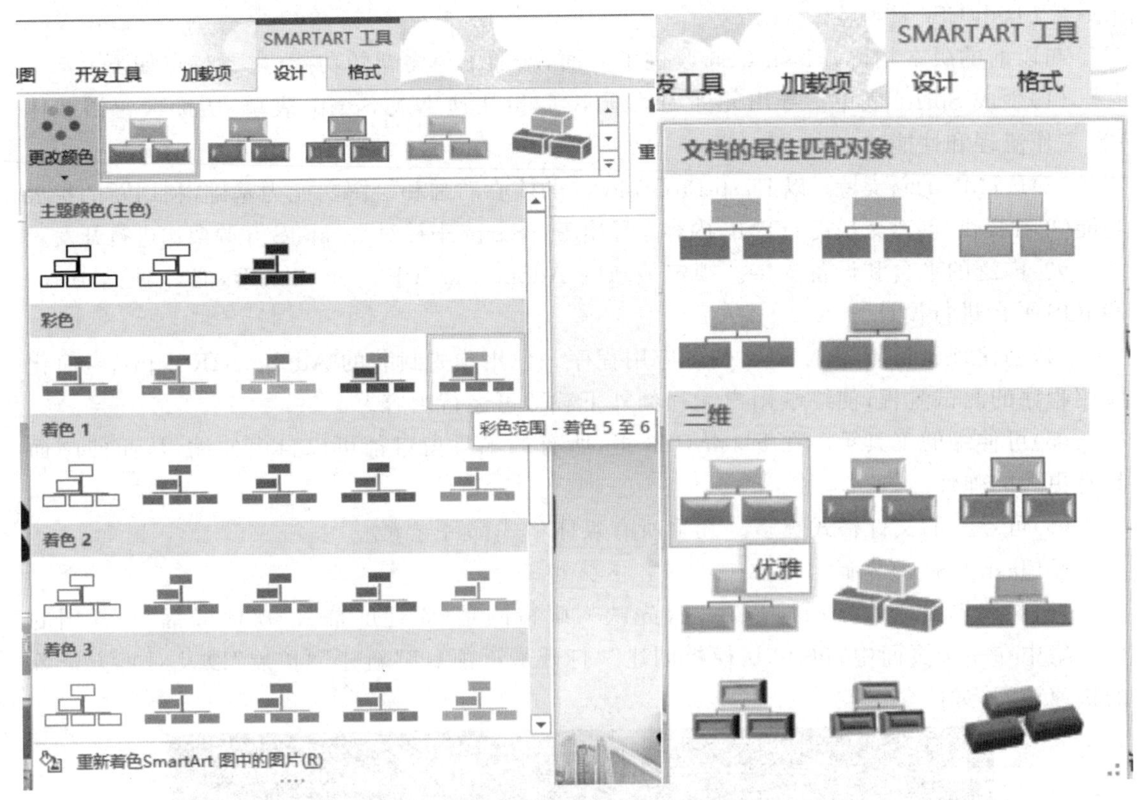

图 5-35　调整颜色和式样

5.3　Flash 多媒体课件的制作

5.3.1　Flash CS6 简介及基本操作

1. Flash 软件介绍

Flash 动画是当今最为流行的动画制作软件之一，它凭借诸多的优点，在互联网、多媒体课件制作以及游戏软件制作等领域得到了广泛应用。Flash 不仅可以通过文字、图片、视频、声音等综合手段展现动画，还可以通过强大的交互功能实现与观众之间的互动。如图 5-36。

图 5-36　Flash 软件

Flash 使用了矢量图形和压缩技术，可以随意缩放而不会影响图形的大小和质量。通过使用关键帧和元件，使其生成的“.swf”格式的动画文件非常小，便于在网络上播放和传播。Flash 动画能够交互式地将音乐、动画、声效等融合在一起，很多用户已经把 Flash 当作一个开发多媒体的首选工具。Flash 拥有功能强大的 ActionScript 语言，它采用了与 JavaScript 类似的语法结构，拥有自己的ActionScript函数、属性和目标对象等，并且兼容支持低版本。

2. Flash CS6 的特点

与以前的版本相比，Flash CS6 改进了界面，增加了很多新的功能，主要特点如下：

(1)生成 Sprite 表单。导出元件和动画序列，以快速生成 Sprite 表单，协助改善游戏体验、工作流程和性能。

(2)HTML 的新支持。以 Flash Professional 的核心动画和绘图功能为基础，利用新的扩展功能(单独提供)创建交互式 HTML 内容。导出 JavaScript 来针对 CreateJS 开源架构进行开发。

(3)广泛的平台和设备支持。锁定最新的 Adobe Flash Player 和 AIR，能针对 Android 和 iOS 平台进行设计。

(4)创建预先封装的 Adobe AIR 应用程序。使用预先封装的 Adobe AIR captive，简化应用程序的测试流程，使终端用户无须额外下载即可运行内容。

(5)可伸缩的工具箱。在 Flash CS6 里，所有的工具窗口都可以自由伸缩，从而使画面具有更大的弹性。

(6)可导入的文件格式更多。几乎所有媒体格式都可导入。

3. Flash CS6 的界面

(1)欢迎界面。运行 Flash CS6，首先映入眼帘的是“欢迎屏幕”，“欢迎屏幕”将常用的任务集中在一个页面中，包括“从模板创建”“打开最近项目”“新建”“扩展”以及对官方资源的快速访问，如图 5-37。

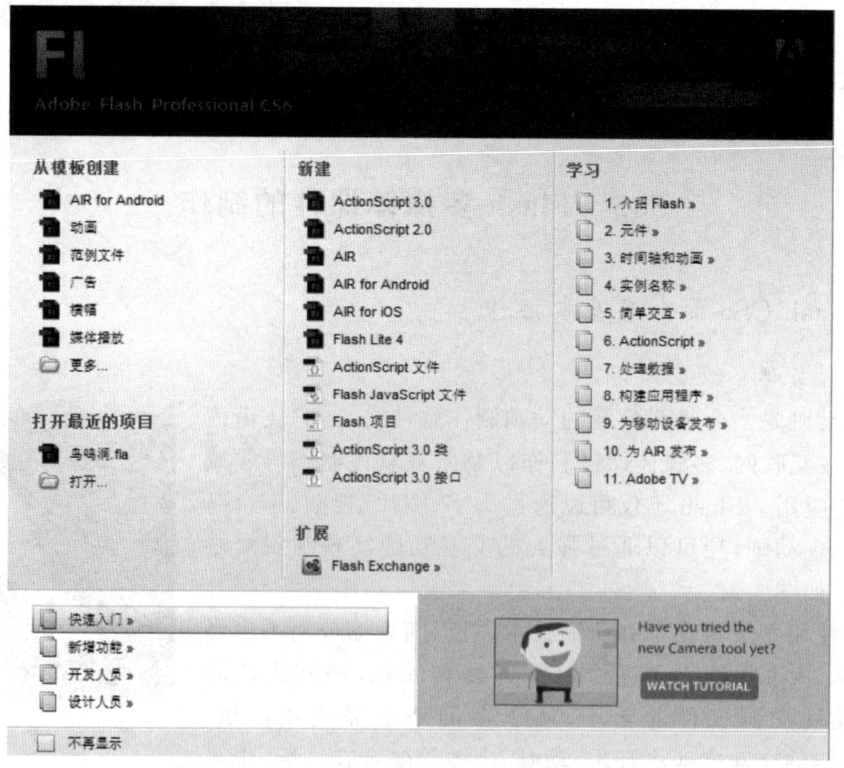

图 5-37　Flash CS6 欢迎界面

(2)工作界面。在“欢迎屏幕”选择“新建”下的“Flash 文件(ActionScript3.0)”或“Flash 文件(ActionScript2.0)”,就新建了一个文档并进入 Flash CS6 的工作界面,如图 5-38。点击 基本功能 ▾ 的下三角符号,可以打开系统预设的几种界面,用户可以将界面调整为自己喜欢或习惯的界面,如图 5-39。

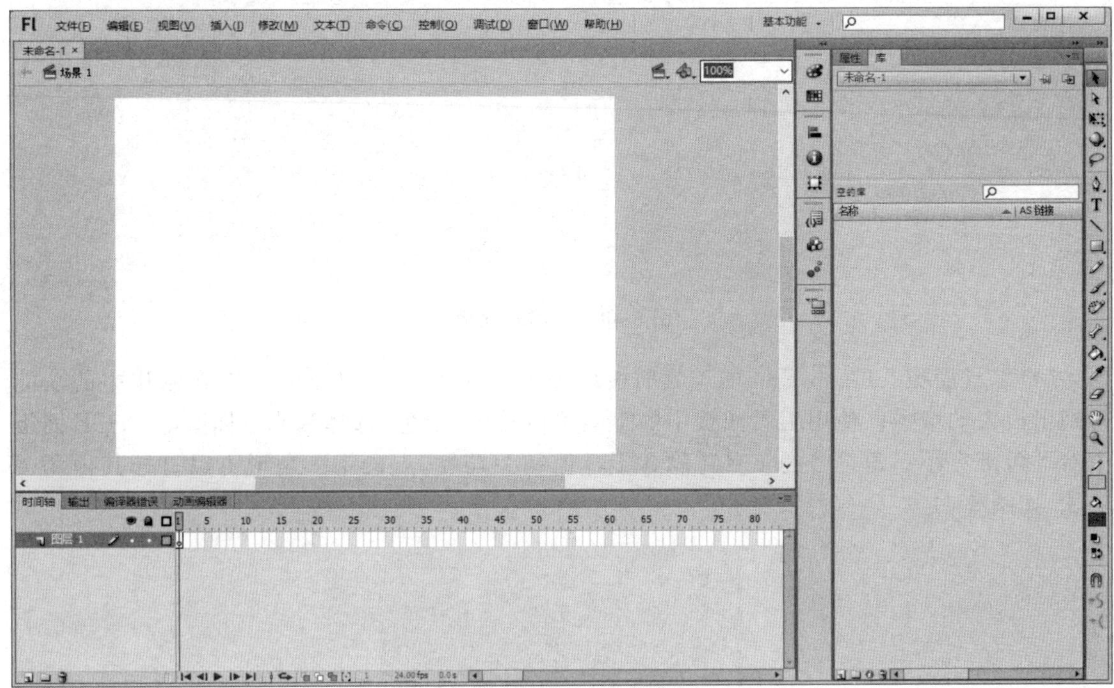

图 5-38　工作界面选择

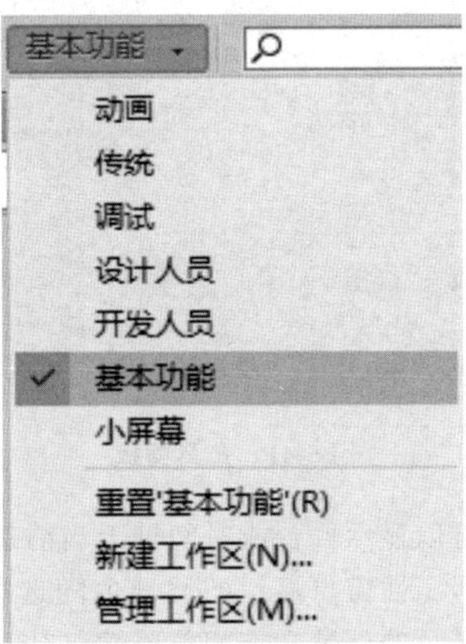

图 5-39　默认工作界面

(3)时间轴面板。时间轴用于组织和控制一定时间内的图层和帧中的文档内容。与胶

片一样，Flash 文档中的图层就像堆叠在一起的多张幻灯胶片一样，每个图层都包含一个或多个显示在舞台中的不同图像，时间轴的主要组件是图层、帧和播放头。点击时间轴右上角的下拉列表，可以设置时间轴的可视效果，如图 5-40。

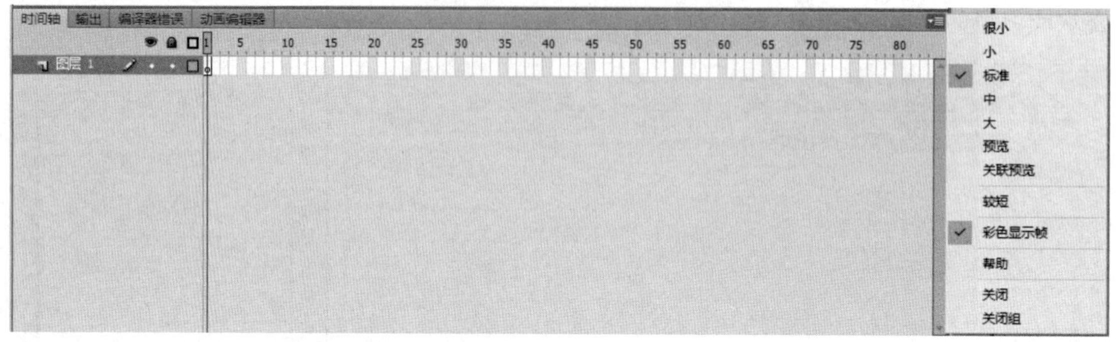

图 5-40　时间轴面板

(4)工具面板。Flash CS6 的工具面板增加了一些工具，使 Flash CS6 在制作中的功能得到了很大的增强。使用工具面板中的工具可以绘图、上色、选择和修改插图等。工具面板中右下角带有小三角符号的工具还隐含了其他相关功能，点击小三角形可以打开其他相关功能，如图 5-41。

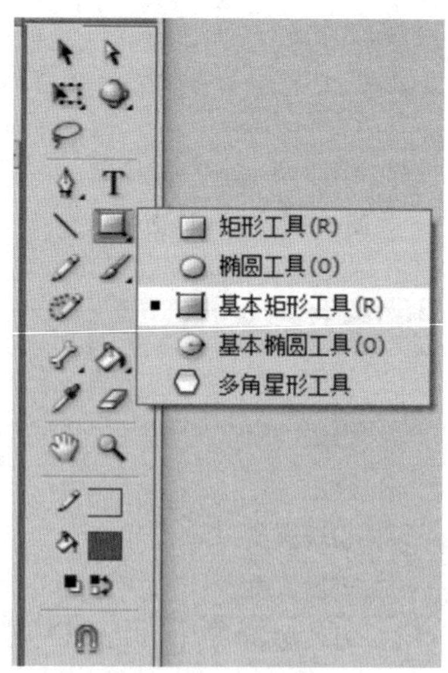

图 5-41　工具面板

(5)属性窗口。属性窗口可以显示舞台或时间轴上当前选中内容的属性，可以在属性检查器中更改对象或文档的属性，属性窗口显示的属性值随选择内容的改变而改变。譬如舞台上正在编辑文本，属性窗口显示的就是文本相关属性，如图 5-42。

(6)库面板。Flash 中的库用来存放和组织在 Flash 中创建的各种元件或者从外部导入的文件，利用库面板，可以在文件夹中组织库项目、查看项目在文档中的使用频率以及按照名称、类型、日期、使用次数或 AS 链接标识符对项目进行排序，还可以使用搜索字段在库面板中进行搜索，如图 5-43。

图 5-42　属性窗口

图 5-43　库面板

(7)动作面板。使用动作面板可以创建和编辑对象或帧的 ActionScript 代码，选择帧、按钮或影片剪辑实例可以激活动作面板。根据选择的内容，动作面板标题也会变为“动作—帧”、“动作—影片剪辑”、“动作—按钮”，如图 5-44。

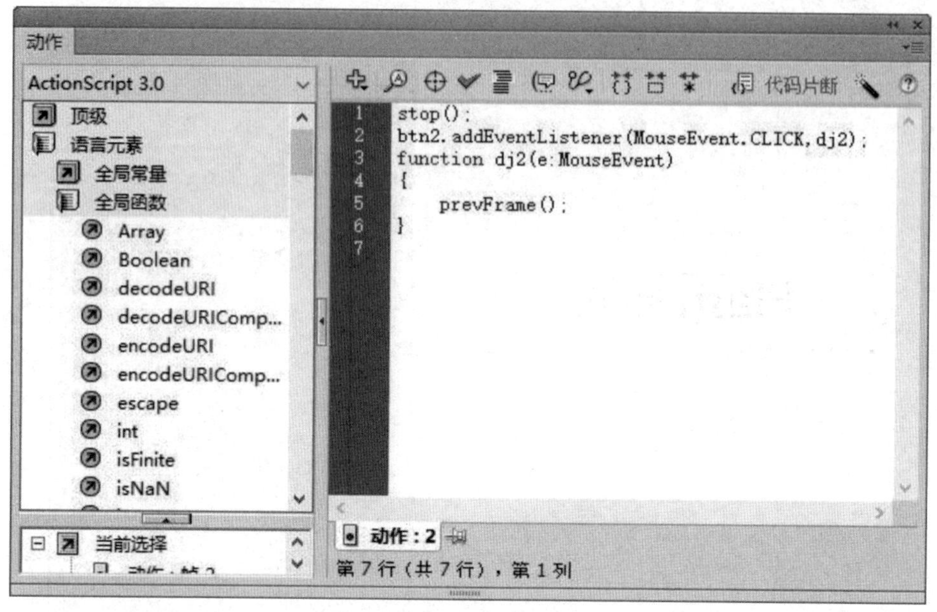

图 5-44　动作面板

4. Flash CS6 的基本操作

在 Flash 中无论是绘制矢量图形，还是制作动画，首先都必须创建文档，最后保存文档，这样才方便以后的查看与编辑。在制作过程中，通过辅助工具可以更好地完成设计。

(1)管理文件。在 Flash 中新建与保存文档是最基本的操作，而打开文档是再次编辑文档的基本操作。在制作过程中要想返回操作，可以打开“历史记录”面板进行操作。

(2)辅助工具。辅助工具能够帮助用户进行更加方便的操作，Flash 中的辅助工具包括“缩放工具”和“手形工具”。

①缩放工具。如果想要在屏幕上查看整个舞台，或要以高缩放比率查看绘图的特定区域，可以更改缩放比率级别。在使用“缩放工具”放大舞台的同时要缩小舞台，可以结合 Alt 键，当鼠标变成缩小图标后单击，即可缩小舞台。当然也可以在舞台右侧的缩放文本框中设置。

②手形工具。放大舞台以后，可能无法看到整个舞台。如果想要在不更改缩放比率的情况下更改视图，可以使用“手形工具”移动舞台。方法是选择工具箱中的“手形工具”后，在舞台中单击并且拖动即可移动整个舞台。如果要临时在其他工具和“手形工具”之间切换，可以按住空格键，然后在舞台中单击并且拖动即可移动整个舞台。双击“手形工具”，可以让舞台在当前界面中以最佳比例显示。

(3)颜色工具。在 Flash 中，如论是绘制图形之前，还是在编辑过程中，均可以随时设置颜色。而在图形颜色中包括两种形式：一种是笔触颜色，另外一种是填充颜色。

(4)标尺和网格。在舞台中要想精确地创建图形的起始点或者图形的尺寸，在舞台中打开标尺，并且通过标尺拖出辅助线，是非常快捷的方法。

(5)设置场景。在 Flash 中构成动画的所有元素都被包含在场景中，所以场景在动画制作中是不可缺少的一部分。当一段动画包含多个场景时，播放器会在播放完第一个场景后自动播放下一个场景。默认情况下，Flash 中只有一个场景。通过执行"窗口"|"其他面板"|"场景"命令(快捷键 Shift＋F2)，可以查看场景个数。

(6)导入文件

①导入声音。Flash 提供了多种使用声音的方式。用户可以将外部的声音文件导入到 Flash 的"库"面板中，在文档中使用该声音。首先执行菜单"文件"|"导入"|"导入到库"命令，打开"导入到库"对话框。然后选择并打开所需的声音文件，将其添加到"库"面板。直接将声音文件从"库"面板中拖入舞台，即可在当前图层中添加声音。

②导入视频。Flash 的 flv 和 f4v 视频格式具备技术和创意优势，允许将视频、数据、图形、声音和交互式控制融为一体。其中，flv 视频可使用户轻松地将视频以通用的格式放在网页上。执行"文件"|"导入"|"导入视频"命令，打开"导入视频"对话框。该对话框提供部署视频的方式，以决定创建视频内容和将它与 Flash 集成的方式。

③导出影片。当 Flash 影片制作完成后，用户可以将整个影片及影片中所使用的素材导出，以能够在其他应用程序中继续使用，并可将整个影片导出为单一的格式，如 Flash 影片、一系列位图图像、单一的帧或图像文件、不同格式的活动和静止图像等。除此之外，用户还可以将影片直接发布为其他格式的文件，如 gif、html 和 exe 等。执行菜单"文件"|"导出"命令，即可将以特定文件格式导出当前 Flash 影片的内容。

(7)发布影片。利用"发布浏览"和"发布"命令可以浏览和发布动画。Flash 的"发布"命令不只是向网络发布 Flash 动画，还能向没有安装 Flash 插件的浏览器发布各种格式的图形文件和视频文件。

5.3.2　基本动画类型及操作方法

1. 逐帧动画

创建逐帧动画有两种方法，一种是通过在时间轴中更改连续帧的内容创建，需要用户亲自制作；另一种是通过导入图像序列来完成，该方法只是导入不同内容的连贯性图像，用户需要准备、收集相关的素材。

(1)创建逐帧动画

下面通过制作倒计时动画，来介绍逐帧动画的创建方法。

新建空白文档，将舞台大小设置为宽 280 px，高 400 px，背景色设为蓝色。选择文字工具 **T**，将字体设置为 220，粗体，将文字颜色设置为红色。在舞台中央输入数字 9，单击时间线上的第 2 帧，再执行"插入"|"时间轴"|"关键帧"命令插入关键帧(也可以直接按 F6 插入关键帧)，用同样的方法在第 3～10 帧插入关键帧。

单击第 2 帧，然后单击文字工具 **T**，再单击数字，将此时的数字 9 改为 8。同样方法将第 3～10 帧的数字改为 7、6、5、4、3、2、1、0。完成后，执行"控制"|"测试影片"命令浏览影片

效果。

(2)通过序列图像制作逐帧动画

创建逐帧动画也可以使用较为简单的方法。如果素材图像的名称是以序列的形式命名的，那么 Flash 在导入图像时可以根据图像的序列依次将其放置在连续的帧中，如果这些图像是一系列连贯性画面，那么可以看到连续的逐帧动画。

执行“文件”|“导入”|“导入到舞台”命令，打开“导入”对话框，然后在该对话框中选择 001. png 素材图像，如图 5-45 所示。

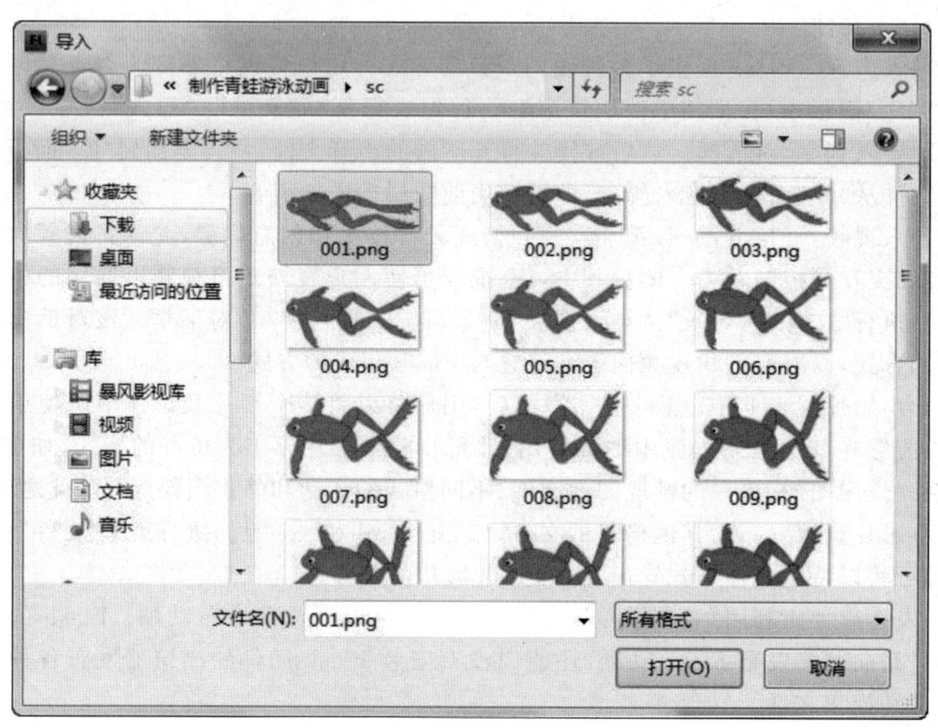

图 5-45　图像序列逐帧动画

单击打开按钮后，即会弹出一个对话框，询问是否导入序列中，单击“是”按钮，Flash 会把同序列的所有素材图像导入到舞台。测试影片，即可看到连续的逐帧动画。

2. 补间形状

补间动画不同于逐帧动画，它只需要定义动画的起始和结束两个关键帧内容，而这两个关键帧之间的过渡帧则由 Flash 自动创建。其中，补间动作使元件产生位移、缩放、旋转和 3D 变换等运动；补间形状使图形形状发生变化，一个图形可以变成另一个图形。下面我们通过一个实例来介绍补间形状的创建过程。

首先新建文档，选择“图层 1”的第 1 帧作为补间形状动画的起始关键帧。选择“多角星形工具”，禁用“笔触颜色”，在舞台中绘制一个五边形，如图 5-46 所示。

选择第 30 帧并右击，执行“插入空白关键帧”命令，使用“多角星形工具”绘制一个五角星，如图 5-47 所示。

右击这两关键帧之间的任意一帧，在弹出的菜单中执行“创建补间形状”命令，即可将普通帧转换为补间形状帧，如图 5-48 所示。

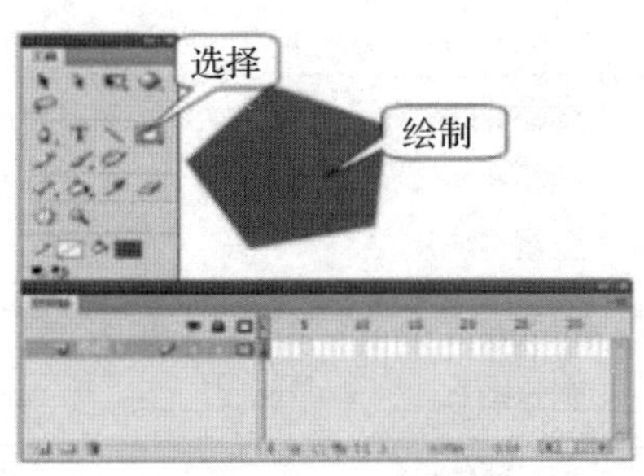

图 5-46　绘制五边形

图 5-47　绘制五角星

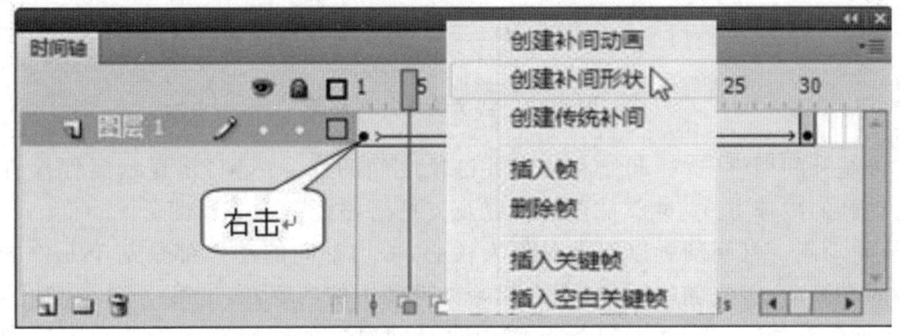

图 5-48　建立补间形状动画

创建完成后，执行“控制”|“测试影片”命令即可浏览影片效果。

3. 补间动作

补间动作是一个帧到另一个帧之间对象变化的一个过程，在创建补间动作动画时，可以在不同关键帧的位置设置对象的属性，如位置、大小、颜色、角度、alpha 透明度等。编辑补间动画后，Flash 将会自动计算这两个关键帧之间属性的变化值，并改变对象的外观效果，使其形成连续运动或变形的动画效果。

Flash CS6 支持两种不同类型的补间以创建动画：一种是传统补间（包括早期版本中 Flash 创建的所有补间），其创建方法与原来相比没有改变；另一种是补间动画，其功能强大且创建简单，可以对补间的动画进行最大程度的控制。

(1)传统补间动画。Flash CS6 将之前各版本 Flash 软件创建的补间动画称作传统补间动画，即面向对象运动的补间动画。下面我们通过一个实例来介绍传统补间动画的创建过程。

新建文档，在舞台中绘制对象或导入素材，并将其转换为影片剪辑元件。在舞台中导入一个卡通七星瓢虫，放在舞台左下侧，并转换为“七星瓢虫”影片剪辑元件。

右击第 30 帧，在弹出的菜单中执行“插入关键帧”命令，插入关键帧，该帧作为补间动画的结束关键帧，然后将“七星瓢虫”移动到舞台右上侧。

右击起始和结束关键帧之间的任意一帧，在弹出菜单中执行“创建传统补间”命令，创建传统补间动画。

最后按 Ctrl＋Enter 键，可以看到“七星瓢虫”从舞台左下侧向右上侧爬行。如图 5-49

所示。

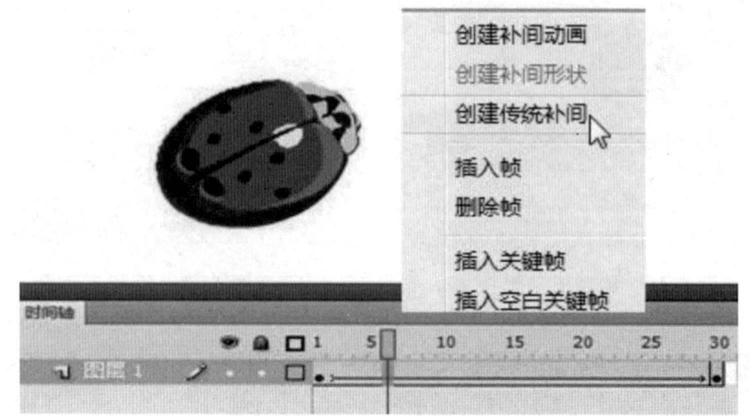

图 5-49 创建传统补间动画

设置传统补间属性：选择起始和结束关键帧之间的任意一帧，将显示属性检查器，可以设置补间动画的减速方式、对象是否旋转以及支持沿路径运动等属性。

(2)补间动画。补间动画以元件对象为核心，一切补间的动作都是基于元件的。因此，在创建补间动画前，首先创建元件，作为起始关键帧中的内容，右击第一帧，在弹出的菜单中执行“创建补间动画”命令，此时，Flash 将包含补间对象的图层转换为补间图层，并在该图层中创建补间范围，如图 5-50 所示。

图 5-50 创建补间动画

图 5-51 插入属性关键帧

右击补间范围内的最后一帧，执行“插入关键帧”|“位置”命令，即会在补间范围内插入一个棱形的属性关键帧。然后，将对象拖动至舞台的右侧，并显示补间动画的运动路径。如图 5-51 所示。然后按 Ctrl+Enter 键，即可浏览“卡通人物”从右边跑到左边的动画。

在补间范围内，用户可以为动画定义一个或多个属性关键帧，而每个属性关键帧可以设置不同属性值，并显示不同的动画效果。

调整补间动画路径：使用“选择”“转换锚点”“删除锚点”和“任意变形”等工具，都可以编辑舞台上的补间动画运动路径。比如，单击“选择工具”按钮，将光标移动至运动路径上并单击鼠标左键将其向上拖动，即可改变画中“卡通人物”的运动路径。如图 5-52 所示。

4. 遮罩动画

遮罩动画是一种特殊的 Flash 动画类型。在制作遮罩动画时，需要在动画图层上创建一个遮罩层，然后在遮罩层中绘制各种矢量图形，并保证为分离状态。当播放动画时，只有被遮罩层遮住的内容才会显示，而其他部分将被隐藏起来。遮罩层本身在动画中是不可见的。

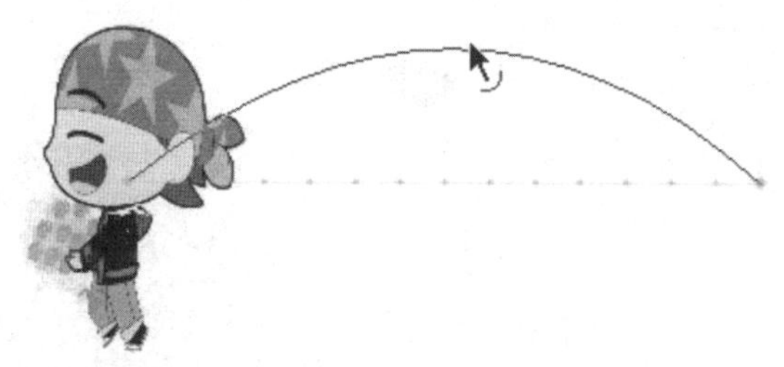

图 5-52　调整补间动画路径

使用 Flash 制作遮罩动画，首先要创建遮罩层，并绘制一个用于遮罩的图形。下面以制作“探照灯效果”为例来说明创建遮罩动画的方法。

新建文档，将舞台背景设置为黑色，新建两个图层，分别输入“FLASH”黄色文字，和黑白小球，如图 5-53。

右击文字图层，在弹出的菜单中执行“遮罩层”命令，将该图层转换为遮罩层。此时可以发现，通过圆角矩形可以看到下一图层中的内容，当创建遮罩层后，文字层和小球层均被锁定，如图 5-54。

图 5-53　绘制遮罩图形

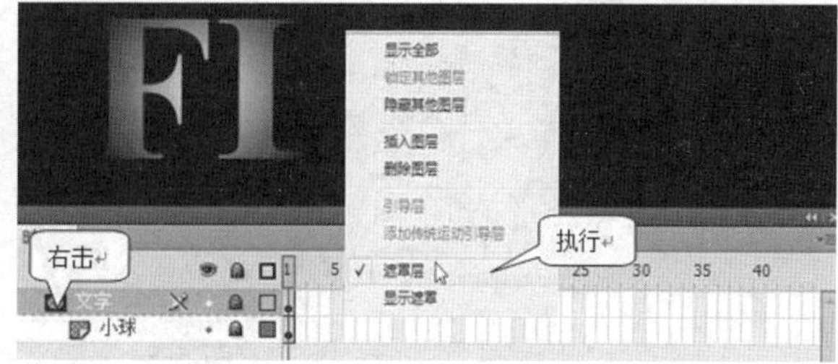

图 5-54　创建遮罩层

用于遮罩的对象多种多样，可以是几何图形、各种不规则图形、文字等。用户可以将多个图层组织在一个遮罩层下，实现各种复杂的遮罩效果，也可以将遮罩层或被遮罩层制作为补间动画，实现各种遮罩动画效果。

在上例中，点击图层上的锁定按钮将图层解锁，在第 10、20 帧处插入关键帧，在第 10 帧中，将小球移至文字右边，在第 1～10 帧、第 10～20 帧创建补间形状动画。按 Ctrl＋Enter 键预览效果。

5. 引导动画

运动引导动画是传统补间动画的一种延伸，用户可以在舞台中绘制一条辅助线作为运动路径，设置让某个对象沿着该路径运动。

要创建运动引导动画，至少需要两个图层：一个是普通图层，用于存放运动的对象；另一个是运动引导层，用于绘制作为对象运动路径的辅助线。下面就结合实例“小球弹跳效果”讲解一下创建运动引导动画的方法。

新建文档，在图层 1 中创建小球元件，并在第 20 帧插入关键帧。右击图层 1，在弹出的菜单中，执行“添加传统运动引导层”命令，此时在图层 1 的上面将创建一个新的图层作为运动引导层，如图 5-55 所示。默认情况下，该图层中无任何对象。

选择引导图层，使用“铅笔工具”、“线条工具”或“钢笔工具”在舞台中绘制小球运动的路径。本例使用“铅笔工具”来绘制运动路径。

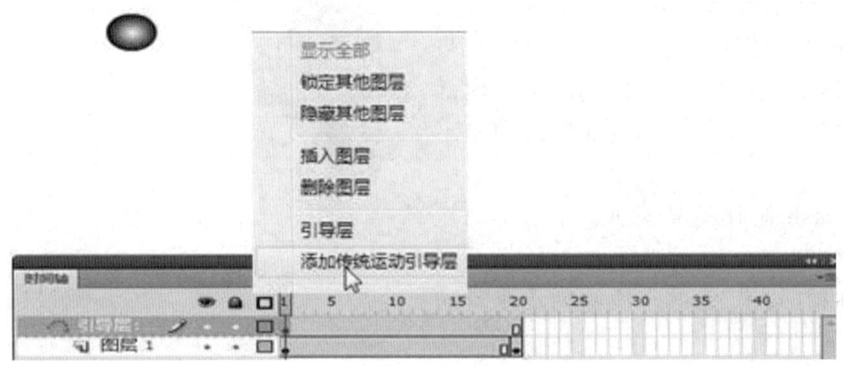

图 5-55 添加传统引导层

分别选择图层 1 中的第 1 帧和第 20 帧，将小球拖曳到运动路径的两端，作为对象运动的起点和终点。注意在拖曳小球时，必须使得小球的中心点（小球中间的圆圈）吸附在路径上。如图 5-56。

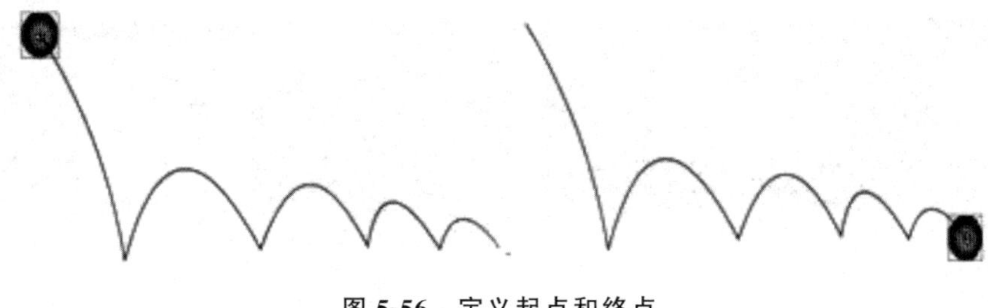

图 5-56 定义起点和终点

最后，选择右击图层 1 中任意一个普通帧，执行“创建传统补间”命令，即可完成运动引导层动画的制作。

5.3.3 综合应用实例——情景朗读课件

下面我们通过制作一个语文课件——古诗朗诵来讲解 Flash CS6 的课件制作流程。本范例是语文课程中一首古诗《鸟鸣涧》的情景朗读课件，它以配乐诗朗诵的形式将古诗的意境表现出来，学生在课件营造的真情实景中欣赏优美的音乐和古诗朗诵，同时深刻理解诗人的情怀和思想。

图 5-57 运行效果抓图

音乐播放过程中，始终有背景音乐营造气氛，随着一幅画卷慢慢展开，幽静的山林、飘落的桂花、飞翔的小鸟、朦胧的月色等动人的画面一一展现给学生。音乐、动画、朗诵等交织在一起，使课件表现的气氛达到高潮。如图 5-57 所示，是课件播放过程中的一个画面。

1. 导入素材

新建一个默认大小的 Flash 文档，按快捷键 Ctrl+J，打开"文档设置"对话框，将背景颜色设置为淡紫色（#9A8F9E）。执行菜单"文件"|"导入"|"导入到库"命令，导入事先准备好的图像和音频素材，如图 5-58。

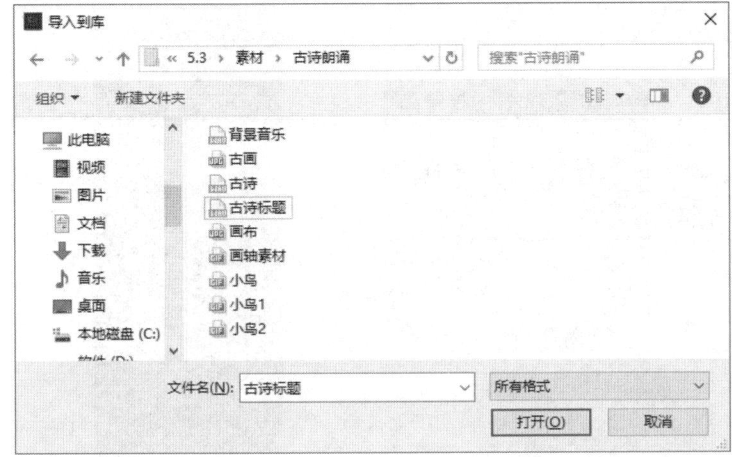

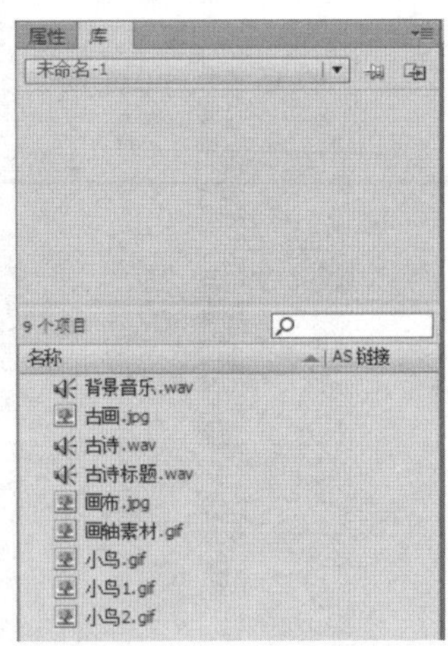

图 5-58　导入素材

2. 制作"画轴"图形元件

新建一个影片剪辑元件，命名为画轴，进入该元件的编辑界面。将元件库中的画轴素材拖入图层 1，用矩形工具绘制一个细长矩形，双击颜料桶工具下方矩形区域，当鼠标变成滴管形状时，把鼠标移动至画轴素材下方的画轴两端，将鼠标获取到的画轴两端的颜色填充到细长矩形里，删除边框，如图 5-59 所示。

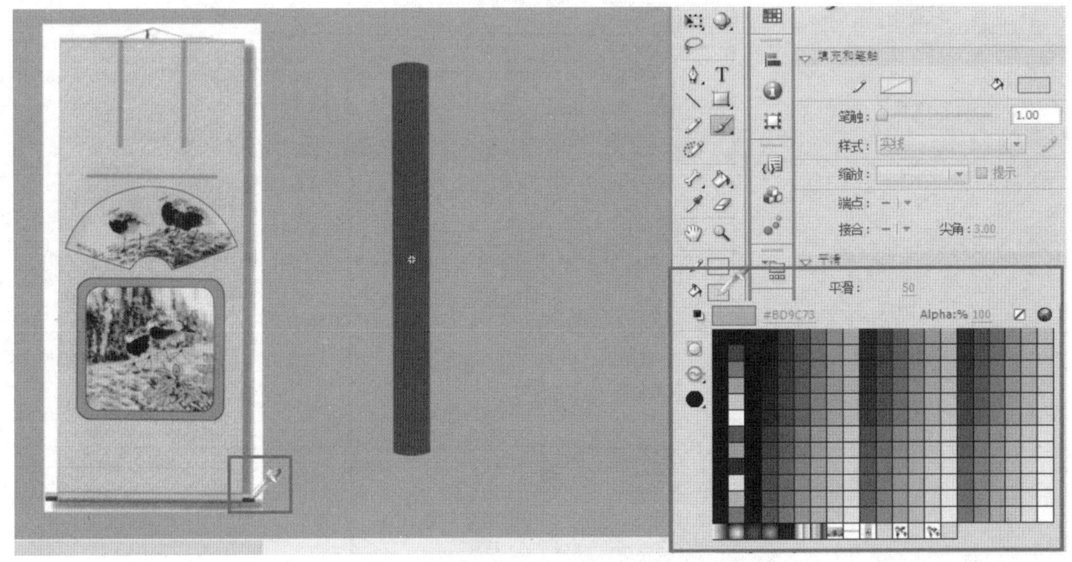

图 5-59　获取图形颜色

新建图层 2，将图层 1 的第一帧复制到图层 2，调整矩形的长度和宽度，使其变宽变短，在颜色填充模式中选择线性渐变，利用同样的方法获取画轴中间部分的颜色，将其设置为渐变色两端滑块的颜色，渐变色中间滑块设为白色。删除两个图层的画轴素材，利用选择工具将图层 1 的细长矩形的两端调整成弧形，然后将两个矩形都对齐到舞台中心。如图 5-60。

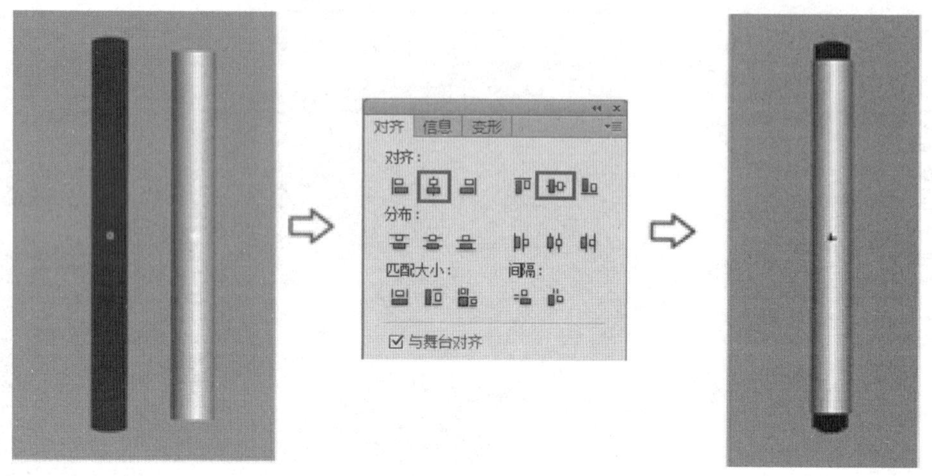

图 5-60　合成画轴

3. 制作"花瓣飘落"影片剪辑元件

新建一个"花瓣"图形元件，用绘图工具绘制花瓣，填充模式设置为线性渐变填充，利用填充变形工具将其填充颜色做适当修改，效果如图。新建一个"花瓣飘落"影片剪辑元件，将绘制好的"花瓣"图形元件拉入图层 1，在其属性窗口添加模糊滤镜并设置其参数，如图 5-61 所示。

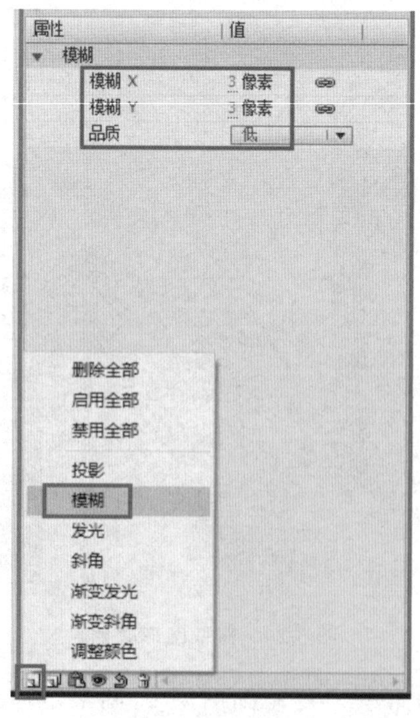

图 5-61　添加模糊滤镜

然后对其添加引导层动画，实现花瓣飘落效果。选中图层 1 及其上面的引导层，单击右键，在弹出的快捷菜单中选择拷贝图层，再次拷贝图层，调整每个图层的位置及引导线，得到花瓣飘零的效果，图层结构如图 5-62。

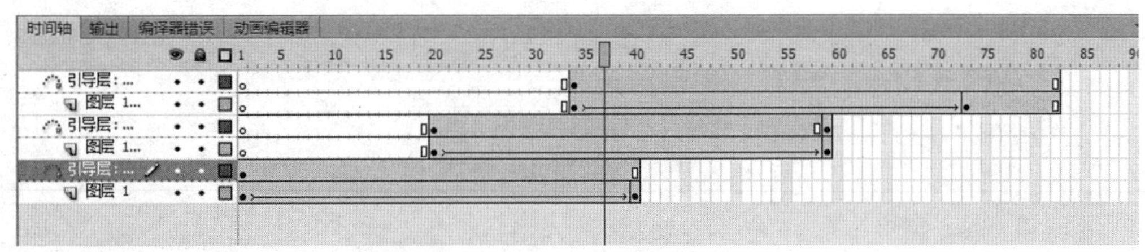

图 5-62　“花瓣飘落”动画图层结构

4. 创建“月亮”、“小鸟”元件

用绘图工具绘制一个月亮，利用逐帧动画创建“小鸟”飞翔效果的影片剪辑元件，效果如图 5-63。

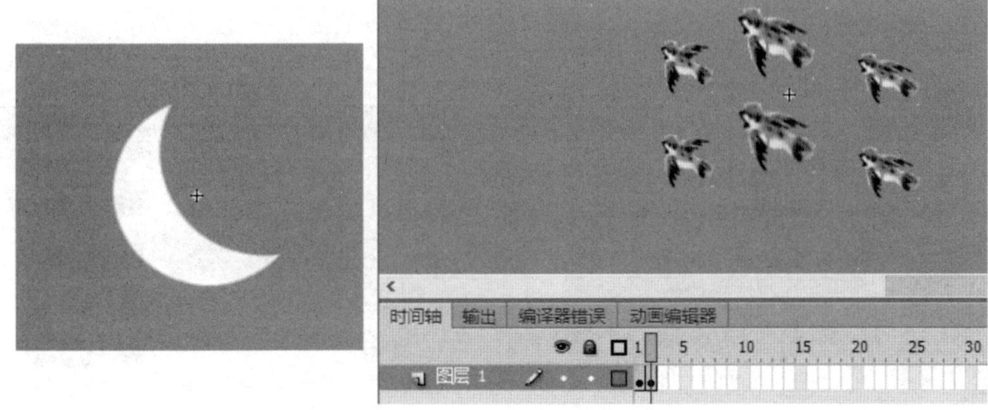

图 5-63　“月亮”“小鸟”元件

5. 设置背景图层

返回场景 1，将图层 1 命名为“背景”，利用工具箱中的基本矩形工具在背景上绘制一个基本矩形，用鼠标调整四个角上的控制点，设置边框形式，删除内部填充颜色。再用基本矩形工具绘制一个小矩形，设置一种填充颜色，调整矩形选项，将四个角的矩形边角半径设置为负数，如图 5-64 所示。然后调整两个矩形的位置关系，设置后如图 5-65 所示。

6. 布置画布和古画

在“背景”图层上新建一个“古画”图层，将库中的画布及古画拖放到场景中，调整好位置和大小，效果如图 5-66 所示。

7. 查看声音时长

插入新图层并重命名为“朗诵”，从库中拖出“古诗标题.wav”文件，在第一帧上出现一条短线，说明声音文件已经应用到了关键帧上。如图 5-67 所示。

单击“朗诵”图层的第一帧，在属性面板中将声音属性的同步方式设置为“数据流”，单击效果选项右边的笔，点击弹出的“编辑封套”对话框右下角的“以帧为单位”，拖动滚动条，即

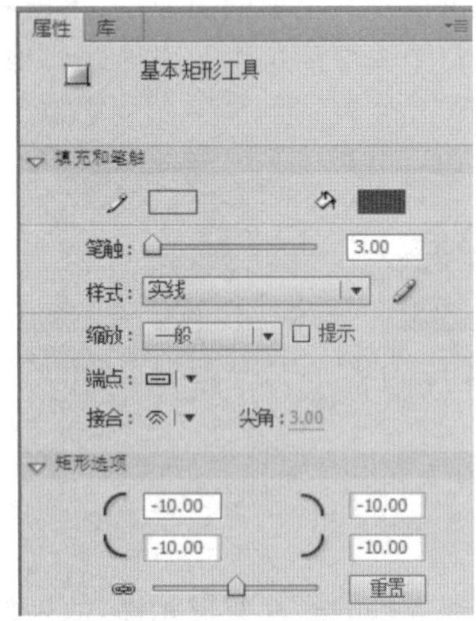

图 5-64　背景效果图

图 5-65　设置矩形边角半径

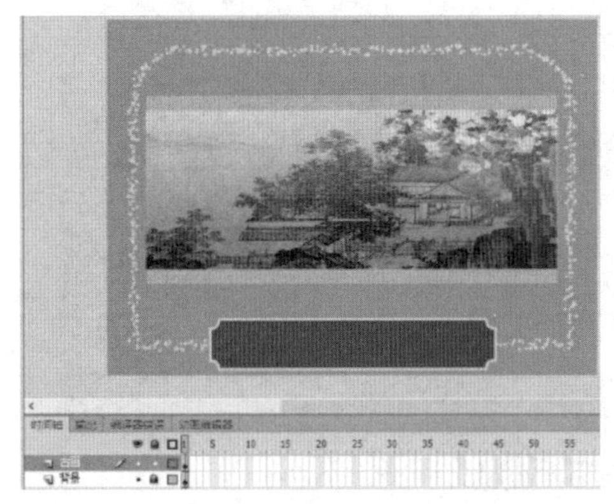

图 5-66　布置画布和古画

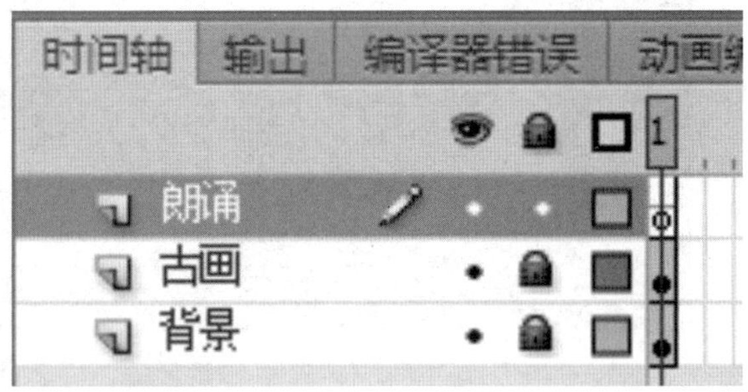

图 5-67　添加声音

可查看到“古诗标题.wav”“古诗.wav”及“背景音乐.wav”持续时长，如图 5-68 所示。了解声音的持续时长有助于我们确定声音文件在时间轴上完整显示所需的帧数。

8. 设置声音图层

点击时间轴下面的工具栏将帧速率调整为 12 帧/秒，将“朗诵”图层的第 1 帧拖曳到第 35 帧，按 F7 键在第 85 帧处插入空白关键帧，将库中的“古诗.wav”拖入舞台。然后同时选中已有三个图层的第 305 帧，按 F5 键延长帧。新建“背景音乐”图层，将“背景音乐.wav”拖入舞台。图层结构如图 5-69 所示。

9. 设置背景音乐效果

单击“背景音乐”图层的第一帧，确认属性面板中声音的属性同步方式为“数据流”，单击效果选项右边的笔，在弹出的“编辑封套”里点击播放声音按钮试听声音，移动两端的滑块选择一段时合适的音乐，然后移动控制点设置淡入淡出效果，如图 5-70 所示。设置完毕后点击“确定”即可实现背景音乐的剪裁和淡入淡出效果的设置。

10. 定义声音分段标记

新建“字幕”图层，按 Enter 键试听声音，在每一句朗读开始位置按 Enter 键暂停，在“字幕”图层的相应位置按 F7 插入空白关键帧，选中新增的空白关键帧，在属性面板设置其标签名称，如图 5-71 所示。

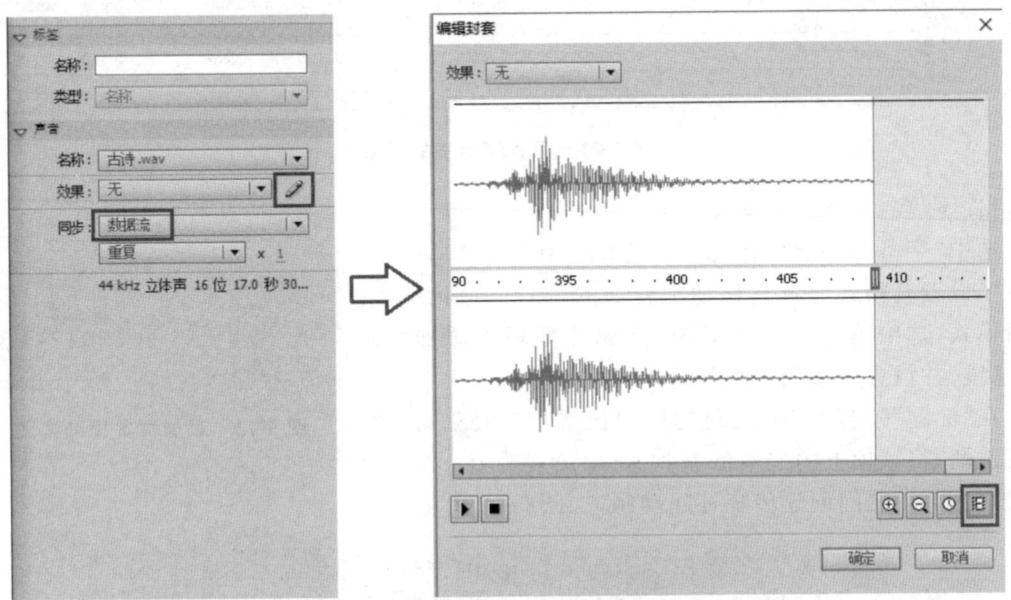

图 5-68　查看声音时长

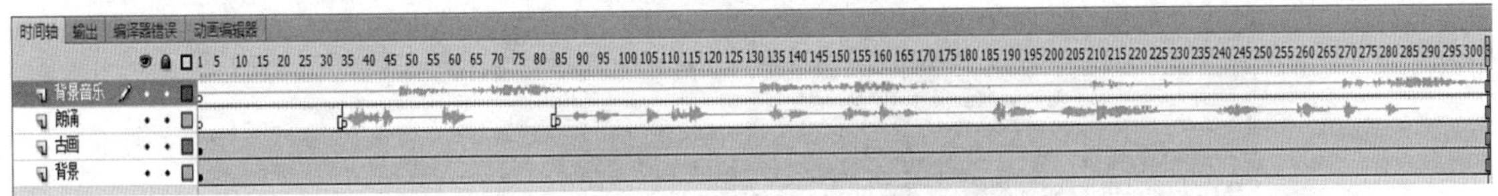

图 5-69　声音添加完毕后的图层结构

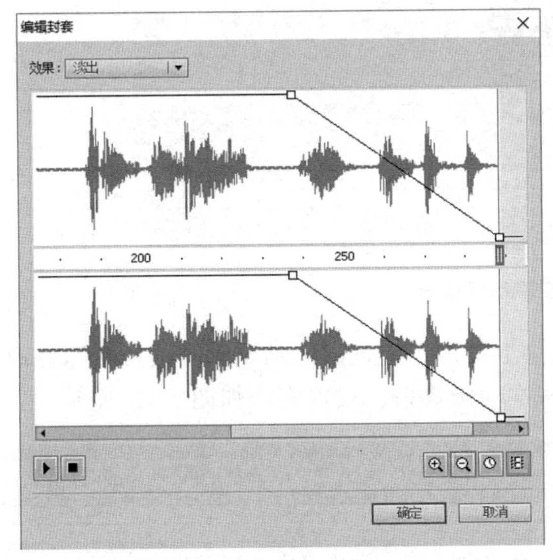

图 5-70　设置声音淡出效果

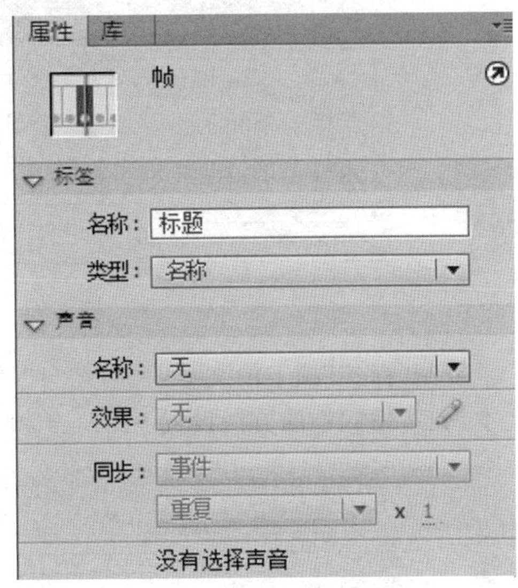

图 5-71　设置帧标签

此时“字幕”图层上相应的关键帧上会出现小红旗和标签名字，如图 5-72 所示。

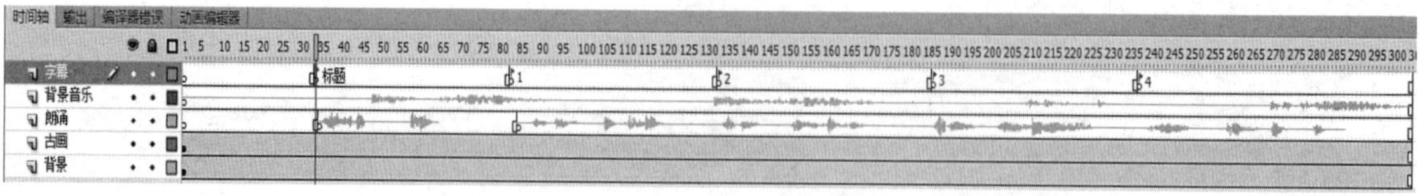

图 5-72　带有帧标签的图层

11. 设置古诗朗诵字幕效

选中“字幕”图层的“标题”帧，在场景中输入“鸟鸣涧 王维”，设置其格式并将其移动到合适的位置。退出文本编辑模式，选中输入的文本对象，在属性面板中添加“模糊”滤镜，并设置其参数，如图 5-73 所示。

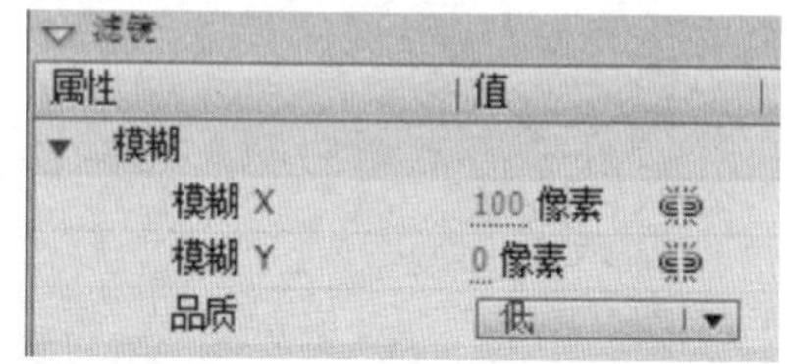

图 5-73　添加文本模糊滤镜

在“标题”帧与“1”帧之间的居中位置（57 帧左右）插入关键帧，将该帧上的文本滤镜模糊 X 设置为 0。在“标题”帧与 57 帧之间创建传统补间动画，如图 5-74 所示。

图 5-74　设置字幕动画效果

复制“标签”帧上的文本内容，在“1”帧的场景上单击右键，选择“粘贴到当前位置”，修改文本内容，用同样的方法设置 1、2、3、4 帧上的文本动画效果。设置完毕如图 5-75 所示。

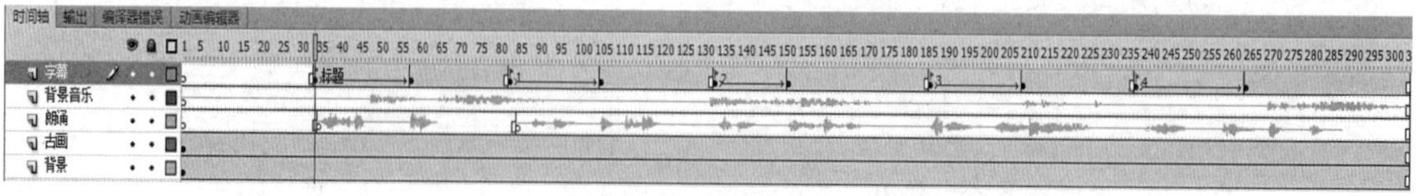

图 5-75　字幕随朗诵逐渐出现的图层结构

12. 创建遮罩效果

在“古画”图层上方添加一个“遮罩”图层，在第 1 帧利用矩形工具绘制一个与画布大小相同的矩形，使其刚好覆盖住古画及画布。在 79 帧处按快捷键 F6 插入关键帧，如图 5-76 所示。

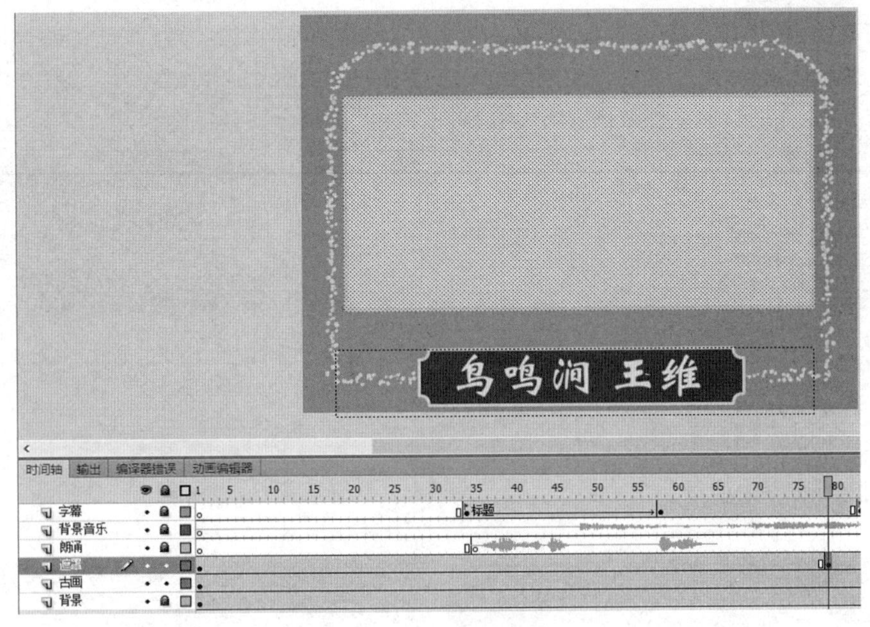

图 5-76 绘制“遮罩”图层

选中第 1 帧的矩形，选择任意变形工具，左手按住键盘上的 Alt 键，右手用鼠标拖曳矩形右边的边框将矩形宽度缩小到最小值，如图 5-77 所示。

图 5-77 缩小第 1 帧上的矩形

右键单击“遮罩”图层 1 之 79 帧间的任何一帧，在弹出的菜单中选择创建补间形状。右键单击“遮罩”图层，在弹出的菜单中选择“遮罩层”命名，即可实现古画慢慢展开的效果。如图 5-78 所示。遮罩设置完毕后运行的效果如图 5-79 所示。

13. 设置画轴双向打开效果

在“遮罩”图层上方新建“画轴左”图层，将库中的“画轴”元件拖动到场景 1 中，调整其大小和位置，在 79 帧处按 F6 键插入关键帧，调整其位置，如图 5-80。

右键单击第 1 帧与第 79 帧间的任何一帧，在弹出的快捷菜单中选择“创建传统补间”，即可实现画轴从中间往左边慢慢拉开的效果。

复制“画轴左”图层，将得到的图层重命名为“图层右”，修改第 1 帧与第 79 帧上画轴的位置属性 X 值，即可得到画轴从中间往右边慢慢拉开的效果。至此，左右画轴双向移动慢慢拉开画幅的效果就实现了。图层结构如图 5-81 所示。

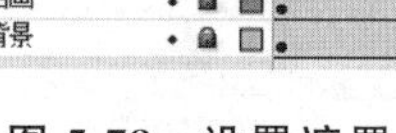
图 5-78　设置遮罩

图 5-79　遮罩效果

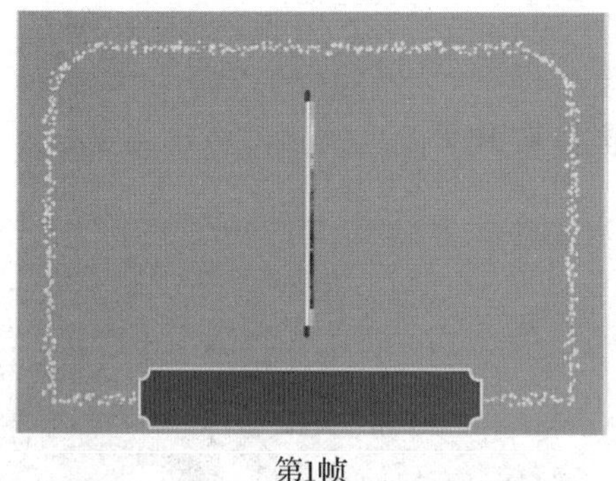

第1帧

第79帧

图 5-80　调整画轴位置

图 5-81　画轴双向打开效果图层结构

14. 制作花瓣飘落效果

解锁“遮罩”图层和“古画”图层，同时隐藏“遮罩图层”，在古画图层上方添加“花瓣”图层，在 105 帧处按 F6 插入关键帧，将库中的“花瓣飘落”影片剪辑拖入场景，调整位置和大小。在 124 帧处单击右键，在弹出的快捷菜单中选择“创建补间动画”，然后拖动“花瓣飘落”影片剪辑，将其移动到画面低端，利用任意变形工具将其适当缩小，用鼠标修改路径形状，同时将其显示属性设置为变暗，如图 5-82 所示。

图 5-82　设置花瓣飘落效果

复制“花瓣”图层，调整花瓣掉落的时间、位置及路径，实现花瓣随风飘零的效果。如图 5-83 所示。

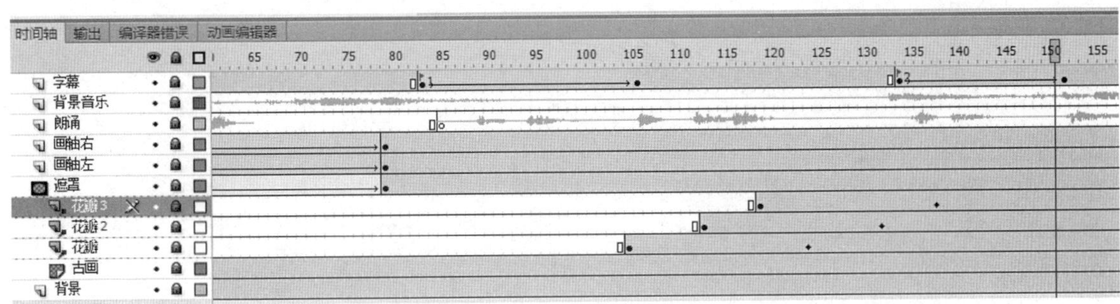

图 5-83　复制花瓣图层

15. 制作“月出惊山鸟”动画效果

解锁遮罩图层，在“花瓣 3”图层上方添加“月亮”图层和“小鸟”图层，在第三句古诗开始朗诵的位置创建补间动画，实现“月出惊山鸟”的动画意境。具体制作过程和花瓣飘落效果类似，这里就不再详细叙述，请参考本教材提供的源文件。

16. 添加代码—测试影片—保存文件

最后在所有图层的上方创建 AS 图层，在最后一帧添加“stop();”代码，使动画播放完毕后停留在最后一帧画面上。课件的图层结构图如图 5-84 所示。按 Ctrl＋Enter 测试影片，保存文件。

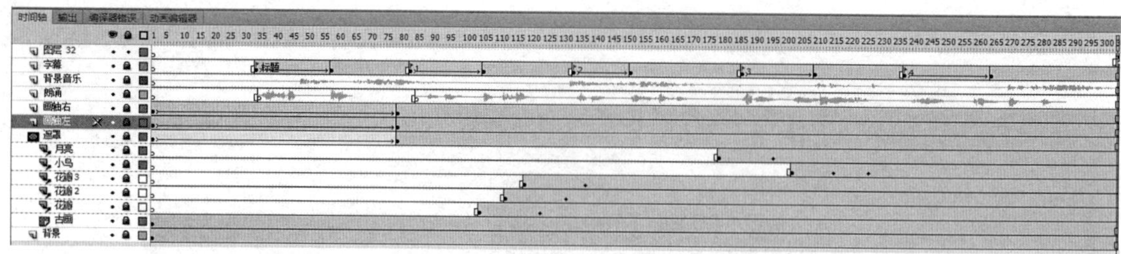

图 5-84　课件完整图层结构图

思考与实训

1. 什么叫多媒体课件？简述其基本特点及常见类型。
2. 简述多媒体课件的开发流程。
3. 结合本章知识，利用 PowerPoint2013 制作一个多媒体演示型课件。
4. 结合本章所学内容，利用 Flash CS6 制作一个动画。

第 6 章　微课程设计与制作

【学习目标】

1. 理解微课程的概念、由来、特点以及微课程的设计开发流程。
2. 理解微课程的常见类型及设计方法。
3. 了解常用微课程制作工具及其使用方法。
4. 了解 Camtasia 基本操作方法，掌握利用 Camtasia 制作微课程的过程与技巧。

【知识导学图】

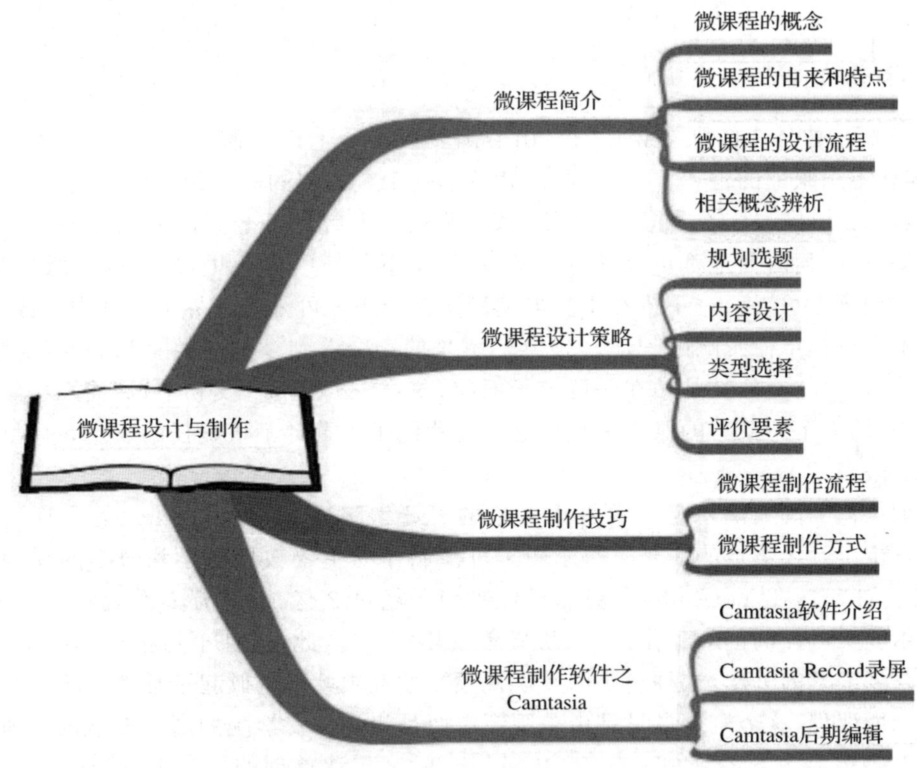

微课程设计与制作是数字化学习中非常重要的一部分内容，高质量微课程的设计与制作是一项涉及教育学、心理学、传播学、计算机技术、美学等多学科知识的复杂的系统工程，

必须在相关教学理论的指导下、按照科学的方法与步骤对微课程进行设计,并运用现代计算机软硬件技术来完成开发。本章简要介绍微课程的基本概念、由来、特点等基本知识;重点介绍了微课程的设计过程、类型选择及设计策略;详细介绍了几种常见的微课程开发方式;最后通过一个具体的实例对目前热门的屏幕录像和编辑软件 Camtasia 的基本操作进行了简单的介绍,并在此基础上介绍了微课程的制作流程及操作技巧。

6.1 微课程简介

6.1.1 微课程的概念

微博、微信、微小说、微电影、微生活、微商……在这个无"微"不至的快餐时代,现代社会的学习日渐趋于微型化、片段化、社会化、大众化与草根化,微课程就是在这种社会背景下产生的。微课程(microlecture)这个术语并不是指为微型教学而开发的微内容,而是运用建构主义方法形成的、以在线学习或移动学习为目的的实际教学内容。微课程具有完整的教学设计环节,包含课程设计、开发、实施、评价等环节。

目前比较公认的对微课程概念的描述是:微课程是指围绕某个教学知识点或技能点精细化设计,并配以相应的学习任务,支持学生个性化学习的数字化课程包,适合移动学习、泛在学习、碎片化学习等新型学习方式。

6.1.2 微课程的由来

2011 年 10 月,媒体大鳄默多克在旧金山美国教改峰会上说:"假想一下,一个人 50 年后醒来,一定认不出眼前的世界。医学领域,背着诊疗工具皮包的医生绝对想不到今天的同行们正在用着 CT 扫描和核磁共振;金融领域,股票经纪人曾发行老式的股票证明,如今改成了网上交易,这样何时何地都可以进行交易;在我从事的新闻行业里,前一天出版报纸的编辑吃惊地看到读者可以通过手机和平板电脑浏览新闻……可是教育界不在其中。我们的学校是唯一不受科技革命影响的阵地。50 年后醒来的人会看到今天的教室和 50 年前维多利亚时代没什么两样:一位教师站在一群孩子面前,拿着一本书和一支粉笔,后面一块黑板。朋友们,这是我们一个想象力的巨大失败。这是对我们子子孙孙不负责任的表现,对我们未来不负责任的表现。"

随着孟加拉裔美国人萨尔曼·可汗以及他的可汗学院(Khan Academy)的出现,传统的教育逐渐发生了翻天覆地的变化。萨尔曼·可汗制作的主要教授数学和科学的视频,截至 2012 年 6 月 30 日,在 YouTube 的频道已经吸引了超过 2 亿 1000 万人次观看。比尔·盖茨评价萨尔曼·可汗的创新工作是"一场革命的开始"。从此,这种小巧精悍的教学小视频受到了越来越广泛的关注,这种短小的教学视频在教育领域中也掀起了轩然大波。

在国外,"微课程"这个概念最早是由美国新墨西哥州圣胡安学院的高级教学设计师、学院在线服务经理戴维·彭罗斯(David Penrose)于 2008 年秋首创的。后来,戴维·彭罗斯被人们戏称为"一分钟教授"(the One Minute Professor)。

在国内,最早一批将微课程这一概念运用于中小学教学的有内蒙古鄂尔多斯市东胜区的教研室副主任李玉平老师。他将微课程的素材来源和涉及范围进行了拓展,目前已经起步并形成一定影响力的有“三小”微课程(小策略、小现象、小故事),包含的种类有教育叙事微课程、班级建设微课程、学科微课程、电影微课程、阅读微课程等。同时,基于微学习研究的微课程网站已经建成,基于高质量学习的微课程研讨已经在全国各基地学校进行多次。如:2011 年 12 月,深圳龙岗清林小学的微课程研讨;2012 年 3 月,山东省东营市胜利胜采小学微课程研讨;2012 年 4 月,内蒙古鄂尔多斯市东胜区闻德中学的微课程研讨;2012 年 5 月,河南郑州福莱国际幼儿园微课程研讨;2012 年 6 月,深圳市龙岗区天成学校及龙城小学的微课程研讨。

另外,几乎同期开展研究的是上海师范大学的黎家厚教授,他带领的研究生团队有一支骨干力量对微课程进行了大量的研究。微课程作为一种省时、高效的学习方式,已经被越来越多的一线老师所了解和认同,越来越多的人正在积极参与到微课程的开发行列。

6.1.3　微课程的特点

1. 资源容量小

一个课程仅围绕一个特定的知识点或技能点,适于基于移动设备的移动学习。

2. 教学时间短

教学视频一般不长于 10 分钟,5～10 分钟为宜,最少的 1～2 分钟,最长不宜超过 20 分钟。

3. 信息自足性

包含必要信息,如教学目标、教学内容、教学活动、教学评价等,能够在语意上表示其自身意义,无须再参考其他信息来理解。

4. 内容基元化

具有不可再分性,不能再进一步划分成更小的单元。

5. 数据易传播

可以视频、动画等基于网络流媒体播放,适合移动学习、泛在学习、碎片化学习等新型学习方式。

6. 更适合自学

主要供学习者自主学习,一对一地学习。

6.1.4　微课程的设计流程

一个完整的微课程从设计到开发到最后制作完成,一般需要经历如下过程,如图 6-1。

6.1.5　相关概念辨析

微视频是微课程的主体资源;多媒体课件主要应用于正式学习,辅助教师课堂教学,而微课程主要用于学生自主学习。辅助教学活动的多媒体课件、课堂教学实录的视频切片、以课时为单位的视频公开课都不是微课程。

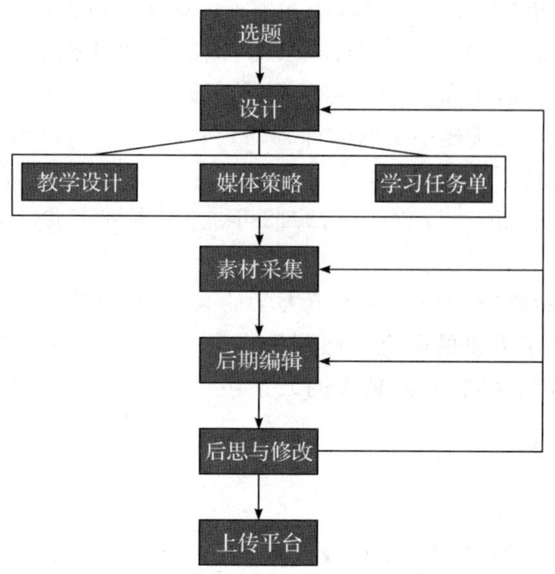

图 6-1　微课程设计开发基本流程

6.2　微课程设计策略

6.2.1　规划选题

微课程设计过程中,规划选题是一项非常重要的工作,不是所有的内容都适合制作成微课程,因此选题要精准,要基于课标系统规划,再经过教学设计分析聚焦一个内容相对固化、适合利用多媒体表达的知识点。规划选题要遵循以下基本原则:

1. 教学设计先行,系统规划先行。首先确定微课程在整体教学设计中的地位,是课前预习、课中讲解还是课后复习。其次要分析教材和学生,课前预习选题可选择简单知识点,课中讲解要选择重点或难点,课后复习则最选择易错或易混淆知识点。

2. 教学内容聚焦某一知识点或技能点。可借鉴可汗学院的知识层次分类从知识单元到知识点,再进一步把知识点细分为微学习活动,突出微课程与教学活动的整合,最后再用概念图形式表示知识点之间的逻辑关系。

3. 课程结构松散耦合。微课程的组成内容是相对独立的,但以一定的结构关系合理巧妙地关联在一起,从而构成课程内容,以保证课程内容的模块化和关联化。

6.2.2　内容设计

微课程设计包括微课程视频的设计和微课程任务单的设计。

1. 微课程视频设计环节

微课程学习时间的碎片化不等于课程设计的碎片化,它是课程内容的浓缩,具有完整的结构。微课程视频的设计一般包括导入、阐释和小结三个环节。

(1)导入。常用的导入方式有目标导入、情景导入、故事导入、范例导入、问题导入、游戏导入、试验导入、复习导入等，在导入结束的时候，用一句话点明学习目标。微课程导入的主要目的是创设情境激发兴趣，概括来说具有如下功能：

①建立新旧知识的联系；

②吸引学习者的注意力；

③激发学习者的认知需求；

④安定学习者的学习情绪；

⑤启迪学习者的智慧；

⑥沟通师生间的情感；

⑦确定全课程的基调；

⑧将无意注意转变为有意注意。

(2)阐释。阐释阶段要紧紧围绕学习目标，精细化设计，去掉不必要的表述，让阐述更精练；要反复推敲解说词，让解释更精确；要创新方法，从特别的角度来阐述问题，让表达更精彩。

(3)小结。在结束的时候要有简短的回顾和总结。总结可用简短的语言或思维图的方式，一般不超过一分钟。见表 6-1。

表 6-1　案例：如何克服演讲前的焦虑与恐惧

核心概念与方法：克服演讲焦虑与恐惧三调节、六大招		
环节	内容	时间长度
导入	问题导入	50 秒
阐释	克服演讲恐惧六大招	3 分 43 秒
小结		40 秒

2. 微课程学习任务单的设计

学生任务单旨在帮助学生在学习过程中明确学习内容、目标和方法，并提供相应的学习资源及评价。它是一种以表单为呈现方式、和微课程配套的学习学案，主要包括学习目标、学习资源、学习方法、学习指南、学习任务、学习测评、困惑建议、学习反思、后续学习预告等。

3. 微课程视频设计常用技巧

微课程的视频设计常用的技巧有如下几点：

(1)微课程的视频时长一般不超过 10 分钟。

(2)聚焦一个知识点或技能点。它不是知识系统讲解，也不是课堂浓缩，而是清晰简约的要点讲解，另辟蹊径的问题剖析。

(3)以学习者为中心。声音应尽量口语化，亲切自然；画面应重点呈现教学内容，教师可以不出镜；心理上要给人面对面个性化辅导的感觉，减少距离感，营造一对一的学习氛围；要给学生讲清楚基本概念和关键技能。

(4)不要轻易跳过学习步骤。要兼顾学生的认知差异，符合学生的认知规律。

(5)适当运用提问策略。可以用问题串联课程内容，要注意问题的有效性。有效问题包含有一定的思想性和哲理性，具有启发创意、生成思想、引起深层次思考的效果，而不是单纯的记忆、复述。提问要把握好挑战学生思维的“适当”时机，避免重复相同的口头禅。下面是两个有效问题问的案例：

①案例一："东南亚地理位置和自然环境"教学片段

A. 东南亚的纬度位置？

B. 东南亚在亚洲的哪一方位？

C. 连接的洲、洋有哪些？

D. 东南亚的交通枢纽，咽喉之地是哪里？

②案例二："气温"教学片段

A. 百叶窗为什么漆成白色？

B. 百叶窗的门朝哪个方向开，为什么？

C. 百叶窗的放置为什么要离开地面一段高度？

(6)加强人机互动和学生思维的参与。在单向的视频中加入交互，如问题、测试等，能让学生及时回忆课程要点。或者在操作过程中暂停，留给学生思考空间，通过小互动吸引学生的注意力，如图 6-2。

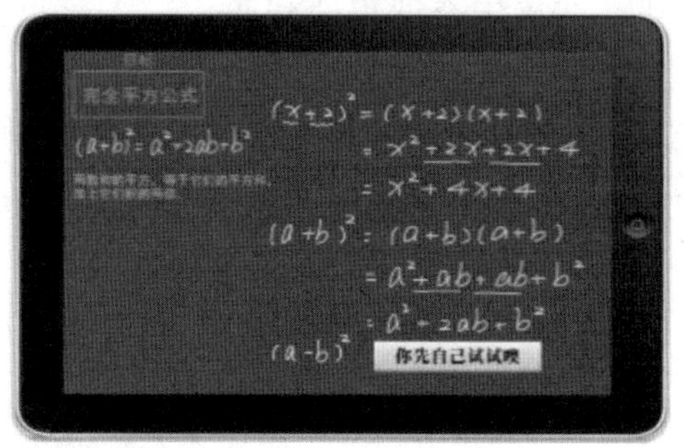

图 6-2　插入互动按钮

(7)给学生提示性信息。常用提示的方法有画线、做记号、改变字体颜色、放大字号等，如图 6-3。

图 6-3　常用提示方式

(8)用字幕方式补充微课程不容易说清楚的部分。在一些语音易于混淆的地方加入字幕，可以让表达更精确。

(9)结束的时候要有简短的回顾和总结。结束时的回顾和总结能帮助学生有效记忆课程重点。要注意避免空洞乏味的小结，甚至无小结，如图 6-4 是两种小结的对比。

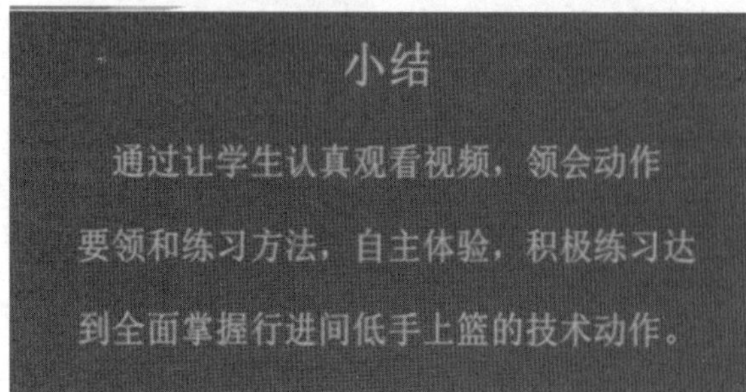

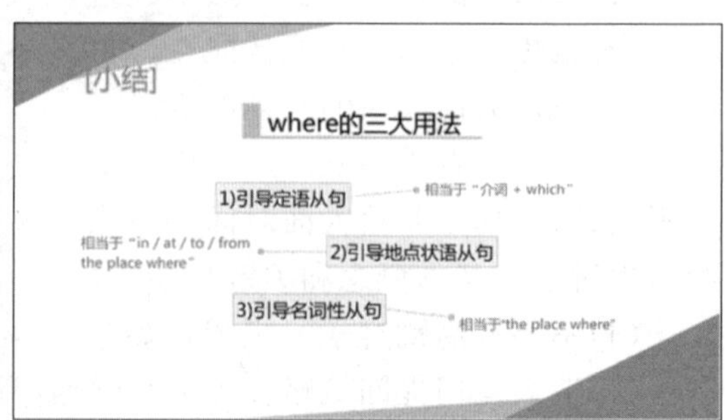

图 6-4　小结反例(左)与小结正例(右)对比

(10)选择适合的媒体表达方式。实验型或技能训练型的选题如韵律操、软件操作等，教师现场演示的时候，学生可能没看清或者没记住，用微视频可以让学生看清细节，反复观看，事半功倍。而有些选题如语文的阅读理解，如用文字对林黛玉外貌的描述，不同的人可以有不同的理解和想象，如果给出具体图片，反而限制了学生的想象。

(11)他山之石，可以攻玉。可以从网上搜集相关资源为主题服务，例如可借用网上的一些视频、动画资源。

6.2.3　类型选择

1. 理论讲授型

理论讲授型微课程适用于概念、公式、定律、原理的讲授，注重知识的内在规律或逻辑。这类微课程设计的难点在于如何通过深入浅出的讲授，使抽象枯燥的知识变得具体形象、浅显易懂、生动有趣。对于重要的概念，在设计的时候不仅要说清楚它是什么，还要说清楚它不是什么。

关键概念或新概念出现时，要配合使用字幕或提示性文字。使用字幕不必像电视剧一样将所有的台词都打出字幕，这会增加学生的阅读认知负荷，只需呈现关键词语即可。

讲解的时候可以尝试采用有别于教科书的讲解方式。微课程不是课堂授课的电子化，在讲解的时候我们需要用简约的、新颖的讲解方法为学生解释知识点，可以结合一些生动的、鲜活的案例深入浅出地解释理论或概念。重“实践逻辑”而非“学术逻辑”，重“问题解决”而非“知识习得”，重“任务驱动”而非“求知驱动”，重“以例释理”而非“以理释例”。常见的方法有以下几种，如图 6-5 所示：

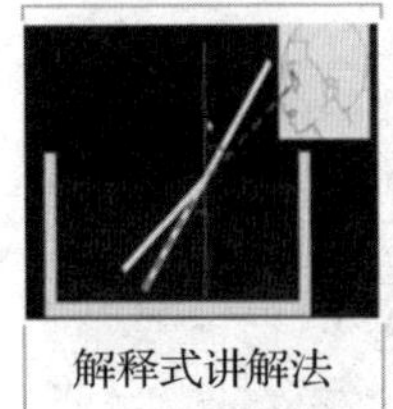
解释式讲解法

案例式讲授法

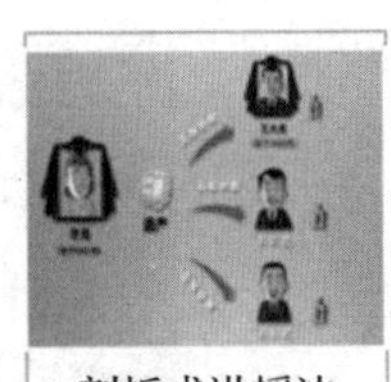
剖析式讲授法

故事式讲授法

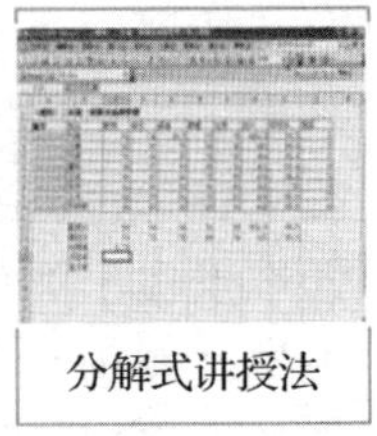
分解式讲授法

图 6-5　理论讲授型微课程常用教学方法

2. 推理演算型

推理演算型微课程适用于逻辑推理、数学演算等，注重推演过程的理解。此类微课程的设计难点在于如何完整呈现推演过程，常用的方法有以下几种：

(1)运用学科软件作为辅助，将内容具体、形象化，从而有效揭示数与形的联系，提升课堂效率。如图 6-6 所示。

(2)巧妙运用“摄录”手法，即拍摄、录电脑、录平板、录纸张，清晰呈现

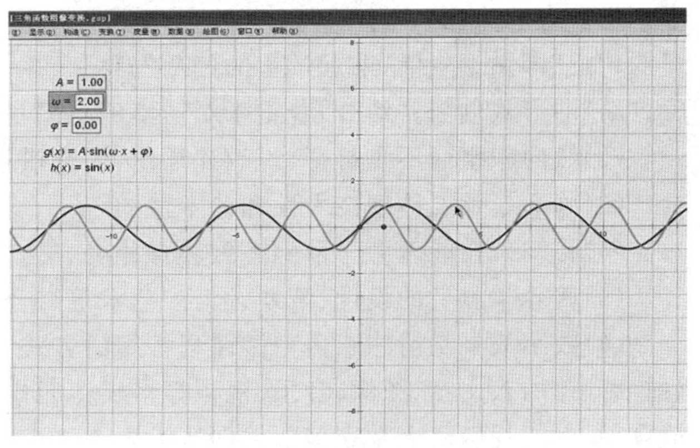

图 6-6　学科软件

演算过程。

(3)运用视频编辑软件,调整播放速度,增加颜色、图形、标注等提示性信息,设置交互等。

案例:使用手绘板结合电脑录屏制作微课程“平行四边形的面积”

这是大名鼎鼎的可汗学院的数学课程,如图 6-7 所示。在推导平行四边形的面积时用的是手写板,利用手写板进行数学教学也是可汗学院微课程的典型风格。这种知识的展开方式更适合学生思考的过程。教师们可以通过屏幕录屏软件与手写软件结合的方式实现这样的效果,如图 6-8 所示。

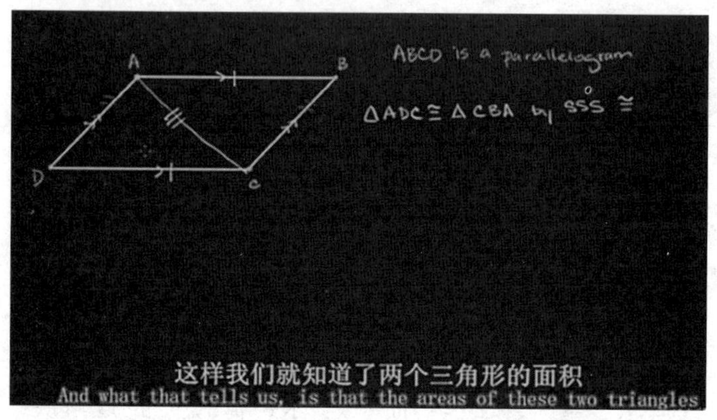

图 6-7 使用手绘板结合电脑录屏制作微课程

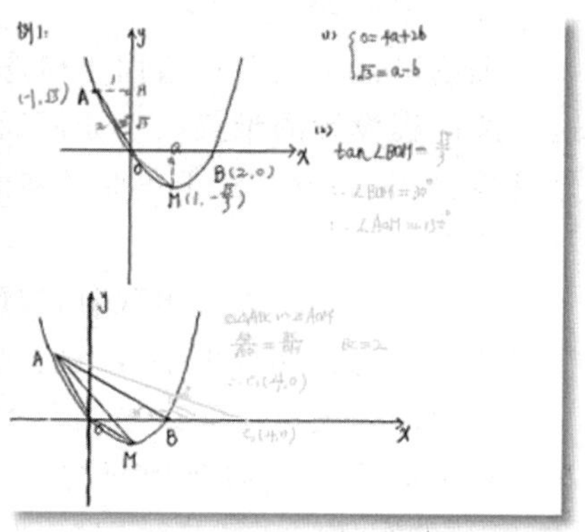

图 6-8 使用录制笔制作微课程

3. 情感感悟型

情感感悟型微课程适合培养学生的学习兴趣、学习责任、正确的价值观和积极的人生态度、高尚的道德情操等。此类微课程的设计难点在于如何通过故事演绎、视觉传达、音乐气氛等引发学生共鸣、共情。如图 6-9 所示的微课程“祖国有多大”就是这种类型的微课程。设计此类微课程时应注意以下几点:

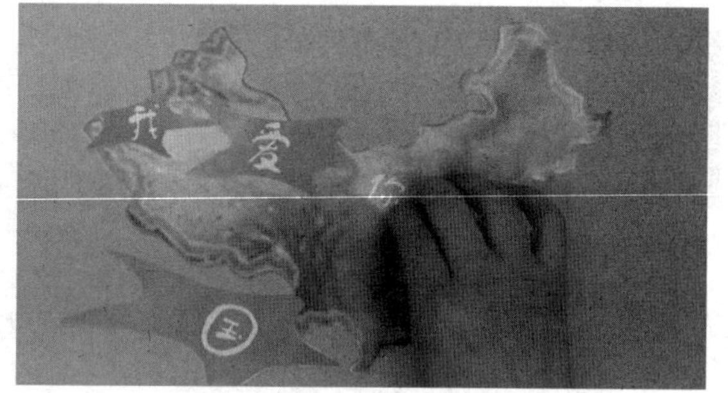

图 6-9 案例:祖国有多大

(1)突出“小”“近”“新”“活”的特点,让故事本身富有感染力。“小”即以小见大,管中窥豹;“近”即贴近生活,贴近学生的经历与体验;“新”即形式创新;“活”即着重于对情境的感同身受,引起学生共鸣。

(2)倾向叙事而不是解释、说教和评价,提高讲授的吸引力。

(3)画面设计要体现技术性和艺术性的统一。恰当运用音乐增加故事的感染力。

(4)将知识技能教育与情感态度教育相融合。

(5)培养学习者的设计、策划、语言、艺术等综合素养。

(6)数字故事是情感感悟型微课程常用的方式。所谓“数字故事”,就是在教学活动中编写故事,并加入文字、图像、音乐、视频等多媒体元素,创造可视化故事的过程。如图 6-10 所示数字故事“我们班上专家多”,就创造了一个可视化数字故事。

数字故事设计有五大要素：聚焦故事、简洁即美、视觉传达、音乐气氛、动画节奏。其特征如下：

①真实性。基于事实，不是用简单的“镜像”记录生活，而是观察和思考生活。

②典型性。以“叙述”为主，启发人思考，用一个细节照亮整个故事的主题。

③情感性。善于思考的人从身边的平常事中也会发现真理，哲理蕴含在故事叙事中，激发人灵魂深处的感情，以引起强烈共鸣。

图 6-10　案例：数字故事“我们班上专家多”

④意外性。欧亨利式结尾，故事冲突，深度互动，唤起心底的震撼。

4. 技能训练型

技能训练型微课程常用于帮助学生了解和掌握动作技能、操作技能以及语言技能等，以学习者参与和体验为特点。此类微课程的设计难点在于如何全面、完整、直观地呈现示范的过程和细节，它直观形象，利用视频的瞬间、慢动作、停镜、重放等特技可以让学生更快更熟练地掌握动作技能的要领。如图 6-11 所示。设计此类微课程需要注意以下几点：

(1)动作规范、正确，操作速度适当；

(2)综合运用图片、图示、动画、视频等方式进行示范；

(3)实景拍摄时，注意构图与背景，突出主体；

(4)避免一镜到底，合理利用“中近特”等多机位拍摄；

(5)根据具体内容采用聚焦、慢镜头、重放的后期制作策略；

(6)关键操作或部位需要配合文字或标注；

(7)除了说清楚应该怎么做，根据需要还要说明不应该怎么做；

(8)吸收学生参与示范也是不错的设计策略。

案例一：我爱前翻滚

案例二：蔬果变变变

图 6-11　技能训练型微课程案例

5. 实验操作型

实验操作型微课程适合于利用专门的仪器、设备来控制或模拟研究对象、条件或环境等因素，从而去发现、认识自然现象、事物性质和科学规律。此类微课程的设计难点在于如何全面、完整、直观地呈现示范的过程和细节。如图 6-12 所示。

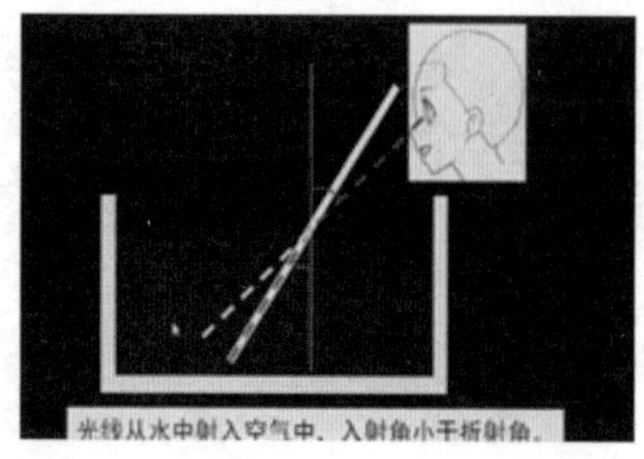

案例一：光的折射

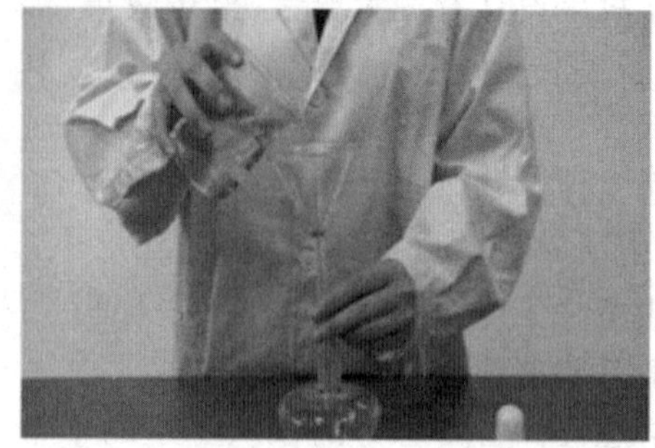

案例二：酒精灯的操作

图 6-12 试验操作型微课程案例

6. 方法探究型

方法探究型微课程常用于习作方法探究、解题技巧的专项突破等。如图 6-13 所示。此类微课程的设计难点在于通过案例剖析形成技巧策略或方法规范。

案例一：作文习作

流川枫灌篮

案例二：妙笔生画

让我们的作文富有画面感

图 6-13 方法探究型微课程案例

6.2.4 评价要素

所谓微课程的评价，就是参照微课程的设计原则，对微课程的优点或价值进行判断的过程。微课程的评价一般从选题、基本规范、整体设计、教学内容设计、教学活动设计、媒体效果等方面进行。具体指标参数可参考本章附录《2016 年福建省首届高校大学生教育技术技能大赛之微课程创作比赛说明》，也可从以下几个方面考虑：

1. 精美。设计精美，音乐、画面、文字都极精、极简、极富美感。
2. 简洁。6 分钟左右，一事一议，开门见山，直入主题，直抓关键词。
3. 具体。以小见大，直指原因或对策，将理论暗含于问题、故事、策略中。
4. 意外。巧妙设疑，有悬念，层层递进，让人意想不到，又有恍然大悟的感觉。
5. 深刻。能看到问题背后的问题，引发对问题本质的思考。
6. 感性。有情感共鸣，不知不觉地产生亲近感与认同感。

6.3　微课程制作技巧

6.3.1　微课程制作流程

微课程的制作过程可划分为如图 6-14 所示的五个步骤，这个流程从某种意义上说和炒菜的过程类似。策划脚本是准备菜谱，选择工具就是准备炒菜的锅碗瓢盆，素材采集就像准备原材料，加工合成就是炒菜的过程，而整合发布就是将做好的菜装盘。

图 6-14　微课程制作流程

1. 策划脚本

需要策划的脚本通常包括图像、字幕、解说、音乐以及所有内容的时间规划等。

2. 选择工具

制作微课程的工具包括拍摄工具、录屏软件、视频编辑软件以及 PowerPoint 等。拍摄与剪辑是微课程制作中最常见的一种形式，手机、相机、DV 等都可以完成拍摄，拍摄完成后还需要使用会声会影、Camtasia 等视频编辑软件对拍摄的视频进行后期编辑制作。录屏以及 PowerPoint 加录屏也是常用的一种形式。

3. 素材采集

采集多媒体素材时应注意选择精度高、风格统一的素材；拍摄素材时应注意声音、用光和构图等问题，录屏时也要注意声音和精度。

4. 加工合成

加工合成时可利用视频处理软件加入片头、字幕、标注、视频剪辑特效、变焦效果、转场效果、旁白、音效、光标效果等，还可以用图片美化工具使画面更美观。

5. 整合发布

视频制作完成后即可打包发布微课程，方便学生学习和老师交流。

6.3.2　微课程设计与制作方式

微课程的制作常用的方式有拍摄、录屏、PowerPoint 制作、动画等。其中，理论授导型、情感感悟型常用的手法是 PowerPoint 和录屏一起使用；技能训练型、实验操作型微课程常用的手法是拍摄、录屏和动画；推理演算型微课程常用的制作手法是拍摄、手绘板加电脑录屏、PDA 录屏、录课笔等。

1. 基于拍摄

(1)常用拍摄设备有手机、相机、DV 等，如图 6-15 所示。

(2)手机拍摄注意事项

随着手机硬件的高速发展和软件的不断更替，智能手机普及率节节攀升，带有高端摄像头的智能手机已经成为普通家庭的必备通信工具。在微课程的拍摄制作过程中，智能手机因其便携的操作性已经成为广大用户最基本最简便的拍摄设备。利用手机进行微课拍摄需

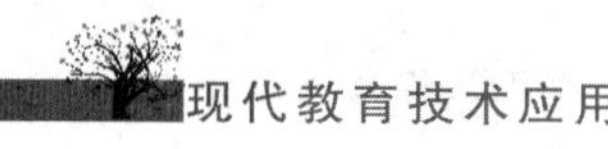

手机　平板　DV　相机　摄像机

图 6-15　常用拍摄设备

要注意以下几点：

①背景干净。拍摄背景往往最抢戏，所以一定要把背景尽可能清理干净。

②姿势要稳。拍摄时尽量保持稳定，减少手抖情况发生，尽可能选用手机支架。

③变焦靠走。一般的手机摄像头都不具有变焦功能，想放大主体，只能靠近主体。

④注意用光。一般情况下，侧面射入的光线能更好地突出物体的质感。

⑤镜头清洁。指纹及灰尘最容易弄脏镜头，拍摄前最好用眼镜布或镜头纸擦拭干净。

(3)用手机拍摄微课程的常用创意方法有简笔画、沙画等，如图 6-16 所示。

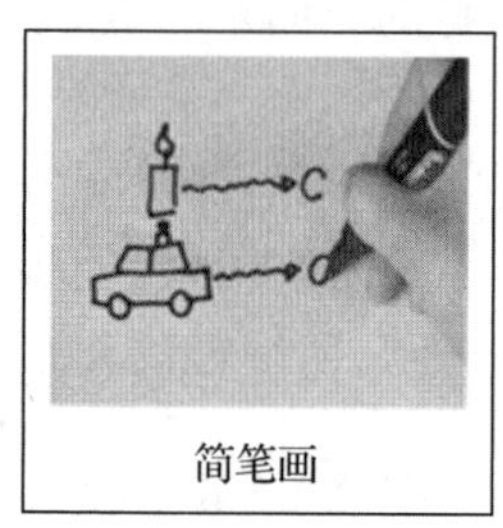

简笔画

沙画

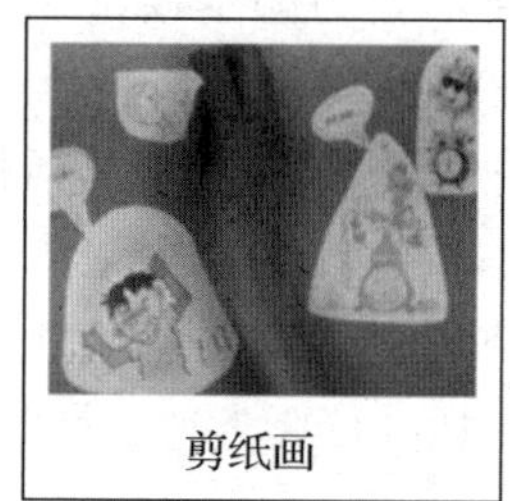

剪纸画

图 6-16　手机拍摄常用创意方法

(4)无论是用手机还是用相机或其他拍摄设备进行拍摄，在设计画面时都要注意以下几点：

①色相要“靠谱”。拍课程素材讲究还原拍摄对象本真的色彩，要尽可能避免色彩失真。如图 6-17 所示三张照片的色相哪张比较正常？从这三张照片可以直观看出色温设置对照片色彩的影响，正常环境的色温在 5400 k 左右，将白平衡设置为相应的数值则可得到比较真实的色彩。如果我们将拍摄设置降低到 3700 k 时，画面就会偏蓝偏冷，而在 9000 k 时则会偏红偏暖，呈现夕阳的效果，所以可以根据作品主题来设定白平衡。每次摄像前要调整白平衡，可以根据原本白色的墙壁颜色是否偏色来调整。

色温：3700 k

色温：5400 k

色温：9000 k

图 6-17　不同色温对图片颜色的影响

②声线要“清纯”。声音也是画面的一部分，有些画面未尽事宜是通过声音交代的。录音时首先要保证清晰，高保真。其次要纯净，去噪音。注意音量过爆也会制造杂音。最后要

避免声画不同步现象的出现。录音时需要选用可靠的录音设备。

③先“稳”再求进。摄像时首先要稳，稳定的画面给人一种安全、真实、美好的享受，如果画面抖来抖去，会让人眼花缭乱、焦躁不安，看不清主体，这样就很难理解拍摄者的拍摄意图。条件允许时，尽可能使用三脚架。另外，画面构图讲究“横平竖直”，切忌歪七扭八，找不着地平线。推拉镜头时速度要均匀，并且要从稳定画面开始，到稳定画面结束。不要一开机就推拉摇移，或者推拉摇移还没到位就戛然停止，起落不稳的画面会给剪辑造成很大麻烦。无论推拉摇移，都是围绕维持画面稳定来开展的。拍摄时尽可能选择自动变焦方式。

④主角即焦点。拍摄的时候要注意背景的干净，相对单一的背景会让主体更加突出，切忌背景过于杂乱，喧宾夺主，干扰学习者的注意。另外要找准画面主体进行对焦，聚焦人物时，切忌让镜头在人物关节处截断，譬如画面构图时尽量不要让画面在手肘、腰部、膝盖等部位截断。

⑤巧设多机位。针对技能训练型、实验操作型微课程，经常需要多角度来呈现画面，需要考虑多机位拍摄。根据拍摄要表达的主要内容来选择景别，合理利用中景、近景和特写等景别。

⑥适当留空白。主体的四周留有适当的空白，以适应观众的欣赏习惯。

⑦多选择平拍。拍摄角度讲究“视线平视”，尽量多使用平拍，少使用俯拍或仰拍。

⑧布光要均匀。拍摄时尽量选择光线充足且布光均匀的环境，尽量避免阴阳脸、明显的光斑或阴影。条件允许的话，可以采用正侧逆三点式布光，如图 6-18 所示，减少阴影，人也显得立体。若室内光线过强，可以拉上透光的窗帘。一般使用简单的正面布光即可。

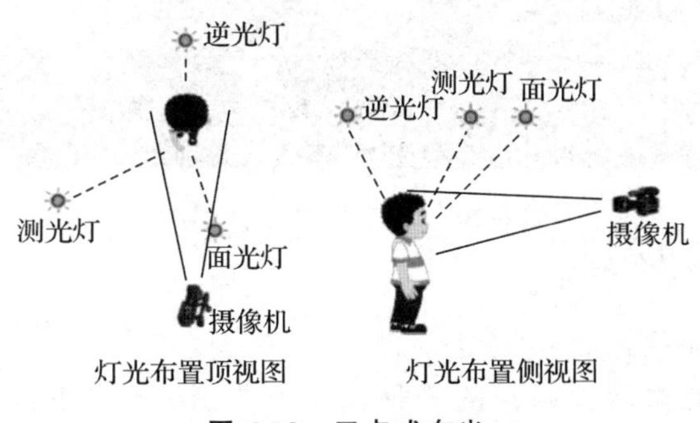

图 6-18　三点式布光

⑨着装有讲究。录制时尽量不要穿白色、大红或者窄条纹的衣服。白色容易曝光过度，大红容易溢出，窄条纹衣服容易产生拖影现象。计算机能表现的颜色是有限的，很大一部分颜色肉眼能看到，但电脑的显示器无法表现出来，这部分颜色我们称为溢出。由于数码相机对红色不敏感，穿红色衣服过于鲜艳，拍摄时容易失去细节、层次，以至溢出。当然，红色溢出可通过后期减少“饱和度”，适当调整“明度”来进行弥补。

⑩黄金构图法。以黄金螺旋分割画面，或将拍摄主体放在螺旋井处，既符合审美，又能给人以思考和想象的余地。黄金分割的创始人是古希腊的毕达哥拉斯，他在当时十分有限的科学条件下大胆断言：一条线段的某一部分与另一部分之比，如果正好等于另一部分同整条线段的比（即 0.618），那么这种比例会给人一种美感。后来，这一神奇的比例关系被古希腊著名哲学家、美学家柏拉图誉为“黄金分割律”。摄影摄像的画面构图也能应用黄金分割定律，研究表明，最能引起视觉注意的坐标不是正中的点，而是画面中的黄金分割点。以黄

金螺旋分割画面,或将拍摄主体放在螺旋紧处,是符合审美观的一种构图方法。如图 6-19 所示。

图 6-19 黄金螺旋构图法

来源:电影《神探夏洛特》

在摄影摄像构图中,常使用概略方法,就是利用九宫格横纵相交的 4 个点进行构图,将主体安排在这 4 个点附近,能使主体更加鲜明、突出,更好地发挥主体在图面上的组织作用,有利于周围事物的协调和联系,容易产生美感,得到较好的视觉效果。如图 6-20 所示。

图 6-20 九宫格(井字)构图法

来源:纪录片《客从何处来》

2. 基于 PowerPoint

应用 PowerPoint 是微课程制作的一种主要方式,10 年来 PowerPoint 的版本从 2003 经历 2007、2010 到 2013,其外观、功能和人性化方面都得到了很大的提升。首先,用户在使用 PowerPoint 时关注的不是功能,而是处理问题的方法,传统的菜单操作方式已无法满足用户需求,PowerPoint2013 以工作成果为导的工作界面,大大提升了个人工作效率;其次,用户利用以前的版本设计专业美观的文档需要一定的技术门槛,PowerPoint2013 增强的图形表现和处理能力,大大减低了技术门槛;再次,PowerPoint2013 采用全新文件格式,体积更小,传输更方便。PowerPoint2013 的特点在前面 5.2 节中已经详细介绍过,这里就不再重复。

3. 基于录屏

微课程制作中常用录屏方式有录电脑、录平板、录纸张。

常用电脑录屏软件有 WebEx Recorder、Screen2swf、屏幕录像精灵、Camtasia Studio、超级录屏、Screen CAP、BB FlashBack、Bandicam 等,其中目前使用率最高的是 TechSmith 公司推出的 Camtasia Studio。相对其他录屏软件来说,Camtasia 具有如下特色:

(1)采集源包括屏幕、声音、摄像头；

(2)录制品质流畅清晰；

(3)编辑功能入门快；

(4)视频后期处理能力强大；

(5)丰富的视频输出格式；

(6)支持实时编辑预览。

后期编辑过程中可能会经常遇到视频格式不兼容、视频文件损坏、视频尺寸不统一、视频无法下载等问题，需要特别注意。编辑时可以利用调整剪辑速度、变焦、加标注等技巧对拍摄或录制的视频进行编辑处理。下面介绍几种常用的录屏软件和硬件，如图 6-21 所示。

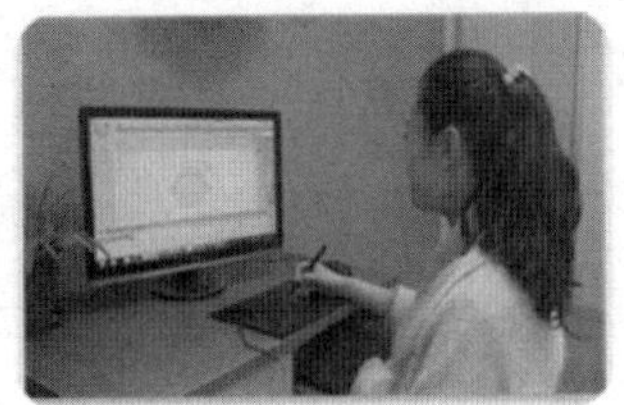

手绘板+录屏

生力军PAD录制——PUPPET PALS角色扮演

生力军PAD录制——StoryMaker情景故事

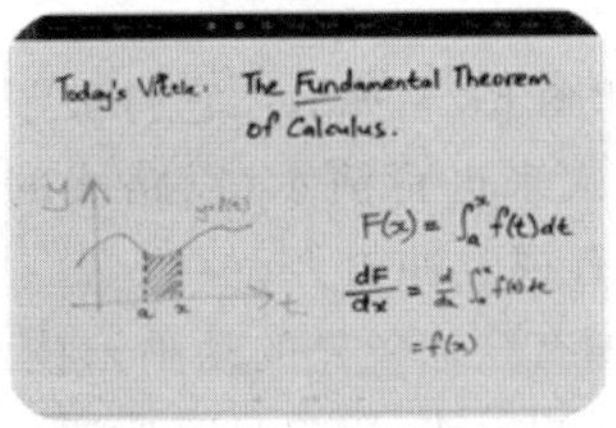

生力军PAD录制——Vittle步步惊“情”

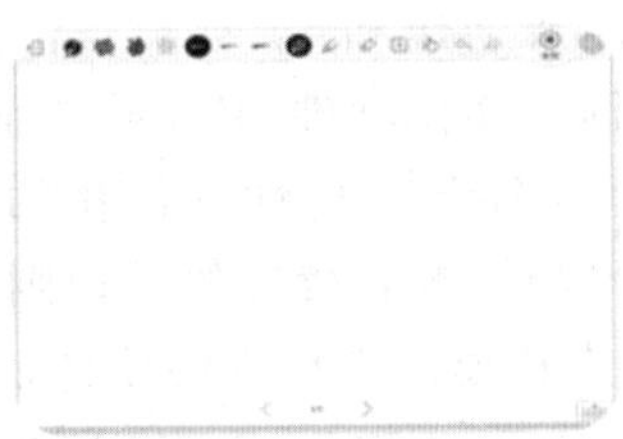

生力军PAD录制——酷学习+玩转涂鸦

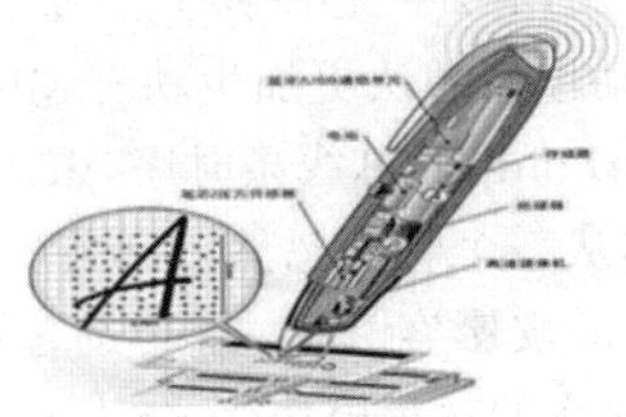

点阵数码笔

图 6-21　常用录屏工具

其中点阵数码笔是一种常见的录课笔，它是一种利用超声波和红外线的接收及发射感应技术，把传统书写与电脑记录有机地结合在一起的新型书写工具。这种点阵数码笔通过在普通纸张上印刷一层不可见的点阵图案，由其前端的高速摄像头随时捕捉笔尖的运动轨迹，同时压力传感器将压力数据传回数据处理器，最终将信息通过蓝牙或者 USB 线向外传输。点阵数码笔的使用步骤如图 6-22 所示。

4. 基于动画

动画凭借其短小精悍的“体型”、幽默辛辣的解说，以及天马行空的画面成为微视频制作工具的重要一员。在微课程的制作过程中应根据教学内容的需要选择合适的动画，实现静态内容无法实现的效果，如物理教学课件中的实验过程就可以利用动画使演示效果更加直观清晰。常用的动画制作工具除了大家比较熟悉的 Flash 之外，以下几种也是微课程制作过程中经常用到的：

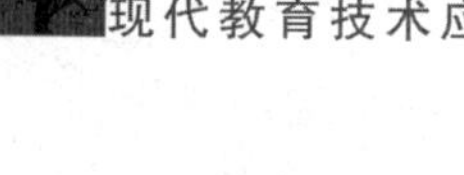

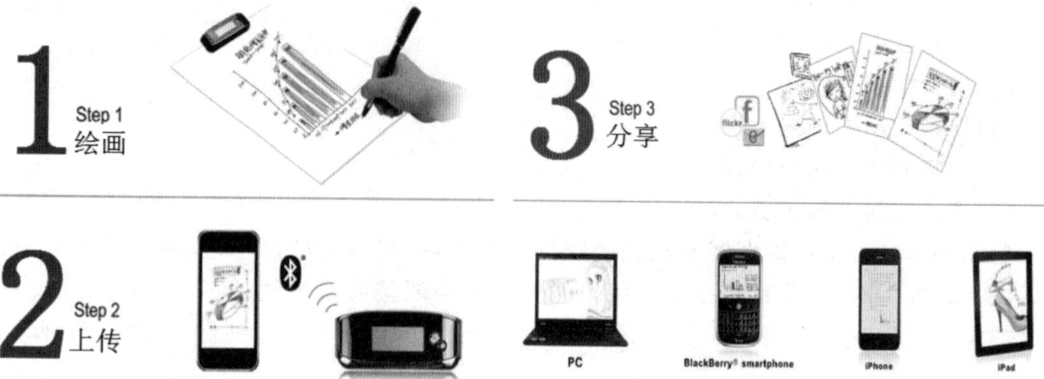

图 6-22　点阵数码笔的使用步骤

(1)PowerPoint。PowerPoint2013 提供了 200 种动画效果,其中多数的动画可以切换不同的效果选项,还能够实现多种动画的组合,从而得到不计其数的动画艺术效果。如图 6-23 所示是利用 PowerPoint 制作出来的机械能守恒动画演示。

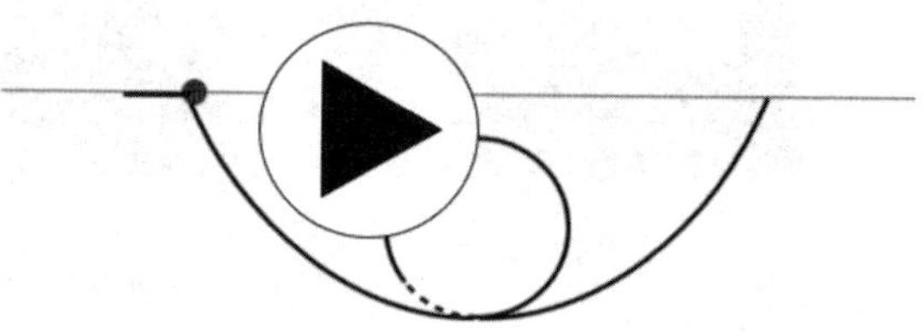

图 6-23　机械能守恒 PPT 动画演示

(2)Prezi① 是一种主要通过缩放动作和快捷动作使想法更加生动有趣的演示文稿软件,其工作界面如图 6-24 所示。它打破了传统 PowerPoint 的单线条时序,采用系统性与结构性一体化的方式来进行演示,以路线的呈现方式,从一个物件忽然拉到另一个物件,配合旋转等动作则更有视觉冲击力。

(3)皮影客②是一款帮助普通人快速制作动画的软件,它拥有全球领先的动画云技术,将动画制作的过程模块化,分为场景、分镜、人物、动作、对话等不同的模块,用户只需要通过简单的操作将这些模块相组合,就可以制作出一部准专业水准的动画。其界面如图 6-25 所示。

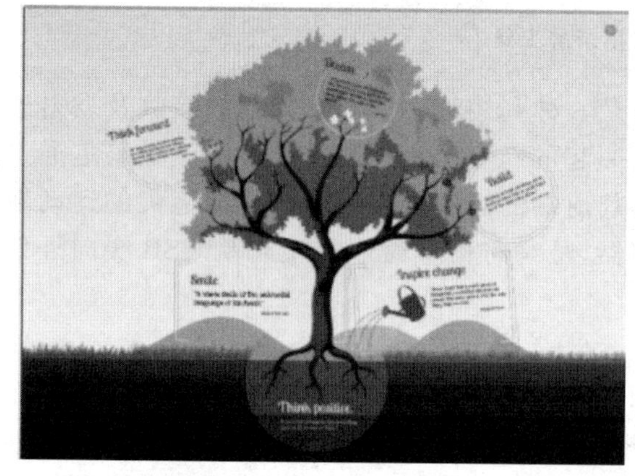

图 6-24　Prezi 工作界面

图 6-25　皮影客工作界面

① Prezi 下载地址:https://prezi.com/

② 皮影客下载地址:http://pro.piyingke.com/

6.4　微课程制作软件之 Camtasia

6.4.1　Camtasia 软件介绍

1. Camtasia 简介

Camtasia① 是 TechSmith 旗下一款专门捕捉屏幕音影的工具软件，它能在任何颜色模式下轻松地记录屏幕动作，包括影像、音效、鼠标移动的轨迹、解说声音等。另外，Camtasia 还具有及时播放和编辑压缩的功能，可对视频片段进行剪接，添加转场效果。Camtasia 输出的文件格式很多，包括 mp4、avi、wmv、m4v、camv、mov、rm、gif 等多种常见格式，是制作视频演示的绝佳工具。

Camtasia 还是一款视频编辑软件，可以将多种格式的图像、视频剪辑连接成电影，输出格式可是 gif 动画、avi、rm、QuickTime 电影（需要 QuickTime 4.0 以上）等，并可将电影文件打包成 exe 文件，在没有播放器的机器上也可以进行播放，同时还附带一个功能强大的屏幕动画抓取工具，内置一个简单的媒体播放器。与简单易用的 DemoCreator 相比，Camtasia 显得更为专业，可控性更强，支持输出的格式也多，尤其是它的编辑功能，可以编辑音频、缩放局部画面、插图、设置过渡效果及画中画效果等，很有特色，且支持录制 PowerPoint。Camtasia 剪辑速度的提升，可轻松放慢或加快影片镜头，将相关素材拖曳到时间轴上，即可添加更多的戏剧效果。

目前 Camtasia 最新版本是 9.0，本教程中使用的是最新版本 9.0，软件启动界面如 6-26 所示。

安装完成后，在 Windows 开始程序菜单可以找到 TechSmith 及其包含的 Camtasia 9 和 Camtasia Recorder 9 这两个程序，如图 6-27 所示。其中 Camtasia Recorder 可以单独录像，并保存为 *.camproj 文件，Camtasia 可对 *.camproj 文件进行编辑处理，并最终输出如 *.mp4 等通用的视频格式。

图 6-26　Camtasia 9.0 启动界面

图 6-27　Windows 开始菜单中的 Camtasia

2. Camtasia 9.0 操作界面

Camtasia 9.0 启动后，新建一个项目，即可看到如图 6-28 所示软件工作界面，包括菜单栏、工具箱、预览窗口、时间轴以及其他几个浮动窗口。

---

① Camtasia 软件下载地址：https://www.techsmith.com/camtasia.html

图 6-28 Camtasia 9.0 操作界面

6.4.2 Camtasia Record 录屏

1. Camtasia Record 软件介绍

打开 Camtasia 新建一个项目，在 Camtasia 工作界面的左上角会出现一个“Record”标志，如图 6-29所示。点击 Record，即可打开 Camtasia Record 录屏窗口，如图 6-30 所示。

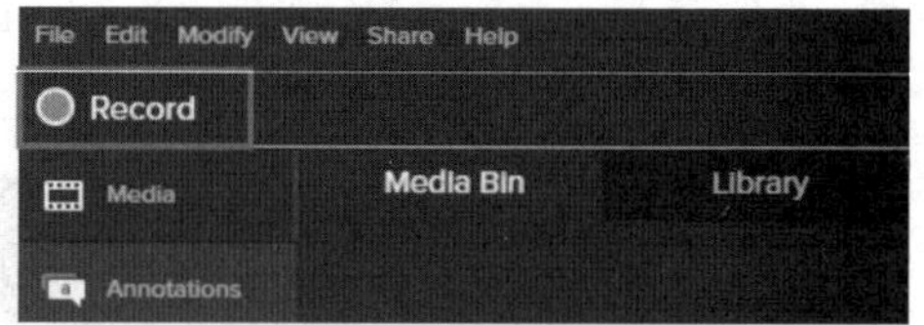

图 6-29 Camtasia Record 启动方式

在 Select area 中选择 Full screen 为全屏录制，Custom 中可以自定义录制的窗口大小，Recorded inputs 中可以设置摄像头和音频的打开或关闭。设置好后，点击右边的“rec”按钮开始录制视频，录制过程中按 F9 暂停，按 F10 停止录制，停止录制时会自动进入 Camtasia 视频编辑模式。

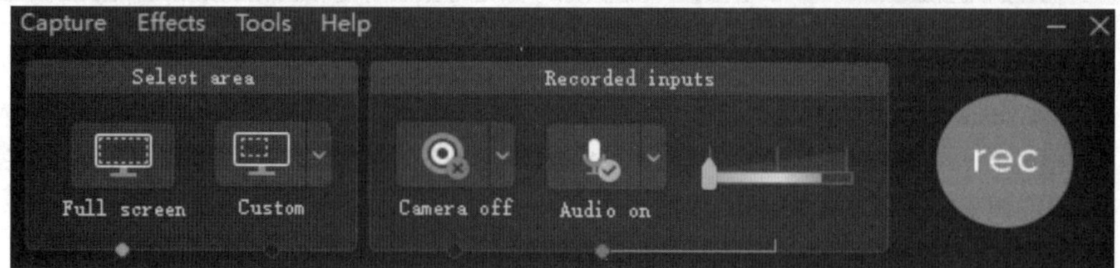

图 6-30 Camtasia Record 录屏界面

2. 录制前的准备工作

(1)准备录制计划,梳理知识点,分别进行录制,避免录制时间过长,造成系统占用资源甚至系统崩溃,导致徒劳无功。

(2)测试音质:麦克风与嘴的距离保持 10 cm,测试音质(有无噪音)。

(3)测试摄像头:尽量使用 USB 接口摄像头。

(4)清理电脑屏幕:保证画面的简洁度,退出 QQ 等即时通信工具。

3. 录屏建议

(1)录制软件操作时,建议将屏幕分辨率设为 800×600,全屏录制,PowerPoint 的尺寸建议设为 4∶3;若单纯录制 PowerPoint,建议 PowerPoint 尺寸设为 16∶9。

(2)清理电脑桌面上与教学内容无关的图标、背景、教师头像等。

(3)提前演练,写好解说词及场景转换。

(4)统一风格,搭配好字体和背景的颜色。

(5)鼠标在屏幕上的移动速度不要太快,也不要乱晃。

(6)选择安静的录制环境,尽量不要有噪音。

6.4.3 Camtasia 后期编辑

接下来我们通过一个简单的镜头组接实例“鸡蛋的实验”来介绍一下 Camtasia 9.0 的基本编辑操作。

1. 新建项目

启动 Camtasia 9.0,点击“New Project”新建一个项目,如图 6-31。

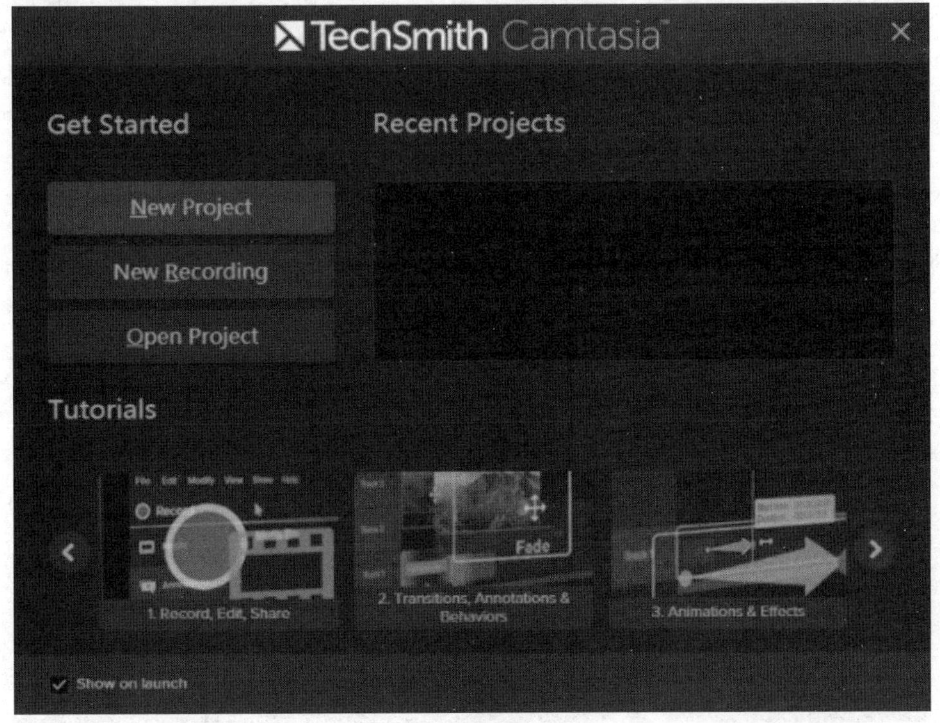

图 6-31　新建项目

2. 导入媒体

点击“Import Media(插入媒体)”,将事先准备好的媒体素材压力 1. mp4、压力 2. mp4 和片头图片.jpg 插入媒体库,如图 6-32 所示。

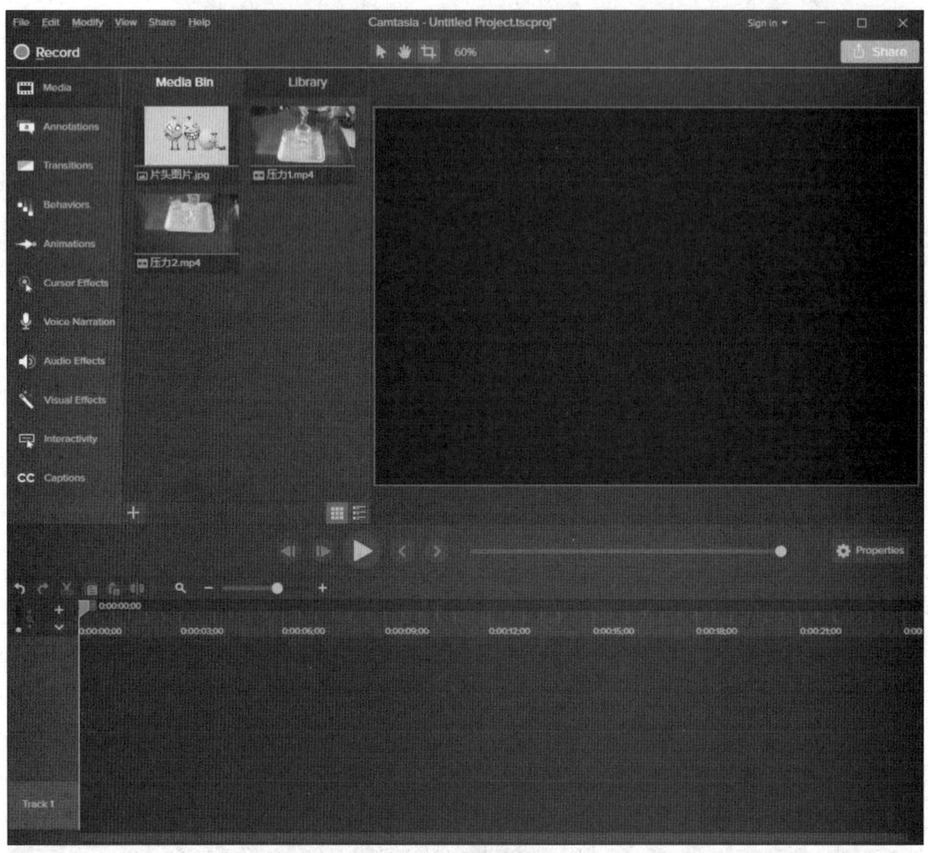

图 6-32 导入媒体素材

3. 拼接素材

依次将片头图片、压力 1、压力 2 拖入 Track1,将三段媒体拼接在一起。如图 6-33 所示。

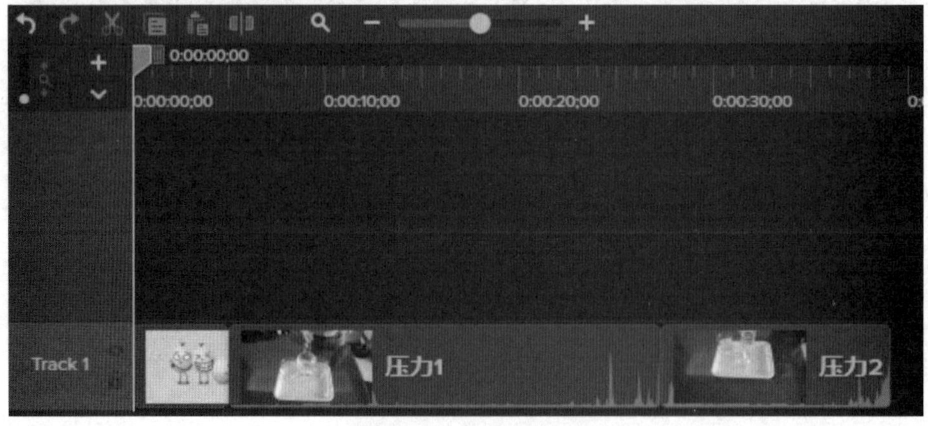

图 6-33 拼接素材

4. 剪辑素材

双击时间轴上的压力 1 视频片段，点击▶ Play 按钮预览视频片段，当时间轴滑块滑动到 00:25:00 左右时点击⏸ Pause 按钮暂停，然后点击 Split(S)按钮将视频切割成两段，删除多余的视频。如图 6-34 所示。用同样的方法切除压力 2 多余的视频。再将时间轴上压力 2 视频片段往前移动，使其与前面的压力 1 连接在一起。

图 6-34　剪辑素材

5. 分离音频与视频

右键单击压力 1，在弹出的菜单中选择"Separate Audio and Video(分离音频和视频)"，将音频与视频分离，点击 Track 2 上的压力 1 音频片段，按 Delete 键删除，用同样的方法删除压力 2 音频片段。如图 6-35 所示。

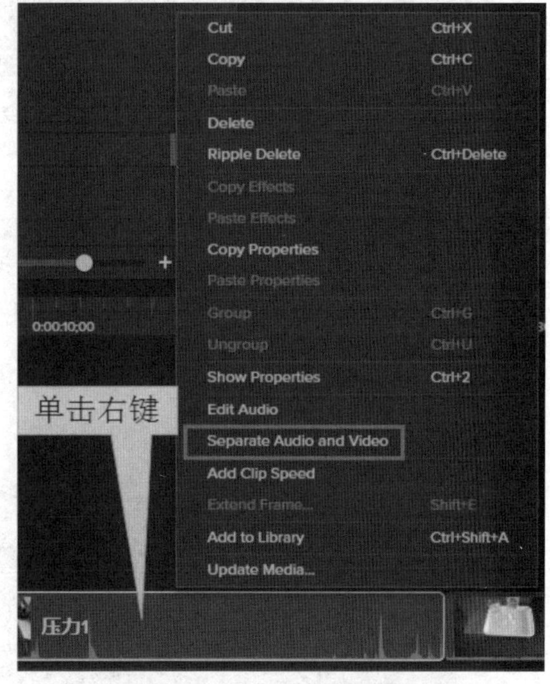

图 6-35　分离音频与视频

6. 设置变焦

双击时间轴上的片头图片，点击工具栏列表中的"Animations(动画效果)"，调整画框大小，将原图片放大到 104%，将图片底部的水印隐藏，如图 6-36。用同样的方法选中压力 1 视频片段，预览视频，在鸡蛋放至容器瓶口位置时调整画框，将画面放大到 173%，并调整其位置，实现变焦效果。如图 6-37 所示。

7. 改变变焦持续时间

选中 Track 1 上的蓝色右三角符号，当蓝色右三角符号变成黄色时，拖动右边的小红点可改变变焦持续时间，用同样的方法对压力 2 视频片段进行推拉镜头效果设置，设置完成后如图 6-38 所示。

8. 放慢视频

预览压力 1 视频片段，把鸡蛋即将从瓶口掉落至完全掉入瓶底之间的视频剪辑出来，选中该段视频，单击右键，在弹出的菜单中选择"Add Clip Speed(添加剪辑速度)"，即可对该

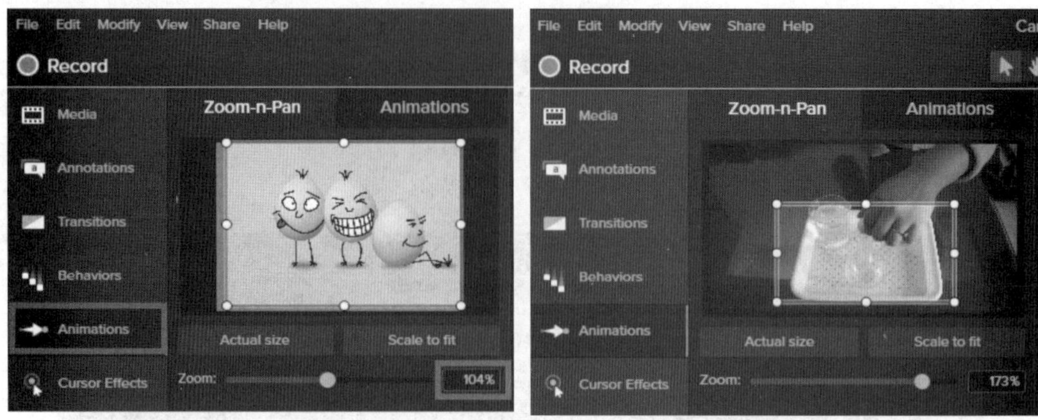

图 6-36　隐藏片头图片水印　　　　图 6-37　推镜头(变焦)效果

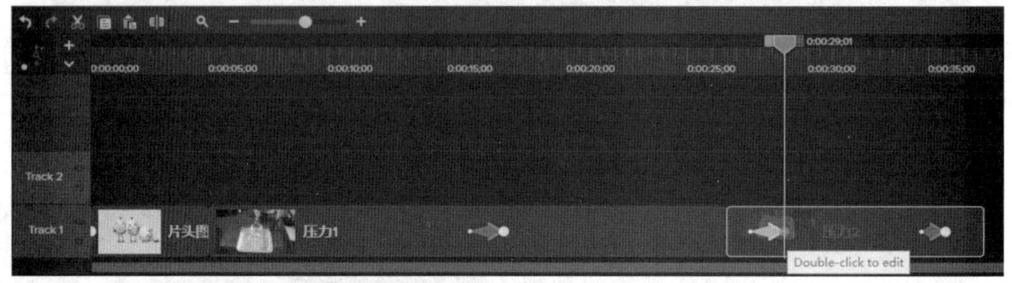

图 6-38　改变变焦持续时间

段视频添加剪辑速度等特技，如图 6-39 所示。

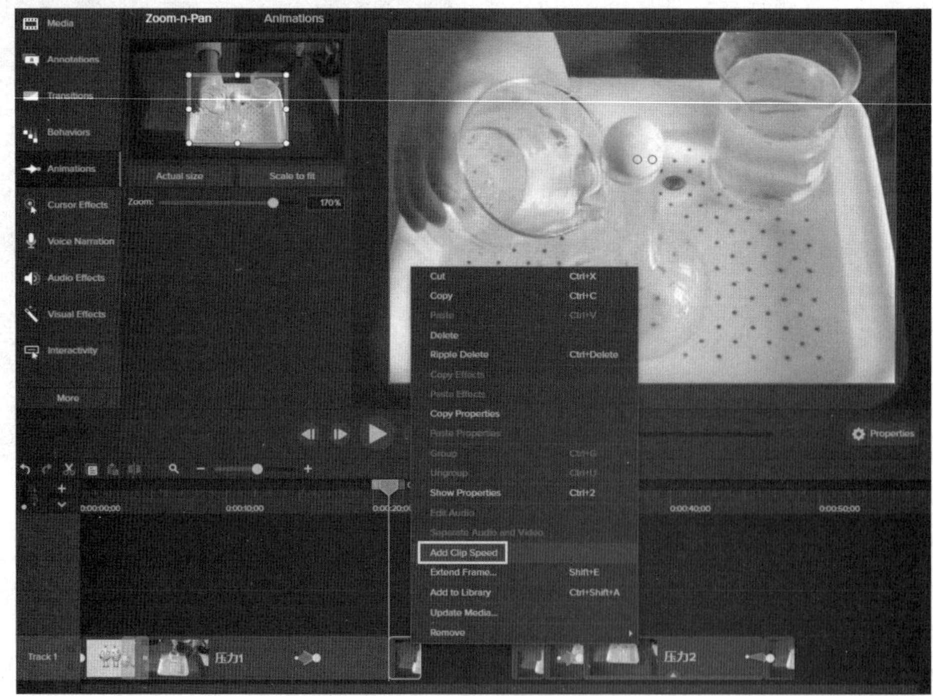

图 6-39　添加剪辑速度视频特效

然后点击“Properties(属性)”,将待调整剪辑速度的视频片段后面的视频往后移动一段距离,将“Clip Speed(剪辑速度)”设置为 0.5×,这样视频播放速度就会调整到原来的一半,同时视频片段的长度也将变成原来的两倍。如图 6-40 所示。视频剪辑速度调整完毕之后,再将之前往后移动的视频与其前面的视频拼接在一起。用同样的方法将压力 2 视频片段中鸡蛋在瓶颈中上浮的过程放慢视频播放速度。

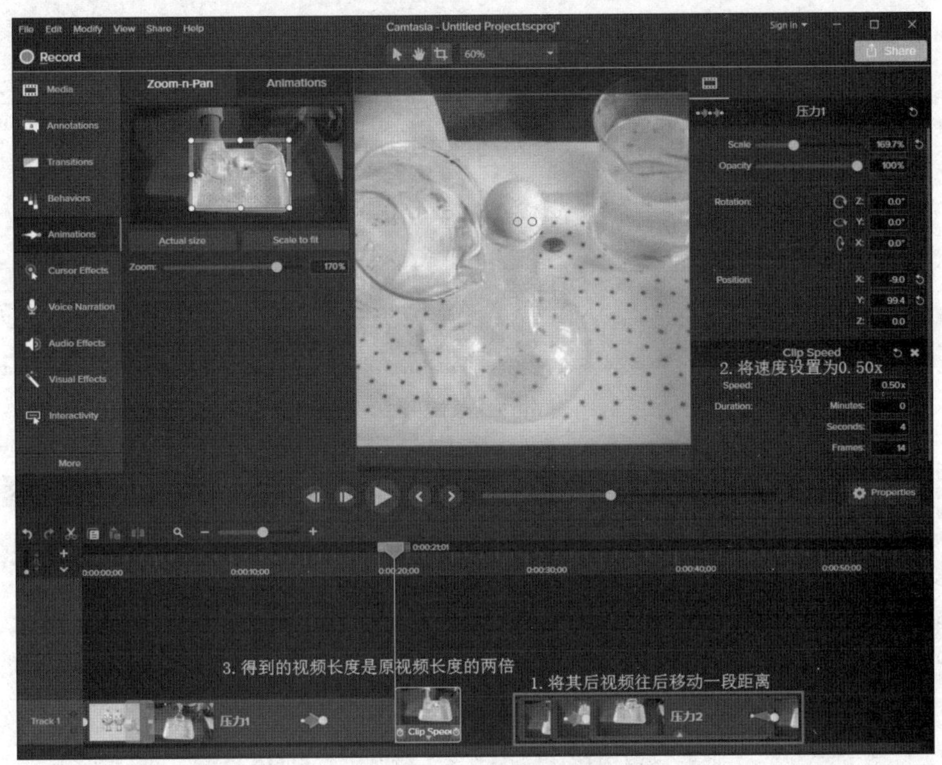

图 6-40　设置剪辑速度

9. 录制旁白

点击左边工具栏列表的“Voice Narration(旁白)”|“Start Voice Recording”开始录制旁白,点击“Stop”结束录制,如图 6-41 所示。将录制好的旁白文件命名为“配音”,选择文件保存路径即可保存旁白文件,旁白保存后会自动进入媒体库。然后将录制好的旁白“配音.m4a”拉入 Track 2,对齐到时间轴的最左端。剪切掉多余的音频,将片头图片剪辑时长调整为和配音一样的长度,如图 6-42 所示。

10. 添加字幕

点击工具列表中的“Captions(字幕)”|“＋Add Caption”,在视频预览窗口底部输入“鸡蛋的实验”,再点击■调整文字的字体、颜色、字号、对齐方式等信息,将字幕添加到 Track 3,调整字幕片段的剪辑时长,使其和配音片段长度一致。如图 6-43 所示。

11. 添加注释

双击时间轴上的压力 1 视频片段,选择工具列表中的“Annotations(注释)”,选择一种注释形式,将其拉入 Track 3 的字幕后面,双击预览窗口中的注释进入编辑状态,输入“先用热水预热容器”,调整其大小、位置。如图 6-44 所示。选择时间轴上的注释片段,按 Ctrl＋C

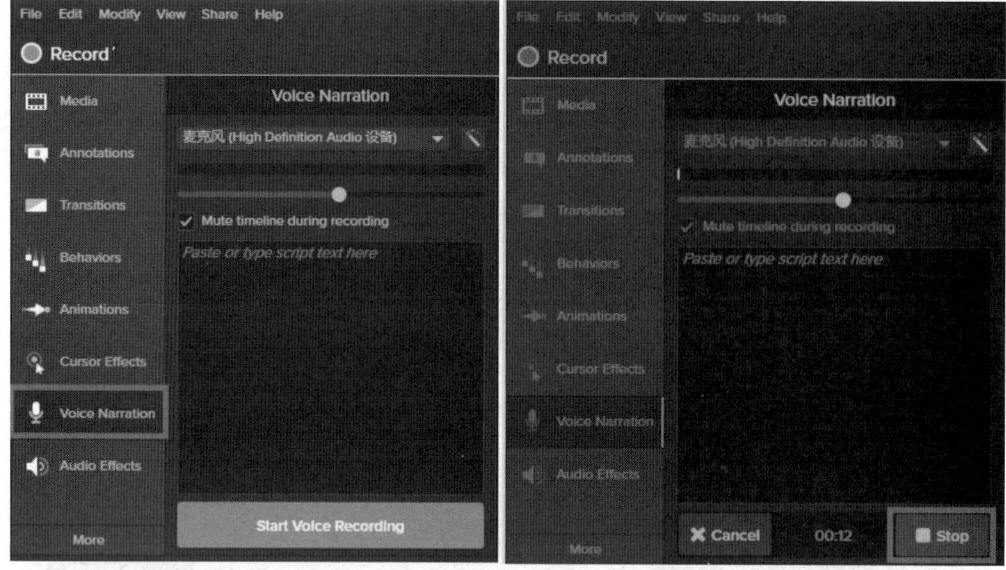

图 6-41 录制旁白

图 6-42 将旁白拉入时间轴

图 6-43　添加字幕

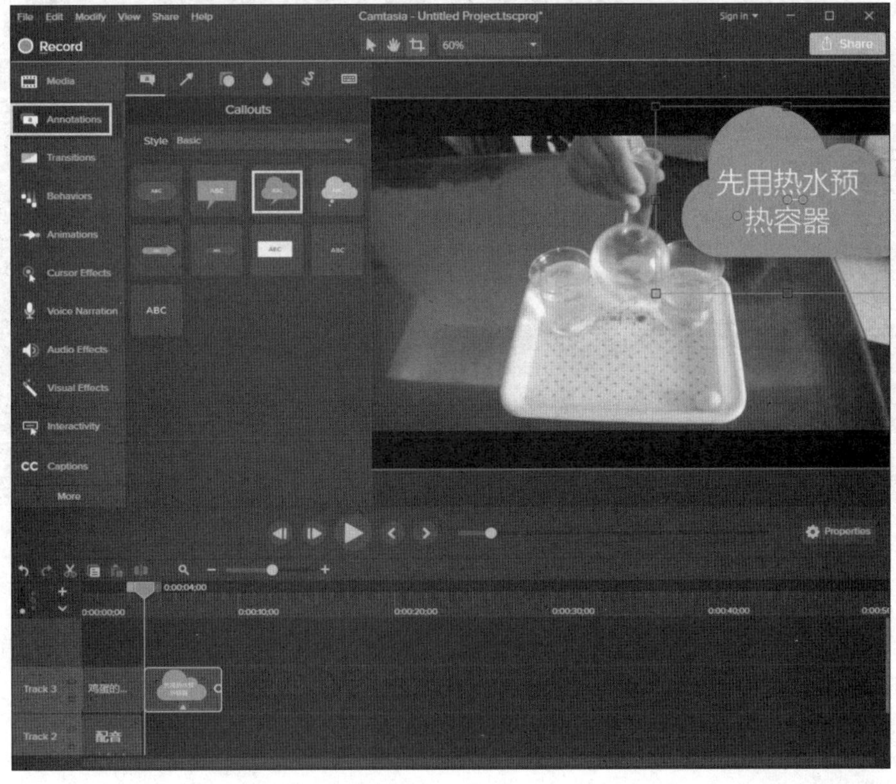

图 6-44　添加注释

复制，再按两次 Ctrl＋V 粘贴，将得到的两段注释拉入 Track 3 并依次修改其内容为“浇冷水”“浇热水”。然后预览视频，将注释调整到合适的位置并调整其长度，使其与视频中的内容一一对应。如图 6-45 所示。

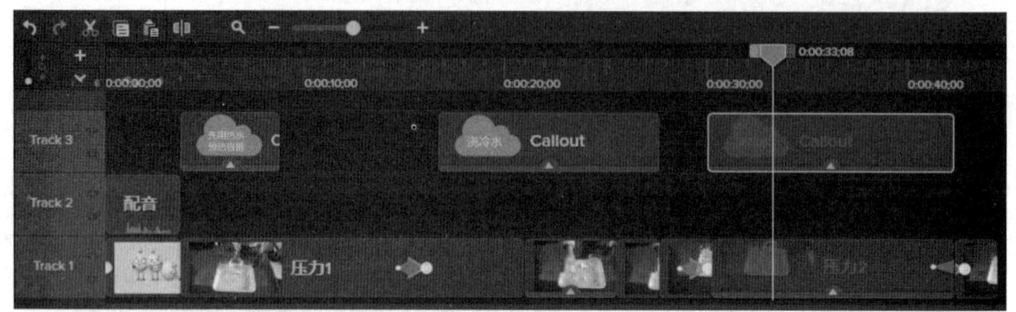

图 6-45　复制标注并调整其位置

12. 设置转场

点击工具栏列表中的“Transition(转场效果)”，选择 Page roll，将其拖到 Track 1 上的片头图片与压力 1 之间及压力 1 与压力 2 之间，点击上的＋，将时间轴视图放大，然后用鼠标拉动转场效果右边边缘，将其长度调整为 02:00(2 秒)。如图 6-46 所示。

图 6-46　添加转场并调整转场持续时长

13. 插入音乐

将事先准备好的背景音乐导入媒体库，然后将其添加至 Track 4。点击菜单栏中的“Audio Effects(音效)”，依次将 Fade in(淡入)和 Fade Out(淡出)拖拽到背景音乐剪辑片段上，点击移动效果线上的小圆点即可调整淡入淡出效果。如图 6-47 所示。

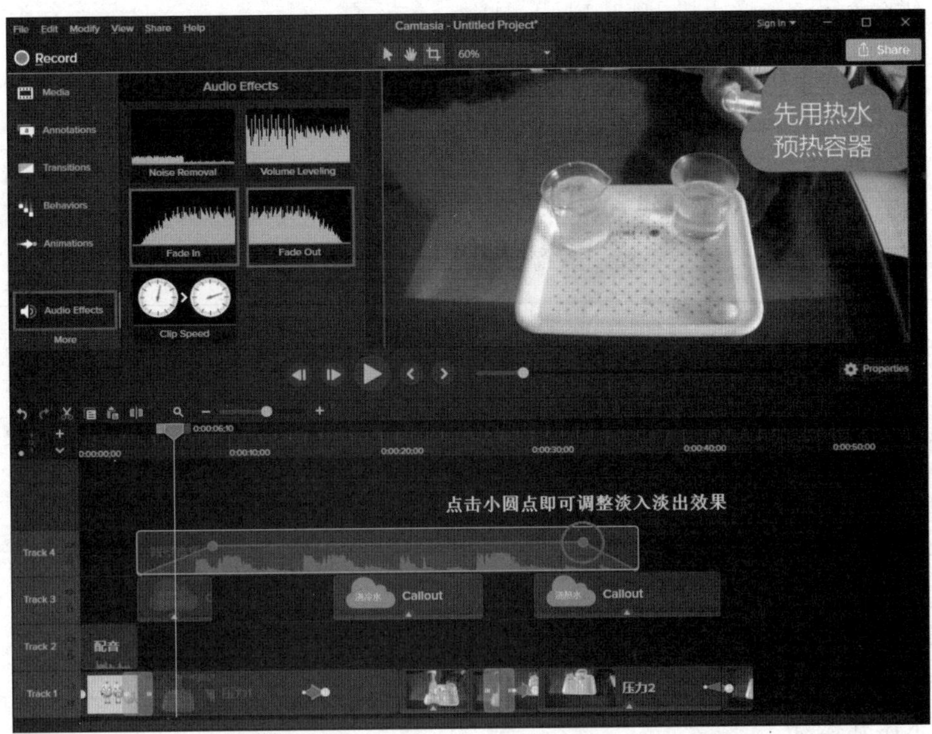

图 6-47　插入背景音乐并设置淡入淡出效果

14. 保存文件

至此，本实例就制作完成了，点击“File”|“Save as”将文件保存为可以再次编辑的 Camtasia Project(* .tscproj)对象。

15. 导出视频

点击屏幕右上角的 Share，选择“Custom production settings(自定义设置)”，将编辑好的视频生成为常见的视频格式(建议选择 avi)，如图 6-48 所示，后面的默认下一步就好了。

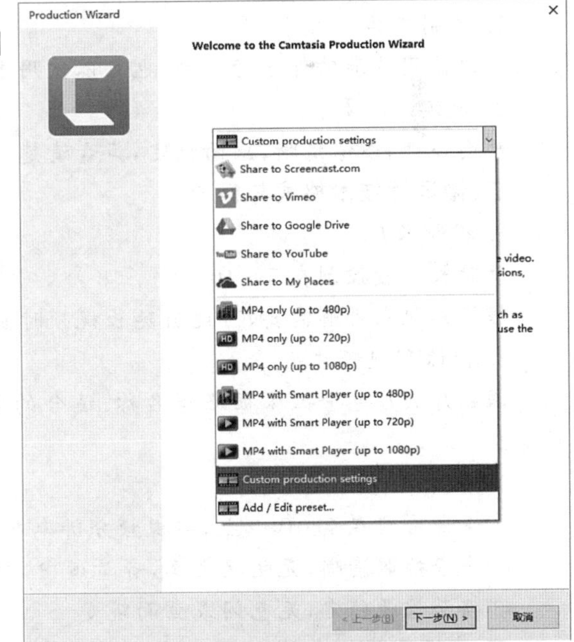

图 6-48　导出视频

思考与实训

1. 什么叫多媒体课件？简述其基本特点及发展趋势。

2. 简述多媒体课件的开发流程。

3. 在多媒体课件设计过程中，有哪些常见的导航策略？

4. 结合本学科知识，利用 PowerPoint2013 制作一个多媒体动画演示型课件。

5. 结合本本章所学内容，利用 Flash 制作一个动画。

6. 结合本本章所学内容，利用 Camtasia 制作一个微课程。

附录

2016年福建省首届高校大学生教育技术技能大赛之
微课程创作比赛说明

一、微课程提交的内容要求

微课程设计包应包含微课程设计说明、微课程录制脚本、微练习设计和微课程视频。

1. 微课程设计说明

应点明微课程设计和使用的意图，即为什么制作关于某个知识点的微课程，微课程应用的时机，及微课程与完整的课堂教学设计之间的关系。

2. 微课程录制脚本

应清楚表明每个视频画面对应的教学环节、呈现的内容、呈现的方式，及配套的解说词和视频录制时间。

3. 微练习设计

应说明练习设计的目的、对应的教学目标及目标等级。

4. 微课程视频

录制要求、技术标准和文件格式详见下文。

二、微课程录制的基本要求

1. 录制工具

可以使用录屏软件进行录制，也可以使用手机录制，或者利用手写板、DV 等其他工具；

2. 视频画面要求

构图合理，图像清晰，画面稳定，声音清楚。

三、微课程技术格式与标准

1. 视频长度

总时长一般控制在 5～10 分钟。

根据知识点讲解需要，可适当延长视频时长，但最好不要超过 15 分钟。

2. 微课程视频片头

课程片头应包含微课程课题名称、适合的学科与年级、制作者信息，如制作者姓名、单位等。

3. 微课程视频技术标准

①清晰度应在 720P 以上，即视频分辨率在 1280×720。

②声音拾取清晰，无明显失真，音量适中，背景音与独白音配合完美。

③画面信号稳定，无色闪或画面跳变。

四、微课程视频文件格式

编码格式：H.264；

视频尺寸：960×540(16∶9)或 960×720(4∶3)；

帧率：不高于 25 fps，推荐 15 fps；

码流：不高于 1024 kbps；

视频格式：mp4；

音频设置：立体声双声道比特率 192 kbps，采样频率 48 kHz；

文件大小：≤200 M。

五、作品视频（展示版）提交要求

编码格式：H.264；

视频尺寸：720×576，对应字幕大小为中文 28，英文 26；

帧率：不高于 25 fps，推荐 15 fps；

码流：不高于 1024 kbps；

视频格式：mp4；

音频设置：立体声双声道比特率 192 kbps，采样频率 48 kHz。

六、微课程竞赛活动评分标准

1. 评审标准

一级指标	二级指标	指标说明
主题与内容（CK）15 分	选题明确（5 分）	微课程内容围绕某一知识点进行设计，具有相对独立性
	内容完整（5 分）	微课程的内容是一个完整的教学流程，包含新课导入、新课讲解、练习巩固和内容小结
	内容科学（5 分）	内容严谨充实，无科学性、政策性错误，能反映社会和学科发展
教学设计与规划（PK）30 分	目标明确（5 分）	教学目标明确，思路清晰；目标等级符合学生认知规律，适合学生自主学习
	方法适当（15 分）	1. 根据教学目标设计适合学生自主学习的教学流程，教学过程主线清晰； 2. 选用适当的教学方法和策略，调动学生的学习积极性； 3. 教学媒体选择恰当，能较好地支持教学内容的传递
	练习适切（10 分）	微课程中的练习题能紧扣微课程视频所涉及的知识点，无科学性错误，能较好检测学生对于这些知识的掌握情况
语言表达与讲解（PCK）10 分	语言设计（5 分）	教学语言的设计具有逻辑性、启发性，且内容衔接自然
	语音标准（5 分）	普通话规范清晰，声音富有节奏感，不拖沓

续表

一级指标	二级指标	指标说明
技术 与技巧 (TK,TPCK) 30 分	技术规范 (15 分)	1. 微视频:时长不超过 15 分钟; 2. 视频图像清晰稳定、构图合理,声音清楚,无噪音; 3. 视频有片头和片尾:应显示标题、作者、单位
	制作技巧 (15 分)	1. 视频过渡效果自然、合理,不浮夸; 2. 在教学需要的前提下,合理使用缩放技术; 3. 背景音乐与解说旁白配合巧妙、和谐; 4. 主要教学环节有字幕提示,或图标提示
艺术 与创意 (TPCK) 15 分	视频艺术 (5 分)	1. 视频画面构图合理,色彩搭配和谐; 2. 动画设计符合学生的认知心理与媒体适应心理
	创意设计 (10 分)	1. 微课程内容与课程类型与众不同; 2. 视频录制形式新颖

2. 网络在线答辩要求

参赛团队对作品技术难点与创新点进行自评,回答评委问题。评委将与选手进行互动并点评。每个作品答辩时间限 10 分钟以内。

2016 年福建省首届高校大学生教育技术技能大赛组委会
2016 年 3 月 1 日

第 7 章　网络教育应用

【学习目标】

1. 理解网络教育、移动学习等的概念。
2. 了解网络教育的常见形式与特点。
3. 掌握利用网络进行教育教学的方法。
4. 掌握常用网络教育资源教学应用方法。

【知识导学图】

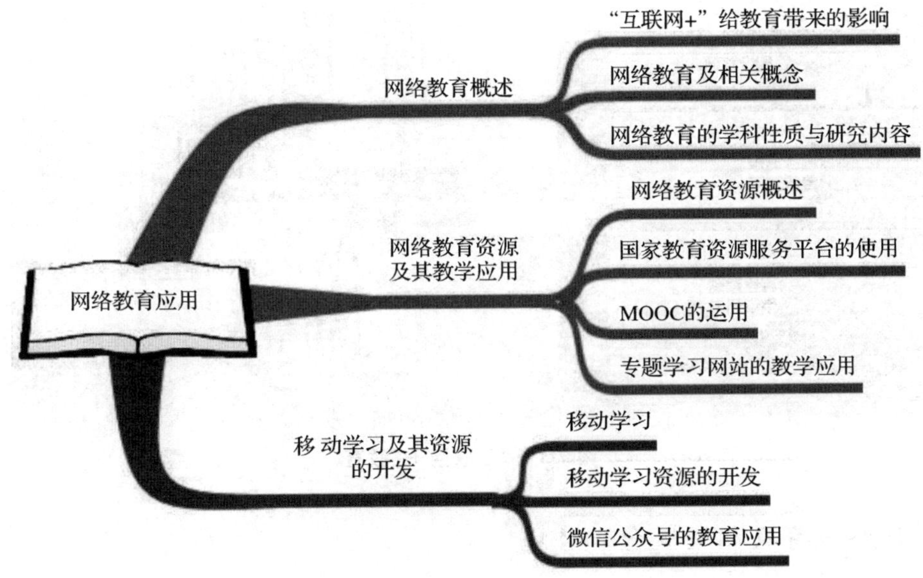

2015 年 7 月 4 日，经李克强总理签批，国务院印发了《关于积极推进"互联网＋"行动的指导意见》，这意味着"互联网＋"行动被正式纳入国家战略，互联网正以前所未有的速度席卷而来，各行各业莫能避之。面对"互联网＋"的挑战，教育不能坚守避战，也不能任由互联网"肆意妄为"，而应从教育变革的真正需求出发，抓住机遇，直面挑战，让教育在"互联网＋"的"风口"飞得更高、更稳、更远。

7.1　网络教育概述

7.1.1　"互联网＋"给教育带来的影响

一所学校、一位老师、一间教室，这是传统教育。一个教育专用网、一台移动终端、几百万学生，学校任你挑，老师由你选，这就是"互联网＋教育"。在教育领域，面向中小学、大学、职业教育、IT 培训等多层次人群提供学籍注册入学开放课程，但是网络学习一样可以参加我们国家组织的统一考试，可以足不出户在家上课学习，取得相应的文凭和技能证书。"互联网＋"教育的结果，将会使未来的一切教与学活动都围绕互联网进行，老师在互联网上教，学生在互联网上学，信息在互联网上流动，知识在互联网上成型，线下的活动成为线上活动的补充与拓展。

如图 7-1 所示，传统的教育融入互联网的元素后，教育内容持续更新，教育样式不断变化，教育评价日益多元，也形成了网络教学平台、网络教学系统、网络教学资源、网络教学软件、网络教学视频等诸多全新的概念。一言以蔽之，中国教育正进入到一场基于信息技术的伟大的变革中。

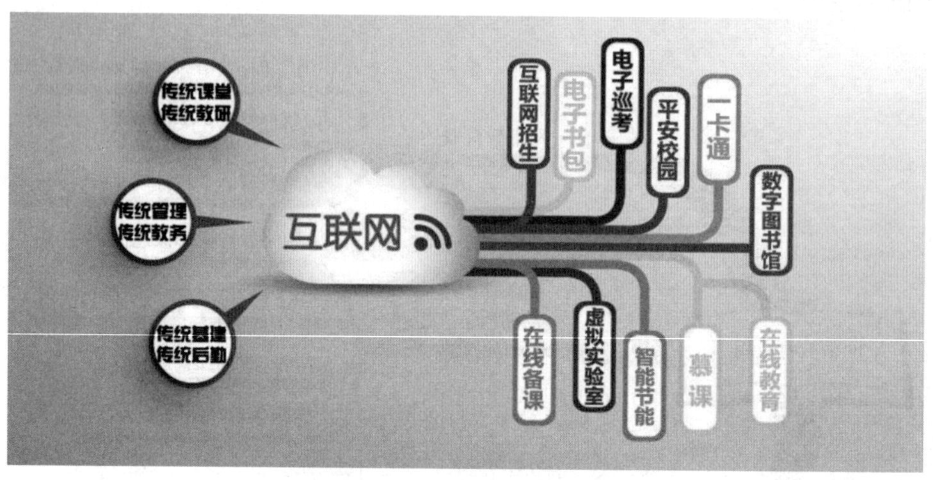

图 7-1　"互联网＋"教育

7.1.2　网络教育及相关概念

1. 网络教育的概念

由于网络教育有着丰富的内涵与表现形式，至今还未有一个被普遍认可的概念，不同的学者从不同的角度提出了不同的观点。主要有以下几种。

(1)网络教育是一种手段

持此种观点的学者认为："网络教育是基于网络支持的教育手段。"任何人都可通过网络学到知识，这种新的教育手段，使得学习者、学习方法、学习环境乃至学习时空都发生了根本性的改变。

(2)网络教育是一种学习方式

此观点强调学习者的“学”,认为网络教育是以计算机、多媒体、通信技术为主体,与学员个人自主的个性化学习和交互式集体合作学习相结合的一种全新的学习方式。

(3)网络教育是一种教育理念

有学者认为“网络教育是一种教育理念,是对人类教育自由的崇尚与人性自然的顺应,即为人类的教育消除各种限制与障碍提供最大限度的自由”。

这里的网络教育不仅仅是一种方式方法,更是一种观念,是将教育融于受教育者的自然生活之中,按需求教育者的生存方式、生存需要、生活习惯、生活节奏、生活状态、生活喜好,来设计提供多种教育的形式,指导需求教育者主动地发自内心地积极选择最适合自身的形式来寻求教育。

(4)网络教育是一种后现代教育

此种观点认为网络教育会促使国家由大众学校教育的潜在垄断提供者变为通过市场使消费者有权选择教育的服务者,从而构建一种允许多样、选择、自由的消费者的制度理性。

综合各方观点,我们认为网络教育是:以现代教育思想和学习理论为指导,以计算机网络、卫星通信网络和电信通信网为媒介,充分发挥网络的各种教育功能和丰富的网络教育资源优势,向教育者和学习者提供一种网络教和学的环境,传递数字化内容,开展以学习者为中心的非面授教育活动。

2. 远程教育

远程教育是为了解决师生双方由于物理上的距离而导致的、表现在时空两个维度上的教与学行为间的分离而采取的重新整合教学行为的一种教育模式,随着社会的发展,这种教育模式将具有实践上和理论上的不同表现形式(谢新观,2001)。从这里我们可以看出,网络教育是远程教育的一个发展阶段和一种形式,包含于远程教育。

3. 数字化学习(e-learning)

数字化学习是一个将数字化传递的内容同(学习)支持和服务结合在一起而创建的有效学习过程,也是通过应用信息科技和互联网技术进行内容传播和快速学习的方法。它的概念要比网络教育宽泛。

4. 基于 Web 的教学(web-based instruction,WBI)

基于 Web 的教学是指利用包含 WWW 各种特性和资源的超媒体教学程序来创造一种有意义的学习环境,在这种学习环境中学习得到促进和支持。Web 是计算机网络的一部分,教学是教育的一部分,所以基于 Web 的教学包含于网络教育。

7.1.3　网络教育应用的研究内容与特征

1. 网络教育应用的学科性质

网络教育应用是研究网络教育现象和规律,以期对网络技术应用于教育过程提供全面指导的一门学科。它是网络技术、教学论、学习论相互交叉形成的一门边缘学科,涉及计算机科学、通信技术、教育学、心理学、教育技术学等诸多的学科领域,体现出了明显的跨学科性。

2. 网络教育应用的研究内容

网络教育应用的研究内容包括学科的本体研究、对网络教育环境下教师与学习者的研究、网络教学与学习过程的研究、网络教育资源和网络教育支撑系统设计与开发的研究、网络教育的教学模式研究、网络教育的评价研究等。

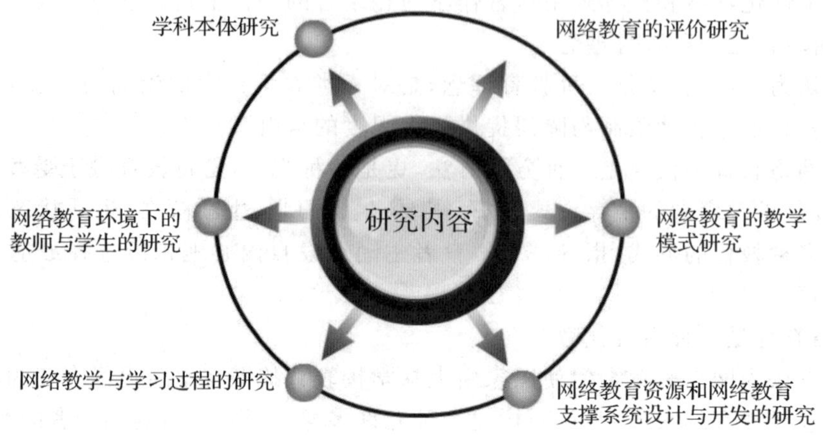

图 7-2　网络教育应用研究内容

3. 网络教育的基本特征

(1)教育时空立体化

网络教育突破了传统教育中时间与空间对学习的限制,在各种网络环境和网络技术的支持下,现代社会变成了一个学习广泛存在的社会,即“泛在社会”。教育者及学习者可以不受限于时间和地点,这能使教、学双方都能节省时间和费用,从而提高效率。

(2)学习资源丰富化

网络教育能够将教学信息通过文字、声音、图表、视频、动画等多媒体形式表现出来,能够更加形象直观地展示出一些数据或者各种各样现实生活中无法看到的场景,当然也包括制作、存储、自动管理和远程传输。将多媒体资讯表现和处理技术运用于网络教育课程讲解和知识学习各个环节,使网络教学这个教学模式具有资讯容量大、资料更新快和多向演示、模拟生动的显著特征,这种利用现代技术达到的效果是传统教育模式无法达到的。

(3)学习方式的自主化与个性化

在网络教育中,学习者可根据自身条件与喜好选择适合自己的学习方式,实现了学习方式的自主化。计算机网络所具有的数据库管理技术和双向交互功能,使得系统能对每个网络学员的个性资料、学习过程和阶段情况等实现完整的跟踪记录、贮存。教学和学习服务系统可基于系统记录的个人资料,开展针对不一样学员的个别式个性化学习建议,指导教学和应试等。网络教育为个性化教学提供了现实有效的实现方法和条件。

(4)教学管理自动化

计算机网络的教学管理平台具有自动管理和远程互动处理功能,被应用于网络教育的教学管理中。远程学生的咨询、报名、交费、选课、查询、学籍管理、作业与考试管理等,都可以通过网络远程交互的方式完成

(5)学习活动合作化

网络教育具有丰富的教学交互手段和突出的教学交互功能,可以为学生与教师之间、学生与学生之间进行教学互动和协作学习提供交互环境和平台,学生通过教学交互获得需要

的教学资源、学习指导和支持服务。

7.2　网络教育资源及其教学应用

7.2.1　网络教育资源概述

网络教育中的教学与学习都依赖于网络教育资源，在信息爆炸的今天，网络拥有着极其丰富的各类信息和资源，这些资源能否成为教育资源，主要取决于其是否具有教育性，能否促进教育教学。

1. 什么是教育资源

教育资源是指教育系统中支持整个教育过程达到一定的教育目的，实现一定的教育教学功能的各种资源。用技术主义的观点来看，任何教育活动都是信息传递活动，教育的过程就是信息交互的过程。因此，信息资源是教育系统的最根本的资源。

从广义上说，教育资源通常包括物质资源（即教育系统中运用的各种设备、媒体、器材、工具等）、人力资源（即教育系统中的教学科研人员、教学管理人员、教学支持人员及学生等）、信息资源（是指在教育系统中传递的各种信息，主要包括教学内容以及伴随教学内容产生的其他信息）。

2. 网络教育资源的概念

一般而言，我们将网络资源中与教育相关的部分称为网络教育资源。我们所说的网络教育资源包括网络环境资源、网络信息资源、网络人力资源。网络环境资源是指构成网络教育空间的各种物理器件，如计算机设备、网络设备、通信设备等，以及形成网络正常运行空间的各类系统软件、应用软件；网络信息资源则是指在网络上蕴藏着的各种形式的与教育相关的知识、资料、情报、消息等的集合；网络人力资源则通常包括具备或开发或建设或应用各种网络教育资源能力的个体，如网络硬件结构设计、维修人员，网络系统开发人员、网络系统安全维护人员、教育网页开发人员、网络用户等。

在这三部分资源中，网络信息资源是核心，因为其他两部分资源是为信息资源的建立、传播和利用而服务的。不同于以往以书籍、报刊、磁带、磁盘、胶片、广播、电视等为物质载体的传统教育信息资源，网络教育信息资源是一种以网络为承载、传输媒介的新型的信息资源，是从网上获取的，所以我们也将基于网络的教育信息资源称为网络教育资源。

3. 网络教育资源的分类

根据全国信息技术标准化技术委员会教育技术分技术委员会颁布的《教育信息化技术标准》，网络教学资源包括以下几种类型：媒体素材，题库（ITEM BANK），案例（CASE），课件（网络课件），网络课程，专题学习网站。如图 7-3。

媒体素材指传播教学信息的基本材料单元，包括文本、图形（图像）、音频、视频、动画等。

题库（ITEM BANK）是按一定的教育测量理论，在计算机系统中实现的某个学科题目的集合，是在数学模型基础上建立起来的教育测量工具。

案例（CASE）指有现实指导意义和教学意义的代表性的事件或现象。

课件是对一个或几个知识点实施相对完整教学的辅助教学软件。

网络课程是通过网络表现的某门学科的教学内容及实施的教学活动的总和，包括两个

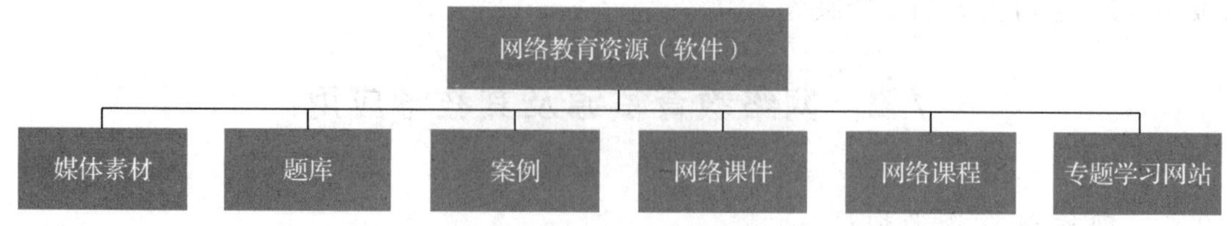

图 7-3　网络教育资源的类型

组成部分：按一定的教学目标、教学策略组织起来的教学内容和网络教学支撑环境。

专题学习网站是围绕某一专题的教学（学习）网站，一般包括如下几方面的功能：(1)本专题结构化的知识展示；(2)扩展性的学习资源；(3)交流讨论答疑空间；(4)自我评测系统。

4. 网络教育资源的评价标准

对网络教育资源进行评价，关键是要确立评价的标准体系。目前，世界上有很多标准化（学术）组织都正在致力于基于网络的教育资源标准化的研究，并起草了一些相应规范，其中影响较大的有：美国高等教育协会的非营利机构 EDUCAUSE 下的一个项目组 IMS（Instructional Management System）的学习资源元数据规范，IEEE LTSC 的 LOM 模型，及 OCLE Dublin Core 的 Dublin Core 元数据标准等。这些标准的推广使用，从源头上保证了网络资源的规范。

我国教育部门对网络教育技术标准化建设工作也极为重视。2000 年 11 月，教育部组织国内 8 所重点高校的有关专家开展网络教育技术标准研制工作，并成立了教育部教育信息化技术标准委员会（Chinese e-Learning Technology Standardization Committee），简称 CELTSC。该委员会通过跟踪国际标准研究工作和引进相关国际标准，根据我国教育实际情况修订与创建各项标准，最终形成一个具有中国特色的现代远程教育技术标准体系。其中直接与网络教育资源的评价相关的标准有《教育资源建设技术规范》和《网络课程评价规范》。

《教育资源建设技术规范》（CELTS-31）中将评价标准分为通用标准和分类标准。通用标准主要考察该资源的科学性、教学性、技术性、规范性，在此框架内再做了进一步的细分；分类标准则从媒体素材[包括文本类素材、图形（图像）类素材、音频类素材、视频类素材、动画类素材]、题库、课件与网络课件、案例、文献资料、常见问题解答、资源目录索引、网络课程等各个方面对教育资源的特性做了具体的规定。

在网络教育资源建设技术规范的改进版本《教育资源建设技术规范》（CELTS-41）中，主要从两个方面进行对教育资源建设进行规定，即从用户和管理者两个角度，对教育资源的评价则没有具体规定，参照的评价标准是《网络课程评价规范》（CELTS-22）。

《网络课程评价规范》（CELTS-22）提出了网络课程评价的一般性规范，它定义了课程内容、教学设计、界面设计和技术四个维度的特性，每个维度下包含有具体的评价指标，以最小的重叠描述了网络课程的质量特性。

7.2.2 国家教育资源服务平台的使用

网络教育资源相较于以往的教育资源，有着无可比拟的优越性，但其同时也存在着不可回避的缺点，即信息容量的无限性和信息组织的无序性。网络上的教育资源极其丰富，且会随着时间呈几何数级增长，使得网上教育资源趋于无限。这种无限性给网络信息资源的教育利用带来几乎无限的可能性，而无序性又给这种资源的实际利用带来很大的困难。曾有人这样描述网上教学资源的无限性与无序性给我们带来的困扰："我们生活在信息的海洋，但却在忍受着知识的饥渴。"因此，找到"对的"网络教育资源，无疑会起来事半功倍的效果，为我们的教学和学习带来很大的便利。

《国家中长期教育改革和发展规划纲要(2010—2020 年)》提出了要大力开发教育资源，同时要积极推动资源应用，并提出应建设国家资源库。在此背景下，2012 年 12 月 28 日，国家教育资源服务平台正式开通(网址：http://www.eduyun.cn/)，这是中央政府提供教育基本公共服务的一次创新。平台的建设和使用加快了教育信息化的进程，推进了数字教育资源共建共享。如图 7-4。

图 7-4　国家教育资源服务平台首页

1. 功能服务

国家教育资源服务平台服务的用户包括专家、教师、学生、家长等，平台为各类对象提供了不同的功能。如面向教师用户包括以下功能：个人空间、用户中心、资源库、应用中心、发现、教育社区、班级主页、学校主页和消息中心等(如图 7-5)。而面对学生用户，则主要提供个人空间、用户中心、资源库、应用中心、发现、教育社区、班级主页、学校主页和消息中心等功能服务。

用户中心：包括个人资料、头像设置、安全设置、申请加入学校、申请加入班级、隐私设置、账户余额、消费记录等。

资源库：点击进入"资源库"，用户可以通过关键字搜索或用学段、学科、年级、版本、资源类型等分类检索资源，并可以查看"资源库"推荐的资源。

应用中心：点击进入"应用中心"，用户可以通过关键字搜索或应用分类查找所需应用，并可以查看"应用中心"推荐的应用。

发现：按照教师、课程、素材、文章、班级、学校、机构等大类，并选择相应的子类，发现相对应的资源、人物等。

教育社区：专题教育社区首页。

图 7-5 国家教育资源服务平台教师功能服务

学校主页：所在学校的学校主页，可以查看学校公告新闻、学校应用、学校资源、学校班级、教师成员、学生成员等，和本校教师和同学交流讨论。

班级主页：所在班的班级主页，可以班级公告通知、班级成员、班级文章、班级相册、班级资源、班级问吧及班级留言等，和本班教师和同学交流讨论。

消息中心：包括系统通知、提醒消息、与我相关、应用消息和我的私信等。

2. 用户注册与登录

国家教育资源服务平台中不同角色申请不同的账号，不同账号类型登录后会拥有不同的权限，账号注册流程如图 7-6 所示。

3. 资源的查找与利用

国家教育资源服务平台中有着丰富的教育教学资源，用户可根据不同的需求查找下载自己所需资源，也可将自己的资源上传，方便快捷地实现资源共享。用户可根据教育资源分类获取自己所需资源：根据资源所属的学段、学科、年级、版本、资源类型等检索资源，方便用户快速获得所需资源。也可通过资源搜索获取资源，如通过限制资源的所属学段，如小学资源、初中资源，并采用关键字模糊搜索所需资源。还可以根据资源热点标签快速查找资源下载量较多的热点资源。

同时，资源库中还分别根据不同学段资源（小学资源、初中资源、高中资源、职教资源等），分学科、分类型进行资源展示、推荐。

(1)素材的查找

素材搜索包括两种方式：一是根据关键字模糊搜索，二是将素材类型作为筛选条件搜索。如图 7-7。

搜索到的素材以列表的方式呈现，用户可查看素材基本信息、素材使用情况及评价等，作为自己选用的参考。

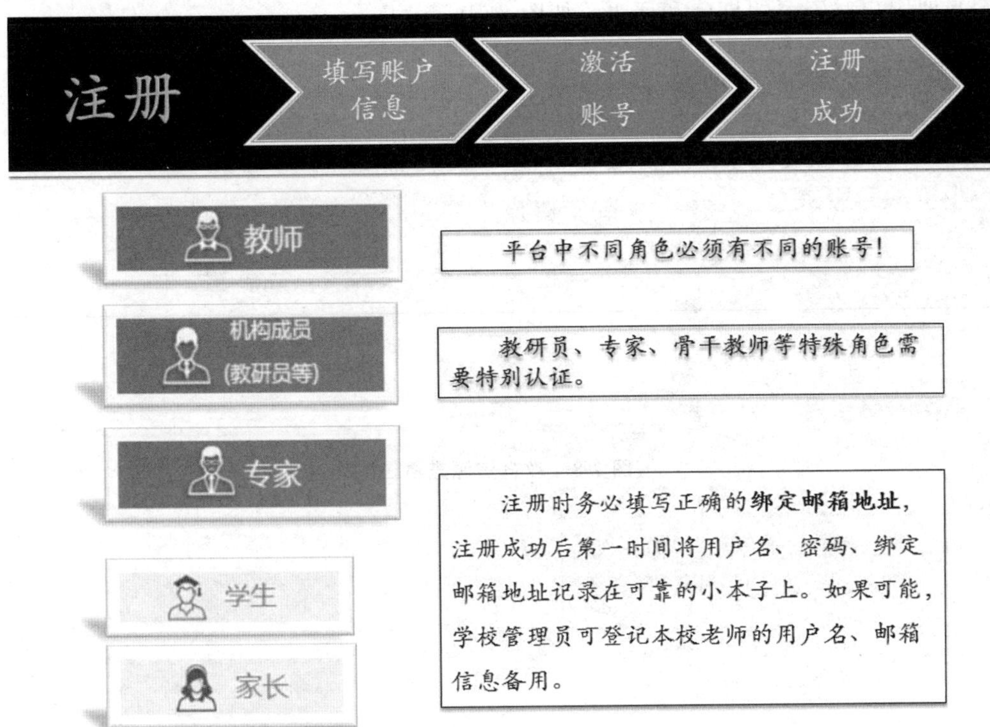

图 7-6　账号注册流程

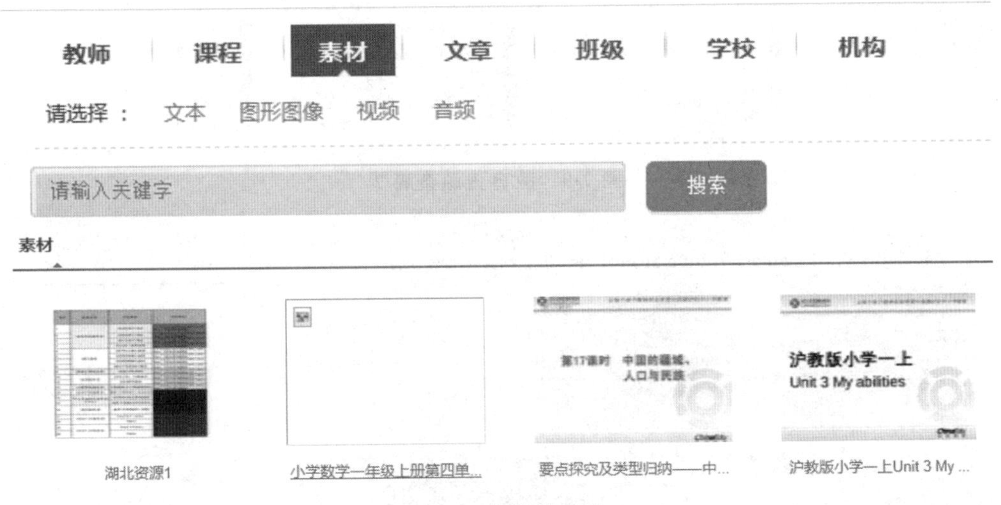

图 7-7　素材的查找

(2)教育资源的查看

点击资源的某一分类，打开如图所示的资源类列表页，用户可以根据资源的属性，如科目、年级和教材版本等资源加以分类，或参考资源的下载量、用户评分、更新时间等查看资源。如图 7-8、图 7-9。

点击进入某一资源，进入该资源的详细页面，用户可以详细了解资源的具体内容，并可以查看其他用户对资源的打分和评语。如图 7-10。

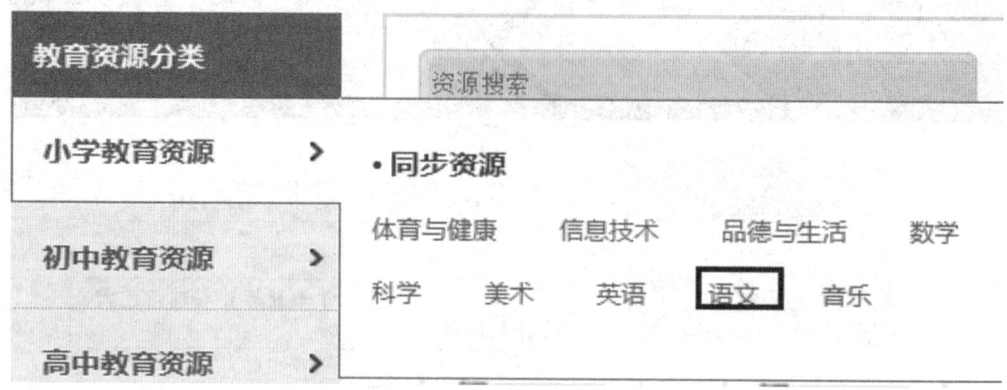

图 7-8　教育资源查看 1

图 7-9　教育资源查看 2

图 7-10　教育资源查看 3

(3)课程的查看

课程搜索包括两种方式:一是根据关键字模糊搜索,二是将课程所属学科作为筛选条件搜索。如图 7-11。

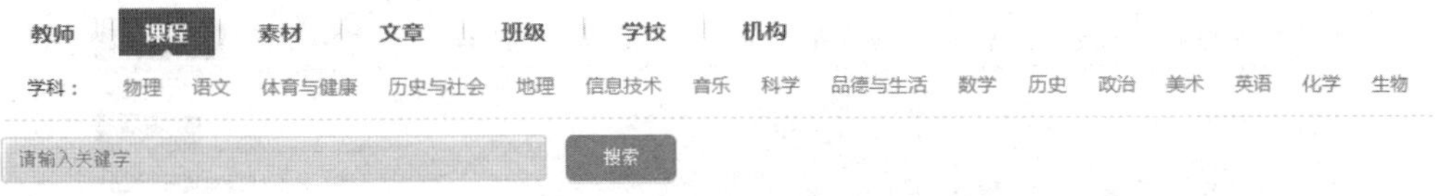

图 7-11　课程查看 1

搜索到的课程以列表的方式呈现,用户可进一步查看课程基本信息、使用情况及评价等,并作为自己选择的参考。如图 7-12。

课程

《童趣》精品课件

《短文两篇 蝉 贝》课件...

图 7-12　课程查看 2

近年来,国家教育资源服务平台在教育部的组织下,开展了“一师一优课　一课一名师”活动,全国各地的教师都开展了“晒课”活动,网络教育资源得到了极大的丰富。如图 7-13。

(4)应用的查看与下载

应用中心按照应用的类型导航进行分类,方便用户快速找到所需应用,应用中心还提供应用推荐、应用搜索、最新应用、热门分类、人气排行榜、收藏、购买等功能。

使用时,点击某一应用,如“应用”的“学习管理”,呈现应用分类列表。如图 7-14。

点击某一应用图标,打开应用详情页面。用户可以进一步了解该应用,查看其他用户对应用的打分和评语,并可以进入应用、将应用分享到空间、对应用评价打分等操作。如图 7-15。

7.2.3　MOOC 的运用

1. MOOC 的定义与发展

近年来,MOOC 作为一种新的网络教育形式,以迅雷不及掩耳之势进入人们的视野,并迅速席卷全球。MOOC 是英文 Massive Open Online Course 的首字母缩写,字面意思是“大规模在线开放课程”,中文往往称为“慕课”。MOOC 这一专用名称是由两名加拿大学者

图 7-13 “一师一优课　一课一名师”活动页面

图 7-14　应用页面 1

图 7-15　应用页面 2

于 2008 年提出的；同年，另外两名加拿大学者应用这一概念开设了第一门真正的 MOOC “联结主义与联结知识”在线课程。当时，这门课程的学生规模是 2300 多人。

到了 2011 年，斯坦福大学的两位教授将“人工智能导论”课程免费放到网上，很快吸引了来自 190 多个国家的 16 万名学习者关注，最终有 2.3 万人完成了这门课程的学习。之后他们开始致力于创办和推广大规模在线开放课程，就有了 Udacity 的诞生。随后，斯坦福大学的另两位教授联合创办了 Coursera 营利性平台，于 2012 年 3 月正式上线，与全球上百家大学、社会教育机构和国际组织合作，提供数量众多的在线课程。2012 年秋，在麻省理工学院原有 MITx 基础上，由 MIT 和 Harvard 合作的 edX 宣布上线。该网站定位于非营利，在合作院校上更具选择性，并致力于通过研究线上、线下混合教学模式，以提高线下的面授教学和学习效果。以这三大平台为代表的 MOOC 模式吸引了大量学习者、媒体和资本市场的关注，因此，2012 年被美国媒体誉为“MOOC 元年”。

http://www.udacity.com

coursera

http://www.coursera.org

http://www.edx.org

图 7-16　慕课三大平台

面对全球 MOOC 的快速发展，中国高校和各类教育机构也行动起来。2013 年 5 月，北京大学和清华大学正式宣布加入 MOOC 平台 edX，这标志着 MOOC 的浪潮正在影响着中国大地，这也是中国 MOOC 的起始之年。2013 年 7 月，复旦大学、上海交通大学签约 Coursera。2013 年 7 月初，在上海交通大学举办的在线教育发展国际论坛上，本土化的 MOOC 联盟宣告成立，包括清华大学、复旦大学、上海交通大学在内的 12 所国内高校宣布携手打造“在线开放课程”共享平台。2014 年起，上海交通大学自主研发“好大学在线”；爱课程携手网易云课堂打造“中国大学 MOOC”；清华大学牵头成立“学堂在线”；大陆高校与台湾地区大学合力构建“ewant 育网”；教育部与财政部支持建设“爱课程”；北京慕课科技中心推出专门提供 IT 和网络技术教育的“慕课网”等。此外，除了直接提供课程资源的 MOOC 平台外，支持和辅助在线教育的 MOOC 社区也应运而生，其中较为著名的有果壳网开发的“MOOC 学院”、国内领先的 MOOC 在线教育“MOOC 中国”。MOOC 社区主要提供课程聚类信息、选课、课程点评、学员笔记（多为中文）分享及讨论等。MOOC 社区在一定程度上拓展了在线教育的社交功能。果壳网与 Coursera 合作推出“教育无边界字幕组”，Coursera 上越来越多顶尖课程配备了中文字幕，可以帮助更多的中国学生进行学习。

2. MOOC 的特点和影响

从字面含义来看，一般认为，MOOC 具有“大规模”“在线”和“开放”三大特点。

“大规模”意味着学生规模巨大、数据量巨大以及课程数量规模大；“开放”意味着课程和教学资源向所有人开放，而不限于特定用户，无论学习者在哪个地方，只要有上网条件就可以免费学习优质课程；“在线”意味着学习者获得课程是通过网络的，主要或所有的教学环节通过在线实现，不受时空限制。这三个特点互为支撑，正是因为“在线”才更大限度保证了“开放”和“大规模”，而“开放”则是“大规模”的一个重要前提，“大规模”又是提高“在线”学习体验的重要基础。从教学特点和技术特点来看，MOOC 呈现出如下的基本特征：(1)以“短视频＋交互式”练习为基本教学单元的知识点组织和学习模式；(2)注重交互式练习和学习者交流的快速反馈；(3)依托网络社区的互动交流，体现社会化学习；(4)基于“学习大数据”的个性化服务；(5)课程技术平台的统一性和规范化；(6)有组织的学习和自主学习的统一；(7)基于人工智能技术的学习功能开发与应用。就 MOOC 本身的发展而言，在诚信保证、课程标准与评估机制、可持续发展模式等方面还需要进一步探索。而对于中国大学来说，MOOC 既是挑战，也是机会。MOOC 为优质教育的普及和促进教育均衡发展提供了一个可能的解决方案。就大学教育教学而言，各界看法还有相当多的争议，支持人士认为 MOOC 以提升教学质量为己任，而部分参与 MOOC 的教师、学生以及观察者对此表示怀疑。现在看来，传统课堂不可取代的结论已得到广泛认同，但传统课堂与 MOOC 如何结合及如何利用 MOOC 来促进课程质量的提升仍然是人们不断探索的。对于大学组织来说，MOOC 的影响可能逐渐引发大学地理界限的虚化、大学人员组织的非教员化、大学职能的偏转以及大学国际化等方面的变化。在更宏观的层面，对于高等教育体系和社会来说，MOOC 将可能促进大学教育体系的重构，创造新的教育商业模式，推动公平民主学习型社会的发展。

3. MOOC 与网络公开课的区别

接触 MOOC 课程之前，大家所面临的最大疑问可能是：MOOC 是网络公开课吗？它与现有的网络公开课有什么区别？MOOC 是在传统网络公开课的基础上发展而来的，为了更好地诠释 MOOC 课程和传统网络公开课的区别，可以进行直观的比较。

如图 7-17，传统网络公开课往往是课堂实录，它以最直接、简单的方式实现了课程资源的共享，使世界各地的人可以通过网络获取知识。但是，网络公开课是传统课程的重放，对于学生来说，观看学习的过程如同旁听。MOOC 与网络公开课的最大区别是：MOOC 课程是“理想课堂”的重现，让学生有真实选修之感。MOOC 对“理想课程”的重现，体现在以下方面：

图 7-17　网络公开课截图

在讲授方式上，没有限制和束缚，可大胆创新；

不仅是知识传授，更要设计课程学习的全周期；

分章节、每周放出新课；

需要学生参加讨论，有作业和考试；

有最终成绩，有证书或学分。

4. MOOC 的课程形式

MOOC 课程所有的学习单元都是一个模块。视频只是其中的一种模块，将它们精心地排列组合，就是 MOOC 的设计过程。MOOC 不再以学时为单位，而以模块为单位。学习单元可以分成以下两类：

授课视频：它是课程知识点的主要载体，最能反映课程特点和授课人魅力。

非视频单元（习题、讨论、实验、阅读材料等）：有效配合授课视频的讲解，增强学习的参与感和互动性。学习单元好比一幕一幕的戏，MOOC 设计则要设计每幕戏演什么、怎么演以及幕与幕的起承转合。不同的 MOOC 平台上，虽然课程模块的显示形式不同，但基本上都要包含上述学习单元。

图 7-18 为学习者进入中国大学慕课课程“微课设计与制作”所看到的课件内容。页面左侧列出了该课程的学习内容，学习者点击某一节后，页面右侧显示该节的所有学习单元，可能包含视频、习题、讨论等各种形式。

图 7-18　中国大学慕课课程组成

通过点击左方菜单，学习者还可以查看课程公告，进入课程讨论区交流，查看自己的学习进度，进行考试等。

如 Coursera 一门 MOOC 课程（图 7-19）中，左侧为课程所有资源列表，点击“Video Lectures”后，可显示出该课程的所有视频单元目录，学习者可以点击进入观看视频，也可以下载后观看。通过点击左侧的菜单，也可以查看习题、实验、课程公告等信息。

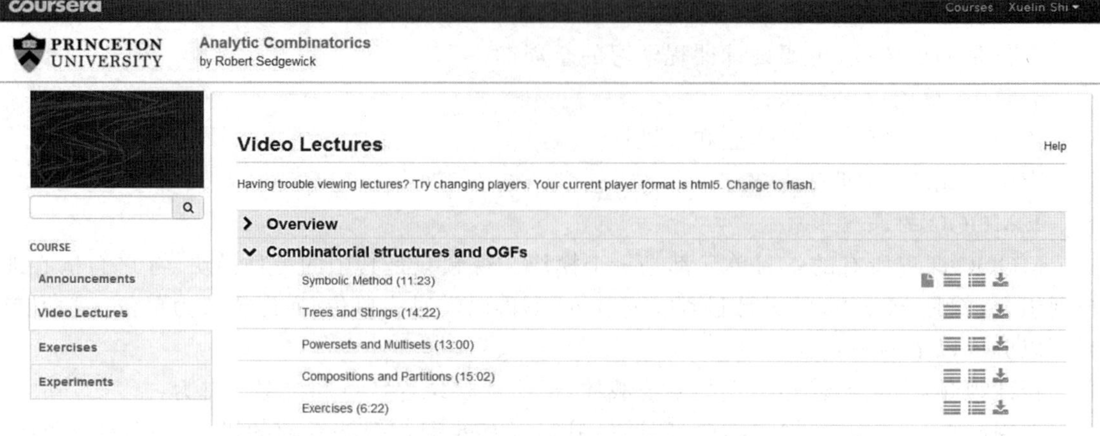

图 7-19 Coursera 课程组成

尽管不同的 MOOC 平台课程展现方式不同,但其共同点是课件都包含视频单元和非视频单元。此外,还需要课程信息、讨论区、Wiki、课程进度、课程大纲等辅助功能。

5. MOOC 学习流程

MOOC 平台虽各有不同,但学习流程基本一致,大都是"注册—选课—学习—考试"的流程。下面以中国大学 MOOC 课程的学习来介绍一下 MOOC 学习流程。

(1)注册

进入爱课程网"http://www.icourses.cn/",点击右上角注册。如图 7-20。

中国大学精品开放课程

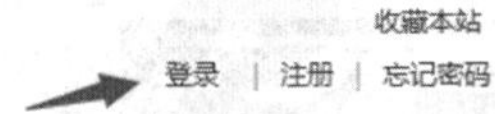

图 7-20 MOOC 注册 1

在空白处填写相应内容,如图 7-21。

注册账号

*登录邮箱: test20141203@126.com

请输入邮箱地址

*输入密码: ······

*确认密码: ······

*验证码: 186d 看不清?

立即注册 《爱课程网站使用协议》

图 7-21 MOOC 注册 2

在点击“立即注册”后，到登录邮箱内找到系统发送的激活邮件，激活成功后即完成注册。

(2)选课

登录成功后，进入爱课程网中国大学 MOOC 首页 http://www.icourses.cn/imooc/，查找自己感兴趣的课程。如图 7-22。

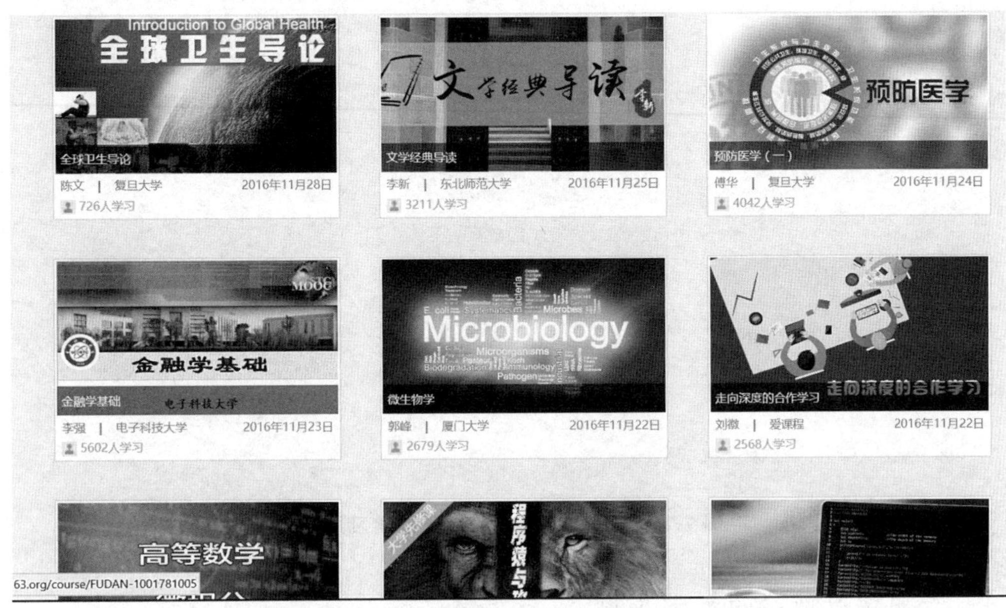

图 7-22　中国大学 MOOC 课程页

(3)加入课程

在课程介绍页，加入课程。如图 7-23。

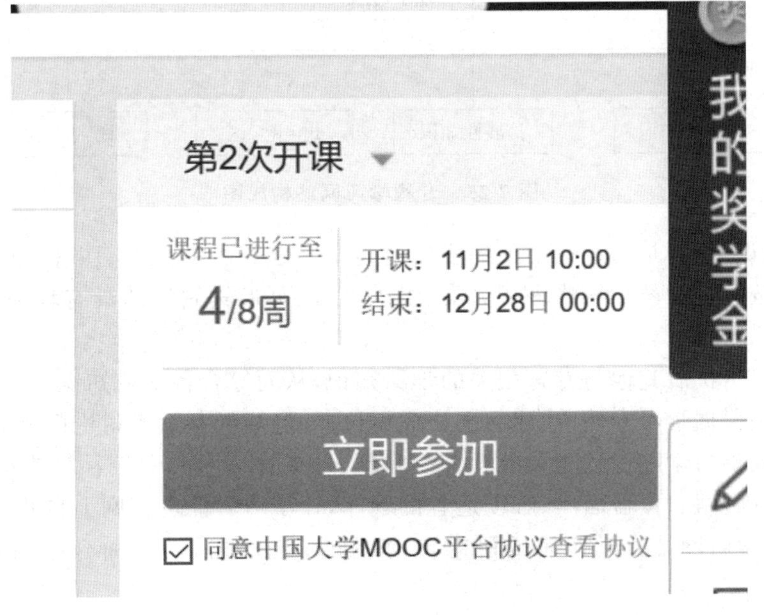

图 7-23　中国大学 MOOC 课程加入页面

(4)学习课程

在学生的学习界面上,可以在规定的时间内观看视频、提交作业、参加考试、进行讨论、向老师提问等。在MOOC的学习过程后,必须严格按照时间提交作业、参加考试,否则无法获得当项成绩。如图7-24。

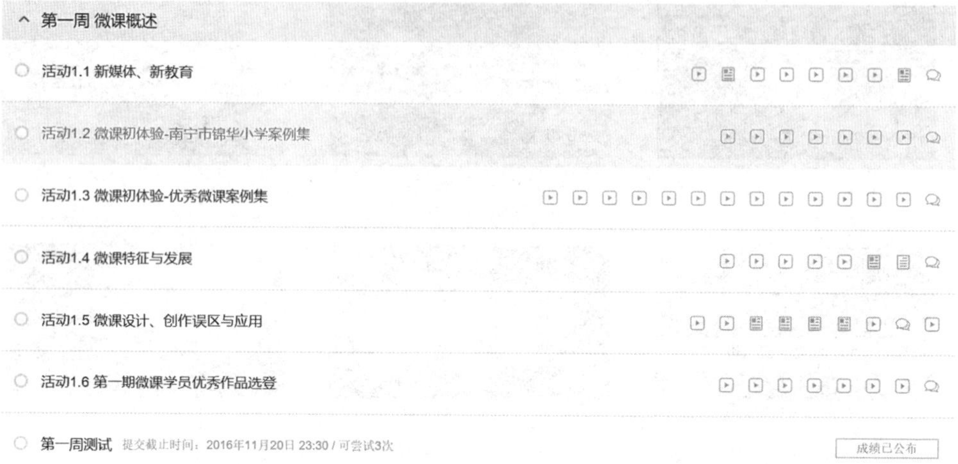

第一周 微课概述
活动1.1 新媒体、新教育
活动1.2 微课初体验-南宁市锦华小学案例集
活动1.3 微课初体验-优秀微课案例集
活动1.4 微课特征与发展
活动1.5 微课设计、创作误区与应用
活动1.6 第一期微课学员优秀作品选登
第一周测试 提交截止时间：2016年11月20日 23:30 / 可尝试3次
成绩已公布

图7-24 中国大学MOOC课程学习页面

7.2.4 专题学习网站的教学应用

专题学习网站是在因特网的环境下,围绕某一专题或几个专题进行较为广泛深入研究的资源学习型网站。专题学习网站通常由以下四个基本部分组成,如图7-25所示。

专题学习网站
结构化知识
扩展性知识
讨 论 区
评 价 区

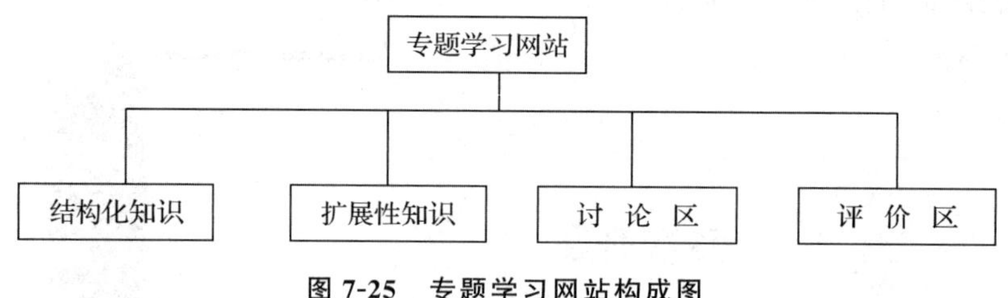

图7-25 专题学习网站构成图

结构化知识:指的是通过收集整理或创建与本专题相关的文本、图片、动画、音频、视频等教学媒体,按一定的教学策略进行分类、组织,以网页形式制作的具有较强交互性的专题网络教学课件。

扩展性知识:扩展其他与专题相关的学科知识,从而综合各学科知识。

讨论区:是根据学习专题,构建网上协商讨论、答疑指导和远程讨论区域。

评价区:收集与学习专题相关的思考性问题、形成性练习和总结性考查的评测资料,并将其设计成基础性强、覆盖面广、难度适宜的题库,让学习者能进行网上自我学习评价。

关于专题学习网站教学应用的研究目前还处于起步阶段,下面介绍两种相对成熟的模式:

1. 开发性学习模式

基于专题学习网站的开发性学习模式是华南师范大学教育信息技术学院的课题研究成果。该模式是指围绕某一专题进行较广泛、深入的学习与研究，并要求学生通过构建专题学习网站来培养创新精神和实践能力。

这种模式的学习过程通常是：学生根据一定的要求，参与网站的设计开发；教师提出学习要求，学生利用网站自主与协作学习；学生的自主学习成果，通过评价整合成为网站资源；学生利用网站提供的形成性练习和在线测试功能，检测自己的学习效果。这种学习模式可以分两种情况：一是通过专题学习，学生进行专题学习网站的设计与开发，并在学习过程中不断完善和发展；二是在专题学习前已有相应的专题学习网站，学生以这个专题学习网站为平台进行专题学习，并利用学习成果丰富和完善原有的专题学习网站。在课堂教学中，通常采用的是后者，这种学习模式主要由“案例学习”“专题研讨”和“实践设计”三大教学环节组成。

(1)教学环节

①案例学习环节

指学生利用专题学习网站提供的大量案例进行自主学习，以示例教学策略为主。具体过程一般为：

a.呈现案例：教师根据教学目标与教学内容提供教学案例。

b.示范讲解：教师围绕一个典型案例，引导学生观察，并详细讲解。然后教师和学生围绕案例，提出思考问题，引发学生思考。

c.观察思考：学生利用专题网站提供的案例进行观摩、思考和分析。

d.交流讨论：学生交流学习心得与体会。

②专题研讨环节

指学生围绕问题，利用专题网站的协作交流平台进行在线讨论，以基于问题的学习策略为主。具体过程一般为：

a.提出问题：教师根据教学内容，精心设计问题，或者引导学生自己提出问题，并发布到专题学习网站中。

b.自主学习：学生围绕感兴趣的问题，从专题学习网站中浏览相关的资源进行学习。

c.协作研讨：学生以小组的形式利用专题网站提供的交流工具讨论问题。

d.指导监控：教师参与学生的讨论过程，及时发现问题，并给予指点引导。

③实践设计环节

指学生利用专题学习网站提供的实践任务和研究工具，进行作品设计，以基于任务的学习策略为主。具体过程一般为：

a.布置任务：教师根据教学目标与教学内容，设计实践任务与要求，并提供实用性强的实践工具，便于学生完成任务。

b.分析讨论：学生参考专题学习网站提供的教学设计案例，进行观摩学习，并以小组的形式分析、讨论如何完成任务。

c.设计作品：学生以小组的形式，利用专题学习网站提供的设计工具完成实践任务，并将设计作品上传至专题学习网站。

d.评价反馈：教师展示专题学习网站中学生设计的作品，组织指导学生对作品进行评价。

“案例学习”“专题研讨”和“实践设计”这三大教学环节突出了理论学习与实践训练的有机结合，专题学习网站为三大主要教学环节的实施提供了网络教学环境的支撑。学生最终完成的学习成果一方面充实和完善原有的专题学习网站，另一方面又可以作为其他学生学习的资源和实践案例。

(2)特点

这种基于专题学习网站的开发性学习模式在实际教学中进行应用时，往往需要多课时才能完成。其主要特点体现在：

①学习目标强调培养实践能力

基于专题学习网站的开发性学习模式，其学习目标与传统的学习模式相比较，无论是知识内容的掌握，还是专题学习网站的开发，都更注重学生实践能力的培养。

②学习内容围绕特定学习专题

基于专题学习网站的开发性学习模式，其学习内容都是围绕特定的学习专题，这种学习专题可以分为不同的单元，每一单元又可以划分为若干个知识点。这种专题学习比较强调知识的内在联系以及专题的特点。

③学习环境基于专题学习网站

基于专题学习网站的开发性学习模式，主要学习环节都离不开专题学习网站的支撑。一方面，专题学习网站是实现这种学习模式的平台工具；另一方面，专题学习网站又是这种学习模式中师生共建的学习资源。

④学习过程重视学生自主协作

基于专题学习网站的开发性学习模式，在学习过程中非常重视学生的自主学习与协作学习。利用专题学习网站的特有功能和资源内容，我们可以让学生通过“专题学习”模块进行自主学习，也可以通过“协作学习”和“专题资源库”等模块进行协作学习。

⑤学习效果注重学生自主创新

- 创设探究情境；
- 明确探究任务；
- 学生自主探究；
- 师生协作交流；
- 拓展探究任务；
- 学生自主检测。

基于专题网站的开发性学习模式，以学为主，体现学生学习效果的重要指标是学生电子作品的制作，这种电子作品既要反映学生对专题知识内容的理解和创新，还要体现学生对信息技术的掌握和应用，是学生综合能力的一种体现。

2. 自主探究型教学模式

基于专题学习网站的自主探究型教学模式坚持“学教并重”，注重发挥教师的主导作用，引导学生自主探究学习，把“以教师为中心”和“以学生为中心”的不同教学模式的长处吸收过来，克服了各自的消极因素，在课堂教学中应用较广。

(1)教学流程

①创设探究情境：教师根据教学目标，创设符合学生认知特点，能激发学生探究兴趣、活

跃学生思维的问题情境。

②明确探究任务：教师提出问题，抛出任务，或者引导学生自己提出问题和要探究的任务，并明确探究的要求和方法。

③学生自主探究：学生围绕问题和任务，利用专题学习网站和其他网站的相关资源和各种学习辅助工具进行自主探究式学习。在探究过程中，教师和学生是平等的互动关系，教师是组织者、引导者和协作者，学生是学习的主体，教学在师生平等对话中动态生成。学生在自主探究过程中，既有个体独立钻研，又有群体合作研讨。

④师生协作交流：在学生个人或小组探究的基础上，利用专题学习网站的协作交流系统开展集体互动交流，实现学习成果共享。

⑤学生自主检测：学生利用在线测评功能自我检测，并及时反馈给教师，教师随时进行教学调控。

⑥拓展探究任务：师生共同回顾探究过程和成果，进行适当总结，教师可根据需要引导学生进行深层次的探究。

(2)特点

自主探究型教学模式需要教师研制探究内容，安排探究过程，进行探究评价，根据内容、过程和评价的需要，合理地利用网络技术，通过课内和课外两个渠道引导学生自主探究。这种教学模式主要有以下五个特点：

①关注多元发展目标

这种教学模式确定的课堂教学目标，在关注、培养学生探究能力的同时，也要关注学生探究的过程和方法，培养良好的探究品质。教师在制定教学目标时应有所考虑。例如，对小学科学《太阳系和九大行星》，教师可拟定如下三维教学目标：

- 知识与技能：知道九大行星的名字、概况及与太阳的关系，初步了解国内外探索太阳系的情况；
- 过程与方法：能借助网络资源发现问题，提出自己所要了解和研究的问题，能在自主和协作探究中解决问题；
- 情感、态度与价值观：体验网上探究的乐趣，激发学生的民族自豪感和紧迫感。

②创设网络探究情境

自主探究型教学以问题解决为中心，信息技术提供的问题情境有利于引发学生质疑问难，发展学生的假设推断能力和创新思维能力。教师在教学中要鼓励学生对自己或别人提出的问题进行大胆合理假设，可通过以下途径创设网络探究情境：a.基于课本的问题；b.基于拓展学习的问题；c.基于社会生活的问题；d.基于学生自己感兴趣的问题。在课堂上，这些问题有时是学生根据学习内容确定研究的，有时是教师有意识地设置并引导学生探究的。例如，在教学苏教版小学社会第五册《新疆的沙漠与绿洲》一课时，教师可以自制“走进新疆”专题学习网站，在导入阶段这样引导学生自主质疑：

师：今天我们要去游览美丽的新疆，大家对新疆这个地方怀有哪些好奇？

生：为什么新疆的水果那么甜？

那里的人是怎样生活的？有哪些风俗习惯？

新疆的气候和我们这里有什么不同，造成气候差异的原因是什么？

……

③采取“任务驱动”教学策略

在实际教学中，我们会发现学生的问题不一定是教学的重点，教师要根据教学需要，将教学的重点、学生理解的难点和兴趣点有机整合，归纳出有研究价值的问题和任务，引导学生展开探究，并适时加以指导，这样的教与学才更加有效。例如，在小学语文《桥》网络课上，教师通过“研究性学习”栏目（http://www.gaopeng.com/bridge/renwu），引导每位学生扮演一个角色，如小小文学家、历史学家、桥梁设计师、新闻记者、统计学家、艺术家等等，让学生根据自己的角色分别选择任务展开探究活动，教师通过专题学习网站给予必要的技术支持和现场指导，学生在运用网络探究解决问题的过程中，会逐渐体会到网络探究的优势，从而增强运用网络自主探究的自觉性和积极性。

需要注意的是，利用网络获取信息是学生开展探究活动的第一步，教师应指导学生有目的、有选择地浏览信息，才能提高学生学习的效率和学习的能力。在完成任务的过程中，教师要注意指导，帮助学生收集并合理筛选有价值的文字和图片等资料，根据主题制作成电子作品。由于是学生自主收集信息资源，因而各人的视角不同，关注和研究的内容也存在差异，这就需要教师指导学生进行个性化的学习。

④营造“个体研究-集体研讨”学习环境

网络为学生的探究学习提供了广阔的个性空间，学生在老师的引导下，根据自己的实际情况，对自己感兴趣或存疑惑的问题进行个体研究，这是培养学生探究能力的关键。如果没有个体对问题的深刻理解，集体研讨也就失去意义，学生的探究也将难以向纵深发展。同时，网络又为学生创造了宽松和谐的协作环境，学生在独立钻研的基础上，在教师的指导帮助下，通过集体研讨共享智慧和思维成果，并互相补充，达到对当前所学内容的全面正确理解，完成对所学内容的意义建构。在集体研讨过后，教师可以引导学生继续进行深层次的个体研究，促使学生的探究活动不断走向深入。例如，社会和语文学科都有关于兵马俑的教学，社会课和语文课老师可以协同教学，组织学生自主探究学习：

社会课上，首先让学生结合课文内容，提出值得研究的问题，如秦始皇陵和兵马俑在中国历史上的意义，如何评价秦始皇等，然后引导学生利用兵马俑专题学习网站和其他相关网站，进行个体学习和思考；学生将自己收集到的资料进行简单加工、处理后，在小组中进行交流，发表自己的见解，在组长的带领下完成研究报告或其他电子作品。

语文课上，学生结合自己的研究报告或其他电子作品，学习文本，加深对语言文字的理解，感悟作者谋篇布局和语言处理的精妙。在充分学习和研究的基础上，进一步修改研究报告或电子作品，并发送至网上实现资源共享。

这样，过去需要5课时才能完成的学习任务（社会2课时，语文3课时），教师利用网络资源进行学科教学整合后，3课时就完成了，不仅避免了重复劳动，而且激发了学生探究的兴趣，提高了学习效率和学习能力。

⑤拓展网络探究学习天地

课堂学习时间毕竟是有限的，信息时代学生学习的内容和范围将不再局限于课堂和教材。在不加重学生负担的前提下，我们提倡学生利用课外时间，充分发挥专题学科网站的作用，利用“聊天室”或通过发电子邮件进行师生之间、生生之间的网上交流，进行远程“探讨”。比如，南京市游府西街小学综合实践活动课《桥》的教学，教师课前让学生对身边的桥梁展开调查，课堂上上网了解桥的历史、桥的种类、桥的功能和世界名桥四个方面的内容，然后对家乡的桥梁进行评价，完成自己的研究报告。学生在报告中写道："桥给人们的生活带来方便，南京天桥不如世界名桥美观，有损城市形象，建议专家设计既美观，又实用的桥梁，满足人们的身心需求。"探究式教学和研究性学习让学生学会关注生活，关注社会，热爱生活，以至能主动去创造生活。教师还可将有价值的研究报告提交给有关部门。实践证明，凡是能经常上网收集、整理、应用资料的学生，不仅知识面广，视野开阔，而且有自己独特的见解和创新的做法。

7.3　移动学习及其资源开发

7.3.1　移动学习

1. 移动学习的概念

移动学习(mobile learning)是一种在移动设备帮助下的能够在任何时间、任何地点发生的学习，移动学习所使用的移动计算设备必须能够有效地呈现学习内容并且提供教师与学习者之间的双向交流。

正确理解移动学习的内涵应该从以下几个方面来把握：

首先，移动学习是在数字化学习的基础上发展起来的，是数字化学习的扩展，有别于一般学习。Sun 公司的 e-learning 专家 Michael Wenger 针对移动学习提出了他独到的见解，他认为移动学习并不是什么新鲜事物，因为在传统学习中印刷课本同样能够很好地支持学习者随时随地进行学习，可以说课本在很早以前就已经成为支持移动学习的工具，而移动学习也一直就在我们的身边。

其次，移动学习除具备了数字化学习的所有特征之外，还有它独一无二的特性，即学习者不再被限制在电脑桌前，可以自由自在、随时随地进行不同目的、不同方式的学习。学习环境是移动的，教师、研究人员、技术人员和学生都是移动的。

最后，从它的实现方式来看，移动学习实现的技术基础是移动计算技术和互联网技术，即移动互联技术；实现的工具是小型化的移动计算设备，如智能手机、iPad 等终端设备等。这些工具具有：可携带性(portability)，即设备形状小、重量轻，便于随身携带；无线性(wireless)，即设备无须连线；移动性(mobility)，指使用者在移动中也可以很好地使用。

2. 移动学习的本质特征和学习优势

移动学习的本质特征可归纳为高便携性、高可用性和微型化(图 7-26)。

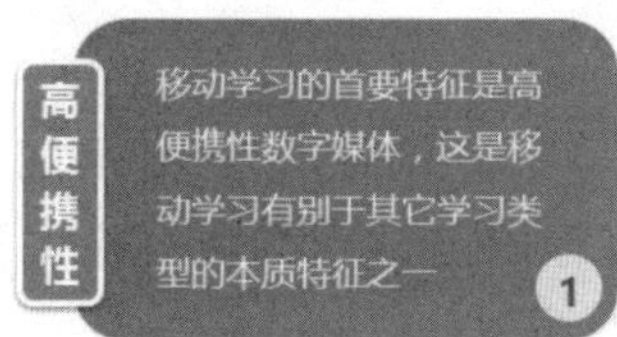

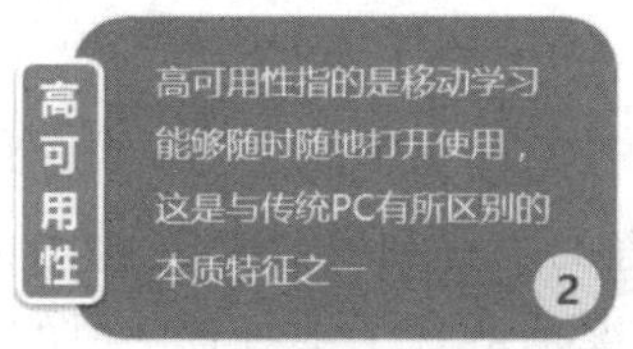

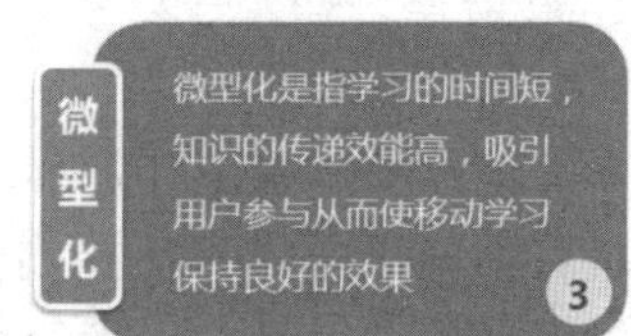

图 7-26　移动学习的本质特征

移动学习高便携性、高可用性和微型化的本质特性也使其具有以往学习方式不可比拟

的优越性。

(1)灵活多变的学习方式

学生可利用片断时间,随时随地打开智能手机和平板电脑登录移动学习平台,方便浏览最新资讯、阅读新书、学习课程。

(2)教育设备投入减少

移动时代人人必备手机,智能终端的普及率逐年提高。采用移动学习方式,无须过多的设备投入,就能进行移动教学和学习。

(3)先进高效的学习理念

移动学习平台一般都会采用学习过程管理,将课程划分成精心提炼的章节,分段按时推送,辅以大量学习补充资料,并在过程中增加了许多分享互动环节,促使学生可以结合实际情况进行思考,加强记忆的同时也提升学习效果。

(4)学习效果可跟踪分析

移动学习平台可对学员学习资料下载、经验分享、登录次数等关键数据统计,了解到学员的学习习惯及学习主动性,可以对学员学习效果有效跟进和掌握。

3. 移动学习的发展趋势

(1)智能化

与基于 PC 的网络学习不同,基于移动设备具有接收推送信息的特性,移动学习具有智能化、人性化的特点。如在一个用户的问题得到回答时,传统网络环境下,用户关闭浏览器之后,就很难得到响应;而在移动学习环境下,即使用户退出学习软件,也可以接收到答案的短信,从而使得学习的交互特性得到充分体现。

(2)进一步的微型化

"微型化"是移动学习本质特征之一。自 2013 年起,在中国掀起了开发微课程的热潮,无论是高等教育、中小学教育,还是企业培训,都认识到了微时代的到来,这使得网络课程的形式更加生动活泼、短小精悍。

(3)开创新型学习模式

新型学习模式正在兴起。几年前人们还认为"移动终端只能作为 PC 的一种补充",现在人们讨论的就是"什么时候移动终端可以取代 PC"。现在大量应用可以在移动终端上完成,比如浏览网页、购物、学习等。移动终端具有 PC 所不可比拟的优势,如基于位置的服务、基于各种感应器的教学、基于可移动式虚拟现实体验学习等,这些都必将开创新型的学习模式。

7.3.2 移动学习资源开发

1. 移动学习资源开发原则

(1)适合的原则

学习地点的不确定性是移动学习的最大特点,由于学习地点的移动性,学习者周围的学习环境将不同于安静的教室、宁静的书房和秩序井然的图书馆等固定学习场所。应关注在移动学习环境和容易受干扰的情况下适合于学习者学习的资源开发。

(2)零散的原则

没有相对完整的学习时间是移动学习者,特别是成人移动学习者的又一特点。移动学习资源开发时应遵循零散的原则,给成人学习者以步步为营,各个击破的学习成就感,激发他们的学习成就动机，从而达到有效学习。

(3)简单的原则

手持设备 CPU 处理能力和内存都是有限的，成人学习者的学习时间又是分散的，且容易受外界干扰，这些都决定了开发移动学习资源必须坚持简单的原则，即界面简洁，操作简单，少图像，少视频，必须用图形说明的应以二维矢量图为主，文字说明应简洁明快，色彩搭配合理，可以用颜色提示知识点的重点难点

(4)少输入原则

一键多能是手持设备的共同特点，哪怕是使用配有外置专用键盘，对手持设备来说输入大量的文字也不是件方便的事。所以在开发移动学习资源，尤其是交互设计方面要尽量减少文字输入，按钮设计上也应简洁。

(5)短文本、多级联

移动设备小巧便于携带的同时也显露了它的一个弱点，就是屏幕较小，现在的无线网络带宽也是有限的，因此在开发移动学习资源时应遵循短文本，菜单以级联形式为主。

2. *移动学习资源设计要点*

(1)界面设计

- 视觉设计上，应颜色均匀，亮度适中，考虑在不同工具上的显现效果；
- 听觉设计上，应使音量适中并使用字幕；
- 不同移动操作系统(如苹果、安卓、Windows、蓝莓等)界面有各自的风格，可设计不同版本以匹配。

(2)媒体设计

- 用文本呈现基本概念或事实性学习内容；
- 用图片呈现直观形象的概念或事实性学习内容；
- 用声音呈现语言学习、绘画等教学内容；
- 用视频呈现真实场景重现的教学内容；
- 用动画呈现形象化、过程化的知识内容。

(3)内容设计

- 短小精悍，知识模块化组织；
- 提供知识结构图，实现体系化；
- 及时更新，自动提醒；
- 移动学习模块持续的时间控制在 30 秒到 10 分钟之间。

(4)交互设计

常见交互方式有浏览内容、短消息、提问、表态(赞一个)、讨论、练习、社交(加好友、关注、发私信)。

- 菜单简洁，不常用下拉形式；
- 导航清晰，快速返回、回主页；
- 全文搜索，快速定位信息。

(5)可用性设计

可用性是指产品在特定使用环境下为特定用户用于特定用途时所具有的有效性、效率和用户主观满意度；

- 结合移动终端的特性，设计开发可用、有用、易用的学习资源；
- 投入使用前，进行可用性测试。

3. 移动学习资源开发流程

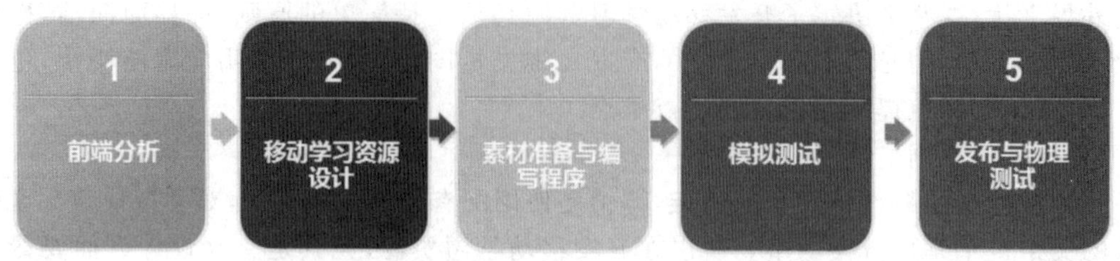

图 7-27　移动学习资源的开发流程

(1)前端分析

针对具有教育性质的移动学习资源的开发，首先要运用教学系统设计的原理对所要开发的资源进行整体分析，即前端分析。其中包括学习者分析(此处依据学习任务对部分特点进行概括)、学习目标分析、实验内容分析及所需移动设备的分析。

(2)移动学习资源设计

根据已有的分析进行设计，包括界面导航设计和内容结构设计。根据终端尺寸及分辨率的多样化对资源的开发进行规划和设计。

(3)素材准备与编写程序

收集相关的图片、声音和文字素材后进入开发阶段。此时可按照首页中已经设计好的导航的顺序进行应用程序编写。

(4)模拟测试

将开发好的程序在模拟器中测试，如使用 Flash Lite 模拟器可以在移动设备上测试，完善应用程序设计并修复存在问题，节省开发时间，提高开发效率。

(5)发布与物理测试

学习资源发布成 WAP 后，供用户下载到真实移动设备上进行测试，即物理测试。模拟器并不能模拟目标设备的所有方面，如设备的处理器速度、颜色深度或网络延迟等。因此，在一个或多个目标设备上测试应用程序是非常重要的一个环节。

7.3.3　微信公众号的教育应用

信息技术的飞速发展，给教学交互带来更多技术的支持。网络环境下支持教学交互的方式有网络直播系统、视频会议系统、IP 电话答疑系统、E-mail、留言板、论坛、Blog、移动短信系统等。随着智能手机的普及，3G、4G 及无线网络的发展，手机成为人们的个人信息中心，使用智能手机开展移动学习，就离不开使用手机进行的教学交互。微信是目前比较流行的一款即时通信服务软件，通过手机、平板，用户可以快速对语音、视频、图片和文字等进行信息的传输，并提供公众平台、消息推送等功能。使用微信的公共平台可以搭建师生教学交互平台，增加交互的及时性，提高交互效率，促进有意义的学习。

1. 微信公众号的主要类型

微信公众平台目前分成订阅号、服务号、企业号及小程序几种类型(如图 7-28 所示)，申请注册微信公众号时类型选择一经申请不可更改。

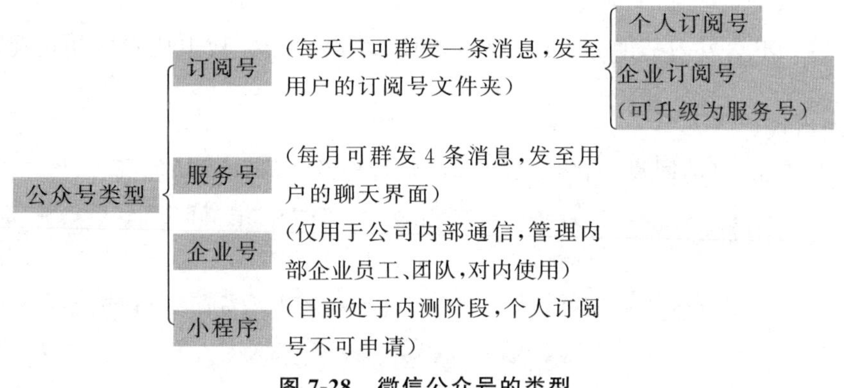

图 7-28　微信公众号的类型

（1）订阅号：主要偏于为用户传达资讯，认证前后都是每天只可以群发一条消息，群发消息收至订阅号文件夹，群发消息不会提示推送。如“青年文摘”“新浪娱乐”都属于订阅号。

（2）服务号：主要偏于服务交互，认证前后都是每个月可群发 4 条消息，群发的消息显示在聊天列表，下发消息即时通知“粉丝”。如“漳州农商银行”“微信公众平台”。

（3）企业号：主要用于公司内部通信使用，需要先有成员的通信信息验证才可能关注成功。如果想用来管理内部企业员工、团队，对内使用，可申请企业号。

（4）小程序：是一种不需要下载安装就可以使用的应用，目前处于内测阶段，暂时不接受个人订阅号申请。

2. 微信公众号的注册

注册微信公众号时，首先需要进入微信公众号平台 http://mp.weixin.qq.com，并选择公众号类型进行注册（如图 7-29）。

图 7-29　微信公众号申请

利用邮箱激活账号，填好相关信息，并通过审核后便可开始编辑公众号。

3. 微信公众号的后台组块操作

微信的后台组块分为功能、管理、推广、统计、设置、开发，其中比较常用的是功能、管理和设置。

(1)功能组块

包括群发功能、自动回复、自定义菜单、投票管理及待添加的功能插件(图 7-30)。

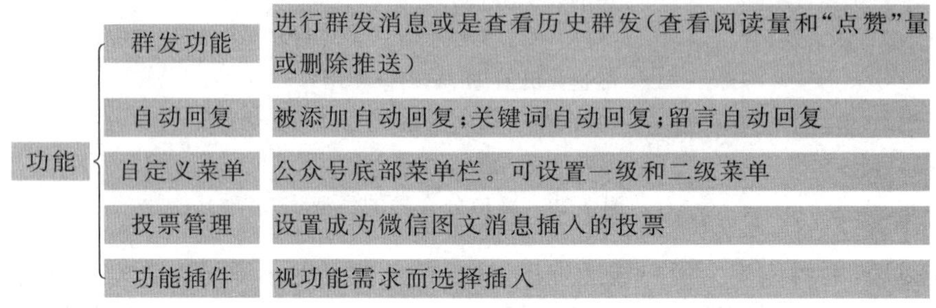

图 7-30 微信公众号功能组块

群发功能：个人订阅号每日可发一次消息(图文消息、文字、图片、语音、视频)。可查看当天的群发消息或历史消息，删除推送则读者点击链接后无法查看消息内容。

自动回复中包括被添加自动回复、消息自动回复以及关键词自动回复。被添加自动回复是在“粉丝”关注公众号后自动跳出来的文字、图片、语音或视频。消息自动回复是指“粉丝”在后台留言后，后台及时以文字、图片、语音或视频回复，一般一个小时内回复 1～2 条内容。关键词自动回复是“粉丝”的留言中涉及关键字时后台以文字、图片、语音、视频或图文消息进行回复，关键词由自己设置，可设置多个关键词及其规则。

自定义菜单即公众号界面下方的导航条，可以设置 3 个一级菜单和 5 个二级菜单。其中每个菜单可以设置跳转网页或者是发送消息(图文消息、图片、语音、视频)。

(2)管理组块

该组块是所有组块中最常用也是最基本的，功能包括：

消息管理：可与“粉丝”进行互动，查看及回复消息，当消息超过 48 小时便不能回复，需等“粉丝”自动发起聊天。

用户管理：可以查看所有“粉丝”并且对“粉丝”进行备注及分组或拖入黑名单。

素材管理：素材(图文消息、图片、语音、视频)存储地，删除素材不影响已推送的文章。

(3)设置组块

设置组块分为账号详情及功能设置。账号详情中可查看和修改公众号头像、名称、功能介绍。功能设置中可设置是否允许通过名称或微信号搜索及是否添加图片水印。如图 7-31。

4. 教育类微信订阅号的制作与发布

(1)素材管理

微信订阅号制作之前，需要先把所需文字、图片、视频等素材处理好待用，平台对各种素材有着相应的要求：

文字：可以编辑器内直接输入，为保证效率，可在 Word 等文字编辑软件内编辑好再复制到平台中。

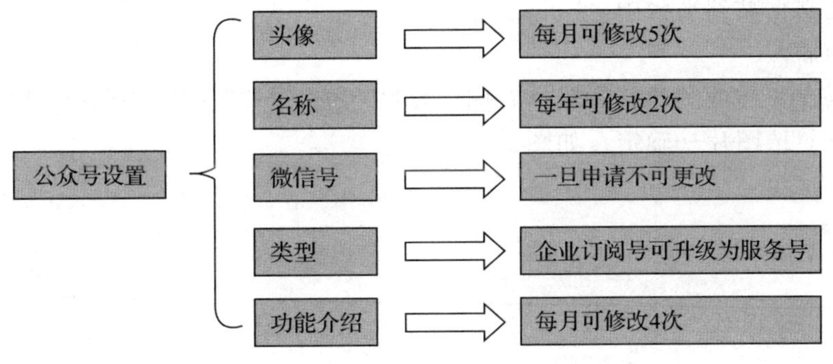

图 7-31　微信公众号设置组块

图片：支持大部分图片格式，大小不超过 5 M。一次性至多上传 20 张图片。可以对图片进行分组安放。

音频：自己上传的音乐资源，支持 mp3、wma、wav、amr 格式，文件大小不超过 30 M，语音时长不超过 30 分钟。

视频：自行上传的视频需等后台转码才可以插入到文章中（转码需时不一定）。视频不能超过 20 M，超过 20 M 的视频可于腾讯视频上传后添加；视频时长不少于 1 秒，不多于 10 小时，支持大部分主流视频格式。

（2）图文信息的新建

如图 7-32。

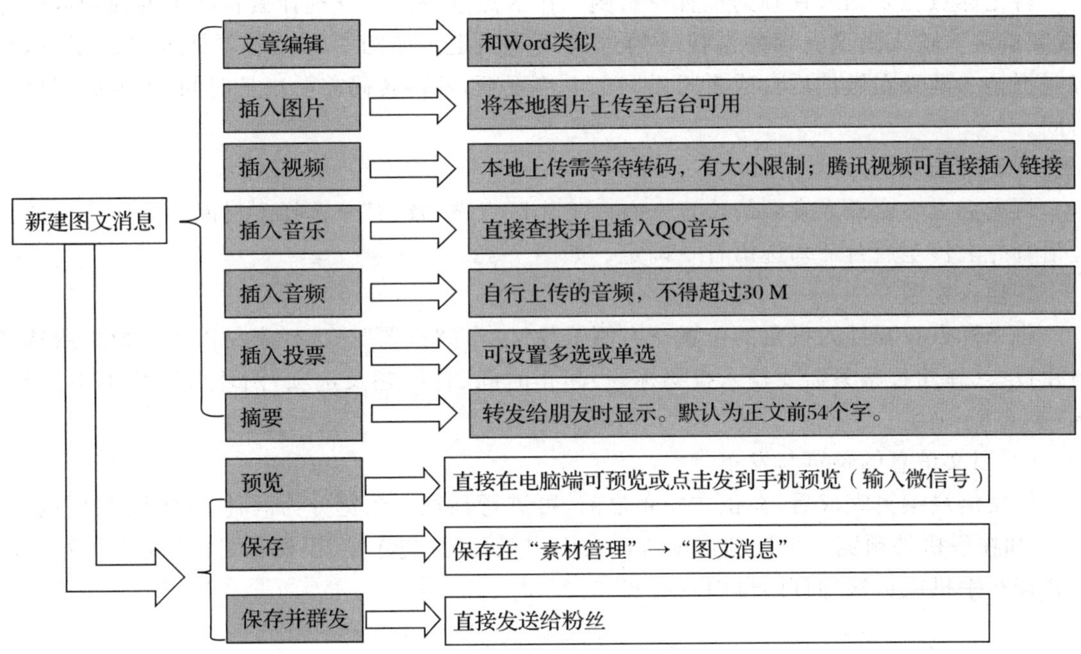

图 7-32　图文消息的制作流程

①文字的插入

文字可在平台上直接编辑，包括设置文字的颜色、大小、字体等，也可在文字编辑软件中处理好直接复制粘贴到平台中。

②图片的插入

将光标点在要插入图片的位置→右侧工作区点选“图片”→选择素材库中的照片或选择“本地上传”→勾选图片→确定。如图 7-33。

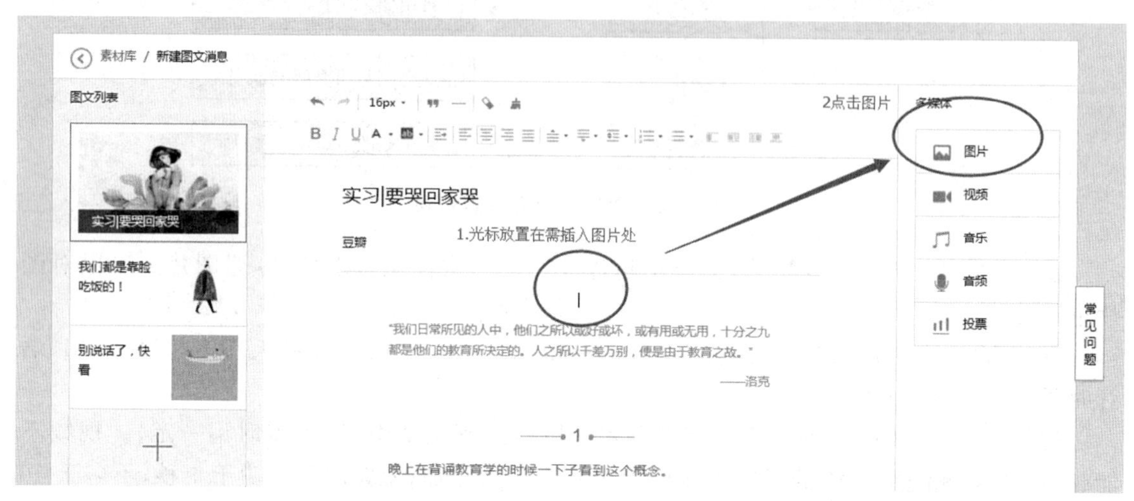

图 7-33 图片的插入

③视频的插入

将光标点在要插入视频的位置→右侧工作区点选“视频”→选择素材库中的视频或选择“视频链接”，输入腾讯视频的链接→勾选视频→确定。如图 7-34。若要插入自制视频，最好是提早一两天在微信后台或者腾讯网上上传视频，等待转码需要很长时间，可能耽误推送时间。

④音乐的插入

将光标点在要插入音频的位置→右侧工作区点选“音频”→选择素材库中的语音或选新建语音并上传至后台→勾选语音→确定。如图 7-35。

⑤插入投票

将光标点在要插入投票的位置→右侧工作区点选“投票”→选择素材库中的投票或选择新建投票（新建投票只需要输入投票标题、起止时间、各问题及选项，图片可上传可不上传，单/多选）→确定。

(3)图文信息的预览与发布

图文信息编辑完成后，在正式发布之前，可进行预览。预览分为两种：在电脑端预览（图 7-36）和在手机端预览。手机端预览需输入用户微信号/QQ 号/手机号（需关注公众号），便可直接在手机微信端的订阅号内查看图文。

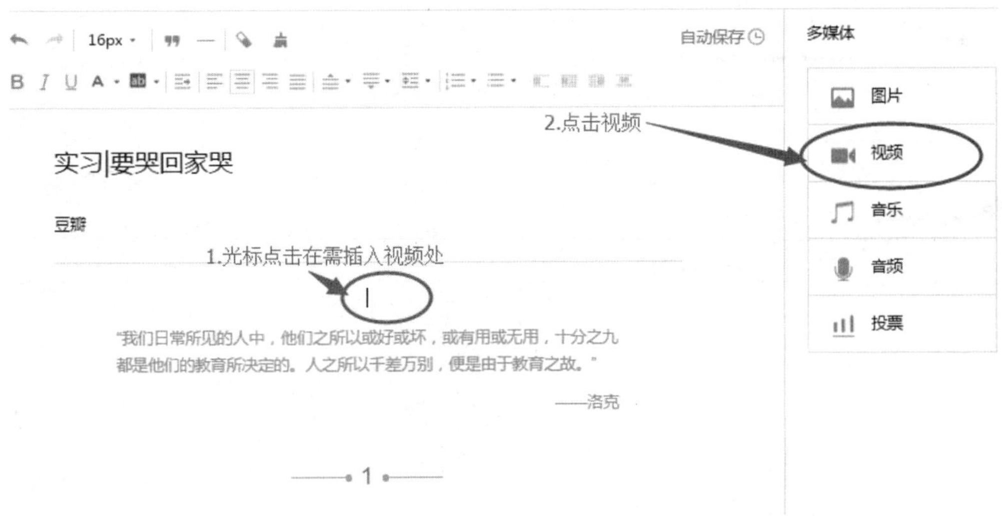
16px
自动保存
多媒体
图片
视频
音乐
音频
投票
2.点击视频
实习|要哭回家哭
豆瓣
1.光标点击在需插入视频处
"我们日常所见的人中，他们之所以或好或坏，或有用或无用，十分之九
都是他们的教育所决定的。人之所以千差万别，便是由于教育之故。"
——洛克
1

选择视频
素材库
视频链接
3.2选择输入腾讯视频链接
+ 新建视频
3.1 选择素材库中的视频
1:10
3.3 新建上传本地视频，
需等待转码
4.点击确定，既可插入视频
确定
取消

图 7-34　视频的插入

图 7-35　音乐的插入

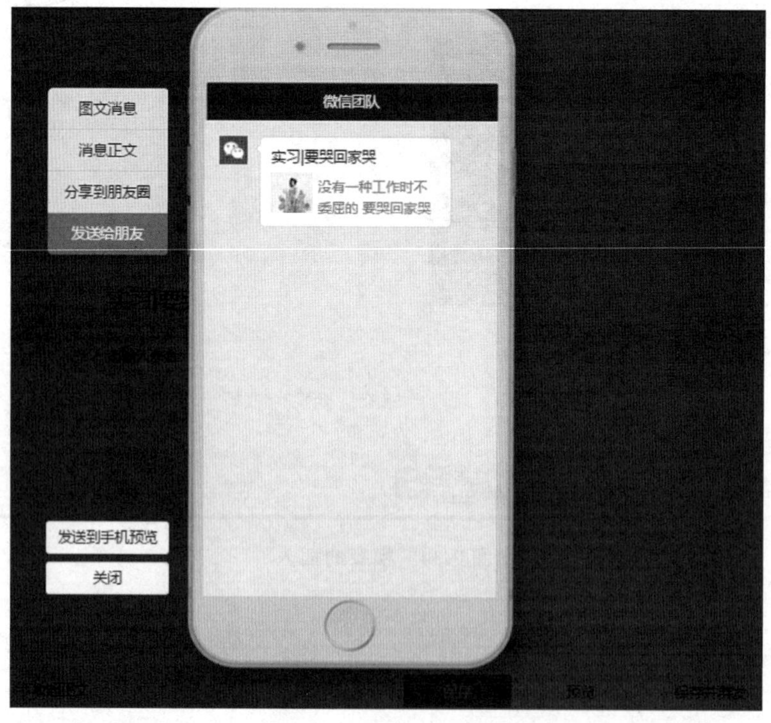

图 7-36　电脑终端预览

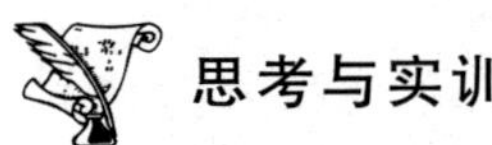

思考与实训

1.“互联网+”行动给教育带来了哪些变化和契机?

2. 国家教育资源服务平台中有哪些资源?在日常教学学习中可如何应用?

3. 专题学习网站一般的设计制作流程包含哪些环节?

4. 微信公众平台具有哪些特点?在教学中可以如何利用?

参考文献

[1]迈耶.多媒体学习[M]北京:商务印书馆,2006.

[2]Richard E. Mayer. Multimedia Learning(Second Edition)[M]. New York: Cambridge University Press,2009.

[3]贾义敏.多媒体学习的科学探索——Richard E.Mayer[J].现代教育技术,2009(11).

[4]斯马尔蒂诺.教学技术与媒体[M].郭文革,译.北京:高等教育出版社,2008.

[5]南国农.信息化教育概论[M].北京:高等教育出版社,2004.

[6]南国农.教育传播学[M].北京:高等教育出版社,2005.

[7]冉新义,刘冰.现代教育技术[M].厦门:厦门大学出版社,2012.

[8]杨改学.教育技术教程[M].北京:北京师范大学出版社,2010.

[9]焦中明,赖晓云.现代教育技术理论与应用[M].北京:北京师范大学出版社,2010.

[10]乌美娜.教学设计[M].北京:高等教育出版社,2004.

[11]黄宇星,丁革民,杨宁.现代教育技术学[M].福州:福建教育出版社,2007.

[12]王云,李志河.现代教育技术应用[M].北京:北京交通大学出版社,2007.

[13]秦炜炜.面向教师的美国国家教育技术标准新旧版对比研究[J],开放教育研究,2009(3).

[14]何克抗,郑永柏,谢幼如.教学系统设计[M].北京:北京师范大学出版社,2002.

[15]何克抗,林君芬,张文兰.教学系统设计[M].北京:高等教育出版社,2006.

[16]乌美娜.教学设计[M].北京:高等教育出版社,1994.

[17]李克东,谢幼如.多媒体组合教学设计[M].北京:科学出版社,1992.

[18]张文兰,刘瑞儒.现代教育技术[M].兰州:西北大学出版社,2015.

[19]裴新宁.面向学习者的教学设计[M].北京:教育科学出版社,2005.

[20]陈孝均.教学设计技能的构成与形成[M].北京:光明日报出版社,2009.

[21]杨九民,梁林梅.教学系统设计理论与实践[M].北京:北京大学出版社,2008.

[22]孙立仁.教学设计——实践基础教育课程改革的理论与方法[M].北京:电子工业出版社,2004.

[23]闫寒冰.学习过程设计——信息技术与课程整合的视角[M].北京:教育科学出版社,2005.

[24]闫寒冰.信息化教学评价——量规实用工具[M].北京:教育科学出版社,2003.

[25]吴小玲.教师如何做好课堂教学设计[M].长春:吉林大学出版社,2008.

[26]王跃.高效课堂的101个细节[M].广州:广东高等教育出版社,2009.

[27]张剑平.现代教育技术理论与应用[M].北京:高等教育出版社,2006.

[28]魏建华,杜建荣.基于H.264的数字化微格教学系统的设计与应用[J].中国电化教育,2006(4).

[29]张舒予.现代教育技术学.合肥:安徽人民出版社,2003.

[30]王云.现代教育技术应用.北京:北京交通大学出版社,2007.

[31]赵慧勤.现代教育技术[M].北京:高等教育出版社,2014.

[32]李芳.新编现代教育技术学[M].广州:广东高等教育出版社 2013.

[33]祝智庭.现代教育技术——走进信息化教育[M].北京:高等教育出版社,2005.

[34]佟元之.现代教育技术教程[M].南京:南京大学出版社,2008.

[35]李中军.多媒体课件制作技术[M].东营:中国石油大学出版社,2007.

[36]崔亚峰.CAI 课件制作基础教程.开封:河南大学出版社,2008.

[37]汪可.Adobe Photoshop CS2 认证考试指南[M].北京:人民邮电出版社,2007.

[38]姜宇鹰.王红.多媒体课件原理与制作教程[M].北京:冶金工业出版社,2006.

[39]郭平.多媒体课件设计与制作[M].西安:西北工业大学出版社,2006.

[40]王璞.中文 Flash CS3 动画制作应用基础教程[M].西安:西北工业大学出版社,2008.

[41]贺小霞,张仕禹.Flash CS4 中文版标准教程[M].北京:清华大学出版社,2010.

[42]李陵.国家精品课程中专题学习网站的知识建构与设计[J].南京艺术学院学报,2011(3).

[43]武法提.网络教育应用[M].北京:高等教育出版社,2011.

[44]谢幼如,尹睿.专题学习网站的教学设计[J].电化教育研究,2003(1).

[45]廖常武.网站建设与维护[M].西安:西安电子科技大学出版社,2004.

[46]承黎明.专题学习网站的探索与思考[J].科学之友,2010(10).

[47]王瑶,李明.关于专题学习网站的国内外发展情况比较研究[J].长春师范学院学报,2009(12).

[48]王文海.构建语文专题性学习网站初探[J].语文教学与研究,2005(35).

[49]魏占兴.专题学习网站评价指标体系的构建[J].河北大学成人教育学院学报,2008(3).

[50]陈庆贵.我国中小学专题学习网站建设与应用现状[J].小学信息技术教育,2006(10).

[51]祝智庭,王陆.网络教育应用[M].北京:北京师范大学出版社,2012.